中国隧道及地下工程修建关键技术研究书系

煤与瓦斯突出隧道建造技术研究与实践
—— 以天城坝隧道、桃子垭隧道为例

黄晨光　主编

CONSTRUCTION TECHNOLOGY RESEARCH AND PRACTICE OF

COAL AND GAS OUTBURST TUNNE
——TAKING TIANCHENGBA TUNNEL AND TAOZIYA TUNNEL AS EXAMPLES

人民交通出版社股份有限公司
北京

内 容 提 要

本书基于贵州正习高速公路天城坝隧道和桃子垭隧道工程实践，围绕工程中遇到的煤与瓦斯突出问题，开展相关防治研究，进而总结形成一系列关键技术。全书共分15章：第1章煤与瓦斯突出概述，第2章我国突出煤体分布特征，第3章煤与瓦斯突出统计特征，第4章煤与瓦斯多场耦合作用力学特性，第5章突出煤层消突技术，第6章天城坝隧道煤与瓦斯突出危险性评估与预测，第7章揭煤瓦斯地层段软弱破碎围岩变形控制，第8章天城坝隧道煤层揭煤防突施工技术，第9章桃子垭隧道瓦斯自然泄压揭煤防突施工技术，第10章隧道施工安全监控系统，第11章突出煤层高精度探测与实时预警技术，第12章通风系统设计与通风管理，第13章作业机械配置及防爆改装，第14章施工安全措施，第15章应急救援预案。

本书可供从事隧道工程设计、施工及相关技术人员参考。

图书在版编目(CIP)数据

煤与瓦斯突出隧道建造技术研究与实践：以天城坝隧道、桃子垭隧道为例 / 黄晨光主编. — 北京：人民交通出版社股份有限公司，2023.1

ISBN 978-7-114-18255-6

Ⅰ.①煤… Ⅱ.①黄… Ⅲ.①瓦斯隧道—隧道工程—贵州 Ⅳ.①U459.9

中国版本图书馆CIP数据核字(2022)第187320号

Mei yu Wasi Tuchu Suidao Jianzao Jishu Yanjiu yu Shijian——Yi Tianchengba Suidao、Taoziya Suidao Weili

书　名：	煤与瓦斯突出隧道建造技术研究与实践——以天城坝隧道、桃子垭隧道为例
著　作　者：	黄晨光
责任编辑：	谢海龙
责任校对：	赵媛媛　龙　雪
责任印制：	张　凯
出版发行：	人民交通出版社股份有限公司
地　　址：	(100011)北京市朝阳区安定门外外馆斜街3号
网　　址：	http://www.ccpcl.com.cn
销售电话：	(010)59757973
总　经　销：	人民交通出版社股份有限公司发行部
经　　销：	各地新华书店
印　　刷：	北京印匠彩色印刷有限公司
开　　本：	787×1092　1/16
印　　张：	25.5
字　　数：	588千
版　　次：	2023年1月　第1版
印　　次：	2023年1月　第1次印刷
书　　号：	ISBN 978-7-114-18255-6
定　　价：	108.00元

(有印刷、装订质量问题的图书，由本公司负责调换)

本书编委会

主　　编：黄晨光

副 主 编：林　志　朱海明　陈　凯　朱卜荣　肖榆生　李国强
　　　　　关瑞士　张延欣　贾新卷　许正雄　张　徐　陈　涛

编　　委：杨红运　姚祥坤　王端清　陈　相　刘发明　何勇彬
　　　　　郑仕跃　彭文彬　吴德远　李　政　田　毅　武　明
　　　　　何开贵　戴卓琳　张其军　张天航　娄玉滔　龙运卫
　　　　　禤永增　马学辉　刘文解　幸厚冰　刘　君　刘　钊
　　　　　马新刚　刘荣旭　魏　东　蔚文景　王健安　刘春舵
　　　　　张仁坤　杨　林　周权峰　朱　应　杨　凯　于海平

特约编委：许湘华　杨黔江　黄　强　肖龙鸽

主编单位：中国建筑国际集团有限公司
　　　　　中国建筑第四工程局有限公司

参编单位：重庆交通大学
　　　　　贵州正习高速公路投资管理有限公司
　　　　　中国建筑股份有限公司
　　　　　中建四局工程技术研究院
　　　　　贵州高速集团有限公司
　　　　　中建四局土木工程有限公司
　　　　　中建四局土木工程有限公司路桥分公司

序

改革开放以来,我国交通基础设施建设取得了突飞猛进的发展,同时也攻克了工程建设中一道道难关,创造了不少世界之最。新中国成立以来,几代人逢山开路、遇水架桥,建成了交通大国,正在加快建设交通强国。

党的十八大以来,我国加大了对中西部地区基础设施建设的投入,在山区交通大通道建设过程中,桥梁隧道所占的比重越来越大,建设难度也越来越大,迫切需要进行技术创新、总结经验,以指导工程实践。本书正是建设单位、施工企业和科研单位在西南地区隧道施工中面对突出煤层的隧道施工,在煤与瓦斯突出预测与防治方面进行了大量的科研与实践,在施工技术、施工工艺、施工组织和应急救援等方面进行的全面总结。

贵州省正安至习水高速公路(以下简称"正习高速")线路总长130.367km,是《贵州省高速公路网规划》"6横7纵8联4环线"中的第一"横"——德江至习水高速公路的重要组成部分。正习高速于2021年7月1日通车,将原10h的路程缩至1.5h,解决了高海拔偏远山区的交通问题,为贵州省北部区域的经济发展、巩固脱贫攻坚成果、助力乡村振兴提供了重要支撑。

受地形条件限制,正习高速公路的天城坝隧道、桃子垭隧道为控制性工程,其穿越煤系地层,地质构造条件复杂,施工难度大,安全风险高。天城坝隧道所穿越的煤系地层瓦斯压力和瓦斯含量远高于突出临界值,被业内专家评价为我国罕见的高压力瓦斯突出隧道,施工安全风险极高;桃子垭隧道地质钻探时喷孔、顶钻、卡钻现象较明显,揭煤突出风险大。

本书在广泛吸收煤矿领域揭煤防突的研究成果之上,系统梳理了煤与瓦斯突出防治方法,深入总结了天城坝隧道、桃子垭隧道防突揭煤实践经验、施工安全管理措施和应急救援预案,并以此构建了公路隧道揭煤防突成套技术。"看似寻常最奇崛,成如容易却艰辛",书中的诸多创新成果来自全体参建人员与相关专家的不懈努力。在此过程中凝练的有益经验与做法,对穿越煤系地层隧道的建设可提供重要的借鉴与参考,也必将对推动我国特殊不良地质隧道工程建设技术水平的提升起到积极作用。

在本书付梓之际,希望本书能为瓦斯隧道的建设者们提供帮助!

2023 年 1 月

前言

近年来，随着我国公路、铁路等交通基础设施建设向地质复杂、环境脆弱的艰险山区延伸，面临的地质条件越来越复杂，在西南地区，以穿越煤与瓦斯地层的隧道工程日趋增多。由于穿越瓦斯隧道掘进环境与煤矿石门差异较大，尤其是掌子面揭煤断面大，引起煤与瓦斯突出风险更高。目前，在煤与瓦斯突出预测与防治方面，交通隧道还没有形成成熟的揭煤防突技术体系，需要结合工程实践不断总结。

正习高速公路始于正安县三江互通，与道瓮高速相接，经桐梓县后，终于习水县温水互通，接江津经习水至古蔺的高速公路，线路总长130.367km。沿线多是交通不便、发展滞后的偏远乡镇。高速公路建成后，将有利于打通黔北地区与外界经济、文化等方面的互通互融。天城坝隧道、桃子垭隧道属于正习高速公路控制性工程，其穿越煤系地层，地质构造条件复杂，施工难度大，安全风险高。

天城坝隧道煤系地层含煤9~13层，煤层倾角为27°~42°不等，含煤总厚6.28~13.65m。其中，C_6煤层真厚1.08m，C_{7-2}煤层真厚0.62m，C_{8-1b}煤层真厚0.31m，C_{8-2}煤层真厚11.19m（沿隧道走向厚度达36m）。煤层最大原始瓦斯含量为20.99m³/t，是突出临界指标8m³/t的2.6倍；瓦斯压力为7.4MPa，是突出临界指标0.74MPa的10倍，瓦斯压力和瓦斯含量远高于突出临界值，被业内专家评价为我国罕见的高压力瓦斯突出隧道，突出煤层的规模和消突工作的难度堪称"全国交通隧道第一"，施工安全风险极高。

桃子垭隧道煤系地层含煤(线)5~7层,其中具有突出危险性煤层为 C_1、C_3、C_5。C_1 煤层埋深瓦斯压力为 3.52MPa,C_3 煤层瓦斯压力为 0.76MPa,C_5 煤层瓦斯压力为 3.82MPa。地质钻探时喷孔、顶钻、卡钻现象较明显,揭煤突出风险大。桃子垭隧道自然泄压堪称最经济的消突范例,世界罕见。

为此,在广泛吸收煤矿领域揭煤防突相关研究成果基础上,本书详细总结了煤与瓦斯突出防治方法、突出煤体分布特征、煤与瓦斯突出统计规律特征、煤与瓦斯耦合作用力学特性。依托上述 2 座隧道工程,通过参建各方技术人员两年多的技术攻关,在煤系地层软弱围岩控制、水力压裂增透、水力割缝、瓦斯抽放、自然泄压、区域防突、工作防突等揭煤防突专项技术方面建立了全套技术。同时,深入总结了天城坝隧道和桃子垭隧道防突揭煤实践理论与技术、施工安全管理措施和应急救援预案。

正习高速的成功修建,获得了英国土木工程师学会 NCE 国际隧道工程奖、全球道路成就奖(环境保护类)以及联合国持续发展议程示范项目奖。

本书编写得到了贵州省交通运输厅建养处、贵州省交通建设工程质量监督执法支队、贵州省交通规划勘察设计研究院股份有限公司、中交第一公路勘察设计研究院有限公司大力支持。本书成果支撑获得了国家自然科学基金面上项目(52274176)资助,在此,对上述单位表示衷心的感谢!

由于作者水平有限,书中难免存在不足之处,希望读者批评指正。

编 者

2022 年 6 月

目录

第1章 煤与瓦斯突出概述 ··· 001

  1.1 煤与瓦斯突出定义与特征 ·· 001

  1.2 煤与瓦斯突出预测方法研究现状 ·· 004

  1.3 交通隧道揭煤防突技术规定 ·· 011

第2章 我国突出煤体分布特征 ·· 020

  2.1 突出构造煤体物理特性 ·· 020

  2.2 突出构造煤分布区域 ·· 022

  2.3 突出与地质构造的关系 ·· 027

第3章 煤与瓦斯突出统计特征 ·· 037

  3.1 煤与瓦斯突出的总体规律 ·· 037

  3.2 煤与瓦斯突出中煤体的抛出特征 ·· 053

  3.3 突出过程中的瓦斯涌出动态变化特征 ·· 067

  3.4 突出过程中的动力效应特征 ·· 070

  3.5 煤与瓦斯突出发生过程的现场考察 ·· 075

第4章 煤与瓦斯多场耦合作用力学特性 ·· 086

  4.1 突出危险煤吸附-解吸变形动态演化机制 ····································· 086

  4.2 瓦斯煤体固-气耦合多场渗流模型 ··· 093

第5章 突出煤层消突技术 ·· 102

  5.1 保护层开采技术 ·· 102

5.2 预抽煤层瓦斯技术 ······ 104
5.3 强化瓦斯抽采技术 ······ 106
5.4 隧道导洞预抽煤层瓦斯技术 ······ 112

第6章 天城坝隧道煤与瓦斯突出危险性评估与预测 ······ 115
6.1 工程概况 ······ 115
6.2 自然地理条件 ······ 116
6.3 地质概况 ······ 117
6.4 勘探阶段突出危险性评估 ······ 125
6.5 实际揭露高突出危险性 ······ 127

第7章 揭煤瓦斯地层段软弱破碎围岩变形控制 ······ 130
7.1 软弱破碎煤岩大变形机理 ······ 130
7.2 软弱破碎煤岩变形控制基准 ······ 131
7.3 软弱破碎煤岩稳定性判定方法 ······ 134
7.4 软弱破碎煤岩变形控制技术原理 ······ 139
7.5 瓦斯地层段钻爆法开挖技术 ······ 142
7.6 瓦斯地层段软弱破碎煤岩支护与施工作业 ······ 145
7.7 瓦斯地层段软弱破碎煤岩支护效果 ······ 158

第8章 天城坝隧道煤层揭煤防突施工技术 ······ 177
8.1 公路隧道揭煤防突工作流程 ······ 177
8.2 C_5、C_6煤层区域综合防突技术 ······ 178
8.3 C_5、C_6煤层局部综合防突技术 ······ 191
8.4 C_7、C_8煤层区域综合防突技术 ······ 194
8.5 C_7、C_8煤层局部综合防突技术 ······ 210
8.6 抽放效果控制 ······ 215
8.7 特厚煤层中管棚超前支护安全快速揭煤技术 ······ 220

第9章 桃子垭隧道瓦斯自然泄压揭煤防突施工技术 ······ 230
9.1 工程地质概况 ······ 230
9.2 高地应力状态 ······ 234
9.3 煤层瓦斯含量与压力 ······ 267
9.4 钻孔瓦斯动力现场与瓦斯抽采设计 ······ 273
9.5 自然泄压揭煤 ······ 275

第10章 隧道施工安全监控系统 ············ 277

10.1 系统概况 ············ 277
10.2 系统设计方案 ············ 277
10.3 系统功能特点 ············ 293
10.4 系统主要设备参数 ············ 299
10.5 其他检测方式 ············ 299

第11章 突出煤层高精度探测与实时预警技术 ············ 302

11.1 超前煤体实时高精度探测技术 ············ 302
11.2 煤与瓦斯突出实时监测预警技术 ············ 308

第12章 通风系统设计及通风管理 ············ 320

12.1 通风系统设计 ············ 320
12.2 通风管理 ············ 326

第13章 作业机械配置及防爆改装 ············ 331

13.1 作业机械配置 ············ 331
13.2 防爆改装 ············ 333

第14章 施工安全措施 ············ 343

14.1 组织保障措施 ············ 343
14.2 "一通三防"管理措施 ············ 346
14.3 其他施工安全措施 ············ 349

第15章 应急救援预案 ············ 365

15.1 施工风险分析 ············ 365
15.2 应急救援组织机构及职责 ············ 366
15.3 应急预案原则 ············ 369
15.4 应急抢险物资配备 ············ 369
15.5 瓦斯灾害的预防和应急措施 ············ 370
15.6 瓦斯灾害应急预案 ············ 372
15.7 各项事故应急救援措施 ············ 375

参考文献 ············ 386

第1章 煤与瓦斯突出概述

1.1 煤与瓦斯突出定义与特征

1.1.1 煤与瓦斯突出定义

煤与瓦斯突出是一种极其复杂的含瓦斯煤体动力灾害现象,它是指煤和瓦斯在极短的时间内向巷道或工作面大量涌出的过程,表现为大量的煤体和瓦斯突然抛出,并伴随有强烈的声响。这种现象发生时间短(数十秒至数分钟),煤和瓦斯向空间抛出或放散的速度快,动力作用过程非常复杂[1-2]。

1.1.2 煤与瓦斯突出特征

煤与瓦斯突出可分为煤与瓦斯突然喷出(以下简称"突出")、煤的压出伴随瓦斯涌出(以下简称"压出")和煤的倾出伴随瓦斯涌出(以下简称"倾出")3种类型,其基本特征如下:

1) 突出的基本特征
(1) 突出的煤向外抛出的距离较远,具有分选现象。
(2) 抛出煤的堆积角小于自然安息角。
(3) 抛出煤的破碎程度较高,含有大量碎煤和一定数量手捻无粒感的煤粉。
(4) 有明显的动力效应,如破坏支架、推倒矿车、损坏或移动安装在巷道内的设施等。
(5) 有大量的瓦斯涌出,瓦斯涌出量远远超过突出煤的瓦斯含量,有时会使风流逆转。
(6) 突出孔洞呈口小腔大的梨形、舌形、倒瓶形、分岔形或其他形状。

2) 压出的基本特征
(1) 压出有两种形式,即煤的整体位移和煤有一定距离的抛出,但位移和抛出的距离都较小。
(2) 压出后,在煤层与顶板之间的裂隙中常留有细煤粉,整体位移的煤体上有大量的裂隙。
(3) 压出的煤呈块状,无分选现象。

(4)巷道瓦斯涌出量增大,抛出煤的瓦斯涌出量大于$30m^3/t$。

(5)压出可能无孔洞或呈口大腔小的楔形、半圆形孔洞。

3)倾出的基本特征

(1)倾出的煤按自然安息角堆积,无分选现象。

(2)倾出的孔洞多为口大腔小,孔洞轴线沿煤层倾斜或铅垂(厚煤层)方向发展。

(3)无明显动力效应。

(4)常发生在煤质松软的急倾斜煤层中。

(5)巷道瓦斯涌出量明显增加,抛出煤的瓦斯涌出量大于$30m^3/t$。

1.1.3 煤与瓦斯突出机理研究

自1843年法国鲁阿尔(Loire)煤田以萨克(Issac)煤矿发生世界上第一次有记载的煤与瓦斯突出以来[3],国内外的众多研究者为认识突出的机理付出了艰辛的努力。通过对煤与瓦斯突出现场和相关实验室试验研究,人们逐步认识到煤与瓦斯突出是瓦斯、地应力及煤体力学性质或其中某一因素起主导作用所导致的,并根据作用的因素提出了有关煤与瓦斯突出机理的单因素假说和多因素假说,试图对突出现象的本质及影响突出的因素在突出发生、发展过程中所起作用进行描述。归纳起来,这些假说可分为瓦斯主导作用论、地应力主导作用论和综合作用论。

(1)瓦斯主导作用论。瓦斯主导作用论认为煤体内存储的高压瓦斯是突出中起主要作用的因素。其中,苏联的 E. H. 沙留金和英国的 R. 威廉姆斯等提出的"瓦斯包"说最具代表性,认为在煤层中存在着瓦斯压力及瓦斯含量比邻近区域高得多的"高压瓦斯包";当巷道、工作面等揭穿"瓦斯包"时,在瓦斯压力作用下松软的煤窝破碎并抛出形成突出。还有其他学者认为瓦斯在煤中以不稳定的化合物形式存在,当巷道等揭开包含不稳定化合物的煤区时,因温度上升或瓦斯压力下降,促使它们急剧地分解,放出大量瓦斯并夹带着煤而喷出。苏联的 B. T. 巴利维列夫、马柯贡和 T. K. 柯留金等提出瓦斯水化物假说。总体来说,该类观点都认为煤体中存在着高压的瓦斯,而且高压瓦斯会破坏工作面之间的煤层,从而引起煤与瓦斯突出。

(2)地应力主导作用论。地应力主导作用论认为煤与瓦斯突出过程起主导作用的是地应力。在这类观点中,构造应力论占有重要的地位,可分为残余构造应力说和现代构造应力说两种。另一种学说认为采掘工作面前方存在着应力集中,当弹性的厚层顶板悬顶过长或突然冒落时,可能产生附加的集中应力。在集中应力作用下,煤体发生破坏和破碎时,会伴随大量瓦斯涌出而构成突出。苏联的别楚克、法国的莫连等分别提出了含瓦斯煤体内储存了大量的弹性势能,当工作面接近该区域时,高应力区的弹性势能释放使煤体破坏而发生突出。还有的学者围绕应力集中或由于振动产生的应力叠加使煤体破坏而发生的煤与瓦斯突出进行了探讨。

(3)综合作用论。综合作用论(多因素假说)认为煤与瓦斯突出是由于地应力、瓦斯及煤的物理力学性质这三种主要因素综合作用的结果。这类假说较全面地考虑了突出发生的作用力和介质两个方面的主要因素,因而得到了国内外大多数学者的承认。依据对煤与瓦斯突出各阶段的不同诠释,可将这类学说分为两大类。一类认为煤和瓦斯突出是能量积聚和释放的过程。有代表性的是"能量假说"和"分层分离说":前者对突出发动的机理进行了阐述,认为煤中应力状态的改变,导致煤体的变形潜能与瓦斯内能突然释放,引起煤层高速破碎而造成突出;后者认为工作面附近地压的作用,增加了瓦斯向巷道渗透的困难,促使煤体内保持较高的瓦斯压力,煤体强度降低,煤柱易于从体内分离,为突出做好了准备,瓦斯压力梯度致使分层承受拉伸力,当拉伸力大于分层的强度时,即发生突出,从煤体分离的煤颗粒和瓦斯急速冲向巷道,随着混合物的运动,瓦斯进一步膨胀,速度继续加快,当遇到阻碍时,速度降低而压力增高,直到增高的压力不能超过破坏条件,这个过程才停止。另一类将煤与瓦斯突出归结于煤体所处变形力学系统的失稳破坏。如我国学者余不凡[5]、章梦涛等[4]基于煤(岩)变形破坏机理,提出了冲击地压和突出的统一理论,认为煤(岩)在外力作用下发生变形,局部应力超过峰值强度,形成具有应变弱化的应变集中区,即一个非稳定破坏系统,在外扰动下平衡被破坏,发生非稳定破坏的动力失稳;周世宁[6]、刘明举等[7]提出了煤与瓦斯突出的流变假说,较好地解释了突出的发生、发展过程。

近年来,人们开始将煤与瓦斯突出作为一个力学作用过程,应用现代数学、物理力学和非线性理论等方法来加以研究。Gray[8]认为突出过程中可能发生两种瓦斯诱发的破坏机理,即煤体的拉伸破坏和煤岩体的剪切管涌破坏。郑敏哲院士[9]从数量级比较与量纲分析的角度阐述了瓦斯突出的机理,定性分析了瓦斯突出的孕育、启动、发展和停止的过程。Litwiniszy[10]利用稀疏冲击波理论研究了煤与瓦斯突出时波阵面的跳跃条件,并提出了煤与瓦斯突出的数学模型。Paterson[11]基于突出是由于煤体中瓦斯压力梯度超过煤体的抗拉强度而发生结构失稳破坏这一假设,用有限元方法分析了由于二维渗流所造成的有效应力场,从渗流的角度解释了煤壁裂纹的产生。谈庆明等[13]用破裂波模型讨论了含瓦斯煤在突然卸压条件下的开裂破坏,指出当煤样表面突然卸载的强度超过抗拉强度与大气压之和时,煤样便发生破裂,且以破裂波的形式向深部发展。潘一山等[13]提出把煤与瓦斯突出看作含有流体的多孔介质射流来研究煤与瓦斯突出,对研究矿井灾害机理提出了一种新的思考方法。文光才等[14]通过模拟突出过程中煤的破碎和抛出,并对瓦斯破碎煤样与机械功破碎煤样进行破碎程度及能量对比分析,得出了瓦斯内能对突出做功的定量关系式。张国华等[15]从断裂力学角度,阐述了原始环境条件下饱和瓦斯煤岩体受采掘活动影响,在围岩应力增高情况下,其内部裂隙发生、发展过程与渗透率之间的关系。Li等[16]通过对剪切带变形煤样的试验研究,指出剪切变形煤体中瓦斯的运移比原生结构煤中的瓦斯运移要复杂得多,剪切变形煤体不是简单的双重孔隙系统,且不同的变形性质(脆性和塑性)对煤体本身的渗透性具有不同的影响。蔡成功[17]从力学模型入手,按相似理论设计了三维煤与瓦斯突出模拟试验装置,试验模拟了不同煤岩强度、三向应力、瓦斯压力条件下的煤与瓦斯突出过程,得出煤岩强度对突出强度影响最大,是关键因素,其次为水平应力和垂直应力,侧向应力对突出强度的影响较小,瓦斯压力是突出发生的必要条件。胡千庭等[18]通过对突出全过程的分析,建立了煤与瓦斯突出过程的力学作用机理,将突出全过程划分为准备、发生、发展和终止4个阶段(图1.1-1),认为初始失稳条件、破坏的连续性进行条件和能量条件是突出发生的3个必要条件,突出发动是围岩突然失稳与失稳煤岩快速破坏和抛出的过程,突出发展是突出孔洞壁面煤体由表面向深部逐步破坏并抛出的过程,突出孔壁内堆积煤岩促使孔洞壁煤体受力状态发生变化是突出终止的主要原因。

世界各国的学者针对这一世界性的研究难题开展了大量的研究工作,但瓦斯灾害事故至今仍无法杜绝。预计在今后相当长的一段时间内,煤与瓦斯突出机理及其防治仍然是重点研究内容。

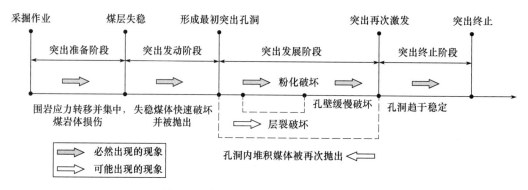

图 1.1-1　煤与瓦斯突出的力学作用过程描述

1.2　煤与瓦斯突出预测方法研究现状

1.2.1　我国煤与瓦斯突出防治技术发展

为有效防治煤与瓦斯突出,我国先后开展了大量的理论研究、实验室试验和现场科技攻关工作,目前已建立起煤与瓦斯突出危险性评价方法、防治技术、装备和严格的标准体系。我国煤与瓦斯突出防治先后经历了以下 5 个阶段[19]。

(1)20 世纪 50—80 年代,了解和掌握煤与瓦斯突出规律,引进、消化、吸收和发展煤与瓦斯突出防治技术,研究煤与瓦斯突出预测指标和临界值[20]。

(2)20 世纪 80 年代—21 世纪初,局部防突技术为主、区域防突技术为辅阶段,我国先后于 1988 年和 1995 年发布了《防治煤与瓦斯突出细则》(简称《防突细则》)。

(3)20 世纪初—2008 年,区域防突技术和局部防突技术并重阶段,我国提出了"先抽后采、监测监控、以风定产"的十二字工作方针,构建"通风可靠、抽采达标、监控有效、管理到位"的煤矿瓦斯治理工作体系,发布了以《煤矿瓦斯抽采基本指标》(AQ 1026—2006)为代表的一系列瓦斯防治技术标准。该阶段一些企业为适应机械化生产需求和防突工作现状,对企业内部进行严格要求。

(4)2008—2018 年,区域防突技术为主、局部防突措施补充阶段,我国于 2009 年发布了《防治煤与瓦斯突出规定》(简称《防突规定》)。

(5)2019 年至今,在全面贯彻执行"区域防突技术为主、局部防突措施补充"的两级"四位一体"综合防突措施的基础上,进入了瓦斯治理安全经济一体化阶段,我国于 2019 年发布了最新版的《防突细则》。

1.2.2　煤与瓦斯突出危险性预测

1)煤与瓦斯突出危险性预测方法

根据预测任务的不同,煤与瓦斯突出危险性预测分为区域性预测和工作面预测。

(1) 区域性预测

区域性预测的任务是鉴定矿井、煤层和煤层区域是否存在突出危险,一般在地质勘探、新井建设、新水平和新采区开拓时进行。区域性预测采用瓦斯地质统计法和综合指标法(D/K法),并以单项指标法作为依据进行判断[21]。

① 瓦斯地质统计法

20世纪80年代中期,地质学者彭立世教授对煤与瓦斯突出发生的原因进行了相关研究,发现煤矿发生突出和所处地的地质有很大关系,矿井内不同的煤层由于其所处的深度不同而拥有不同的地质环境,因此突出发生的概率也不相同[22]。地质统计的方法是建立在不同深度的地质条件遵循一定规律的基础上,其原理是根据已知区域突出点的分布情况分析地质构造(包括褶曲、断层、火成岩侵入程度等)对该区域突出发生可能性的影响,再对未知区域的地质条件进行勘察对比来进行预测。例如谷艺星等[23]在分析瓦斯地质特征的基础上总结客观规律,应用地质统计法成功对某煤矿8号煤层的突出进行了预测。但是该方法大多数情况只适用于大面积的危险区域性预测,面对小型作业区域的危险预测,地质勘察工程不易展开,地质规律的总结不具备普适性。此外,掌握确切的地质统计法资料通常是在突出发生之后,这样的滞后性使得本身就费时费力的方法得不到应有的指导价值。随着计算机和大数据的迅速发展,将地质资料输入计算机模拟构造地质模型成为可能,在计算机中对大量的突出和地质数据进行比对分析以评估未开采区域突出发生的可能性,给地质统计法带来了新的发展方向。

② 单项指标法

20世纪60年代苏联科学家通过对顿巴斯、卡拉干达、库兹巴斯矿区等突出煤层的研究,把煤层结构分成五类(其中两类表示煤层有突出的可能性),率先在世界上提出了区域预测煤与瓦斯突出危险性的单项指标法。20世纪80年代中期,我国科学家于不凡指出如果仅仅用单个指标是没有参考意义的,需要多种指标都超出临界值才可能会发生突出[24]。单项指标法是一个统称的概念,具体监测对象包括但不限于相对压力、煤体温度、坚固性系数、煤体破坏类型。这种方法的实质是对一系列因素的一种量化,通过各个因素设定临界值,如果检测区域的数据值大于或等于临界值,那么就认为该区域就有很大可能发生突出[25]。临界值的确定分为两种情况:若预测区域有突出案例的实测数据,那么就以实测数据作为参考临界值;若该区域从未发生过突出或没有记录突出实测数据,可以参考《防突细则》中相关临界值的规定。

单项指标法在早期的突出预防预控工程中起到了积极的作用,但是其缺点也随着实际应用案例的增多而逐渐凸显。例如,在地质条件或开采深度等其他因素的影响下可能会存在 Δp 值相差不大的突出与非突出煤层,此时若只使用单一指标则不能及时预测突出,甚至会产生误报影响实际作业。

③ 综合指标法(D/K法)

综合指标法是由北票矿务局、抚顺煤炭研究院等多家机构联合提出的一种预测方法,由于其优异的预测表现而被收录到《防突规定》,并得到广泛应用。与其他指标法类似,它的原理是通过计算综合评价指标 D、K 值,并与临界值比对后进行预测。D 和 K 的具体计算公式如下:

$$D = \left(0.0075 \frac{H}{f} - 3\right)(p - 0.74) \tag{1.2-1}$$

$$K = \frac{\Delta p}{f} \tag{1.2-2}$$

式中:D、K——用于突出预测的综合指标;

H——地面到煤层的垂直距离;

p——煤层瓦斯压力;

f——坚固性系数。

(2)工作面预测

工作面预测是对采掘工作面突出的危险性进行预测,可在采掘过程中完成预测指标的测定,预测方法分为接触式预测和非接触式预测。接触式预测通过局部煤层钻孔法来测量相关指标参数进行突出危险性预测,其预测的主要参数包括钻屑量、钻孔瓦斯涌出初速度、钻屑瓦斯解吸指标等。这些参数都通过钻孔方式获得,由于钻孔需要一定的时间,这对生产作业会产生影响,预测结果具有一定的滞后性和局限性。

①钻屑指标法

钻屑指标法是一种常用于工作面预测的简单实用的方法,它是在保证安全岩柱厚度的情况下,在工作面上添加至少两个 $8\sim10m$ 的钻孔用于钻屑测试,钻孔过程中每前进 $1m$ 需要记录这段长度的钻屑体积、质量及瓦斯含量。并且只有所测定的钻屑量不大于临界值情况下,才能确定所测定的工作面无突出危险性;否则就需要采取消突措施。

②钻孔瓦斯涌出初速度法

钻孔瓦斯涌出初速度法与钻屑指标法类似,属于建立在试验监测与统计分析基础上的静态单指标法。在使用该方法进行掘进工作面防突预测之前,应在平行于掘进巷道的两侧 $0.5m$ 左右各钻一个 $3.5mm$ 深的小孔,使用封孔器封装后再进行钻孔瓦斯涌出初速度测定,根据瓦斯涌出速度可以判断突出发生的可能性,可以用于设备不完善时,初步判断是否有突出的可能。

③R 指标比较法

R 指标比较法是苏联东方煤研所于 1969 年提出的,先后在库兹巴斯、沃尔库特等煤田进行了采煤工作面突出试验研究并取得了较好的效果。该方法需要进行钻孔测量,结合经验公式计算,得到的 R 值越大,突出的强度就会越大,反之越小。具体计算公式如下:

$$R = (S_{max} - 1.8)(q_{max} - 4) \tag{1.2-3}$$

式中:S_{max}——单个钻孔中的最大钻屑量;

q_{max}——单个钻孔中的最大瓦斯涌出初速度。

将计算出的 R 值与实际突出发生时计算得到的阈值 R_m 进行比较来预测突出的可能性。在没有实际测量数据的情况下可以取 $R_m = 6$。当任何一个钻孔中的 $R \geq R_m$ 时,该工作面均有突出可能,否则突出可能性较小。

2)我国煤与瓦斯突出预测指标及其临界值

我国煤与瓦斯突出危险性预测指标包括 3 个部分:第 1 部分为煤层突出危险性鉴定指标,第 2 部分是区域性突出危险性预测指标,第 3 部分是局部突出危险性预测指标。表 1.2-1~表 1.2-3 为不同版本《防突细则》中我国煤与瓦斯突出危险性预测指标及其临界值的发展变化过程。

煤层突出危险性鉴定指标及其临界值　　　　表1.2-1

《防突细则》版本	1988年版	1995年版	2009年版	2019年版
煤的破坏类型	Ⅲ、Ⅳ、Ⅴ	Ⅲ、Ⅳ、Ⅴ	Ⅲ、Ⅳ、Ⅴ	Ⅲ、Ⅳ、Ⅴ
瓦斯放散初速度 ΔP	≥10	≥10	≥10	≥10
煤的坚固性系数 f	≤0.5	≤0.5	≤0.5	≤0.5
瓦斯压力 P(MPa)	≥0.6	≥0.74	≥0.74	≥0.74

注：f≤0.3且P≥0.74MPa，或0.3<f≤0.5且P≥1.0MPa，或0.5<f≤0.8且P≥1.50MPa，或P≥2.0MPa的，一般鉴定为突出煤层。

煤层突出危险性区域预测指标及其临界值　　　　表1.2-2

《防突细则》版本	1988年版	1995年版	2009年版	2019年版
煤层突出危险性综合指标 D	≥0.25	≥0.25	—	—
煤层突出危险性综合指标 K	≥15	无烟煤≥20	—	—
瓦斯压力 P(MPa)	—	—	≥0.74	≥0.74
瓦斯含量 W(m³/t)	—	—	≥8	≥8(构造带≥6)

煤层突出危险性局部预测指标及其临界值　　　　表1.2-3

《防突细则》版本	1988年版	1995年版	2009年版	2019年版
最大钻屑量 S_{max}	≥6kg/m 或≥5.4L/m	≥6kg/m 或≥5.4L/m	≥6kg/m 或≥5.4L/m	≥6kg/m 或≥5.4L/m
钻屑瓦斯解吸指标 Δh_2	≥20mm(H_2O)	≥200Pa(干煤) ≥160Pa(湿煤)	≥200Pa(干煤) ≥160Pa(湿煤)	≥200Pa(干煤) ≥160Pa(湿煤)
钻屑瓦斯解吸指标 K_1	≥0.8(f≥0.35) ≥0.6Pa(f<0.35)	≥0.5(干煤) ≥0.4(湿煤)	≥0.5(干煤) ≥0.4(湿煤)	≥0.5(干煤) ≥0.4(湿煤)
钻孔瓦斯涌出初速度 q(L/min)	按挥发分分类*	按挥发分分类*	≥5	≥5
钻屑瓦斯解吸指标 C	≥2.3	—	—	—

注：* 钻孔瓦斯涌出初速度临界值，当挥发分V_{daf}=5%~15%时，临界值为5.0L/min；当V_{daf}=15%~20%时，临界值为4.5L/min；当V_{daf}=20%~30%时，临界值为4.0L/min；当V_{daf}>30%时，临界值为4.5L/min。1988年版、1995年版和2009年版《防突细则》石门揭煤工作面可采用综合指标(D、K)进行工作面突出危险性预测。

由表1.2-1~表1.2-3可知：

(1)煤层突出危险性鉴定指标，从1988年版到2019年版的《防突细则》均没有变化，即采用煤的破坏类型、瓦斯放散初速度、煤的坚固性系数和瓦斯压力4项指标；除1988年版瓦斯压力临界值为0.6MPa外，后面各版本的瓦斯压力均为0.74MPa，其他指标临界值均未变化。

(2)区域性突出危险性预测指标，1988年版、1995年版《防突细则》采用综合指标 D 和 K 值，而2009年版和2019年版《防突细则》采用瓦斯压力和瓦斯含量指标，并在2019年版中增加了构造区域瓦斯含量指标，其临界值为6.0m³/t。

(3)区域性突出危险性预测指标的变化，反映了我国煤与瓦斯突出防治由局部防突技术为主、区域防突技术为辅阶段，向区域防突技术为主、局部防突技术补充阶段的全面转化。

(4)局部突出危险性预测指标，从《防突细则》1988年版到2019年版均没有变化；指标临界值变化也很小,仅 1988 年版和 1995 年版钻孔瓦斯涌出初速度 q 按煤的挥发分给出临界值,1988 年版钻屑瓦斯解吸指标 K_1 值按煤的坚固性系数 f 值给出临界值,见表 1.2-3。

由于突出区域不同、构造程度不同、突出煤种的多样性、地应力增加、瓦斯压力增大、渗透性的降低等,原来从有限矿区试验获得的煤与瓦斯突出危险性指标及其临界值是否具有普适性,需要进一步研究。

3)机器学习在煤与瓦斯突出预测中的研究现状

机器学习是指通过计算机学习数据中的内在规律性信息,获得新的经验和知识,以提高计算机的智能性,使计算机能够像人那样去决策[26-27]。随着各行业对数据的需求量增多,对处理和分析数据的效率要求变高,一系列机器学习算法应运而生。传统突出预测方法的缺点在于过分依赖主要因素的确定以及它们与突出发生可能性的数量关系,而机器学习可以很好地映射非线性关系,从而省去了对这些经验公式的探索。随着时代发展,研究人员也将机器学习理论带入了煤与瓦斯突出或其他危险预测的领域。

(1)人工神经网络

人工神经网络(Artificial Neural Network,ANN)起源于 20 世纪 40 年代,美国的 Mcculloch 和 Pitts 合作提出了 M-P 神经元模型,加拿大的 Hebb 则模仿生物处理信息的方式提出了神经元学习规则,为之后的算法研究提供了理论基础。20 世纪 50 年代中期,Frank Rosenblatt 提出了感知器模型,进一步推动了神经网络的发展。1986 年,Rumelhart 和 McCelland 的小组根据误差反向传播思想设计出了目前应用最广泛的 BP 神经网络模型。计算机处理数据的能力随着硬件的发展不断增强,使得神经网络应用在基于数据驱动的预测领域成为可能。例如日本率先开展了基于神经网络的光伏发电功率预测研究[28],美国学者在财务风险预测方面引入神经网络用以代替传统的 Z 模型取得了不错的效果[29],神经网络应用领域的拓展启发了我国许多学者并将它引入了煤与瓦斯突出预测领域。

赵耀江等[30]模拟人脑神经系统,把人脑对于信息的处理机制应用到煤与瓦斯突出预测中,从而得到各因素之间的非线性关系,把突出规模分为大、中、小三个等级,并将此模型应用在实例中,其结果表明有较好的精确性。曲方等[31]在神经网络工具箱中利用 BP 算法建立了煤与瓦斯涌出预测系统,经过 300 次实际数据训练得到了误差小于 0.1 测试集样本结果。朱志洁等[32]在收集了大量的地质数据后采用主成分分析法缩小了输入样本的规模,基于此建立的 PCA-BP 模型在保持精度的基础上显著提高了运算效率。王雨虹等[33]建立了基于核主成分分析和概率神经网络的组合突出辨识模型,并采用混沌免疫优化算法对参数 σ 进行优化,所得辨识结果比其他模型更为准确。万宇等[34]将粒子群算法和 BP 神经网络相结合研究煤与瓦斯突出问题,通过仿真发现粒子群算法有效降低了模型复杂度,在保证预测精度的情况下收敛速度要显著优于传统预测方法。

(2)支持向量机算法

Vapnik 等于 1964 年提出了支持向量机算法(Support Vector Machine,SVM),在 20 世纪 90 年代后得到快速发展并衍生出一系列改进和扩展算法,它作为一种监督式学习方法被广泛应用于统计分类以及回归分析中,如人像识别、文本分类、可靠性分析等。基于分类间隔最大化原理的支持向量机能够很好地解决实测数据不多的非线性小样本问题,并且具有很强的泛化性能。基于这些优点,研究者们也将 SVM 引入到煤与瓦斯突出预测领域中,并且为了提高算法的精度,与其他各种优化算法相结合进行了各种尝试。

刘俊娥等[35]建立了使用粗糙集理论(RS)进行数据知识约简的 RS-SVM 组合危险辨识模型,提取核心致突指标后的回归分析由于降低了计算复杂度,在具备了较高的预测精度基础上还提升了辨识速度和泛化性能。邵剑生等[36]将粒子群优化算法(PSO)与支持向量机相结合提出了一种组合突出预测模型 PSO-SVM,结合实例分析发现经过粒子群优化算法对参数进行优化可以提高预测精度。黄为勇等[37]将混沌理论引入突出危险性辨识领域构造了 CCPSO-SVM 的组合危险辨识模型,经过试验仿真证明了该模型由于有效避免了局部最优的发生而使预测精度和收敛速度得到了提高。谢国民等[38]利用领域粗糙集算法提取核心诱突指标作为支持向量机映射非线性关系的输入,仿真结果表明组合后的 NN-SVM 模型具有良好的精度和运算速度。付华等[39]主要将等距映射思想、改进布谷鸟算法以及加权最小二乘向量机(LSSVM)结合构建了一种双耦合方法,在突出强度辨识精度方面有了很大进步。付华等[40]使用多层去噪声自编码器(Multi-layer DAE)结合最小二乘支持向量机模型进行突出危险的辨识预测,试验结果表明经过多层 DAE 提取致突因素的效果较好,组合模型 LSSVM 适用于当前的突出预测。刘海波等[41]主要是将粗糙集理论(RS)、粒子群算法(PSO)以及支持向量机(SVM)相结合构造 RS-PSO-SVM 模型预测煤与瓦斯突出是否发生,通过研究发现该模型预测的效果与实际情况一致,与其他模型相比准确率更高、适应性更好。苏筱丽[42]发现将主成分分析(PCA)和支持向量机相结合预测煤与瓦斯突出的效果较好,试验证明主成分分析降维后的 SVM 预测效果明显优于无降维处理的模型。

4)突出危险性预测指标及其临界值研究展望

(1)突出预测指标敏感性及其临界值测定中存在的问题

地应力(σ)、瓦斯(P、W)和煤的性质(f)的综合作用决定了煤层是否会发生突出动力现象,这些突出动力现象以往又直接用以确定突出预测指标的临界值,如图 1.2-1 所示。《防突细则》❶给出了各突出预测指标的建议临界值,但这些建议临界值并不能统一起来,也不能反映煤层实际的突出危险性,表明不同煤层及瓦斯赋存条件很难存在统一的临界值[19]。

图 1.2-1 突出预测敏感指标确定方法

现今,煤矿现场采用区域预测方法确定突出危险区,在突出危险区内采取区域性瓦斯治理措施,经效果检验区域性消除突出危险的条件下才进行采掘作业,一般无法通过突出动力现象来确定临界指标的可靠性和经济性。一些突出煤层虽然记载有始突深度,但因时间久远或相关材料不齐全,难以判断其可靠性。同时,当今的经济社会发展水平对煤与瓦斯突出预测提出

---

❶ 如无特别注明,本书《防突细则》指 2019 年发布的《防治煤与瓦斯突出细则》。

了更高的要求,即预测不突出的准确率要达到100%。在缺乏突出及动力现象验证的背景下,在保障预测不突出准确率100%的前提下,还要考虑较为经济地采取防突措施,故确定突出预测指标的敏感性及其临界值十分困难。

目前,关于突出敏感指标及其临界值的研究只能越过实际发生的突出动力现象这一关键节点,利用突出的影响因素与局部预测指标之间的关系,依据《防突细则》的要求,结合实际情况,间接确定突出敏感指标及其临界值。

(2)反映地应力的区域预测指标

地应力是突出过程中煤(岩)破坏的动力和能量来源,包括原岩应力和扰动应力,其中原岩应力是构造应力、重力或热作用和构造作用的残余应力综合的结果。地应力主导了煤体宏观和微观结构的改造,控制着煤层瓦斯赋存;瓦斯又能改变煤体力学性质,参与煤体破坏,提供突出煤岩的搬运动力;煤是所有突出能量的作用对象,其力学特性、孔隙结构特征、瓦斯赋存和流动特性等影响着突出过程。而现行的区域预测指标——瓦斯压力、瓦斯含量,反映的是煤层瓦斯赋存状况,而煤与瓦斯突出的关键因素是地应力,随着开采深度的增加,地应力的变化更加复杂,突出危险性也越来越复杂。但在突出危险性预测中能够反映地应力的指标较少,怎样在区域预测中反映地应力,特别是构造应力的变化十分必要。

(3)煤厚异常变化指标

煤矿各级构造对煤层赋存具有控制作用,如煤层厚度、倾角、连续性等。世界各地的突出事故表明,绝大多数突出事故发生在地质构造地带(断层、褶曲、逆推等)[43]。我国虽然采取了世界上最严格的两个"四位一体"综合防突措施,但在小构造影响区域,如小断层、小褶皱附近,近年来仍时有突出事故发生。小地质构造改变了局部煤层的地应力环境,造成煤层几何形态和微观物理化学结构的改变,进而影响了局部煤层的瓦斯储存与释放特性。小地质构造影响下的煤通常具有高吸附能力,能够束缚高能瓦斯,失稳后煤快速粉化,能够快速释放瓦斯[44]。煤与瓦斯突出案例证明,突出与煤层局部厚度增大具有明显的相关性,煤层厚度的局部增大主要由构造运动的挤压造成。通过对局部变厚带突出案例的跟踪和测定,发现煤层变厚带多为突出能量的富集区域,与变厚带的周围煤体相比,煤层瓦斯含量普遍增大,最大增加1倍以上。如何在突出预测指标中反映出局部变厚带的影响,值得进一步关注。

(4)突出灾害的潜在强度指标

煤与瓦斯突出由地应力控制,但突出过程主要依赖瓦斯能抛出和搬运煤体,突出煤层瓦斯能的储存与能量释放特征决定了突出的规模与强度。为此,需要量化突出煤体蕴含的突出能量,尤其是瓦斯潜能,表征瞬时突出过程瓦斯潜能的有效转化率,在此基础上进行煤层的突出潜在强度预测,而目前国内外对突出潜在强度的预测研究仍是一项空白。预测突出潜在强度对突出矿井的分级管理、选用合理经济的有效措施是非常有意义的,应开展这方面的研究工作。

(5)新突出预测方法及措施效果检验方法

我国的煤层经历多期的地质构造运动,煤层赋存、瓦斯赋存和地质构造的作用是不均匀的,虽然执行了严格的综合防突措施,但仍然有少量突出发生在实施防突措施的过程中或发生在措施效果检验后。这表明,不同的煤层与瓦斯赋存条件、同一煤层的不同区域对防突措施有不同的要求,突出预测方法也应有差异。采用统一化的防治措施存在方法不合理和工程量过剩或不足的可能。因此,进一步提高和完善突出预测方法及措施效果检验方法,研究新的有效防突措施,仍是防突科研工作亟待解决的课题。

1.2.3 煤与瓦斯突出危险性防治

《防突细则》明确指出,始终坚持"区域综合防突措施先行、局部综合防突措施补充"的原则。目前,区域防突措施主要分为保护层开采与大面积预抽煤层瓦斯两类。关于局部防突措施,形成了预抽瓦斯、超前钻孔、水力化措施、松动爆破等成熟的工作面防突技术体系,详见第5章。长期的理论研究与开采实践表明,针对现场不同条件采用系统完善的防突技术,是遏制突出发生的根本保障[45]。

1.3 交通隧道揭煤防突技术规定

煤矿石门揭煤执行两个"四位一体",工序复杂,工效低。交通隧道揭煤范围小、支护设防水平高,通过采取强化瓦斯预抽排和超前支护加固措施等综合消突措施,将区域消突与工作面消突工作统一实施,简化了交通隧道揭煤防突工作程序,验证了简化工作的科学性,极大提高了工效。相关技术流程分别写进了《公路瓦斯隧道设计与施工技术规范》(JTG/T 3374—2020)(简称《公路瓦斯隧道规范》)与《铁路瓦斯隧道技术规范》(TB 10120—2019)(简称《铁路瓦斯隧道规范》)。

1.3.1 公路瓦斯隧道揭煤防突

《公路瓦斯隧道规范》规定内容如下:
1)一般规定
(1)具有煤(岩)与瓦斯突出危险的隧道,应编制揭煤防突专项设计。
(2)隧道掌子面从距煤层底(顶)板的最小法向距离10m,到穿过煤层进入顶(底)板最小法向距离5m,整个过程为揭煤作业。
(3)揭穿具有煤(岩)与瓦斯突出危险的地层时,应严格按突出危险性预测、防突措施、措施效果检验、安全防护措施的程序组织实施,工作流程可参照图1.3-1进行。
(4)煤(岩)与瓦斯突出地层在进行超前探测、突出危险性预测、防突措施及防突措施效果检验过程中,应停止与防突工作无关的作业。
(5)穿越煤(岩)与瓦斯突出煤层时,应全程检测瓦斯,观察并掌握突出预兆。当发现有煤(岩)与瓦斯突出预兆时,应立即停工、撤人和断电。
(6)在具有煤(岩)与瓦斯突出危险的工区施工时,任意2个相向开挖掌子面距离不应小于100m,同向(平行、相邻)开挖掌子面距离不应小于50m。
2)超前探测
(1)在煤(岩)与瓦斯突出危险性的地层中施工时,应加强地质分析及预测预报工作。
(2)接近突出煤层前应实施超前探孔,超前探孔应符合下列规定:

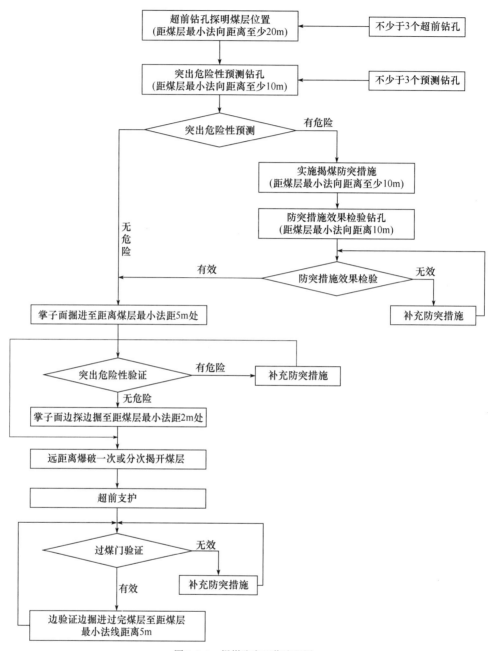

图 1.3-1 揭煤防突工作流程图

①接近煤层前,在掌子面距煤层最小法向距离大于或等于20m时进行超前探孔,探孔数量不应少于3个,且至少有1个钻孔需要取芯。

②超前探孔应穿透煤层(或煤组)全厚且进入顶(底)板不小于0.5m,钻孔直径不宜小于76mm。当超前探孔兼作预测钻孔时应测定煤层瓦斯压力或含量等参数。

③观察并记录探孔过程中的瓦斯动力现象、孔口排出的浆液、煤屑变化情况。

④记录岩芯资料,按各孔见煤、出煤点确切位置,计算煤层的厚度、倾角、走向及与隧道的

相对位置关系,并分析煤层顶、底板岩性及地质构造。

超前探孔布置设计示意如图 1.3-2 所示。

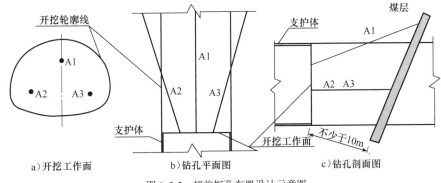

图 1.3-2　超前探孔布置设计示意图

3) 突出危险性预测

(1) 突出危险性预测工作应在掌子面距煤层最小法向距离 10m 前实施,地质构造复杂、围岩破碎的区域应适当增加最小法向距离,预测取芯钻孔不应少于 3 个。

(2) 开挖工作面煤(岩)与瓦斯突出危险性预测应采用瓦斯压力法或瓦斯含量法作为主要预测方法,并至少选取钻屑指标法或钻孔瓦斯涌出初速度法进行验证。

(3) 开挖工作面突出危险性预测方法中有任何一项指标超过临界指标,该工作面即为突出危险工作面。预测临界指标值应根据当地煤矿的实测临界指标值确定,无当地煤矿的实测临界指标值时,可参照表 1.3-1 中所列突出危险性预测指标临界值。

突出危险性预测指标临界值　　　　表 1.3-1

预测指标	瓦斯压力 (MPa)	吨煤瓦斯含量 (m³/t)	钻屑瓦斯解吸指标				钻孔瓦斯涌出初速度 (L/min)
			Δh_2 指标临界值 (Pa)		K_1 指标临界值 [mL/(g·min$^{1/2}$)]		
			干煤样	湿煤样	干煤样	湿煤样	5
临界值	0.74	8	200	160	0.5	0.4	

(4) 钻孔过程中出现明显顶钻、卡钻、喷孔等动力现象及其他突出预兆时,应视该开挖工作面为突出危险工作面。

4) 防治煤(岩)与瓦斯突出措施

(1) 防治煤(岩)与瓦斯突出主要措施有钻孔抽放煤层瓦斯、钻孔排放瓦斯、超前管棚、注浆加固、水力冲孔或其他经试验证明有效的措施。一般优先采用钻孔瓦斯排放,也可采用钻孔瓦抽放。若采用钻孔瓦斯抽放时,应编制瓦斯抽放专项设计。

(2) 钻孔抽(排)放瓦斯应遵守下列规定:

①煤(岩)与瓦斯突出地层的钻孔抽(排)放瓦斯专项方案内容主要包括煤层赋存状况、煤层参数、预测时的各项指标、抽(排)放范围、钻孔抽(排)放半径、抽(排)放时间、抽(排)放孔个数、钻孔长度和角度、抽(排)放孔施工及抽(排)放期间的安全措施等。

②抽(排)放时间、抽(排)放半径应根据煤层参数、预测指标等综合分析确定,抽(排)放孔的角度、长度、抽(排)放孔个数应根据煤层赋存状况、抽(排)放范围和抽(排)放半径计算

确定。

③抽(排)放钻孔控制隧道轮廓线左、右边墙外应不小于12m,底部应不小于12m(急倾斜煤层应不小于6m),拱顶应不小于12m,且拱顶控制范围的外边缘到隧道轮廓线的最小法向距离应不小于5m。具体抽(排)放范围及抽(排)放孔角度可参照表1.3-2取值。

抽(排)放钻孔参数值   表1.3-2

距开挖轮廓的抽(排)放最小范围(m)				抽(排)放半径(m)	抽(排)放孔角度(°)		
左	右	上	下		水平角	仰角	俯角
≥12	≥12	≥12	≥6	1~2	0~90	0~45	0~20

④抽(排)放孔直径宜为75~120mm,各孔应穿透煤层,并进入顶(底)板岩层不小于0.5m。当煤层倾角小、煤层厚,不能一次打穿煤层全厚时,可采用分段分部多次抽(排)放,但首次抽(排)放钻孔宜进入煤层深度5~10m。

⑤抽(排)放孔间距应根据煤层有效抽(排)半径确定。

⑥抽(排)放孔施工前应加强抽(排)放工作面及已开挖段的支护。

⑦钻孔过程中应检查验收钻孔角度和长度等情况。

⑧抽(排)放孔施工过程中应注意观察各种异常情况及动力现象,当钻孔施工中出现动力现象时,应停止该孔施工,待采取安全措施后方可恢复施工。

⑨采用抽放措施时,每钻完一个孔应及时封孔抽放。

⑩采用排放措施时,每钻完一个孔应检测该孔瓦斯涌出量,以后每天进行2次,计算衰减系数。

⑪揭穿突出煤层宜采用上下台阶法开挖,利用上台阶排放下台阶的部分瓦斯,其台阶长度应根据通风需要和隧道围岩稳定性、支护结构安全性综合考虑确定,下台阶瓦斯排放应采用下列措施:

a.在上部台阶底打俯角孔排放。

b.每排排放钻孔连线应与煤层走向平行。

隧道揭煤防突示意如图1.3-3所示。

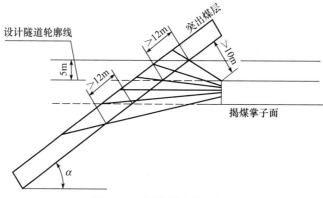

图1.3-3 隧道揭煤防突示意图

(3)揭煤工作面超前支护应在隧道拱顶和两侧一定范围内布置,并进行注浆加固。

(4)煤(岩)与瓦斯突出工区钻孔排放瓦斯过程中,应加强工作面风流及回风道风流中瓦斯浓度检测。

5)防突措施效果检验

(1)采取防突措施实施后,应在同一位置检验防突措施是否有效。当掘进至距煤层最小法向距离5m、2m的位置时,应分别再次对煤层突出危险性进行验证。

(2)防突措施效果检验孔数不应少于4个,检验孔的深度不应大于防突措施钻孔。检验钻孔应布置在防突措施钻孔密度相对较小、孔间距相对较大的位置。

(3)防突措施效果检验的方法应参照预测方法的规定进行,其检验指标均应小于表1.3-1指标临界值,且未发现其他异常情况,判定为措施有效;判定为措施无效时,必须采取补充防突措施。

6)揭煤与开挖

(1)隧道开挖工作面揭开具有突出危险性煤层时,应在隧道外起爆,所有人员撤出洞外。严禁使用震动爆破揭穿突出煤层。

(2)揭开不同倾角、厚度的煤层应符合下列规定:

①厚度不大于0.3m的急倾斜和倾斜煤层,应一次揭穿煤层。

②厚度大于0.3m的急倾斜和倾斜煤层,一次揭煤厚度宜为0.5~1.0m。

③缓倾斜煤层,应一次揭开最小保护厚度的岩柱。当倾角小于12°,岩柱水平长度较大时,可刷斜面揭开煤层。

(3)在半岩半煤和全煤层中掘进时,揭穿煤后必须对揭煤断面周边法线距离5m范围的煤层进行突出危险性验证,验证超标则必须采取局部防突措施。

(4)揭煤施工过程中只要钻孔存在喷孔、顶钻或其他动力现象时,均应停止施工,采取防突措施并经效果检验有效后方可继续进入下一循环开挖作业。

(5)爆破钻孔前,可采用喷射混凝土临时封闭开挖工作面。

7)安全防护

(1)煤(岩)与瓦斯突出地层钻孔排放瓦斯期间,应提高洞内风速和风量,回风系统内应停电撤人。

(2)穿越煤(岩)与瓦斯突出地层时,开挖工作面应全程检测瓦斯浓度,当有煤(岩)与瓦斯突出预兆时,应停止工作面作业。

(3)揭煤爆破通风30min后,应检测开挖工作面、回风道等位置的瓦斯浓度,确认安全后方可允许施工人员进洞。

(4)揭煤过程中,应保持主风机正常运转、备用主风机及二路电源待启动状态。

1.3.2 铁路瓦斯隧道揭煤防突

《铁路瓦斯隧道规范》规定内容如下:

1)一般规定

(1)隧道穿越突出煤层应严格按照"超前综合防突措施先行、工作面综合防突措施补"的原则开展设计与施工,并编制防突揭煤专项设计、施工方案。

(2)隧道通过平均厚度为0.3m及以上的煤层应进行突出危险性评估,评估为无突出危险时,施工中还应进行超前突出危险性预测,经最终验证无突出危险方可开挖。

(3)突出煤层在实施超前探测、突出危险性预测、防突措施及防突措施效果检验过程中,应停止其他与防突工作无关的现场作业。

(4)在煤层实施超前探孔、预测孔以及检验孔过程中,钻孔出现顶钻、夹钻、喷孔等动力现象或工作面出现明显的突出预兆时,应按突出煤层进行管理。

2)超前综合防突

(1)超前综合防突应包括超前突出危险性预测、防突措施、效果检验、验证。

(2)超前突出危险性预测应在距初探煤层位置10m(垂距)前开展,并应符合下列规定:

①煤与瓦斯突出危险性预测应施作不少于3个预测孔(取芯),钻孔直径不宜小于76mm。预测孔应穿透煤层全厚且进入顶(底)板不小于0.5。

②测定瓦斯压力、吨煤瓦斯含量等参数,验证煤层位置、煤层厚度。

③危险性预测的临界值宜根据试验确定,当无试验确定的临界值时,可根据实测的瓦斯压力、吨煤瓦斯含量按表1.3-3进行突出危险性预测。

超前突出危险性预测临界值　　　　表1.3-3

临界指标	临界值	突出预测
瓦斯压力 P 吨煤瓦斯含量 W_0	$P<0.74MPa$ 且 $W_0<8m^3/t$	无突出危险
	$P\geq 0.74MPa$ 或 $W_0\geq 8m^3/t$	突出危险

(3)预测为突出危险的煤层,应在距煤层位置10m(垂距)前实施超前防突措施,超前防突措施以预抽煤层瓦斯法为主,并应符合下列规定:

①预抽范围应保证隧道开挖轮廓外沿煤层走向不小于15m,且外边缘至开挖轮廓的距离不小于10m。

②预抽煤层瓦斯的抽放孔应穿过煤层进入顶(底)板不小于0.5m。当钻孔不能一次穿透煤层全厚时,应当保证钻孔末端至少超前工作面20m。

③抽放孔应在整个预抽区域内均匀布置,钻孔间距应根据实际的煤层有效抽放半径确定,且孔底间距不宜大于4m。

④穿层抽放孔的封孔段长度不得小于5m,顺层抽放孔的封孔段长度不得小于8m。孔口抽采负压不得小于15kPa。预抽瓦斯浓度低于30%时,应检查封孔质量及管路气密性。

⑤瓦斯抽放时间可根据瓦斯有效抽放率、钻孔瓦斯衰减系数等参数计算确定。

⑥应做好钻孔施工参数的记录及抽采参数的测定。

(4)预抽煤层瓦斯方法应根据煤层与隧道位置关系、辅助坑道设置、施工方法等确定,可选用下列方法:

①工作面穿层钻孔预抽瓦斯。

②辅助坑道内顺层或穿层钻孔预抽瓦斯。

③分部开挖的先行导坑顺层或穿层钻孔预抽瓦斯。

(5)低透气性的煤层进行瓦斯预抽前,可采用加密钻孔、水压压裂增透等措施提高瓦斯抽放效果。

（6）超前防突措施效果检验，应通过检验孔直接测定预抽区域的煤层残余瓦斯压力或残余瓦斯含量等指标进行评定。检验孔布置应符合下列规定：

①预抽工作面至少布置 4 个检验孔，分别位于预抽区域内的上部、中部和两侧，且至少有 1 孔距预抽区域边缘不大于 2m。

②在地质构造复杂区域，抽放孔密度较小、间距较大、预抽时间较短的位置应适当增加检验孔。

（7）突出煤层经防突效果检验仍存在突出危险时，应延长抽放时间、增加钻孔或补充其他防突措施。

（8）实施超前合防突措施并经效果检验后，继续掘进至距煤层 5m（垂距）前，应进行突出危险性验证。

3）工作面综合防突

（1）工作面综合防突应包括突出危险性预测、防突措施效果检验和安全防护措施。

（2）工作面突出危险性预测孔应符合下列要求：

①距煤层 5m（垂距）前的工作面至少施作 3 个预测孔（取芯）。预测孔应穿透煤层全厚且进入顶（底）板不小于 0.5m 或见煤深度不小于 10m。

②钻孔过程中应观察孔内排出的浆液、煤屑变化情况，并做好记录。

（3）工作面突出危险性预测应选用两种方法，相互验证。岩墙揭煤可采用综合指标法、钻屑瓦斯解吸指标法；煤层中掘进可采用钻屑指标法、复合指标法、R 指标法，也可采用其他经试验验证有效的方法。

（4）工作面突出危险性预测方法中有任何一项指标超过临界值，应判定为突出危险工作面。其预测时的临界值应根据实测数据确定，当无实测数据时，可按表 1.3-4 确定。

工作面突出危险性预测指标临界值　　　表 1.3-4

预测类型	预测方法	预测指标	突出危险性临界值
岩墙揭煤突出危险性预测	综合指标法	D	0.25
		K	20（无烟煤）、15（其他煤）
	钻屑瓦斯解吸指标法	Δh_2（Pa）	160（湿煤）、200（干煤）
		$K_1 [\mathrm{mL}/(\mathrm{g} \cdot \mathrm{min}^{1/2})]$	0.4（湿煤）、0.5（干煤）
煤层中掘进突出危险性预测	复合指标法	钻孔瓦斯涌出初速度 q（L/min）	5
		钻屑量 S（kg/m）	6
	R 指标法	R_m	6
	钻屑指标法	Δh_2（Pa）	160（湿煤）、200（干煤）
		$K_1 [\mathrm{mL}/(\mathrm{g} \cdot \mathrm{min}^{1/2})]$	0.4（湿煤）、0.5（干煤）
		钻屑量 S（kg/m）	6

（5）工作面预测煤层具有突出危险时，可选用钻孔预抽瓦斯、钻孔排放瓦斯、水力冲孔、超前管棚及注浆加固煤体等防突措施。措施选用应符合下列规定：

①应优先选用钻孔排放措施，当钻孔排放瓦斯较困难时，可采用抽放。

②当选用超前管棚及注浆加固煤体措施时，应当在采用了其他防突措施并检验有效后在

揭煤前实施。

③实施工作面防突措施时要求揭煤工作面与突出煤层间的最小法向距离为：预抽瓦斯、排放钻孔均为5m，超前管棚及注浆加固煤体为2m。

(6)防突效果检验时，应于距煤层5m(垂距)的工作面设置至少5个检验孔，分别检验工作面前方上、中、下、左、右各部位的排放效果。当采用分段分部分次排放时，每次可只检验排放部位的排放效果。

(7)防突效果检验应通过检验孔按表1.3-4中的方法开展。检验结果超标或发生施钻瓦斯动力现象时，应补充防突措施。

(8)经工作面预测或防突效果检验为无突出危险工作面时，掘进至距煤层2m(垂距)前，应按工作面突出危险性预测的方法进行最后验证。验证为无突出危险时，方可揭煤作业；否则，应补充工作面防突措施。

(9)揭煤前应实施安全防护措施，并符合下列要求：

①瓦斯突出工区长度大于500m时，应在距离突出煤层不小于300m处设置一处避难所。避难所尺寸应满足最大避难人数和扩散通风的需求，可结合隧道横通道和硐室进行设置。

②利用施工用高压风管设置压风自救装置，并应在开挖面与二次衬砌之间的段落每隔25~40m安装1组。每组压风自救装置应满足工作面最多施工人数使用，平均每人的压缩空气供给量不少于$0.1m^3/min$。

③进入隧道的所有人员必须随身携带隔离式自救器。

4)揭煤及煤层开挖

(1)煤与瓦斯突出工区应编制揭煤专项方案，内容包括揭开岩墙、半煤半岩等各阶段的施工方法、支护手段、组织指挥、抢险救灾方案及安全措施等。

(2)距煤层2m(垂距)至进入顶(底)板2m(垂距)范围的揭煤工作应采用远距离爆破，禁止使用震动爆破揭穿突出煤层。

(3)不同倾角、厚度的煤层可采用下列方法揭煤：

①急倾斜和倾斜的薄煤层，应一次全断面揭穿煤层全厚。

②急倾斜和倾斜的中厚、厚煤层，一次全断面揭入煤层深度宜为1~1.3m。

③缓倾斜煤层，应一次全断面揭开岩柱。当倾角小于12°，岩柱水平长度大时，可刷斜面揭开煤层。

(4)在半煤半岩和全煤层中开挖应符合下列要求：

①揭开煤层后，应检验开挖工作面前方10m上、中、下、左、右范围内煤与瓦斯突出的危险性，如各项指标均符合要求，可开挖5m，再检验10m，再开挖5m，即应始终保持工作面前方有5m的安全区。如任一指标达到或超过临界值时，应采取补充防突措施，直至有效。

②全煤层中开挖应少钻孔、少装药；半煤半岩中开挖应在岩石炮眼中装药，其总药量为普通爆破药量的1/3或1/2，煤层中如煤质坚硬，需爆破时，应采用松动爆破。

③应根据煤的破坏程度、瓦斯压力、地应力、顶底板岩层完整性等合理确定揭煤断面大小。当隧道开挖断面较大时，可采用分部揭煤。

④开挖软弱破碎岩层或煤层时，应采用钢架、超前管棚、预注浆等加强措施，防止坍塌引起突出。

⑤严禁使用风镐作业。

(5)在揭开有煤与瓦斯突出危险的煤层时,应符合下列安全规定:

①开挖工作面出现下列煤与瓦斯突出征兆时,应立即报警、停止工作、撤出人员、切断电源,并上报有关部门。

a.瓦斯浓度忽大忽小、工作面温度降低、闷人、有异味。

b.开挖工作面地层压力增大、鼓壁,深部岩层或煤层的破裂声明显,支护变形严重。

c.煤层结构变化明显,层理紊乱,由硬变软,厚度与倾角发生变化,煤由湿变干,光泽暗淡,煤层顶、底板出现断裂、波状起伏等。

d.钻孔时有顶钻、夹钻、顶水、喷孔等动力现象。

e.工作面发出瓦斯强涌出的嘶嘶声,同时带有粉尘。

f.工作面有移动感。

②揭煤作业应明确起爆地点、避灾路线、警戒范围等。爆破时,应停止工区内一切作业,切断洞内电源,撤出所有洞内人员至隧道洞口外20m,并应在洞外起爆。

③揭煤爆破30min后应由救护队员佩戴防毒面具或自救器到开挖工作面对爆破效果、瓦斯浓度等进行检查,确认安全后通知送电,开动局部通风机,恢复正常通风30min后由瓦检人员检测开挖工作面、回风道瓦斯浓度,在瓦斯浓度小于1%、二氧化碳浓度小于1.5%后,方可通知施工人员进洞。

④揭煤时,主风机正常运转,备用主风机及二路电源应保持待启动状态。

⑤揭煤工作应由揭煤领导小组统一协调指挥。揭煤时救护队员应在洞口待命,并配置应急设备及物资,一旦发生险情立即采取救援措施。

第2章 我国突出煤体分布特征

煤是由植物残骸在沉积过程中经过漫长复杂的生物化学、物理化学及地球化学作用转变而成的一种固体可燃有机岩[49]。煤层的形成和分布除受沉积因素影响外,也和构造变化有关,这最终导致了煤层赋存的复杂性和多样性[50]。由于构造作用(如断层、褶曲、滑移等)的影响,煤的原生结构会被破坏,造成煤体的严重破碎甚至是粉化[51]。这种受到了严重破碎或粉化的煤通常称为构造煤或地质构造变形煤。换句话说,构造煤是在一期或多期构造应力作用下,在原生结构发生不同程度的脆裂、破碎、韧性变形、叠加破坏,甚至达到内部化学成分和结构变化后形成的煤[52]。构造煤可在中国西南和中东部大部分地区找到,与之相对应的,中国西北和华北北部因为成煤期相对较短且经历的构造运动较少,所以构造煤在这些地区不太典型。

2.1 突出构造煤体物理特性

煤与瓦斯突出的地点或突出附近区域多数都发育有构造煤,构造煤的存在已经被认为是突出发生的必要条件[46-48]。

相对于原生煤而言,构造煤表现出低强度、弱黏结的特征[53],这在突出的发生和发展中扮演了关键的作用:一方面,构造煤的低强度特性降低了突出的力学条件;另一方面,构造煤破碎后易于形成大量的小颗粒散体煤,这些细煤粉具有极快的瓦斯解吸速率,为突出煤(岩)的搬运提供了巨大的动力[54]。例如1977年的中梁山突出,瓦斯涌出量38540m^3,突出强度817t,抛出距离167m,但是持续时间仅39s。赵伟等[54]通过理论分析得出中梁山突出中破碎煤体的粒径需要低于0.117mm才能在极短的时间内提供足够的解吸瓦斯来满足搬运功的需求,指出突出煤体低于临界粒径(通常在0.1mm附近)后具有的快速解吸能力是突出能够持续发展的关键。因此,瓦斯膨胀潜能很大程度上依赖于气体解吸能力,这在突出危险等级的判定中扮演了重要角色。

构造煤还有一个重要的特征是在原位条件下的低渗透性。一般认为,由于煤的割理系统在构造应力的作用下发生变化,最终导致渗透率急剧下降[55]。例如,阳泉矿区的煤层渗透率约为1.70×10^{-17}m^2,淮南矿区为$1.97\times10^{-19}\sim1.07\times10^{-16}$m^2,淮北矿区为$6.9\times10^{-19}\sim9.87\times$

10^{-19} m^2,松藻矿区为 $1.23\times10^{-18} \sim 2.07\times10^{-17}$ m^2 [56]。由于构造煤的渗透率远低于相邻的原生煤(通常大于 1×10^{-15} m^2)[56],这些区域会形成对瓦斯流动的天然封堵,使得局部区域出现瓦斯富集[57],为突出的发生提供了能量条件[58]。另一方面,构造煤区域的低渗透性也给瓦斯抽采带来了困难,不仅不利于防治瓦斯灾害,也限制了用地面井对煤层气的开发,造成了能源的极大浪费。

由于构造煤在能源开发和采矿安全中扮演着重要的角色,国内外学者开展了大量与构造煤有关的研究,例如构造煤的形成机制[59-60]、构造煤的地球化学特征[61-62]、构造煤的储层性质[63-64]以及有关构造煤分类的综述[65]等。其中,构造煤与突出之间的联系被广泛关注。GRAY[66]总结了来自 8 个煤炭生产国的 105 起突出事件,除与构造类型的关系尚不清楚的 18 起外,与构造关系明确的突出案例达 87 起,其中 95.4%发生在构造带中,如断层、褶曲和复杂构造地带的区域。SHEPHE RD 等认为亚洲、欧洲、北美洲、大洋洲等地 90%以上的突出都发生在非对称的褶皱、断层和层滑构造等强烈变形区域[67]。SATO 等[68]发现突出区域几乎是沿着正断层延展的,认为正断层在日本 Sunagawa 煤矿的突出中起到很大作用。此外,中国豫西"三软"煤层在低指标(如低瓦斯含量与低瓦斯压力)下存在严重突出的现象也被证明与构造煤存在密切关系[69]。

我国大多数成煤盆地经历了多期构造运动,形成了复杂的构造[70]。这导致煤层发生破碎或强烈的韧塑性变形与流变迁移,形成构造煤[71]。我国的成煤时期与世界其他地区相同,主要在石炭纪、二叠纪、三叠纪、侏罗纪、白垩纪和古新近纪[72]。古生代石炭纪和二叠纪煤主要分布在我国中东部和华南地区。在成煤期之后,经历了连续的构造运动,包括印支期(晚二叠纪至三叠纪)、燕山期(侏罗纪至早白垩纪中生代)、四川期(早白垩世至古新世)、华北期(始新世至渐新世)和喜马拉雅(新近世早期至更新世)[73]。这些板块的构造运动和造山作用引起碰撞、隆升、下陷、挤压、张拉、断层、岩浆活动和其他地质运动,使煤层变形、滑移和剪切。这些构造运动改变了煤的厚度、结构和变质程度。根据前人在现场勘查、扫描电子显微镜(SEM)观察和孔隙结构的研究成果[74],普遍认为构造煤是原生煤在一期或多期构造应力作用下,煤体原生结构和构造发生不同程度的脆裂、破碎或韧性变形或叠加破坏,甚至达到内部化学成分和结构变化的一类煤。其具有低强度、低渗透性、吸附能力强和扩散速度快等性质。

程远平等[46]认为构造煤和煤与瓦斯突出有以下关系:

(1)构造煤孔隙结构参数的变化主要与变质和构造运动有关。构造煤的扩散系数大于原生煤,煤体的扩散系数大于煤颗粒,这是由于不同尺度的裂隙和孔隙结构不同所致。对于同等变质程度的构造煤与原生煤,构造煤的兰氏体积(Langmuir's Volume)更大而兰化压力(Langmuir's Pressure)更小,表明构造煤具备更强的瓦斯吸附能力。此外,构造煤的初始瓦斯解吸速率也比原生煤高,表明构造煤中的大孔隙较多。

(2)随着围岩压力的增加,构造煤和原生煤的抗压强度和弹性模量都有增加的趋势,但构造煤的抗压强度和弹性模量明显低于原生煤。

(3)构造煤具有更低的黏聚力和强度,其在突出过程中比原生煤更易于形成大量粉碎、小粒径的颗粒,这对突出过程中的能量供给具有重要意义。同时,构造区域的低渗透性特征也限制了瓦斯抽采效率,这对煤层气抽采有直接影响。突出案例的统计数据也证实了构造煤更易于突出的特征是广泛存在的。

(4)煤的解吸瓦斯能力对突出的发展极为关键。足够的游离瓦斯供应是突出持续发展的前提,这要求突出煤的尺寸小于临界粒径。基于突出能量的分析,原生煤要破碎到临界粒径需要极高的应力条件,这在目前采掘深度下是难以达到的。相反,构造煤则可以很容易地满足突出发展的需求。因此在实际中,煤岩体破碎失稳后能否诱发突出几乎取决于其附近是否存在构造煤。结果表明,构造煤不仅易于突出,更是突出发展的一个必要条件。

2.2 突出构造煤分布区域

2.2.1 我国大地构造的特征

我国大陆及近邻海域位于欧亚板块的南部,东南与太平洋板块(菲律宾板块)相接,西南与印度洋板块相连。中国大陆及陆缘海域以塔里木—华北板块、华南板块(包含扬子板块、华夏板块)和滇藏板块为主体,并包括了天山—兴蒙造山系、秦祁昆造山系、印度板块和菲律宾板块的一部分。这些板块经过4次拼接而成,第1次拼接发生于晚元古代中期,塔里木陆块与华北陆块拼接,并与扬子陆块和华夏陆块汇合形成原始中国古陆;第2次拼接发生于晚古生代后期,西伯利亚板块南缘与塔里木—华北板块北缘连为一体,形成了天山—兴安活动带;第3次拼接发生于中生代早期,塔里木—华北板块南缘与华南板块北缘、西缘,以及华南板块西缘与滇藏板块北缘连为一体,同时形成了横贯我国东、西部的昆仑—秦岭活动带;第4次拼接发生于新生代早期,印度板块北缘与滇藏板块南缘连为一体,形成了川滇青藏活动带。我国地层及其经历的构造运动如表2.2-1所示。

我国地层及其经历的构造运动　　　　表2.2-1

新生代	新近纪 (第四纪100万年)	全新世 Qh		新构造期	喜马拉雅旋回 印支、燕山、喜马拉雅旋回又合称阿尔卑斯旋回
		更新世 Qp			
	新近纪 (新第三纪 1200万年)	上新世 N2	成煤期	喜马拉雅构造期	
		中新世 N1			
	古近纪 (老第三纪) (5800万年)	渐新世 E3		华北构造期	
		始新世 E2			
		古新世 E1		四川构造期	
古生代		白垩纪(1.27亿年)K	成煤期	燕山构造期	燕山旋回
		侏罗纪(1.52亿年)J			
		三叠纪(1.82亿年)T		印支构造期	印支旋回
		二叠纪(2.03亿年)P	成煤期(龙潭、太原、山西)	天山构造期	华力西旋回(也称海西运动)
		石炭纪(2.55亿年)C			
		泥盆纪(3.13亿年)D		祁连构造期	加里东旋回
		志留纪(3.50亿年)S			
		奥陶纪(4.30亿年)O			
		寒武纪(5.10亿年)			

续上表

	埃迪卡拉纪	震旦纪 Sn		震旦构造期	新元古代为休伦旋回
新元古代	成冰纪	南华纪		南华构造期	晋宁、休宁、雪峰、皖南、前澄江运动等
	拉伸纪	青白口纪	滹沱	青白口构造期	
中元古代	狭带纪	蓟县纪		蓟县构造期	
	进展纪				
	盖层纪	长城纪		长城构造期	
古元古代	固结纪				
	造山纪		五台		
	层侵纪				
	成铁纪				
新太古代(19.80亿年,最古老矿物)			泰山		
中太古代					
古太古代					
始太古代(33.50亿年大陆开始形成)					

中国大陆的地质构造格架,主要是晋宁—印支期的海陆"开""合",与燕山期以来现代板块活动的结果。中国大陆及陆缘海域可以划分为四个构造域:

(1)古亚洲构造域:以塔里木—华北板块为中枢,北部与西伯利亚板块反复开合,南部与扬子板块反复开合,形成以东西向为主的褶皱造山带(天山—兴安、昆仑—秦岭山系),与之配套的有平行、斜交、垂直的古亚洲断裂系统,包括准格尔—兴安、天山—赤峰、阿尔金、昆仑—秦岭北、昆仑—秦岭南等31个断裂。天山—兴蒙造山系,由西伯利亚板块和塔里木—华北板块的陆缘造山带组成,为加里东、华力西期复合造山系,囊括天山以北、蒙古高原、大兴安岭以及东北辽阔区域的山系,包含阿尔泰—额尔古纳、外准格尔—兴安岭、北天山—蒙古—吉黑、南天山—西拉木伦—延吉、塔里木北—阴山等山系。昆仑—秦岭造山系,位于昆仑山、祁连山和秦岭山区,是经古亚洲洋和特提斯两大动力体系叠加复合而形成的,向西经帕米尔、科佩特、高加索与欧洲华力西造山系相连,向东经大别山,跨郯庐断裂带,再经苏北—胶南地区,最东到达朝鲜临津江流域。它由西昆仑、东昆仑、阿尔金、祁连、秦岭—大别山、苏胶—临津等6个造山带组成。

(2)古华夏构造域:源于扬子、华夏古陆沿绍兴—萍乡—北海结合带的多次开合碰撞和来自东南方向太平洋的俯冲,主要由东向西以及由南东向北西的挤压碰撞形成。加里东期华南造山带先自南向北不均一仰冲推覆,后自东向西仰冲拼贴,奠定了该区构造轮廓。形成了总体为NE向、中段为EW向的反S状的江南地块和反S状钦—杭结合带以及反S状罗霄—北武夷—会稽山加里东期前缘褶冲带,还发育有稍晚的近南北向叠加褶皱和一些更晚的NE向的褶皱带、断裂带。该构造体系域的NE向反S构造带与特提斯构造域的NW向反S构造带在中国南部围绕四川盆地,约略呈掎角之势。

(3)特提斯构造域:包括昆仑—秦岭活动带以南、扬子陆块以西的青藏高原地区,分属扬子板块西缘、印度板块北缘和滇藏板块,由5条含蛇绿岩结合带和5个块体相间排列(金沙江—红河、空喀山—澜沧江、班公措—怒江、雅鲁藏布江、洛扎—错那、喜马拉雅六个断裂带之间),呈西部东西偏向东南、东部急转为南北向的条带状构造格局。

(4)滨太平洋构造域:由东南部太平洋板块向北西向多次俯冲引起,波及贺兰山—龙门山—康滇南北以东地区,在古亚洲构造域和古华夏构造域基础上再次挤压,使原古亚洲近东西向构造向北东偏转、原古华夏近北东向构造向北北东方向偏转,自西向东分成三个大带:①鄂尔多斯—四川前陆坳陷带Ⅰ,包括贺兰山、康滇、黔中一带的褶皱带和断裂带,以及近SN向的鄂尔多斯盆地,松潘—甘孜造山带东部以及四川盆地。是我国地质构造的中轴,而上扬子古陆块(现四川盆地)则是多体系聚合施压的稳定核心,构成我国的中心构造结。其西面是"北、西双向"挤压而成倒三角形的松潘—甘孜褶皱区,北、东、南三面为大巴山、江南、川南等弧形褶皱带所围绕。该域有七条重要的断裂带,均为地震活动的敏感地带。北端的鄂尔多斯断裂带,中南段有著名的龙门山、箐河和小金河逆冲推覆断裂带,南段于康滇地块自西向东依次发育绿汁江、安宁河以及小江三条长度均为500~600km的近SN向断裂带。该构造体系域主要是陆内近东西向挤压和特提斯构造动力体系与华夏—滨西太平洋构造动力体系复合联合作用的结果,同时受到古亚洲构造动力体系的复合影响。②大陆构造—岩浆活化带Ⅱ,西起大兴安岭—太行山—武陵山,东到沿海地带,其中又分为大兴安岭—太行山—武陵山隆起带Ⅱ1、松辽—华北—江汉断陷带Ⅱ2、长白—胶辽—诸广—岭南隆起带Ⅱ3、东南沿海花岗岩火山岩山弧Ⅱ4。③陆缘活动带Ⅲ,包含陆缘海基沉降带Ⅲ1、台湾—完达山碰撞造山带Ⅲ2。三个大带间发育一系列NNE向断裂带,包括大兴安岭—太行山、嫩江—青龙河、济宁—团风、镇江—广州、丽水—海丰、长乐—南澳、台东纵谷、台湾中央山脉、台西山麓等。郯庐断裂纵贯我国东部,强烈走滑于侏罗纪—早白垩世。

2.2.2 中国煤田构造基本特征

1)两大煤田构造域

贺兰山—龙门山—哀牢山南北向构造带分划东部煤田构造域和西部煤田构造域。东部煤田构造域含煤层位多、煤盆地类型多、构造-热演化史复杂、构造变形时空差异显著;东北区和华北区东部以新生代负反转构造为特征,华南区以多期持续挤压变形为特征,煤田构造线展布以北东—北北东向为主。西部煤田构造域以早—中侏罗世煤系占绝对优势,煤田构造格局的形成与演化受特提斯地球动力学体系控制,新生代盆地正反转显著,现今控煤构造样式以北西—北西西向展布挤压性构造为主[75]。

2)煤系变形构造组合带

东部复合变形带位于大兴安岭—太行山—武陵山以东。秦岭—大别山以南以挤压背景为主,华北和东北则以伸展背景为主。构造组合以北东—北北东向展布、平行排列的条带结构组合为基本格局,变形幅度和强度由东向西递减。

中部过渡变形带位于贺兰山—龙门山—哀牢山构造带与大兴安岭—太行山—武陵山构造带之间,地壳结构稳定,鄂尔多斯盆地和四川盆地的构造单元组合具有典型的"地台型"同心环带变形分区结构[76]。

西部挤压变形带位于贺兰山—龙门山—哀牢山以西,煤田构造以挤压变形为特色,区域构造线走向呈北西—北西西—北北西弧形展布,变形强度向北递减。构造变形组合由滇藏赋煤构造区的平行条带结构,转换为西北赋煤构造区的多中心环带结构[76]。

3) 五大赋煤构造区

(1) 东北赋煤构造区以兴蒙造山系及其中间地块为基底,印支运动以后卷入滨太平洋活动大陆边缘,燕山运动早、中期以北北东—南南西走向的压性构造形迹为特征,中生代晚期东亚大陆边缘裂解,以由铲式正断层控制的箕状断陷和堑垒组合为主,由西向东,构造改造作用逐步增强。东部赋煤构造亚区三江—穆棱河盆地群发育向北西扩展逆冲断层和轴面南东倾的斜歪褶皱等挤压构造样式。中部亚区以松辽盆地为主体,煤系分布于盆地周缘,中生代后期被断裂分割为断块格局。西部亚区海拉尔盆地群和二连盆地群后期改造轻微,保存了成盆期的伸展构造格局。

(2) 华北赋煤构造区位于华北陆块区主体部位,煤田构造格局具有明显的分区分带特征。华北北缘赋煤构造亚区受板缘活动带影响,沿阴山—燕山—辽东—吉南发育一系列走向近东西的早中生代逆冲断裂或推覆构造。鄂尔多斯煤盆地构造亚区由西缘褶皱逆冲带、东缘挠褶带、北部隆起、南部断隆、陕北单斜和天环坳陷等构成完整的赋煤构造单元。山西块坳陷构造亚区以轴向北东和北北东的宽缓波状褶皱为主,大型褶皱两翼多被区域性断裂破坏。太行山以东为伸展变形区,以多组断层控制的复杂断块构造格局为特征。南华北赋煤构造亚区主体构造格架为宽缓大型褶皱以及配套剪切断裂和压性断裂系统,徐淮地区发育逆冲推覆构造、豫东隐伏区为新生代负反转断块格局、豫西含煤区则以重力滑动构造发育为鲜明特征。

(3) 华南赋煤构造区跨扬子陆块区和华南造山系,划分为扬子赋煤构造亚区和华夏赋煤构造亚区,煤系变形复杂,时空差异显著,构造变形强度和岩浆活动强度均有由板内向板缘递增的趋势。扬子赋煤构造亚区的上扬子四川盆地构成赋煤构造单元组合分带的稳定核心,川中赋煤构造以宽缓的穹隆构造、短轴状褶皱变形和断层稀疏为特征,由此向周边,煤系变形强度递增。华夏赋煤构造亚区自晚古生代以来经历多次挤压与拉张等不同构造机制的交替作用,煤系变形十分复杂,煤田推覆和滑覆构造广泛发育,闽湘赣地区以"红绸舞状褶皱"的形象比喻而著称[77]。

(4) 西北赋煤构造区跨越天山—兴蒙造山系、塔里木陆块区、秦祁昆造山系等不同的一级大地构造单元,早—中侏罗世聚煤盆地形成于造山期后伸展的地球动力学背景,中生代末期以来印度板块与欧亚板块碰撞的远距离效应使盆地不同程度正反转。本区划分为3个相对完整的赋煤构造单元组合:准噶尔盆地(北疆)赋煤构造亚区盆地周缘发育紧闭褶皱和逆冲推覆构造,盆内以宽缓褶皱或断块格局为主;塔里木盆地(南疆)赋煤构造亚区北缘和南缘均为指向盆内的逆冲推覆构造带,盆内煤系埋藏深,为舒缓波状起伏或断块组合;祁连—河西走廊赋煤构造亚区处于对冲挤压的变形环境,煤系多呈北西—南东走向平行条带状分布,褶皱和逆冲推覆构造较发育。

(5) 滇藏赋煤区的大地构造划主体为西藏—三江造山系,由欧亚大陆和冈瓦纳大陆的若干陆块(地体)及其间的缝合带构成,地质演化历史复杂,特提斯构造域各板块之间相互作用控制了含煤盆地的形成与改造。煤系主要赋存于青藏高原北部和滇西地区,划分为3个赋煤构造亚区:青南—藏北赋煤亚区、藏中(冈底斯)赋煤构造亚区和滇西赋煤构造亚区。煤田构造形态复杂、褶皱、断裂极为发育,尤其是强烈的新构造运动造成含煤块段分布零星、规模小。

2.2.3 区域构造背景控制下的动力地质灾害区带分布

(1)主要动力地质灾害风险等级

根据致灾构造因素特征和动力地质灾害风险高低程度,结合煤系赋存特点和煤炭开发现状,将基于区域构造背景控制的煤矿动力地质灾害风险区带划分为3个等级。

Ⅰ级(低风险):弱挤压或弱拉张构造环境,褶皱宽缓、断层稀少、构造简单,构造活动性轻微、煤体变形微弱、低煤阶或特高煤阶(超无烟煤),煤层赋存浅或浅部,水文地质、工程地质等其他开采地质条件简单,煤矿动力地质灾害风险低。

Ⅱ级(中风险):中等挤压或拉张构造环境、褶皱较紧闭、发育多组断层、构造复杂程度中等、构造活动性较明显、煤体变形较明显、低煤阶—高煤阶,煤层赋存浅—较深,其他开采地质条件简单—较复杂,存在1种主要动力地质灾害。

Ⅲ级(高风险):挤压或强烈构造拉张环境、褶皱紧闭或叠加褶皱、发育不同性质和规模的断层、构造复杂程度高、构造活动性明显、构造煤发育、低煤阶—高煤阶,煤层赋存较深或深部,其他开采地质条件较复杂—复杂,存在2种及其以上的主要动力地质灾害。

(2)基于中国煤田构造格局的煤矿动力地质灾害风险区带划分

曹代勇等[48]从中国煤田构造格局的时空差异性出发,以各类构造因素对煤矿动力地质灾害的控制作用为依据,在赋煤构造单元框架内进行煤矿主要动力地质灾害风险区带划分。全国共划分煤矿主要动力地质灾害Ⅲ级区带11个、Ⅱ级区带7个,其余地区属于Ⅰ级区带或未评价区域。

由于构造煤的赋存与构造作用有关,因此构造煤可在中国西南和中东部大部分地区找到。与之对应的,中国西北和华北北部因为成煤期相对较短且经历的构造运动较少,所以构造煤在这些地区不太典型。应该注意的是,由于长期的地质构造作用,任何区域的煤田中都可能出现构造煤[56]。

构造煤的地质成因取决于尺度,包括区域和局部尺度[78]。对于区域尺度,例如煤田规模甚至更大的范围内,层理滑动是主要控制因素。对于局部尺度,例如工作面,贯穿煤层的断层则是主要控制因素[79]。

在区域范围内,顺层滑动引起的煤层流变和韧性剪切带会导致煤层变形程度不同[80]。煤系地层在沉积以后,地层由于挤压构造作用力的影响而发生褶皱。煤层是一个软岩层,通常具有许多分层,在分层界面上的力学性能差异很大[81],因此煤层通常首先发生变形。在此过程中,由于顺层滑动,受影响的煤的孔隙度增加,这使煤变得更加疏松,煤骨架的力学性能降低。图2.2-1a)、b)说明了区域规模构造煤的形成机制。

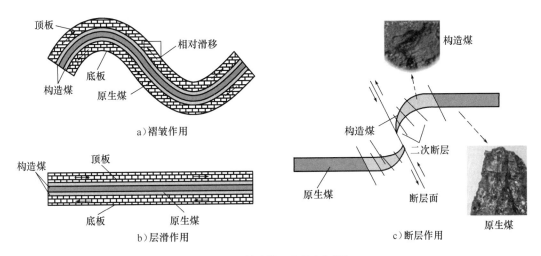

图 2.2-1 构造煤地质成因示意图

2.3 突出与地质构造的关系

根据已有的突出统计资料[82]，绝大多数的突出地点有断层、褶曲、火成岩侵入、煤层厚度和倾角变化等地质构造，这说明地质构造与突出有着密切的关系。所谓地质构造是指地壳中的岩层由于地壳运动的作用发生变形与变位而遗留下来的形态，其规模大至数千公里、小至以毫米甚至微米计。既然地质构造是地壳运动使岩层发生变形与变位形成，变形与变位主要有力和热的作用，在煤炭形成后，力和热对煤层的作用使煤层发生变形和变位，改变了煤层的受力大小和受力状态，改变了煤层的物理力学性质，也改变了煤层中瓦斯的含量以及煤对瓦斯的吸附放散特性，因而地质构造和煤与瓦斯突出有着密切的关联性。

依据构造规模，大地构造体系影响区域构造体系，区域构造体系影响局部构造体系。也就是说，突出点的分布受局部构造控制、突出危险区的分布受区域构造控制、突出危险煤层或煤田受大地构造控制，因而出现构造逐级控制的关系，构造呈现分区分带性，使得突出矿区、矿井、煤层和采掘作业点也呈现分区分带性，由此引发一些矿区、矿井、煤层、采掘作业点具有突出危险性。而另一些矿区、矿井、煤层、采掘作业点却不具有突出危险性。突出与地质构造的关系重点在于寻求这种分区分带的关系，以便于依据地质构造的分区分带性预测煤与瓦斯突出的分区分带性。

2.3.1 突出矿区分布与大地构造特征的关系

大地构造控制着矿区煤层瓦斯量的生成和保存条件，控制着煤层的物理力学性质、煤层承受的构造应力和煤层赋存的稳定性，甚至控制煤层的变质程度，因而煤层突出危险性受到大地构造的控制。成煤后地层遭受构造挤压隆起、挤压推覆、挤压断陷和揉皱等，使地层内的煤层煤化作用增强，瓦斯生成量增加；挤压带盖层密封性好，瓦斯不易逸散；强烈的挤压褶皱，使煤层原生结构遭到严重破坏,瓦斯吸附和解吸性能增强,力学强度降低;强烈的挤压破坏使煤层承受较高的构造挤压应力。这些因素都加剧了煤层的突出危险性。成煤后经历岩浆侵入,煤层变质程度迅速增加、瓦斯生成量增加;岩浆侵入区通常也是地层断裂区或存在结构弱面的区域,其整体力学强度较弱;岩浆侵入还会给岩层增加热应力和挤压应力,因而岩浆侵入区通常突出危险性增加。依据这些特点不难发现,我国突出矿区基本上都分布在具有挤压作用或岩浆侵入的构造带内。

天山—兴蒙造山带:尽管天山—兴蒙造山带属加里东、华力西期复合造山系,但造山系周边煤田成煤后经历印支、燕山和喜马拉雅运动的挤压、岩浆侵入等作用,使地层被挤压隆起、凹陷、逆冲推覆等,因而突出危险性加剧。

昆仑—祁连山—秦岭造山带是经古亚洲洋和特提斯两大动力体系叠加复合而形成,也是滇藏板块、扬子板块与塔里木板块、华北板块的结合带,长期受到印度洋和太平洋动力系统的挤压,使地层反复分合碰撞,分布于该活动带的煤层突出危险性加大。

绍兴—萍乡—北海结合带是扬子板块与华夏板块的结合带,多次开合碰撞和来自东南方向太平洋的俯冲,形成由东向西以及由南东向北西的挤压碰撞。

由东南部太平洋板块向北西向多次俯冲,使得在古亚洲构造域和古华夏构造域基础上再次挤压,原古亚洲近东西向构造向北—东偏转、原古华夏近北东向构造向北北东方向偏转。

①形成了贺兰山—康滇—黔中褶皱带和断裂带,一方面本属华南板块与滇藏板块的结合部位,另一方面滇藏板块向东、东偏北方向强烈挤压,使煤层突出危险显著加剧。

②形成了大兴安岭—太行山—武陵山隆起带。

③形成了长白—胶辽—诸广—岭南隆起带。

昆仑山以南、横断山脉以西的滇藏赋煤区,从印支期到喜马拉雅期,一直处于挤压状态,青藏高原持续隆升,含煤地层剥蚀风化,目前少数小煤矿在瓦斯风化带开采,为低瓦斯矿井,随着开采深度的增加,可能出现煤与瓦斯突出矿区。

因此,我国突出矿区分布与区域构造特征有显著关系,主要分布于板块结合带、隆起造山带、挤压断裂带、逆冲推覆带和岩浆侵入带等。

2.3.2 突出矿井分布与矿区构造特征的关系

我国突出矿井分布与矿区范围内的区域构造特征也具有显著关系。依据构造尺度、性质等同样可以对不同矿井突出危险性进行区分。在矿区范围内,具有如下特征的构造部位突出危险性增大:鼻状背斜伏端、向斜轴部及两翼、复式褶皱中的次级褶皱、隔挡式褶皱中的转折端、扭褶构造带、紧闭褶皱、不协调褶皱、具有波状起伏的单斜构造、帚状构造收敛端、压性断层、扭性断层、压扭性断层、张性断层、张扭性断层、推覆构造、火成岩侵入区等。以水城矿区、平顶山矿区和鹤岗矿区为例,分析突出矿井分布与矿区级地质构造特征的关系。

1) 水城矿区:贺兰山—康滇—黔中褶皱带和断裂带

(1) 水城矿区概况

水城矿区位于贵州省西部、云贵高原东麓,地处六盘水市钟山区、水城县和毕节地区纳雍县、威宁县境内。地理坐标为东经 104°34′~105°02′,北纬 26°32′~26°49′,东起纳雍县县城以东 12km,西至威宁县金钟镇以西 3km,东西长 110km,南北宽 6km,总面积约 6800km²。

矿区煤系地层为上二叠统龙潭组(宣威组),根据地质构造和开采条件,矿区由北西到南东依次划分为 7 个独立的矿井(大多建于 20 世纪 70 年代初期):盛远煤矿(原木冲沟煤矿)、大湾煤矿、那罗寨煤矿、汪家寨煤矿、大河边煤矿、红旗煤矿和老鹰山煤矿。除红旗煤矿、大河边煤矿为高瓦斯矿井外,其余均为煤与瓦斯突出矿井。

矿区以北西向断裂、褶皱为主体,同时其他方向的构造纵横交织,组合成一种十分醒目的构造格局。矿区东部东北部发育 NW 向大河边向斜、土地垭向斜、神仙坡向斜,东南部分布 NW 向小河边向斜,西北部分布二塘向斜。地层走向总体 NW 向,倾向 SE,主体构造为 NW 向、NE 向展布的向、背斜和断裂构造,其次是近 SN 向、NNE 向、NNW 向的褶皱和断裂构造,如图 2.3-1 所示。

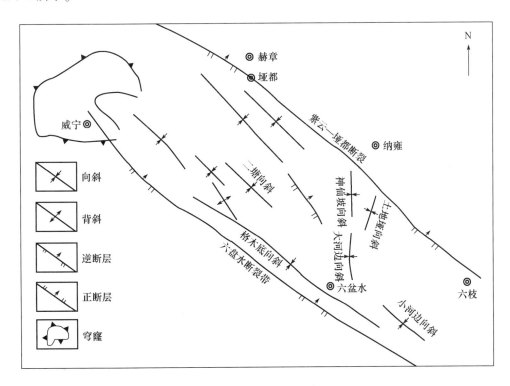

图 2.3-1 水城矿区构造示意图

大河边向斜:位于水城以北,由于受白岩角断层切割成不完整的耳状向斜。地层倾角由南向北逐渐减小。南端白岩脚为 25°,而北端那罗寨一带变为 10°~15°。自打铁寨至平寨为断层所破坏倾角趋于陡峻,至 70°及几成直立状态,组成向斜轴部地层为三叠系嘉陵江灰岩。其翼部则以下三叠系及二叠系地层顺次组合而成。

二塘向斜:位于水城西北约40km,二塘向斜为一个平行威水大背斜的短轴向斜,轴部为三叠系飞仙关组页岩、嘉陵江组灰岩。向斜北翼平缓,倾角15°左右,南翼因受断层影响,倾角变大,局部有直立倒转现象。

小河边向斜:位于水城东13km,受黑石头及观音山两断层所切割,被分为三段,轴向N30°W。东北、西南两翼倾角甚陡约70°,西北翼平缓约40°。

(2) 突出矿井分布与区域构造特征关系

水城矿区位于六盘水煤田的西北段,大地构造位置处于扬子陆块西南缘,区域构造受控于水城断陷带控制。区内主要发育有北西向构造、北东向构造和近东西向构造。

NW向紫云—垭都断裂带和水城断裂带组成的水城断陷始终控制着水城矿区地质演化,从煤层沉积到第四系,其始终发育,二叠纪时为正断层,发育同沉积断层,燕山期反转,卷入了古生界、中生界、侏罗系、中下白垩统地层,形成了隔挡式褶皱,以及宽缓向斜和紧闭的背斜,如二塘向斜、大河边向斜、小河边向斜等。

水城矿区二塘向斜、大河边向斜、小河边向斜等隔挡式褶皱形成过程中,由于层间滑动、沿断裂滑动等造成了煤系地层破坏,形成了构造煤,挤压应力环境形成了瓦斯封闭系统,造成了瓦斯富集,综合控制煤与瓦斯突出发生。

水城矿区二塘向斜、大河边向斜及小河边向斜内,越靠近向斜轴部煤层瓦斯含量越大,煤与瓦斯突出现象越严重。二塘向斜内,靠近向斜轴部的大湾煤矿煤与瓦斯突出次数几乎为盛远煤矿的一倍。大河边向斜内,向斜中煤层瓦斯压力由浅部的0.2MPa到轴部的3.0MPa,浅部红旗煤矿为高瓦斯矿井,到深部那罗寨煤矿变为煤与瓦斯突出矿井,突出次数由浅部的无到深部的21次。通过单位面积突出情况比较,得出大河边向斜煤与瓦斯突出情况与小河边向斜大致相当,二塘向斜最小。

逆断层、同沉积断层、各类走向交叉断层、地堑断层组合、阶梯状断层组合等决定了水城矿区矿井局部煤与瓦斯突出发生,其中那罗寨矿区2Fa10和2Fa5叠加区域发生4次瓦斯突出,见图2.3-2。

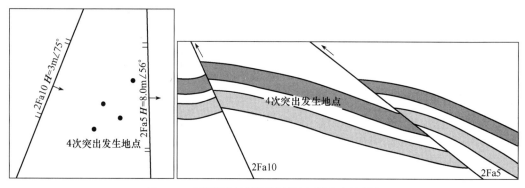

图2.3-2 那罗寨交叉断层控制煤与瓦斯突出示意图

2) 平顶山矿区:昆仑—祁连山—秦岭造山带

(1) 平顶山矿区概况

平顶山矿区位于平顶山市,东起洛岗断层,西至郏县断层,南起煤层露头,北至襄郏断层,面积约650km², 现有生产矿井10余对,主要开采已组煤(二1煤层)、戊组煤(四2煤层)及丁组煤(五2煤层),开采矿井为高瓦斯或煤与瓦斯突出矿井。

矿区主体构造为宽缓的复式向斜—李口向斜,地层总体倾向北西,倾角一般为5°~15°,向斜西翼为次一级褶皱构造,矿区断层多为北西—南东走向,与李口向斜轴向基本一致。矿区构造见图2.3-3。

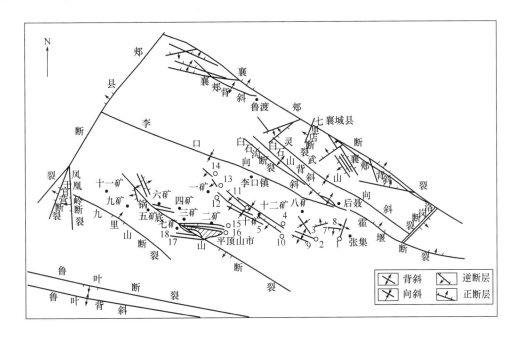

图2.3-3 平顶山矿区构造和矿井分布示意图

1-前聂背斜;2-仁庄向斜;3-焦赞向斜;4-郭庄背斜;5-牛庄向斜;6-郝堂向斜;7-张湾断裂;8-辛店断裂;9-任庄断裂;10-十二矿断裂;11-原十一矿断裂;12-牛庄断裂;13-竹园断裂;14-张家断裂;15-G孔断裂;16-斜井断裂;17-郝堂1号断裂;18-张家庄断裂

(2)突出矿井分布与区域构造特征关系

平顶山矿区所在大地构造位置属于昆仑—祁连山—秦岭造山带,具体受控于李口向斜、锅底山断层、九里山断层及相关褶皱等区域构造。

平顶山矿区位于华北板块南缘带,晚海西至早印支期,秦岭板块与华北板块碰撞拼接,华北板块南缘带卷入秦岭大别造山带。中新生代以来受着秦岭大别造山带构造的控制和改造,主要表现为中生代中期J2-K1秦岭区各主干断裂发生强烈地逆冲推覆构造,位于后陆区的秦岭造山带北缘边界断裂发生由南向北指向造山带外侧的逆冲推覆;同时受太平洋库拉板块北北西向俯冲,北北东向断裂主要表现为左行压扭性活动。晚白垩世至早第三纪时期,秦岭造山带整体发生挤压体制下的伸展隆升构造,矿区表现为隆升伸展构造,呈现四周坳陷中间拱托的宽条带状隆起的板块,南西侧是鲁叶断裂,北东侧是襄郏断裂,北西侧是郏县断裂,南东侧是洛岗断裂。北西向的鲁叶断裂、锅底山断裂、襄郏断裂表现为左行拉张活动,原来的逆冲断裂反转为上盘下滑的正断层。

平顶山矿区可以分为西半部和东半部。西半部主要包括十一矿、五矿、七矿、六矿、三矿、二矿、四矿和一矿井田的西半部;东半部包括十矿、十二矿、八矿和一矿井田的东半部。

该矿区西半部的五矿、七矿、十一矿井田,位于锅底山断裂上盘,此处锅底山断裂是一个控制性断裂,造成该区域矿井为高瓦斯或煤与瓦斯突出矿井。该矿区西半部的六矿、二矿、三矿、四矿和一矿井田的西半部,位于锅底山断裂下盘,构造相对简单,存在瓦斯矿井。该矿区东半部的十矿、十二矿以及一矿井田东半部,受北西向展布的郭庄背斜、牛庄向斜、十矿向斜、牛庄逆断层、原十一矿逆断层的控制,为逆冲推覆断裂褶皱构造带,矿井突出严重,其中十矿丁、戊、己组煤层已发生突出45次,最大突出强度326t,十二矿已发生突出22次,最大突出强度293t。位于平顶山矿区东半部的八矿井田,位于NW向构造与NE向构造交会复合、联合部位,突出严重,其戊、己组煤层已发生突出34次,最大突出强度551t。

3)鹤岗矿区:滨太平洋的复合构造活动及岩浆喷发活动带

(1)鹤岗矿区

鹤岗矿区位于黑龙江省东北部,生产矿井及拟新建矿井勘探区范围南起新华勘探区,北至新兴煤炭公司,南北长26km,东西平均宽约3.5km,面积约91km²。目前生产矿井分布由南至北依次为峻德煤矿、新安煤矿、富力煤矿、新陆煤矿、南山煤矿、振兴煤矿、益新煤矿、新岭露天矿、新兴煤矿等9处矿井,矿区地质储量16.2亿t,见图2.3-4。其中新岭露天矿、新陆煤矿、富力煤矿为瓦斯矿井,振兴煤矿为高瓦斯矿井,新兴煤矿、益新煤矿、南山煤矿、新安煤矿及峻德煤矿为煤与瓦斯突出矿井。

图2.3-4 鹤岗矿区矿井分布示意图

鹤岗矿区总体构造形态为一向东倾斜的单斜构造,地层倾角一般在18°~23°,只在南山矿发育一圆形的向斜构造。鹤岗矿区南山矿以南,断裂相对较少,而且均为正断层,如与含水层形成水力联系,则是瓦斯逸散的良好通道。鹤岗矿区南山煤矿以北,断裂数量明显增多,而且以逆断层为主,逆断层对瓦斯具有封闭作用。鹤岗矿区南山煤矿以南各矿的瓦斯含量低于北部各矿。

(2)突出矿井分布与区域构造特征关系

鹤岗矿区大地构造位置属于吉黑褶皱系,具体受控于鹤岗断陷区域构造。

鹤岗盆地从充填到封闭结束,经历了燕山中、晚期和喜山期构造运动。燕山中期,鹤岗盆地形成及煤系地层沉积时期,控制了早白垩世地层的沉积;燕山晚期,多为火山活动期,形成了安民沟组和松木河组火山岩地层;喜山期,为第三系盆地形成及对中生代地层的改造时期。其中,喜山期构造活动对中生代地层后期改造,形成了较多的断裂构造,对瓦斯的赋存影响较大。

鹤岗矿区整体处于一单斜构造,由于岩浆侵入活动的差异,造成鹤岗矿区瓦斯赋存量呈现北高南低特点,出现了新兴煤矿、益新煤矿、南山煤矿等煤与瓦斯突出矿井,南部由于随着采深的加大,出现了新安煤矿、峻德煤矿等煤与瓦斯突出矿井。其中南山煤矿由于发育一圆形的向斜构造,岩浆侵入严重,低渗透性南岭砾岩岩层覆盖,以及水文地质条件简单等原因,造成南山煤矿瓦斯赋存量、煤与瓦斯突出等瓦斯问题尤为突出。

2.3.3 突出点与矿井局部构造特征的关系

对具体矿井,不同煤层、不同开采深度的突出危险性差异较大,其主要原因是地质构造的差异性。因此,对同一矿井也可以根据构造尺度、性质区分各区域的突出危险性。依据突出事故案例统计分析突出与构造的关系可以发现,地质构造和煤与瓦斯突出有着密切的关联性。从我国一些煤矿的统计资料中也可看出这种联系,见表2.3-1。南桐矿区的464次突出中,有436次(占94%)发生在构造带,见图2.3-5;红卫煤矿225次突出中,有190多次发生在煤包处,占85%,其中坦家冲井的突出点分布如图2.3-6所示。湖南洪山殿矿蛇形山井、广东梅田1~4矿、江西萍乡青山矿突出与地质的构造关系见表2.3-2。

一些矿井突出地点的地质构造　　　　表2.3-1

突出时间	地 点	煤层	巷道类型	突出前作业	突出强度(t)	突出地点地质构造
1958.6.3	南桐局鱼田堡矿+150m 主石门	4号层	石门	爆破	1646	煤层底板有错动
1968.1.20	南桐局鱼田堡矿+150m 西三石门四层大巷	4号层	平巷	落煤	5000	处于构造切割带附近,煤层走向有变化
1969.4.25	南桐局南桐煤矿一井±0m 三半石门	4号层	石门	爆破	3500	煤层变厚(南帮厚,北帮薄)
1970.3.10	天府磨心坡矿+110m 北六石门	K2层	石门	爆破	5270	处于小断层附近,煤层倾角比岩层大6°
1958.1.14	中梁山煤矿南矿+390m 车场绕道	西K9	平巷	爆破	730	煤层转折地带(西翼转东翼)煤层上宽下窄
1958.2.24	中梁山煤矿南矿+280m 平硐	西K10	石门	爆破	400	小断层附近
1958.6.8	中梁山煤矿南矿+390m 副井井筒	西K10	石门	爆破	600	小断层附近,煤层北帮变薄
1958.8.12	中梁山煤矿北矿+290m 平硐	东K1	石门	落煤	900	煤层厚度、倾角发生剧变
1960.5.14	松藻煤矿二井+352m 二石门	8号层	石门	爆破	1000	煤层厚度发生变化
1975.8.8	天府局三汇一矿+280m 平硐	6号层	石门	爆破	12780	位于潜伏逆断层下盘,煤层倾角上陡下缓,煤层厚度变化很大,底板岩石受挤压明显
1959.8.23	白沙局红卫煤矿里王庙井±0m 主井车场石门	六煤	石门	爆破	1600	煤层厚度发生变化,由3~8m 突增到30m

续上表

突出时间	地 点	煤层	巷道类型	突出前作业	突出强度（t）	突出地点地质构造
1967.7.8	白沙避红卫煤矿坦家冲井主斜井井底车场	六煤分岔煤	石门	爆破	2000	煤层突然变陡至70°~80°
1970.10.23	白沙局红卫煤矿里王庙井±0m西南六横硐	六煤第一分岔煤	石门	爆破	1000	煤层倾角变陡70°，厚度变化，底板岩层倒转
1971.11.16	白沙局红卫煤矿坦家冲井+32m南一横硐	六煤	石门	爆破	1000	顶板有小褶曲，煤层分岔，倾角变陡至80°
1972.2.22	白沙局红卫煤矿坦家冲井-50m北一石门	六煤	石门	爆破	4500	小褶皱构造，煤厚剧变
1972.3.10	白沙局红卫煤矿里王庙井±0m西南大横硐	六煤第二分岔煤	石门	爆破	400	煤层倾角变陡至90°，小褶皱构造
1974.10.29	白沙局红卫煤矿坦家冲井南翼+32m水平北横硐	六煤	石门	爆破	2500	煤层底板（揭开侧）有小褶曲，接近煤层处，岩石倒转
1975.4.18	白沙局红卫煤矿坦家冲井南翼+2m水平北四横硐煤门	六煤	石门	爆破	3200	煤层分岔，中间夹石呈小褶曲倒转
1975.7.8	白沙局红卫煤矿坦家冲井北翼+10m水平北一横硐(煤巷)	六煤	煤巷	爆破	1100	煤层分岔，厚度剧变，夹石成小褶曲
1973.6.9	乐平局涌山三井一采区-120m运输石门	四煤	石门	爆破	2988	小断层附近
1970.4.17	乐平局花鼓山胜利井-70m一石门	四煤	石门	爆破	4000	煤层厚度突变(凸镜体)

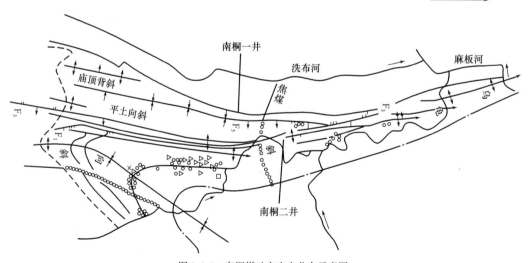

图 2.3-5 南桐煤矿突出点分布示意图
□-3号层突出点；○-4号层突出点；△-5号层突出点；×-6号层突出点

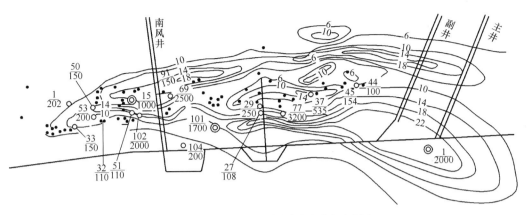

图 2.3-6 红卫煤矿坦家冲井突出点分布示意图
◎-特大型突出；○-大型突出；●-中小型突出

湖南等地一些矿井突出与地质构造的关系 表 2.3-2

矿 井	突出总次数（百分比）	其中与构造异常有关的			构造正常（百分比）
		褶曲（百分比）	断层（百分比）	产状变化（百分比）	
湖南洪山殿矿蛇形山井	134（54.47%）	30（22.39%）	60（47.78%）	44（29.83%）	0（0.00%）
广东梅田 1~4 矿	85（34.55%）	11（12.94%）	20（23.53%）	43（50.59%）	11（12.94%）
江西萍乡青山矿	27（10.98%）	25（92.59%）	2（7.41%）	0（0.0%）	0（0.00%）
总计	246（100%）	66（26.80%）	82（33.30%）	87（35.40%）	11（4.50%）

不同地质构造造成的突出危险性有差异，其导致的突出强度也有不同。对我国部分典型矿区突出强度与地质构造的关系进行统计分析，见表 2.3-3[83]。在各种地质构造中，软分层变厚处突出强度最大，其次为煤层倾角变化、褶曲，无构造的突出强度一般较小。发生在同一类型地质构造处的突出，由于不同矿区地质构造的性质存在差异，其突出强度也不一致。例如，不同形成机制的断层对突出的影响有差异，一般拉应力产生的张性断层突出强度小，压扭性断层突出强度大；褶曲的挤压带、背斜轴部的底分层煤、向斜轴部的顶分层煤多为压应力形成，突出危险性大。

我国部分典型矿区不同地质构造类型的平均突出强度（单位：t） 表 2.3-3

矿 区	地 质 构 造							
	断层	褶曲	煤厚变化	软分层变厚	煤层倾角变化	火成岩侵入	无构造	其他
英岗岭	129.7	69.4	99.5		185.0		67.6	63.8
焦作	63.5	149.7	88.3	276.5	105.3		39.0	31.18

续上表

矿区	地质构造							
	断层	褶曲	煤厚变化	软分层变厚	煤层倾角变化	火成岩侵入	无构造	其他
涟邵	147.4	190.6	121.2		125.4	143.0	150.7	87.4
白沙	72.1	134.7	60.6	76.5				
平顶山	63.8	24.6	66.8	122.8	85.5		17.6	
北票	32.8	44.8	41.0		59.2	29.2	61.2	80.1
资兴	29.7	29.6	21.7			22.0	25.0	20.9
丰城	54.4	129.0	63.3	320.0			31.0	77.2
鹤壁	61.0	135.0						25.0
安阳	101.0	233.3	51.0		48.5			10.0
开滦	48.6	64.7	64.7					17.1
全国平均值	48.4	74.8	64.7	194.9	116.8	47.3	53.0	48.0

值得指出的是,对刚开始突出的矿井,突出几乎都与地质构造有关,而对突出已有数十年历史的严重突出矿井和煤层,无地质构造地点突出次数明显增多。这是因为通常刚发生突出的矿井和煤层突出危险性较弱,而无构造地点突出危险性更弱,因此突出多发生在构造破坏带。而对严重突出矿井,不只是构造带有突出危险,无构造带也有突出危险,因而无构造带也会发生突出。所谓无构造带,实际上是指局部无构造,但其实是位于区域构造影响的范围之内,因此,广义地讲仍然处于构造影响带内。

地质构造是控制突出的重要因素。地质构造影响区存在残余构造应力,地质构造使煤体产生挤压搓揉和层间滑动,形成构造弱面,力学强度差,地质构造影响区的煤被高度破坏,使煤体生成更多的瓦斯,吸附和放散瓦斯的能力显著加强。因此,地质构造在一定程度上控制了煤的力学强度、瓦斯量、放散瓦斯能力、残余构造应力,也就成为控制突出危险性的重要因素。煤与瓦斯突出的区域分布特征如图 2.3-7 所示。

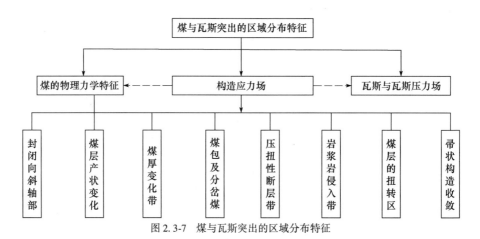

图 2.3-7 煤与瓦斯突出的区域分布特征

第3章 煤与瓦斯突出统计特征

参考相关研究成果[82],以及国内外已有的突出记录统计资料[5,84-86],并选择我国突出发生相对典型的矿区,有针对性地对矿区内发生的煤与瓦斯突出现象和相关参数进行调查、测量和统计分析,总结出煤与瓦斯突出发生的统计特征。

3.1 煤与瓦斯突出的总体规律

3.1.1 突出与开采深度的关系

1)突出次数、强度与开采深度的关系

通过对我国主要突出矿区大量突出案例的统计分析,煤与瓦斯突出危险性具有随着开采深度增加而增大的规律。当开采深度增加,地应力和瓦斯压力也相应增大,因而突出危险性也增加;高瓦斯矿井甚至低瓦斯矿井可能成为突出矿井,突出危险性较弱的矿井,可能转变为严重突出矿井。图 3.1-1 为我国典型突出煤矿突出与开采深度的关系。从图 3.1-1a)中可以看出,在统计时间段内(1951—1991 年),各矿务局的突出次数随开采深度的增加,都表现出先增加后降低的变化规律。然而,当以突出的煤量表征突出强度,对不同开采深度下的突出强度进行统计时,发现突出强度随开采深度的增加而增大的规律非常明显,见图 3.1-1b)。尤其是这一时期内全国统配煤矿的总体情况表明,尽管突出次数随开采深度的增加而减少,但突出强度却整体呈上升趋势。表 3.1-1 为我国部分矿区突出强度随开采深度的变化关系[83]。从表 3.1-1中可以看出,大多数矿区发生突出的强度随着开采深度的增加而增大,涟邵、白沙、英岗岭、六枝、重庆地区等较明显。

部分矿区不同开采深度的平均突出强度(单位:t)　　表 3.1-1

矿区	开采深度(m)									
	<100	100~200	200~300	300~400	400~500	500~600	600~700	700~800	800~900	≥900
英岗岭		53.9	97.1	112.6	40.0	1210				
焦作		28.6	108.9	102.2						
涟邵	130.0	100.5	131.7	212.7	150.8	26.1	56.6			
白沙	53.4	105.0	148.9	29.7						

续上表

矿区	开采深度(m)									
	<100	100~200	200~300	300~400	400~500	500~600	600~700	700~800	800~900	≥900
平顶山				53.3	35.0	31.4	21.7	113.7		
北票		12.4	22.7	40.2	28.6	54.5	65.2	59.5	63.2	17.0
资兴	27.5	28.9	20.6							
丰城				43.8	60.5					
安阳		81.8	50.5	168.3						
开滦					18.0	19.0	35.8	22.5		
重庆地区	48.4	59.2	115.2	418.0						
六枝	8.0	130.0	115.0	1700						
全国平均	49.6	91.2	102.3	80.9	34.8	51.7	64.9	59.9	63.2	17

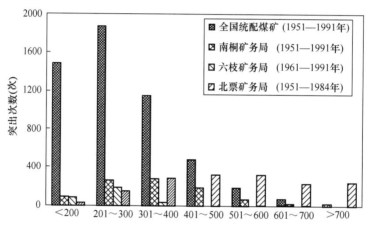

a) 突出次数随开采深度的变化

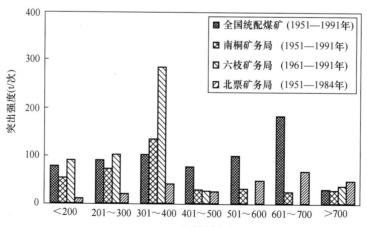

b) 突出强度随开采深度的变化

图 3.1-1 突出强度随开采深度的变化

2) 突出的始突深度

对同一矿区的同一煤层,随着开采深度的增加,对一个矿井或一个煤层通常有一个开始发生突出的深度,当开采深度小于该深度时不会发生突出,而当大于该深度时,就有发生突出的危险,该深度称为始突深度。一个矿井的始突深度难以事先确定,通常依据矿井生产过程中实际发生突出的最小深度定为始突深度,随着开采的推进,始突深度有可能发生改变。表 3.1-2 为我国一些矿井的煤与瓦斯突出的始突深度统计表[84],表 3.1-3 为欧洲一些矿区的始突深度统计表。由此可以看出,各矿井始突深度差异性很大,表 3.1-2 中最小始突深度 140m,最大始突深度 640m;表 3.1-3 中最小始突深度仅 80m,最大始突深度为 1000m。对于同一矿井,同一煤层同一地质单元而言,在始突深度以下随开采深度增加,突出次数增多,突出强度增大;这里的地质单元是指同一煤层内具有相近似地质构造背景的区域。

我国一些矿井的煤与瓦斯突出始突深度　　　　表 3.1-2

矿 井	始突时间	垂深(m)	强度(t)	巷道类别	瓦斯压力 测点垂深(m)	瓦斯压力 压力值(MPa)
开滦马家沟矿	1964.9.9	492	28	石门		1.98
阳泉一矿	1968.9.29	440	10	平巷	294	1.3
包头河滩沟矿	1973.3	288	34	上山	217	2.2
本溪牛心台矿	1972.9.9	470		上山	624	2.5
本溪红阳二井	1972.2.22	582	260		582	1.2
抚顺龙凤矿	1964.11.12	620	110	平巷	525	0.65
抚顺老虎台矿	1978.9.21	640	630	石门	530	0.97
北票三宝矿	1953.6.19	210	9	上山	597	5.4
辽源营城煤矿	1975.6.13	439	1005	岩巷	400	2.0
淮南谢三矿	1971.4.2	520	25	石门	515	2.31
淮南毕家岗	1978.2.1	330	34	石门	330	0.22
淮北芦岭矿	1964	400		石门	425	2.83
鹤壁六矿	1970.9.25	339	30	平巷	380	0.95
焦作李封矿	1955.6.24	257	15	平巷	270	1.6
红卫煤矿里王庙井	1959.8.23	170	1600	石门	150	1.22
红卫煤矿坦家冲井	1967.7.8	180	2000	石门	210	1.65
红卫煤矿龙家山井	1979.3.2	187	40	上山	220	1.2
天府三汇一矿	1975.8.8	520	12780	石门	570	0.73
芙蓉煤矿	1975.6.18	340	120	石门	351	1.95
打通一井	1974.10.7	250	20	平巷		3.4
遂宁溪口煤矿	1977.7.28	440	36	石门	440	2.0
水城汪家寨矿	1966.5.15	367	135	石门	375	1.69

续上表

矿 井	始突时间	垂深（m）	强度（t）	巷道类别	瓦斯压力	
					测点垂深（m）	压力值（MPa）
水城老鹰山矿	1966.11.13	325	118	石门	325	2.4
六枝六枝矿	1964.9	220	10	平巷	240	1.65
六枝木岗矿	1971.3.26	330	1700	石门	330	1.5
六枝田角田矿	1969.2.23	170	972	石门	207	1.95
六枝化处矿	1973.3	140	10	上山		1.25
六枝地宗矿	1966.7.7	276	5.6	平巷	240	1.66

欧洲一些矿区的始突深度[82] 表3.1-3

国　家	煤盆地、煤产地	突出性质		始突深度（m）
		突出的岩石	主要突出的气体	
苏联	顿涅茨	煤	CH_4	150
苏联	库子涅茨	煤	CH_4	150
苏联	伯朝拉	煤	CH_4	280
苏联	卡拉干达	煤	CH_4	400
苏联	索里卡姆	钾盐	CH_4、CO_2	300
苏联	索里卡姆	钾盐	CH_4、CO_2	400
捷克斯洛伐克	奥斯特拉沃-卡尔温	煤	CH_4	270
保加利亚	巴尔干	煤	CH_4	120
波兰	尼日涅-西列兹	煤	CO_2、CH_4	200
匈牙利	梅切克	煤	CH_4	100
英国	南威尔士	煤	CH_4	200
法国	加尔	煤	CO_2	130
德国	喀尔茨	钾盐	CO_2	500
波兰	克洛达瓦	钾盐	CH_4、CO_2	80
德国	鲁尔	岩石	CH_4	1000

煤层的突出危险程度和开采深度并不存在完整的正相关性。一方面，一些矿区在达到一定深度后，突出次数和强度有减小的趋势，这与该深度开采规模、开采区域和预防控制突出的技术和管理水平有密切的关系。譬如某矿区当时主要开采某一个水平煤层，而深部水平煤层仅为开拓延伸或仅水平发生突出的次数或强度显著减少；又譬如在浅部开采水平开采时，没有有效认识到突出的发生规律，也没有掌握有效的预测预防和控制突出的技术措施和管理方法，使得突出事故频发，而进入深部水平则有显著改善，因而突出次数和强度均显著降低。另一方面，有少数突出常常发生在浅部煤层，如日本发生突出的深度多数在距地表300~600m，但也有少数突出发生在100m左右的浅部。这与水平应力普遍大于垂直应力的状况有关，而且与水平应力的主方向有关。表3.1-4和表3.1-5分别为煤炭科学研究总院重庆分院用孔底应变

法测得的天府磨心坡矿+110m 水平和中梁山北矿+140m 水平突出煤层围岩的应力。测量结果表明,在突出煤层围岩中存在较高的水平应力,平均水平应力不但远大于上覆岩层重力作用产生的侧向水平分量值,甚至可以超过垂直应力;水平应力场的分布是不均匀的,应力不均匀系数为 0.41~1.58。采深的增加使垂直应力增加,如果水平应力减弱,突出危险性反而降低;或者深部水平调整采掘部署,使采掘工作面布置的方向与水平主应力方向协调一致,突出危险性反而降低。因此,矿区及煤层的应力水平由构造因素决定,而不仅仅取决于开采深度,突出危险性也不单取决于开采深度。

天府煤田磨心坡矿突出煤层围岩应力状态　　　　　　　　　　表 3.1-4

测点	自重应力 γH (MPa)	应力分量(MPa)			平均水平应力 (MPa)	应力比			
		σ_x	$\sigma_y = \sigma_v$	σ_z		$\sigma_v/\gamma H$	σ_h/σ_v	σ_x/σ_z	$\sigma_h(\sigma_k \gamma H)$
天 10-1	12.2	29.0	13.4	18.4	23.7	1.10	1.77	1.58	8.89
天 8-3	13.7	13.3	14.2	32.2	22.8	1.04	1.61	0.41	7.58
天 8-5	14.0	13.2	14.7	13.5	13.4	1.05	0.91	0.98	1.86

中梁山煤田北矿突出煤层应力状态　　　　　　　　　　表 3.1-5

测点	自重应力 γH (MPa)	应力分量(MPa)			平均水平应力 (MPa)	应力比			
		σ_x	$\sigma_y = \sigma_v$	σ_z		$\sigma_v/\gamma H$	σ_h/σ_v	σ_x/σ_z	$\sigma_h(\sigma_k \gamma H)$
中-3	13.2	5.5	13.8	9.4	9.25	1.05	0.68	0.97	3.68
中-4	13.0	9.1	14.4	11.4	8.45	1.11	0.59	0.48	2.95

此外,始突深度处煤层瓦斯参数也具有一定的规律性。根据有关资料介绍,我国俞启香教授在对全国多个突出矿井的瓦斯压力进行整理分析,认为当煤层瓦斯压力小于 0.74MPa 情况下发生突出的可能性较小;煤炭科学研究总院抚顺研究院王佑安曾对国内 11 个突出矿井始突深度处的瓦斯含量进行统计,并得出所有突出煤层瓦斯含量均在 10m³/t 以上。但表 3.1-2 统计资料表明,始突深度处瓦斯压力可以小到 0.22MPa,大到 5.4MPa,差异性非常大。对于始突深度以下的煤层,同一矿井,较厚的突出煤层,突出次数多,突出强度大,始突深度浅。

3)煤层瓦斯参数与开采深度的关系

(1)煤层瓦斯压力随开采深度的变化

在煤与瓦斯突出发生、发展过程中,瓦斯压力起着重大的作用。煤层瓦斯压力的大小取决于煤生成后,煤层瓦斯的排放条件,它与覆盖层厚度和透气性、煤层透气性、煤地质构造条件以及覆盖层的含水性密切相关。煤层瓦斯运移的总趋势是瓦斯由地层深部向地表逸散,这一规律决定了煤层瓦斯压力和含量随深度增加而增大。图 3.1-2 显示出了我国各主要矿区实测煤层瓦斯压力随深度的变化,同一深度不同矿区和煤层的瓦斯压力有很大的差别。

在地质条件不变的情况下,煤层瓦斯压力随深度变化的规律,通常用下式描述:

$$p = p_0 + p_{\text{grad}}(H - H_0) \qquad (3.1-1)$$

式中:p——在深度 H 处的瓦斯压力,MPa;

p_0——瓦斯风化带 H_0 深处的瓦斯压力,MPa,取 0.15~0.2MPa;

H_0——瓦斯风化带深度,m;
H——距地表垂深,m;
p_{grad}——瓦斯压力梯度,MPa/m。

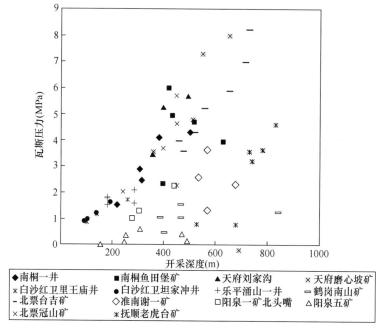

图 3.1-2 煤层瓦斯压力随开采深度的变化

根据各煤矿煤层瓦斯压力随深度变化的实测数据,瓦斯压力梯度变化范围为 0.007~0.012MPa/m,而瓦斯风化带深度则在几十米至数百米之间变化。瓦斯压力异常(即 $p/H>0.01$MPa/m)一般都处于地质构造带,取决于该处地应力的大小。在浅部,由于构造应力的松弛作用及瓦斯风化带的影响,一般瓦斯压力小于静水压力($p<0.01H$)MPa。随着深度增加,已经没有瓦斯风化带的影响,地应力则随深度线性增加,瓦斯压力就可能超过静水压力($p \geq 0.01H$)MPa。在地质构造带,由于强大的构造应力作用,可使煤体中大部分大孔隙及裂隙变窄,甚至闭合,一方面堵塞瓦斯流动的通道,另一方面使其中瓦斯继续受压缩,从而造成局部瓦斯压力增高地带,煤层中瓦斯压力可达到($0.013 \sim 0.015H$)MPa,甚至接近于自重应力($0.025H$)MPa。需要指出的是,超过静水压力的瓦斯压力全部在突出煤层测得的,因为突出煤层围岩具有很高的构造应力,因而具有很高的瓦斯压力。

(2)煤层瓦斯含量随开采深度的变化

煤层瓦斯是煤变质过程的产物,成煤过程生成瓦斯的绝大部分已逸散,当前煤层所含的瓦斯是地质残余瓦斯量。煤层瓦斯含量的大小,除与生成瓦斯量的多少有关外,主要取决于煤生成后瓦斯的逸散和运移条件,以及煤保存瓦斯的能力(吸附性与孔隙率等)。所有这些最终都取决于煤田地质条件和煤层赋存条件。煤层埋藏深度是决定煤层瓦斯含量大小的主要原因,国内外煤矿大量的生产实践表明,随着煤层埋藏深度的增大,煤层瓦斯压力增大,煤的吸附瓦斯量增加,从而使煤层瓦斯含量增大。图 3.1-3 是湖南省煤炭研究所得出的湖南渣渡矿区煤层瓦斯含量随煤层埋藏深度的变化。由图看出,随深度增加瓦斯含量增大,但增大的梯度逐渐变小。图 3.1-4 是英国奥斯特煤田煤层瓦斯含量与埋藏深度的关系,可以看出在瓦斯风化带以下,煤层瓦斯含量在距地表垂深 1200m 范围内,随深度呈正比例增长。

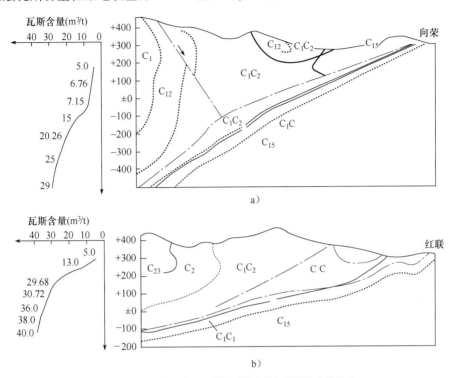

图 3.1-3　湖南渣渡矿区煤层瓦斯含量与埋藏深度的关系

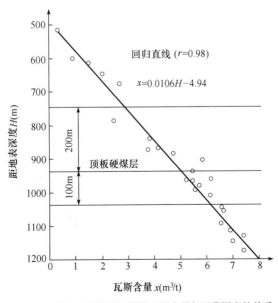

图 3.1-4　英国奥斯特煤田煤层瓦斯含量与埋藏深度的关系

3.1.2 突出与煤层厚度的关系

煤层突出危险性随着煤层厚度增加而增加。厚煤层或中间有薄层夹矸的煤层群的突出危险性比单一薄煤层大,表现为突出次数多、强度大、始突深度浅。对于同一煤层,当其厚度由薄变厚时,突出危险性有增大趋势。此外,突出煤层大都存在软分层,而且突出危险性随软分层的增厚而增加。根据大量突出点的调查统计,突出地点及附近的煤层一般都存在层理紊乱、煤质松软的软煤,且突出通常发生于软煤分层突然变厚的地点。但当软煤分层厚度小于0.3m时发生突出的可能性小。

我国部分典型矿区的突出强度与煤层厚度的关系见表3.1-6[83],可见煤层突出危险性随着煤层厚度增加而增加的规律只是相对而言,并不存在普遍性。如英岗岭和焦作矿区的突出强度随煤层厚度增大而增大,而涟邵、资兴、开滦矿区突出强度却与煤层厚度的变化无明显关系。

突出强度与煤层厚度的关系(单位:t)　　表3.1-6

矿 区	煤层厚度(m)						
	<1.0	1.0~2.0	2.0~3.0	3.0~4.0	4.0~5.0	5.0~6.0	≥6.0
英岗岭	93.8	58.5	89.4	190.0	310.0	111.8	234.4
焦作	61.0	63.8	87.7	91.4	193.7	86.3	104.6
涟邵	137.6	112.3	150.5	119.4	126.0	96.2	87.8
资兴		22.3	29.3	13.7	22.1	46.3	60.0
开滦	31.7	11.3	15.8		21.3	6.0	66.2
丰城	20.0	26.0	72.5	48.0			
安阳						76.6	132.3
平顶山		12.9	17.1	91.8	22.7	50.5	52.3
全国平均值	106.9	60.7	88.2	123.5	108.9	76.1	111.2

突出与煤层厚度的关系更准确理解应该是,煤层厚度对突出危险性的影响有一个临界值,当煤层厚度小于这一临界值时,煤层发生突出的可能性很小;煤层厚度大于这一临界值时,在其他条件相近似的前提下,容易发生突出的煤层软分层厚度越大。发生突出的危险性越大。在煤层软分层相近似的条件下,厚煤层的突出危险性更大;煤层增厚区比煤层变薄区突出危险性大,煤层变薄区比煤层厚度平稳区突出危险性大。

(1)煤层软分层越厚,煤层吸附瓦斯量越多,煤层卸压时的瓦斯释放速度越快,突出危险性越大。表3.1-7是南桐矿区鱼田堡煤矿4号煤层不同分层煤样比表面积的测定数据,其中顶板炭为硬分层、槽口炭为软分层。显然软分层比硬分层比表面积大许多,软分层吸附瓦斯和释放瓦斯的能力比硬分层大许多,单位质量煤体中软分层吸附瓦斯量和释放瓦斯量比硬分层多,因此软分层突出危险性大,且软分层越厚突出危险性越大。

南桐矿区鱼田堡煤矿4号煤层不同分层煤样比表面积测定数据　　表3.1-7

采样点	1号		2号		3号		4号	
采样分层	顶板炭	槽口炭	顶板炭	槽口炭	顶板炭	槽口炭	顶板炭	槽口炭
比表面积(m²/g)	28.2	44.3	19.1	35.3	22.8	34.7	22.3	25.1

(2) 煤层软分层越厚,煤层在应力作用下变形量越大,顶底板的位移量也越大,顶底板中积聚的弹性能也越多,顶底板弹性能释放时给煤体施加的弹性能越多,煤层突出危险性越大。

(3) 相对于顶底板而言,煤层属于层状岩体中的软分层,因此,煤层软分层厚度相近时,煤层厚度越大,煤层突出危险性越大。

(4) 煤层厚度后生变化与突出危险性密切相关。煤层厚度变化由两种原因引起,一种是煤层沉积基底不平、沉积速度不均、沉积期间经受过河流冲刷侵蚀等原因引起的煤层厚度变化,称之为煤层厚度的原生变化;煤层厚度的原生变化通常未经历较强烈构造运动的破坏,对突出危险性的影响不大。另一种引起变化的原因是构造运动,其中又以褶曲构造或断层附近的牵引褶曲构造为主,称之为煤层厚度的后生变化。考察一个褶曲模型的受力状况,如图 3.1-5 所示。由图 3.1-5 可见,在背斜轴部区,煤层顶部出现拉应力,煤层与顶板产生离层,出现离层空间,为煤层变厚创造了条件;煤层底部呈现双向挤压受力状态,促使煤体向顶部流动。在翼部挤压区,煤层各部位均呈现双向挤压受力状态,且法向挤压应力大于层面方向挤压应力,顶部煤体被挤压向背斜轴部方向流动,底部煤体被挤压向向斜轴部区流动,促使煤层变薄。而在向斜轴部区刚好与背斜轴部区相反,顶部煤层承受双向挤压,促使煤体向底部流动,底部煤体出现拉应力状态,与底板间产生离层,出现离层空间,为煤层变厚创造条件。

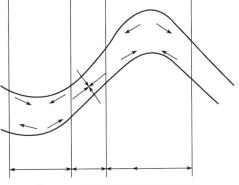

图 3.1-5 褶曲不同部位受力分析模型

依据以上分析可见,煤层变厚区的煤层均经受过上部或下部的层间流动和法向向上或向下的挤压流动,而煤层变薄的翼部挤压区顶底部煤层经受方向相反的层间滑动。因此,煤层变厚区的煤层较破碎,顶底部应力出现拉压不同状态,煤层变薄区的煤层经历反向层间滑动的搓揉,煤层破碎严重,全层承受挤压应力。煤层变厚变薄区均为突出创造条件,突出危险性均比原始状态增大。

表 3.1-8 为湖南、广东、江西三个矿区煤层厚度变化与突出次数的关系。由表 3.1-8 中资料看出,湖南蛇形山井和江西英岗岭矿区统计资料均表明突出的危险性从大到小的次序是煤层变厚区、煤层变薄区、煤厚度稳定区;而广东梅田矿区的资料表明,煤层变厚区突出危险性最大,煤层变薄区和煤层厚度稳定区的突出危险性大小难以辨识。

湘赣粤部分矿区煤层厚度变化区突出次数统计表　　　　表 3.1-8

矿 区	矿 井	突出次数	煤层变化			备 注
			变薄	变厚	正常	
涟邵	蛇形山	134	47	61	26	煤巷突出
梅田	二矿	29	1	22	6	1978 年资料
	三矿	4		4		
	四矿	15	6	5	4	

续上表

矿 区	矿 井	突出次数	煤层变化			备 注
			变薄	变厚	正常	
英岗岭	建山	44	6	35	3	1980年资料
	枫林	32	14	18		
	桥一	12		11	1	
	桥二	32	6	22	4	

3.1.3 突出与巷道类型的关系

突出主要发生在巷道掘进工作面、采煤工作面等井下采掘作业区的最前方,也有极少数突出发生在采空区、已建成的巷道内。突出主要受巷道布置、采掘集中应力的影响。在巷道密集布置区、采场周边的支承压力区、邻近层的应力集中区、相向采掘接近区等进行采掘活动时,易发生突出。此外,由于支护欠佳、顶板冒落、采煤工作面初次来压、冒落,以及突出孔洞充填支护不及时等造成的应力集中也是导致突出发生的重要原因,井下向煤层施工顺层钻孔时也易发生突出。

根据国内一些典型局矿的突出统计资料,掘进或采煤工作面发生突出的概率由大到小排序为平巷、采煤工作面、上山、石门、下山、岩巷、大直径钻孔及其他。其中,煤巷掘进工作面发生突出的次数最多,采煤工作面次之,石门揭煤工作面和钻孔施工时最少;煤巷掘进工作面中,平巷和上山在相同掘进进尺情况下,上山掘进突出次数远大于平巷掘进,并且随着倾角的增大,突出发生的次数越多,上山掘进突出类型以煤体自重影响导致的倾出为主;石门揭煤突出次数不多,并不代表石门揭煤突出危险性小,主要原因是矿井石门揭煤工作量远比煤巷掘进工作量少,其实石门揭煤发生突出的概率最高,平均强度也最大,80%以上的特大型突出均发生在石门揭煤工作面。表3.1-9为不同时期各类工作面的煤与瓦斯突出次数及所占比例统计。

不同时期各类工作面的煤与瓦斯突出次数统计 表3.1-9

工作面类型		1951—1960年	1961—1970年	1971—1980年	1981—1990年	1991—1995年	统计结果*
石门	次数	42	99	214	248	91	694
	比例(%)	5.3	8.5	5.6	6.7	6.7	6.4
煤层平巷	次数	411	539	1668	1675	702	4995
	比例(%)	51.6	46.5	43.9	45.4	51.7	46.2
煤层上山	次数	263	362	752	614	183	2174
	比例(%)	33.0	31.2	19.8	16.6	13.5	20.1
煤层下山	次数	17	25	54	93	20	209
	比例(%)	2.1	2.2	1.4	2.5	1.5	1.9
采煤工作面	次数	62	131	1104	1031	351	2679
	比例(%)	7.8	11.3	29.0	27.9	25.9	24.8

续上表

工作面类型		1951—1960年	1961—1970年	1971—1980年	1981—1990年	1991—1995年	统计结果*
岩巷	次数	2	4	12	30	10	58
	比例(%)	0.3	0.3	0.3	0.8	0.7	0.5
合计	次数	797	1160	3804	3691	1357	10809
	比例(%)	100	100	100	100	100	100

注：1.统计结果*：次数为求和，比例为求平均值。
    2.另有2次没有工作面类别记录及1950年的4次突出未统计在内。

国内典型矿区的突出强度与巷道类型的关系见表 3.1-10[83]，从表中可以看出，发生在石门揭煤过程中的突出强度最大，其余依次为下山、上山、平巷和采煤工作面。采煤工作面发生的突出大部分是煤的突然压出，且多属于突然挤出类型。

突出强度与巷道类型的关系(单位:t) 表 3.1-10

矿 区	巷 道 类 型				
	平巷	上山	下山	采煤工作面	石门
英岗岭	104.2	73.6	117.1	68.5	425
焦作	100	123.8	39.4	59.9	73
涟邵	135.1	80.7	65.2	41.8	377
白沙	92.6	81.6	20.6	65.2	59
平顶山	57.3	56.6	70.1	26.2	53
北票	34.6	24.3	11	60	138
资兴	24.8	24.5	20.6	25.3	98
丰城	82	54.7	54.6		
安阳	113	88	50.5	168.3	
开滦	12.2	17.5			62.1
重庆地区	47	35	41.6	56.7	451
六枝	29	95	98		935
全国平均值	50	79.9	86.9	15.8	316.5

依据突出的受力状态可以有效分析不同采掘工作面的突出危险性。石门揭煤工作面前方煤岩体形成硬-软-硬的夹心层状结构，煤层富含瓦斯、力学强度较弱、受力变形量大，顶底板岩层则反之。揭开煤层前，顶底板岩层承担应力，并阻碍煤层的变形和瓦斯的流出，使煤层处于三向等压的受力状态，煤层不易发生破坏；而当顶板或底板岩石突然移去，顶板或底板承受的应力迅速转嫁到煤层，煤层受力的状态迅速由三向等压转变到三向高度不等压状态，并形成高度应力集中，煤层内的瓦斯开始释放，形成陡峭的压力梯度；高应力、高瓦斯压力梯度、高速卸载波的作用，一旦发生突出，其突出强度最大，突出的概率也是最高的。下山掘进工作面前方煤体的重力是限制突出发生的，因而其突出的概率要小，但一旦发生突出，要克服重力做功，通常是瓦斯喷出类型，突出强度较大。而上山掘进却刚好与下山掘进相反，重力是引发突出的主

要因素,发生突出的概率较高,但重力引发的突出主要为倾出类型,强度不大。平巷掘进的受力状态恰好位于上、下山掘进工作面之间,因而其突出发生的概率与强度也应该位于二者之间;但如果上山掘进遇到与平巷相类似的瓦斯和应力集中条件时,由于还存在重力的影响,突出强度可能高于平巷。采煤工作面由于运输巷、回风巷、采空区三向属于自由空间,从层面方向仅存在单向受力,然而法线方向却承受运输巷、回风巷、采空区三向的集中应力作用,甚至在隅角处存在双重集中应力的叠加,因此承受较高的载荷,由于巷道暴露时间较长,瓦斯具有显著的释放,发生压出的概率要高些;如果煤层渗透性极差、工作面长度较大,瓦斯释放受阻,也可能引发瓦斯主导型的大型或特大型突出;因此,采煤工作面突出的概率和强度与煤层条件、布置参数具有较显著的相关性。

依据以上分析,突出发生的概率依次应该是石门揭煤、上山、平巷、下山,采煤工作面可能介于以上各类型之间或最后,与煤层条件和布置参数相关;突出强度的大小依次应该是石门揭煤、下山、平巷、采煤工作面、上山,平巷与采煤工作面对不同布置参数条件下可能呈现交替,与上山也可能存在交替。统计资料与上述规律不符的原因有:按矿井突出次数而不考虑工程量的统计,煤矿平巷掘进和采煤的工程量最多,即使突出概率较低,突出次数也会显著增加,因而突出次数不能有效代表煤层的自然突出危险性,仅代表工程的突出危险性。

3.1.4　突出与作业方式的关系

根据对突出资料的统计分析,大多数突出前有作业方式诱导。全国一半以上的突出发生在爆破作业时,并且平均突出强度最大,高达百余吨。风镐落煤时的突出次数虽然不多,但强度较大。近年来随着机械化采煤的发展,采煤工作面机组采煤时的突出次数有很大增加,已超过风镐落煤时的突出次数。另外,支护、钻孔施工和手镐落煤作业也可能造成煤与瓦斯突出,还有部分突出是发生在无作业的情况下。

表 3.1-11 为 1951—1995 年间我国国有重点煤矿各时期不同作业方式引起的煤与瓦斯突出次数统计。在有作业方式记录的 10193 次煤与瓦斯突出中,爆破作业 6209 次,占 60.9%;割煤 1582 次,占 15.5%;风镐作业 729.5 次,占 7.2%;手镐作业 543 次,占 5.3%;水力掘进 400 次,占 3.9%;辅助作业 368 次,占 3.6%;打钻 253.5 次,占 2.5%;未作业 83 次,占 0.8%;机掘 24 次,占 0.2%。可见,半数以上的煤与瓦斯突出发生在爆破作业时,其次是割煤。值得重视的是,打钻作为一种防突措施,其作业时发生的煤与瓦斯突出也占了 2.5%。

各时期不同各种作业方式的突出次数统计表　　　　表 3.1-11

作业方式		1951—1960 年	1961—1970 年	1971—1980 年	1981—1990 年	1991—1995 年	统计结果*
爆破作业	次数	253	587	2021	2466	879	6206
	比例(%)	36.7	55.1	58.1	67.9	66.3	60.9
打钻	次数	40	41	70	68	34.5	253.5
	比例(%)	5.8	3.8	2.0	1.9	2.6	2.5
割煤	次数	0	18	840	569	155	1582
	比例(%)	0	1.7	24.2	15.7	11.7	15.5

续上表

作业方式		1951—1960年	1961—1970年	1971—1980年	1981—1990年	1991—1995年	统计结果*
机掘	次数	0	0	1	15	8	24
	比例(%)	0	0	0.03	0.4	0.6	0.2
水力掘进	次数	4	2	148	130	116	400
	比例(%)	0.6	0.2	4.3	3.6	8.8	3.9
手镐	次数	106.5	176	140	86	34.5	543
	比例(%)	15.4	16.5	4.0	2.4	2.6	5.3
风镐	次数	188.5	183	156	173	29	729.5
	比例(%)	27.3	17.3	4.5	4.8	2.2	7.2
辅助作业	次数	91	50	71	100	56	368
	比例(%)	13.2	4.7	2.0	2.8	4.2	3.6
未作业	次数	7	9	30	24	13	83
	比例(%)	1.0	0.8	0.9	0.7	1.0	0.8
合计	次数	690	1066	3477	3631	1325	10189
	比例(%)	100	100	100	100	100	100

注：1. 统计结果*：次数为求和，比例为求平均值。
2. 另有622次没有作业记录及1950年的4次突出未统计在内。当辅助作业和非辅助作业同时进行时，统计为非辅助作业。当两个或两个以上非辅助作业同时进行时，每种作业的突出次数为同时作业的突出总次数除以同时进行的作业数目。

表3.1-12为国内典型矿区不同作业方式的平均突出强度[84]，在各种作业方式中，震动爆破(在石门揭穿突出危险煤层或在突出危险煤层中采掘时，用增加炮眼数量、加大装药量等措施诱导煤和瓦斯突出的特殊爆破作业)引发的突出强度最大，其次为爆破(除震动爆破外的一切爆破)作业。涟邵矿务局施工钻孔作业有大型突出发生，但无普遍规律。其他作业方式突出强度都不大。

突出强度与作业方式的关系(单位:t)　　　　　表3.1-12

矿区	作业方式										
	震动爆破	爆破	柱窝	采煤机割煤	掘进机割煤	支护	打钻	无作业	其他	手镐落煤	风镐作业
英岗岭	425.0	93.3	20.0								
焦作	157.7	103.7	26.4	70.4		199.0	11.9		59.2	11.1	6
涟邵	335.2	108.3	48.0			47.2	643.4	480.0	139.4	64.5	
白沙	622.4	90.2	32.0			23.4	50.8	126.0	158.2	32.2	
平顶山		62.7	27.7	25.1	52.8		9.9	7.0	102.5	20.0	
北票	160.1	50.8				31.2	18.6	37.3	45.2	24.5	21.2
资兴	98.0	31.8	13.3			25.5			23.3	28.1	

续上表

矿区	作业方式										
	震动爆破	爆破	柱窝	采煤机割煤	掘进机割煤	支护	打钻	无作业	其他	手镐落煤	风镐作业
丰城		63.7				25.0			144		54.5
安阳		109.7	32.0	168.3							
开滦	59.2	48.0					10.6		15.7		
重庆		206.2				42.8	40.4	6.0	76.7	29.8	43.6
六枝		16.5				500.0	6.0	4.0	90.4	21.7	114
全国平均值	464	92.5	38.0	31.4	52.8	35.8	35.6	82.6	61.1	40.2	25.7

值得指出的是，在各种作业方式中尽管震动爆破突出强度最大，但人员全部撤离，因而对人的生命威胁却不大；爆破通常也属于远距离作业，对人的生命威胁也较小；而其他作业基本上都属于近距离操作，尽管突出强度不大，但对人的生命威胁却非常大。近些年随着矿井机械化、集约化生产方式的变革，尽管突出次数减少，但突出伤亡事故没有显著下降，与机械化非远距离的作业方式有一定关联性。因此，采用远距离作业应该成为突出矿井生产技术的一种发展方向。

分析作业方式与突出强度的关系，显然爆破实际上就是一次突出的激发，对煤体的扰动最大，极易诱发较大范围内煤体的破坏与突出，因而诱发突出的概率和强度都比较高；而震动爆破实际上是一种强力爆破，显然其诱发突出的概率和强度最高。其他作业方式通常都对煤体存在一定的扰动，使煤体受力平衡状态被打破而诱发突出。按理说风镐作业的扰动比手镐作业大，但手镐作业主要适用于软煤，因而其诱发突出的强度反而大。值得指出的是，无作业时的突出强度接近爆破作业的平均突出强度，因为无作业时的突出应该说是一种延期突出，极其微小的扰动（邻近区域的作业扰动），甚至无扰动都会诱发突出，说明煤层中已经孕育了几乎具备发生突出的足够能量条件，只需微小扰动或流变的时间效应即可诱发大型突出，因而其突出强度较大。

3.1.5 突出发生的前兆特征

突出的发生虽然具有突发性，但在突出前大都有预兆出现。统计资料显示，90%以上的煤与瓦斯突出事故发生前都出现过程度不同的预兆。突出预兆可以分为四个方面：地压显现方面的预兆有支架来压、煤壁外鼓、掉渣、片帮、巷道底臌、打钻时顶（夹）钻、钻孔严重变形及炮眼装不进炸药等；声音方面的预兆有煤壁前方有煤炮声、劈裂声、闷雷声、打钻喷孔及出现哨叫声、蜂鸣声等；煤体结构方面的预兆有煤层层理紊乱、煤体变软、软分层增厚、煤壁暗淡无光泽、煤干燥、煤尘增多、煤层产状急剧变化（煤层波状隆起，层理逆转等）等；瓦斯涌出方面的预兆有瓦斯涌出异常，瓦斯浓度增大，瓦斯涌出量忽大忽小，钻孔施工打钻时顶钻、夹钻、喷孔等。除此之外，还有煤壁或工作面温度降低、气味异常等预兆。上述预兆，有时同时出现，有时单独出现。

国内典型矿区不同突出预兆的平均突出强度见表 3.1-13[84],在突出预兆中,喷顶夹钻和片帮掉渣预兆的突出强度最大,其次为煤结构变化、瓦斯异常,而响煤炮突出强度并不大,无预兆时突出强度反而比响煤炮大。

我国典型矿区不同突出预兆时的平均突出强度(单位:t)　　表 3.1-13

矿区	突出预兆								
	响煤炮	喷顶夹钻	片帮掉渣	煤结构变化	瓦斯浓度忽大忽小	瓦斯异常	无预兆	其他	两种以上预兆
英岗岭	86.1	107.2	64.6	46.0	60.8	100.0	115.3	56.6	93.0
焦作	83.7	99.5	54.3	148.6	70.3	40.0	146.2	76.5	76.5
涟邵	128.4	296.0	139.8	241.1	62.8	161.1	175.0	141.4	188.1
白沙	63.4	81.8	97.7	72.3	44.0	104.2	90.0	78.5	77.8
平顶山	34.3	119.9	103.8	46.5	121.6	57.0	42.0		79.9
北票	34.9	27.8	21.8	35.5	92.8	35.8	63.9	46.2	27.9
资兴	20.6		24.9	18.1	18.6	19.8	41.7	26.1	19.5
丰城	25.0	219.5	25.0	164.0	145.0		106.0		148.7
鹤壁	73.2		92.0	44.3		84.2			73.2
安阳	57.3	375.3	220.8	92.2	98.3	30.7	21.8	12.4	86.0
开滦	46.3	10.5	50.0	9.0	28.0		255.0		56.0
全国平均值	55.4	128.1	45.0	54.2	69.5	57.6	94.8	56.2	78.4

统计结果也反映了一些对突出机理的认识,譬如出现喷孔夹钻预兆时突出强度最大,其次是片帮掉渣。因为喷孔夹钻预示着煤体变形大、瓦斯含量高、煤很软、应力也比较高,突出危险比较严重;片帮掉渣预示着煤体内变形大、应力高,煤体内积聚了大量弹性能或瓦斯膨胀能,突出危险性较大。煤体结构变化预示着前方可能有构造,煤层厚度发生变化;瓦斯忽大忽小预示着煤体处于亚稳态,应力状态在不断发生变化,高应力使裂隙闭合,瓦斯涌出减小,应力一旦破坏煤体,裂隙发育,瓦斯涌出增大。有两种以上预兆预示着煤体具备多项引发突出的条件,因此突出危险性都较大。响煤炮预示着较深部煤体已经在破坏,能量得到一定释放;瓦斯涌出异常预示着煤体被压缩闭合却未破坏或应力释放未能形成再次应力集中,因而突出危险性反而有所降低。无预兆预示着煤体无异常表现,而由于爆破、大截深等其他原因诱发突出,因此,观察突出预兆对预报突出危险性具有很好的指导意义。

3.1.6　突出发生的总体规律

通过以上突出事故的规律分析可以得出以下几点认识:

(1) 瓦斯参数是影响突出的重要的因素

瓦斯的富集是突出的能量来源和基础,瓦斯既参与了煤体的破碎,又是抛出煤体的主要动力。没有足够的瓦斯含量和瓦斯压力,就没有足够的瓦斯内能,突出就很难发生;即使发生突出,也以压出和倾出类型为主,因其瓦斯涌出量较小,危害性也相对较小。

(2)煤层突出危险区常呈条带状分布

突出危险区占突出煤层总区域面积的10%左右,即突出煤层中并非处处都有突出危险,相反在绝大多数地区都无突出危险,突出危险区有带状分布特点。其原因是煤层突出危险区受到地质构造控制,而地质构造具有带状分布的特征,如断层、向斜轴部、火成岩侵入等形成挤压搓揉高瓦斯含量煤与非挤压搓揉低瓦斯含量煤的分区分带等;采掘工程形成的应力集中带、应力叠加区,如采掘工作面邻近煤柱、采止线、两条巷道贯通之前的应力集中带,相向采掘的两工作面互相接近时的应力集中带等也具有条带状分布特点,煤层突出危险性增大。这些地区不仅突出频繁,而且极易发生大强度煤与瓦斯突出。

(3)采掘工程的布局以应力集中和应力叠加程度影响煤层的突出的危险性

采掘活动使得在采掘空间围岩中形成应力集中、应力叠加而影响煤层的突出危险性。在进行采矿工作之前,煤岩体中原始的应力场处于平衡状态。在煤岩体中进行采掘活动时,这种平衡被打破,煤岩体内的应力会重新分布并达到新的平衡,即形成了次生应力场。相对于原始应力而言,次生应力场中升高的区域称为应力集中区,降低的区域称为卸压区。其中,煤矿采掘生产过程中形成的应力集中区也是容易发生煤与瓦斯突出的地点。

在煤矿生产过程中,常见的应力集中区可分为两大类:第一类是由于邻近层采掘活动引起的,主要包括邻近层遗留煤柱和邻近层采掘工作面引起的应力集中区;第二类是由于本煤层采掘活动形成的应力集中区。在防突过程中应对应力集中区进行重点管理,同时还应对以下情况进行重点监控:一是,采掘工作面处于邻近层煤柱及邻近层采掘工作面影响范围内;二是,本煤层掘进面处于相邻采煤工作面、巷道、采空区的应力集中区;三是,同一区段两采煤工作面相向推进到另一工作面的应力集中区;四是,相邻采煤工作面追尾到前方工作面的应力集中区;五是,存在交叉贯通、对穿贯通关系的两工作面进入到相互影响的区域;六是,平行掘进的两巷道布置在对方形成的应力集中区。易于诱发突出的采掘活动影响因素的归纳分析结果如图3.1-6所示。

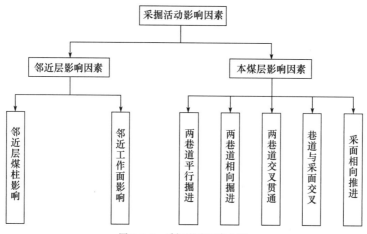

图3.1-6 采掘影响因素分析

值得一提的是,采掘工作面布局方向与最大主应力方向之间的关系也会影响到煤层的突出危险性,方向一致时易于发生突出,方向成90°时突出危险性最小。

(4) 巷道类型影响煤层的受力状态和瓦斯释放条件，因而对突出危险性产生影响

根据煤与瓦斯突出规律统计分析，不同巷道类型其突出发生的频率和强度也不同，石门揭煤工作面突出概率和突出强度最大，瓦斯喷出逆流可达数千米，危害也最严重。在揭穿突出煤层的全过程中，都存在突出危险，可能发生自行冲破岩柱的突出、爆破揭煤时突出、延期突出、过煤门时突出，甚至连续发生突出。立井揭煤时重力对突出具有抑制作用，而斜井揭煤介于立井与石门揭煤之间。上山煤巷掘进由于重力对突出具有激发作用，突出频率较高，但通常表现为倾出类突出，突出强度不大。下山煤巷掘进时重力对突出起抑制作用，突出频率较小，但多属于瓦斯喷出型突出，突出强度大。煤层平巷掘进的突出频率和突出强度介于上、下山之间。采煤工作面的突出危险性与煤层条件和工作面布局参数之间具有相关性。

(5) 不同采掘作业方式对煤层产生不同程度的扰动，由此影响煤层的突出危险性

震动爆破是一种强力爆破方式，对煤层扰动程度最大，诱发的突出强度最大，普通爆破次之。但爆破作业能够实现远距离作业，通常对人的生命威胁最小。机采机掘、支护、手镐作业、风镐作业、挖柱窝、施工钻孔等作业方式对煤层扰动差距不大，诱发突出的强度也基本接近，但这些作业方式目前还难以实现远距离作业，因而对人的生命威胁反而很大。因此，研究远距离机械化作业方式的相关技术是有效预防突出伤亡事故的重要方向。无作业时也可能发生延期突出，而且这种突出通常强度大，由于处于人类未察觉条件下发生突出，对人的生命威胁大，避免这类突出更重要的是确保支护质量，注意观察或监测突出预兆，预先采取消除突出危险的措施。

(6) 突出前不同预兆预示着煤层不同的受力状态和破坏程度，对预报突出有重要意义

钻孔喷孔夹钻预示着瓦斯主导型突出；煤壁片帮掉渣预示着煤壁附近变形剧烈，突出即将临近；瓦斯忽大忽小预示着煤壁附近应力急剧变化，处于应力转移过程中；煤炮声预示着煤体较深部发生破坏，弹性能正在释放；瓦斯异常涌出预示着煤体内应力集中，但未破坏或应力已往深部转移；多种预兆同时出现预示着突出危险严重。因此，有效观测或监测突出预兆，对预报突出，采取应急措施是非常有效的。突出预兆信息监测主要有两个途径：一是通过人工听觉、视觉等获取信息；另一个途径是通过仪器实时监测。显然后一种方式是未来主要的发展方向。

(7) 特大型突出的特点

我国特大型煤与瓦斯突出有如下特点：①绝大多数特大型煤与瓦斯突出都发生在石门穿过突出危险煤层的过程中；②绝大多数特大型煤与瓦斯突出都是爆破引起的，爆破工序与突出往往有几分钟甚至几小时的延迟时间；③特大型煤与瓦斯突出时的瓦斯量（有时是二氧化碳）一般都很大（采煤工作面有例外）；④多数特大型突出都发生在由地质构造变化而引起的煤层厚度变化地带；⑤发生特大型突出的煤层几乎都有厚度不等的软分层存在，或是煤层本身比较松软，破坏类型较高。尤其是软分层结构分散，多呈粒状或粉末状，易于破碎。因而，避免特大型突出的主要途径是有效抽采或充分排放煤层瓦斯，尽可能不采用爆破作业，尽量避免采用近距离作业方式，加固巷道围岩，石门揭煤过程采用超前强力支护等。

3.2 煤与瓦斯突出中煤体的抛出特征

煤与瓦斯突出的煤体抛出特征包含突出孔洞的形状、大小和延展方向，突出煤的堆积特

征、抛出距离、粒度分布等。突出孔洞的形状、大小及延展方向代表突出过程中不同力的作用结果,为探索突出过程的力学作用机制提供思路。突出煤的堆积特征、抛出距离、粒度分布特征等代表抛出功的大小和形式、突出和抛出过程破碎煤的功的大小和形式,可为探索突出过程中能量的构成及耗散规律提供思路。

3.2.1 突出孔洞的基本特征

1) 突出时形成的孔洞特征

煤与瓦斯突出孔洞的位置及形状是各式各样的。大部分孔洞位于巷道上山方向及工作面上隅角。典型突出的孔洞口小、腹大(压出和倾出例外),呈梨形或椭圆形,或者呈不规则拉长的椭球形,有时还有奇异的外形。孔洞中心线通常和煤层仰斜呈一定角度,或与仰斜的煤同一方向而深入煤体。沿巷道推进方向,孔洞倾角(中心线与水平面之夹角)在40°~45°(倾出孔洞必大于40°~45°),很少有沿水平方向的突出孔洞。有时并不能看到明显的孔洞,而只见有位移的虚煤区。

表3.2-1为顿巴斯煤田掘进时300多例突出孔洞尺寸统计表,表3.2-2为重庆地区巷道掘进时100余例突出孔洞尺寸统计表[5]。苏联顿巴斯煤田孔洞沿走向深度小于6m的占90%,重庆地区孔洞沿走向深度小于5m的占80%,其统计的绝大多数突出发生在不超过5m的深度内。突出孔洞的实际容积总是小于喷出煤的体积。以重庆地区30余个突出孔洞为例,一般孔洞实际容积为抛出煤体积的1/2,个别场合为1/10。法国的统计资料表明,孔洞容积为抛出煤体积的1/4~1/3,苏联加加林矿的世界上最大的一次突出,突出孔洞容积为抛出煤体积的4/5。突出后形成的孔洞形状常常会取决于突出类型、煤岩体结构、煤体材料性质的不均匀性等。煤与瓦斯突出可分为煤与瓦斯突然喷出、煤与瓦斯突然压出和煤与瓦斯突然倾出三种类型。前人总结的不同突出类型的突出孔洞特征如表3.2-3所示[5]。

顿巴斯煤田巷道掘进时突出孔洞尺寸统计 表3.2-1

孔洞高度(m)	突出次数	孔洞宽度(m)	突出次数	孔洞深度(m)	突出次数
<2	52	<2	111	<1	11
2~5	67	2~4	99	1~2	66
5~10	95	4~6	35	2~3	39
10~15	31	6~8	19	3~4	32
15~20	10	8~10	7	4~6	24
20~30	4	10~12	1	6~8	11
30~35	2	12~14	2	8~10	5
35~40	0	14~16		10~15	2
40~50	1	16~18		15~20	
其他未统计	120		108		192*

注:*其中包括开切眼54次突出。

重庆地区煤矿巷道掘进时突出孔洞尺寸统计 　　　表 3.2-2

孔洞高度(m)	突出次数	孔洞宽度(m)	突出次数	孔洞深度(m)	突出次数
<2	47	<2	56	<2	39
2~5	49	2~4	28	2~4	42
5~10	15	4~6	8	4~5	13
>10	7	>6	1	5~6	8
				>6	15

突 出 孔 洞 特 征 　　　表 3.2-3

突出类型	煤与瓦斯喷出	煤与瓦斯压出		煤与瓦斯倾出
		整体移动	压出	
孔洞位置	大多在工作面上方及上隅角	工作面前方或底板	工作面壁	工作面上方及上隅角
孔洞形状	呈口小腔大的梨形、椭圆形等	无孔洞	呈口大腔小的楔形孔洞	呈口大腔小,且上部带有自然拱稳定形状
孔洞倾角	大于或小于自然安息角			大于自然安息角

图 3.2-1 所示为南桐鱼田堡矿+150m 主石门发生的两次突出。1958 年 5 月 30 日 19:00 放震动炮时发生该矿第一次突出,突出煤 86t,岩石 20t,瓦斯约 4500m³,突出后工作面与孔洞情况如图 3.2-1a) 所示。6 月 3 日 20:30,爆破 4 号煤层底板时,引起该矿第二次突出。突出煤 1473t,并伴有岩石 80m³,突出后工作面情况如图 3.2-1b) 所示。这两次突出都是由爆破直接引起的,爆破时煤体应力作瞬间跳跃式重新分布,含高压瓦斯而机械强度很低的煤体,霎时间暴露而遭破坏,并迅速向煤体深部发展,形成口小腔大的梨形孔洞。

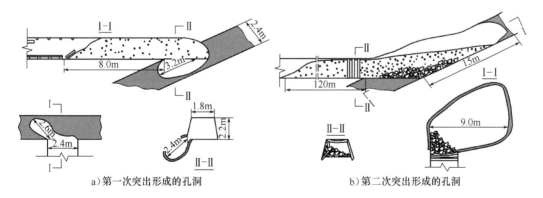

a) 第一次突出形成的孔洞　　　　　　　b) 第二次突出形成的孔洞

图 3.2-1　南桐鱼田堡矿+150m 主石门发生两次突出

图 3.2-2 所示为白沙矿务局红卫煤矿里王庙井主斜井车场揭开 6 号煤层时发生的煤与瓦斯突出,突出前石门已掘进 143m,揭煤点刚好在煤包最厚处。此次共突出煤 1600t,喷出瓦斯 $5.2 \times 10^4 m^3$,突出的煤堆满了全长 143m 的石门及斜井底向上 3m 处,从工作面起 80m 巷道的木棚全部被冲垮,突出的煤具有明显的分选性,突出孔洞呈椭圆形。

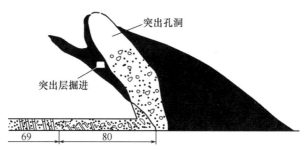

图 3.2-2　红卫煤矿里王庙井主斜井车场揭开 6 号煤层时煤与瓦斯突出（尺寸单位：m）

图 3.2-3 所示为松藻煤矿二井+325m 水平六采区 1363 采煤工作面运输巷发生突出时产生的突出孔洞。第一次为 1985 年 1 月 15 日，当截割向上掘 4.9m 时发生了煤与瓦斯突出，突出煤量 56t，当即停止作业。1 月 19 日，在回撤金属支架时发生第二次煤与瓦斯突出，突出煤量 700 多吨，涌出瓦斯 $6.8 \times 10^4 m^3$。两次突出均形成了口小腔大的椭圆形孔洞。

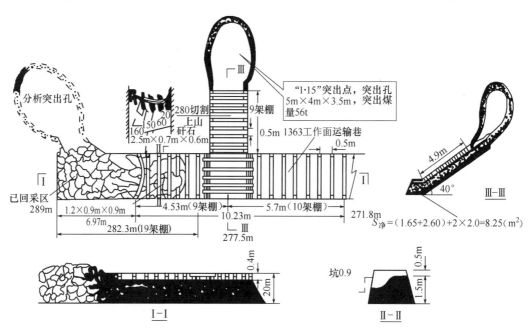

图 3.2-3　松藻煤矿"1.19"瓦斯突出点实测图

图 3.2-4 所示为南桐矿务局直属二井大石板 4 号层，当两采煤工作面间距从 110m 缩小到 30m 时，发生压出。在这段时间里共发生压出 7 次，共压出煤 228t。图 3.2-5 所示为南桐煤矿一井 4 号煤层采煤工作面 1959 年 2 月 6 日发生的突然压出。该次压出共抛出煤 140t，抛出 2m 远，打倒了靠近煤壁的 14 根支柱。抛出煤多为块煤，无分选现象，堆积坡度比自然安息角小。压出孔洞分布在中间槽口的煤炭分层，断面呈唇形，长 30m，最大宽度 1.4m，最高 1.5m。

南桐矿务局东林井+220m 水平南 5 石门在 1958 年 10 月 21 日揭开煤层时发生的倾出。煤倾出后的瓦斯不大，清理过程中瓦斯浓度正常。倾出碎煤 250t，分选现象不明显，倾出后的孔洞如图 3.2-6 所示。

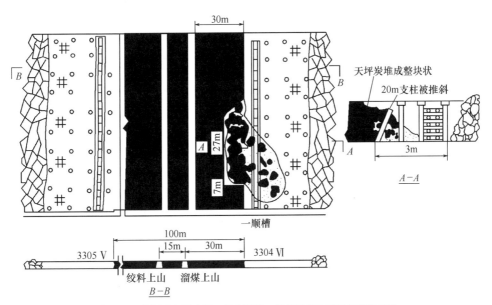

图 3.2-4　南桐矿务局直属二井大石板 4 号煤层相向开采引起的压出

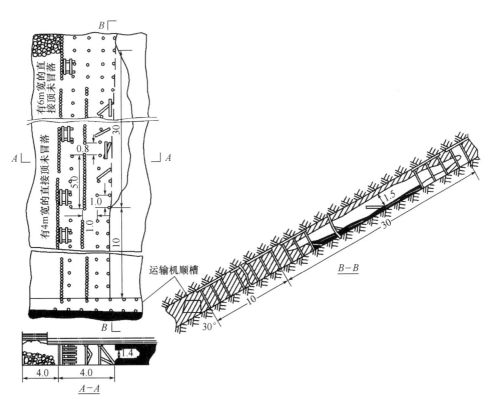

图 3.2-5　南桐局南桐一井 4 号层采煤工作面的突然压出（尺寸单位：m）

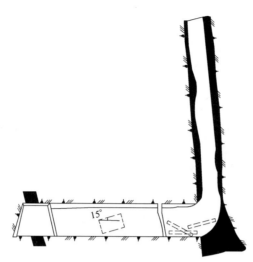

图 3.2-6　南桐东林煤矿 4 号煤层的倾出

从以上突出孔洞可以看出,在国内发生的突出的最典型的孔洞形状是口小腹大的形状。而在国外由于开采条件的不同,其他形状的突出孔洞也非常常见,根据国内外的突出孔洞情况,可将突出孔洞的形状分为以下三类(图 3.2-7):

(1)口袋形。口袋形孔洞是典型的以瓦斯为主导的突出孔洞形状,它具有口小腹大的形态,相对应的突出强度往往较大。当煤层倾角较大或厚煤层沿底板开采时,可由于重力的原因使孔洞向上发展,这样更容易形成这种形状的孔洞。口袋形孔洞内常常堆积有大量的碎煤而堵塞突出口。

(2)锥形。锥形孔洞是典型的以地应力为主导的突出孔洞形状,其特征是口大腹小,相对应的突出强度往往不大。

(3)圆柱形。圆柱形孔洞的孔洞口和孔洞腹部具有大致相同的尺寸,其形成原因比较复杂,可能介于口袋形和锥形孔洞的形成原因之间,也可能是由于孔洞的发展空间受到顶底板岩层的制约。

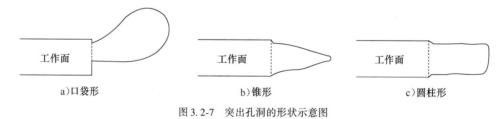

图 3.2-7　突出孔洞的形状示意图

由于重力作用,突出孔洞可能向上拐弯,根据作者查阅的资料,没有见过突出孔洞在水平方向出现拐弯的情况。另外,由于煤的力学性质的不均匀性,突出孔洞也会出现分岔的情况。

2)突出孔洞内的层裂特征

(1)现场照片

在清理突出事故现场时,经常发现煤或岩石抛出后所形成的孔洞壁残留物呈叠瓦状排列,这说明突出发展过程中煤或岩石是以逐层剥离形式破坏的,通常将这种破坏形式称作层裂。以下将通过提供一些突出孔洞内层裂照片,来对突出孔洞内的层裂特征进行描述。

图 3.2-8 所示为澳大利亚 Leichhardt 煤矿应力控制的突出孔洞壁,从中可以明显看到煤的层裂现象。图 3.2-9 所示为河南平禹煤电有限责任公司四矿(简称"平禹四矿")在 2010 年 10 月 16 日发生的特大突出事故中在采煤工作面所观察到的洞壁层裂现象。由于煤层非常软弱,层裂片的层理并不是很清晰。图 3.2-10 所示为永荣矿务局永川矿-350m 水平岩石与二氧化碳突出事故现场所拍摄得到的层裂图片,图 3.2-11 所示为永荣矿务局韦矿-320m 水平岩石与二氧化碳突出事故现场所拍摄得到的层裂照片。由于岩石较硬,这两次岩石与二氧化碳突出的层裂都非常明显,其层裂片的厚度一般为 1~2cm。

图 3.2-8 澳大利亚 Leichhardt 煤矿应力控制的突出孔洞壁

图 3.2-9 平禹四矿"10·16"突出事故孔洞壁层裂

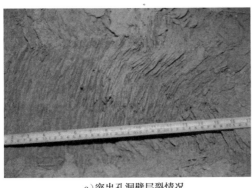

a) 突出孔洞壁层裂情况

b) 地上散落的层裂片

图 3.2-10 永荣矿务局永川矿水平岩石与二氧化碳突出层裂情况

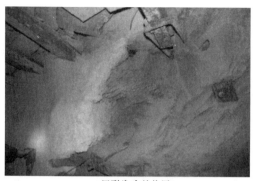

a) 层裂发生的位置　　　　　　　　　　b) 层裂情况近照

图 3.2-11　永荣矿务局韦矿水平岩石与二氧化碳突出层裂情况

（2）层裂发生的基本规律

根据以上罗列的相关资料，对突出过程中层裂发生的基本规律进行如下不完全归纳：

①层裂片呈弧形弯曲或直板状，在形成的孔洞轴心线位置，层裂片与孔洞壁平行，在远离轴心线位置，层裂片逐渐尖灭或被剪断，这样层裂片的弧度要稍小于孔洞壁的弧度；

②层裂片厚度的变化范围在几毫米至几十厘米之间，一般岩层越硬，层裂片的厚度越大；

③相对于冲击地压，层裂现象更容易出现在突出中，且突出中的层裂排列更为规则，各层裂片厚度相差不大，层裂波及范围更大；

④层裂和片帮有明显的不同，主要表现在层裂片的厚度更小，层裂裂隙和暴露面的方向更加平行一致，往往是多个层裂由浅至深依次出现。

需要说明的是，层裂破坏并不是煤的唯一破坏形式，突出后往往还产生大量的粉煤。

3.2.2　突出类型与突出强度

根据表3.2-4统计，煤与瓦斯喷出类型的平均突出强度为197t，而压出和倾出的平均强度却只有37.8t和58.6t；从最大突出强度看，千吨级以上的特大型突出几乎全部为喷出类型，只有涟邵矿务局发生过一次千吨级以上的特大型压出类型，倾出类型的最大突出强度为837t。由此表明，喷出类型突出强度大，压出和倾出类型突出强度要小些。随着采深的增加，压出的强度也会增加，如2000年10月15日，平煤集团八矿戊二下延皮带下山巷道发生突出，抛出煤量551t，抛出距离70m；在采煤工作面可能出现面长方向上百米的煤层被整体压出，使得突出强度增大，如2007年11月12日，平煤集团某矿采煤工作面面长方向一百多米，范围发生的煤与瓦斯压出，抛出煤量2000t，抛出煤炭堆积长度达180m，多为粉煤，力度不均，涌出瓦斯量$4\times10^4 m^3$。倾出的煤量相对较少，通常为数吨至数百吨，即使到深部也很难发生千吨级以上的特大型倾出。

煤与瓦斯突出类型分类统计表（1950.1.1—1991.12.31）　　表 3.2-4

矿务局	突出			压出			倾出		
	次数	最大煤量（t/次）	平均煤量（t/次）	次数	最大煤量（t/次）	平均煤量（t/次）	次数	最大煤量（t/次）	平均煤量（t/次）
白沙	684	4500	177.8	297	400	28.7	196	200	29.4

续上表

矿务局	突出			压出			倾出		
	次数	最大煤量 (t/次)	平均煤量 (t/次)	次数	最大煤量 (t/次)	平均煤量 (t/次)	次数	最大煤量 (t/次)	平均煤量 (t/次)
包头	2	547	390	2	24	22.5	1	200	200
丰城	48	428	72.4	40	93	35.8	6	17	12
韩城	1	100	100	4	150	51.3	0	0	0
鹤壁	4	100	56.5	3	20	12.7	6	200	91.7
淮北	11	314	118.1	2	50	34	5	112	66.2
淮南	27	1576	239.7	26	143	30.1	36	157	48.3
焦作	106	1500	145.8	104	170	35	44	297	29.9
靖远	5	82	19.7	7	240	139.7	0	0	0
开滦	31	255	34.7	12	21	11.7	9	50	19.3
乐平	34	3665	451.5	14	113.3	27.8	51	150	25.9
涟邵	532	1910	103.9	134	1062	36	116	232	40.2
六枝	150	2078	193.6	63	719	59.4	124	500	61.2
南桐	202	8765	242.2	612	420	34.4	309	285	35
攀枝花	0	0	0	3	55	32.7	13	256	110.3
盘江	4	584	440	0	0	0	0	0	0
萍乡	13	203	85.7	0	0	0	29	80	18.1
平顶山	1	85	85	34	450	52.6	0	0	0
石炭井	1	90	90	0	0	0	0	0	0
石嘴山	1	348	348	0	0	0	0	0	0
水城	6	390	158.4	0	0	0	8	55	23.8
松藻	70	1624	242.5	299	172	9.7	7	72	18.3
天府	98	12780	434.2	25	280	38.1	6	837	184
下花园	3	1000	400	0	0	0	43	505	62.6
阳泉	24	320	93.2	984	525	43.6	0	0	0
窑街	0	0	0	0	0	0	0	0	0
义马	0	0	0	0	0	0	8	95	57.8
英岗岭	344	1500	98.5	83	350	37.6	47	60	25.6
中梁山	74	2114	291.5	2	42	23.5	14	270	70.1
芙蓉	128	2777	206.5	36	100	34.9	0	0	0
合计/平均	2604		197	2786		37.8	1078		58.6

注：资料来源于《建立统配矿井煤与瓦斯突出数据库系统研究报告》。

3.2.3 突出煤的堆积及粒度组成

典型煤与瓦斯突出的一个重要特征是抛出大量的煤,煤量可以达到数吨至万余吨。煤的抛出距离不等,可以由数米到数千米,并可随巷道拐弯、分叉或抛向高处。抛出的煤可能堆满巷道全断面,造成巷道堵塞。煤的堆积坡面角通常小于自然安息角,有沉积轮回性,具有明显的分选现象,即在靠近突出地点的巷道下部堆积着块煤,其次为碎煤,距离突出地点较远处和煤堆上部是粉煤。有时在巷道顶板和煤堆之间留有通道,在煤堆表面和巷道壁上覆盖着一层粉煤。突出的煤中有大量的手捻无粒度感的微尘。典型的煤与瓦斯突出煤的堆积如图 3.2-12、图 3.2-13 所示。重庆天府矿务局三汇一矿于 1975 年 8 月 8 日在+280m 水平平硐揭 K1 煤层时发生的我国最大的一次煤与瓦斯突出(图 3.2-12),突出煤与岩石 12780t,涌出瓦斯 $1.4\times10^6 m^3$。主平硐中突出的煤堆积 1170m,煤粉封顶长达 111m,且北茅口灰岩中的大巷粉煤堆积长度为 250m,南茅口大巷粉煤堆积长度为 55m。南桐矿务局东林煤矿 1971 年在+310m 水平南十石门发生一次突出(图 3.2-13),其安全岩柱为砂岩,垂厚为 0.8m 左右。

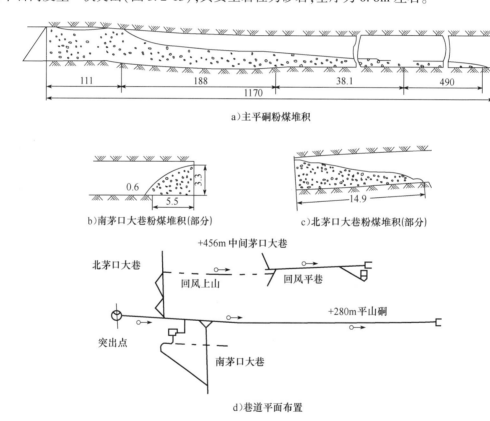

图 3.2-12 三汇一矿+280m 水平主石门突出煤堆积情况(尺寸单位:m)

图 3.2-14 所示为南桐矿务局原东林井南 8 石门 1960 年 8 月 8 日向北掘进煤巷时发生的压出。由于煤层松软,采用风镐落煤。压出前在工作面用风煤钻打一个直径 200mm 的超前钻孔,当超前距还剩 1.3m 时,在工作面听到煤体中由远而近的闷雷声,支架不断吱吱作响,并掉

煤渣,随即发生压出。工作面煤壁整体向外移动3.8m,该部分煤体已被压裂,有两架支架被推斜,底部钢轨被抬起0.2~0.4m。移动前后瓦斯变化不明显。

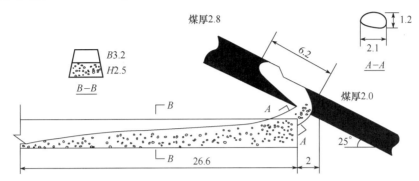

图3.2-13 揭开南桐东林煤矿+310m水平南十石门4号煤层发生突出(尺寸单位:m)

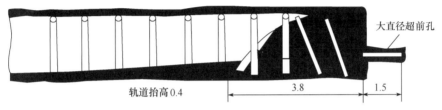

图3.2-14 南桐东林煤矿4号层煤巷的突然压出(尺寸单位:m)

1) 不同突出类型突出煤的堆积特征差异

高压瓦斯参与下的煤与瓦斯突出煤的粒度组成及堆积情况,与煤压出后的粒度组成及堆积情况有明显不同。这些不同点表明,突出时瓦斯对煤的破坏和搬运起了很大的作用:

(1) 突出煤中有大量极细的粉煤。在巷道底板堆积的突出煤,其上表面一般是极细的手捻无粒度感的粉煤,轻微的扰动就可能造成巷道内煤尘飞扬。而压出时并不会产生这样大量的粉煤。

(2) 突出煤可沿巷道被抛得更远。突出时抛出的煤可沿巷道移动数百米甚至上千米,并且其运动方向可随着巷道的拐弯和分岔而发生改变。而压出时煤在巷道内的移动距离除了顺着倾斜向下的巷道可滚动较远的距离外,通常不超过100m,抛出能量比较小。

(3) 突出煤在巷道的堆积具有明显的分选性。突出时煤在巷道内堆积的分选性主要表现在:在同一巷道断面,越靠堆积煤的下方,堆积煤的粒度越大;在沿巷道方向,越靠近突出发生地点,大粒度的煤所占的比例越大。而压出的煤没有明显的分选性。

(4) 突出的煤量可以比压出煤量大很多。由于突出的煤能及时地被瓦斯搬运离开突出发生地点而使突出得以继续,使得突出的煤量可以比压出煤量大很多,有些特大型突出所抛出的煤量是压出所不可比拟的。

(5) 倾出煤堆积的显著特征是堆积角近似等于煤的自然安息角,不具有分选性,抛出距离近,通常不超过20m,因而突出强度较小。

图3.2-15所示为山西省襄垣县石板沟煤矿主斜井揭煤发生突出时(2006年5月4日),在距井底突出地点向上14m处的巷道底板所取煤样的形态。其中图3.2-15a)是在堆积煤表面

所取的煤样,图 3.2-15b)是从表面向下挖 0.4m 后所取的煤样。从图中可以明显地看出煤的堆积分选特征。

a) 堆积煤表面所取的煤样　　　　b) 从堆积表面向下挖 0.4m 所取的煤样

图 3.2-15　石板沟煤矿主斜井揭煤突出后巷道堆积煤取样特征

2) 突出煤的粒径分布

采用粒子分散度(即某一粒子群中不同粒径的粒子所占比例)的表示方法,对突出煤的粒径分布进行分析。粒径分布有粒数分布或质量分布,前者用粒子的个数百分数表示,后者用粒子的质量分数来表示。突出煤的粒径分析中多采用质量分布,通常有频率分布、频度分布及筛上累积频率分布三种。

频率分布(相对频数)$\omega(d_p)$ 为粒径 d_p 至 $d_p+\Delta d_p$ 之间的粒子质量 ΔM 占煤粉试样总质量 M 的质量分数,定义为:

$$\omega(d_p) = \frac{\Delta M}{M} \times 100 \tag{3.2-1}$$

频度分布(频率密度)$f(d_p)$ 为单位粒径间隔宽度 Δd_p 时的频率分布,定义为:

$$f(d_p) = \frac{\omega}{\Delta d_p} \tag{3.2-2}$$

频度分布 $f(d_p)$ 达到最大值时相对应的粒径 d_d 称为众径。

筛上累积频率分布(筛上累积分布)R_s 为大于某一粒径 d_p 的全部粒子质量占煤粉试样总质量的质量分数,定义为:

$$R_s = \sum_{d_p}^{d_{max}} \omega = \sum_{d_p}^{d_{max}} f(d_p) \Delta d_p \tag{3.2-3}$$

反之,小于某一粒径 d_p 的全部粒子质量占煤粉试样总质量的质量分数称为筛下累计频率分布(筛下累计分布)R_x,即:

$$R_x = \sum_{d_{min}}^{d_p} \omega = \sum_{d_{min}}^{d_p} f(d_p) \cdot \Delta d_p \tag{3.2-4}$$

筛上累计分布和筛下累计分布相等时($R_s = R_x = 50\%$)的粒径 d_{50} 称为中位径,这也是常用的一种表示粉尘粒径分布特性的方法。频度分布 f 可用微分式表示,累计分布 R 可用积分式表示。

粒径分布的表示方法有表格法、图形法和函数法[87]。常用的数学函数法有正态分布函数、对数分布函数、罗辛-拉姆勒(Rosin-Rammler)分布函数。据大量粉尘粒径分布数据的统计分析表明,对数正态分布函数、罗辛-拉姆勒分布函数等适用面较广,其中罗辛-拉姆勒分布(简称 R-R 分布)适用于描述破碎、研磨、筛分等过程产生的分布很广的各种粉尘及雾滴的粒径分布,罗辛-拉姆勒分布可表示为:

$$R(d_p) = 100\exp(-\alpha d_p^\beta) \quad (3.2\text{-}5)$$

式中:α、β——常数。若取 $\alpha = 1/d_e^\beta$,则式(3.2-5)可写为:

$$R(d_p) = 100\exp\left[-\left(\frac{d_p}{d_e}\right)^\beta\right] \quad (3.2\text{-}6)$$

式中:d_e——特征粒径,表示煤粉的粗细程度;

β——均匀性系数,表示该粉体粒度分布范围的宽窄程度,β 值越小,粒度分布范围越宽。粉尘和粉碎产物的 β 值往往小于 1。

均匀性系数 $\beta > 1$ 时,近似于对数正态分布;$\beta > 3$ 时,更适合于正态分布(图 3.2-16)。

表 3.2-5 ~ 表 3.2-11 列出了一些煤矿突出后突出煤样的筛分资料。

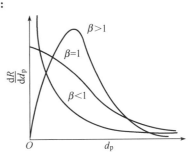

图 3.2-16 罗辛-拉姆勒分布曲线

鱼田堡煤矿+90m 水平 4 号煤层突出孔洞附近取煤样筛分资料 表 3.2-5

突出孔洞内				突出孔洞外			
粒级(mm)	比重(%)	粒级(mm)	比重(%)	粒级(mm)	比重(%)	粒级(mm)	比重(%)
<0.1	4.6	5~10	16.0	<0.1	3.6	5~10	17.6
0.1~1	39.1	>10	16.8	0.1~1	38.0	>10	9.8
1~5	23.5			1~5	31.0		

注:突出日期为 1980 年 3 月,发生地点为鱼田堡煤矿+90m 水平西 4 号煤层。

鱼田堡煤矿 2402 巷道 4 号煤层突出孔洞附近取煤样筛分资料 表 3.2-6

煤粉试样				碎煤试样			
粒级(mm)	比重(%)	粒级(mm)	比重(%)	粒级(mm)	比重(%)	粒级(mm)	比重(%)
<0.04	1.4	0.1~0.5	32.8	<0.1	6.1	>0.825	27.2
0.04~0.076	50.0	0.5~0.825	1.9	0.1~1	54.8		
0.076~0.1	2.4	0.825~5	11.6	0.5~0.825	12.0		

注:突出日期为 1981 年 3 月,发生地点为鱼田堡煤矿 2402 巷道 4 号煤层。

中梁山南井+280m 水平五石门 K_2 煤层切割眼突出煤样筛分资料 表 3.2-7

粒级(mm)	比重(%)	粒级(mm)	比重(%)	粒级(mm)	比重(%)
<0.1	25.4	0.5~1.0	16.4	5~10	1.0
0.1~0.5	9.6	1~5	27.6	>10	20.0

中梁山南井+280m 水平南西四半抬高石门 K₁ 煤层突出煤样筛分资料　　表 3.2-8

粒级（mm）	比重（%）	粒级（mm）	比重（%）	粒级（mm）	比重（%）
<0.1	4.3	1～5	24.6	>10	27.2
0.1～1.0	29.9	5～10	14.1		

中梁山南井+280m 水平南西五石门 K₁₀ 煤层突出孔洞附近煤样筛分资料　　表 3.2-9

粒级（mm）	比重（%）	粒级（mm）	比重（%）	粒级（mm）	比重（%）
<0.1	3.5	1～5	30.5	>10	16.2
0.1～1.0	30.4	5～10	19.4		

注：取样日期为1980年3月19日，煤的坚固性系数 f = 0.29。

中梁山南井+280m 水平南西四半抬高石门 K₁₀ 煤层突出煤样筛分资料　　表 3.2-10

粒级（mm）	比重（%）	粒级（mm）	比重（%）	粒级（mm）	比重（%）
<0.1	6.6	1～5	16.9	>10	30.8
0.1～1.0	27.5	5～10	18.2		

注：取样地点为茅口巷南侧40m处，煤的坚固性系数 f = 0.23。

南桐煤矿二井-100m 水平 6 号突出煤样筛分资料　　表 3.2-11

粒级（mm）	比重（%）	粒级（mm）	比重（%）	粒级（mm）	比重（%）
<0.1	1.1	1～5	23.9	>10	39.5
0.1～1.0	11.9	5～10	23.5		

注：取样日期为1980年3月19日，煤的坚固性系数 f = 0.38。

表 3.2-12 所示为根据表 3.2-5～表 3.2-11 的筛分数据进行回归分析得出的罗辛-拉姆勒分布的各参数列表。从表中可以看出，突出碎煤粒度的均匀性系数 β 的变化范围在 0.0424～0.15 之间，都远远小于 1，说明突出煤的粒度分布范围较大。而其特征粒径的变化范围在 2.05×10^{-17}～9.22×10^{-7} 之间，变化范围相差 10 个数量级，说明粉煤的量分散较大，一些突出粉煤量多，一些突出粉煤量少，这与瓦斯参与程度密切相关。表中 Y_{p1} 表示破碎成 0.2mm 以下粒度煤样质量占总煤样质量的百分比。由于以上计算的 $R(d_p)$ 为筛上累计分布，这里 Y_{p1} = 1 - $R|_{d_p=0.2}$。表中序号为 3 的鱼田堡煤矿 2402 巷道 4 号煤层的突出筛分粒度分布与其他各次筛分数据有明显差异，分析时将此组数据剔除，则 Y_{p1} 的平均值为 19%，否则为 27%。

根据各次筛分回归分析得出的罗辛-拉姆勒分布的参数列表　　表 3.2-12

序号	β	α	d_e	Y_{p1}	突出地点
1	0.0645	5.31	5.73×10^{-12}	0.17	鱼田堡煤矿+90m 水平 4 号煤层突出孔洞内
2	0.0804	5.41	7.60×10^{-10}	0.14	鱼田堡煤矿+90m 水平 4 号煤层突出孔洞外
3	0.15	8.04	9.22×10^{-7}	0.82	鱼田堡煤矿 2402 巷道 4 号煤层
4	0.1105	6.01	8.94×10^{-8}	0.35	中梁山南井+280m 水平五石门 K_2 煤层切割眼

续上表

序号	β	α	d_e	Y_{p1}	突 出 地 点
5	0.0590	5.44	3.41×10^{-13}	0.29	中梁山南井+280m 水平南西四半抬高石门 K_1 煤层
6	0.0498	5.14	5.29×10^{-15}	0.13	中梁山南井+280m 水平南西五石门 K_{10} 煤层
7	0.0655	5.25	1.01×10^{-11}	0.11	中梁山南井+280m 水平南西四半抬高石门 K_{10} 煤层
8	0.0424	5.1	2.05×10^{-17}	0.15	南桐煤矿二井-100m 水平 6 号煤层

3.3 突出过程中的瓦斯涌出动态变化特征

突出时的瓦斯涌出动态变化是和突出的发生发展过程密切相关的,对突出时瓦斯涌出规律的研究有助于我们进一步了解突出发生发展过程中煤的破碎、煤的搬运,以及瓦斯解吸规律、突出时涌出瓦斯的来源。本节将根据一些现场实测的数据,得出突出发生后瓦斯涌出量随时间的变化关系。

3.3.1 突出后瓦斯涌出的动态监测

在突出发生后,监测系统能够监测巷道内的瓦斯浓度和风速变化曲线,以此得出突出发生后的瓦斯涌出动态变化,并计算此次突出所涌出的瓦斯总量。但实际情况往往使我们无法很好地监测突出后的瓦斯涌出变化,因为突出发生后经常会因为突出冲击毁坏监测传感器和传输线路,传感器的测量范围往往也不能满足突出后高浓度瓦斯的测量要求,突出后的风量也难以准确测量,因此难以在井下连续记录到突出后的相关数据。于是,只能由人工在距离突出地点较远处的巷道或井口每隔一定时间间隔检测记录巷道内的瓦斯浓度和风速(有时只检测瓦斯浓度,而风速则使用巷道日常风速代替)。由于距离突出地点较远,使得检测点的瓦斯流量变化与突出地点的瓦斯涌出量变化出现不一致,而且还有滞后性,不能完整有效地反映瓦斯涌出量数据的变化。总之,突出发生后所监测的瓦斯涌出数据一般是不完整的。为了能全面地反映突出后的瓦斯涌出规律,需要对突出后的瓦斯浓度随时间变化的记录数据进行回归分析,得出瓦斯浓度随时间变化的函数关系。

3.3.2 突出后瓦斯浓度的回归分析

对大量实测的突出发生后的瓦斯浓度随时间变化关系的回归分析表明,突出后巷道内某处的瓦斯浓度随时间的变化曲线可用幂函数、指数函数和对数函数表示,但几乎所有的突出实例分析都表明,用幂函数表示突出后随时间变化的瓦斯浓度曲线具有最好的拟合效果,其相关系数 R 一般都在 0.98 左右。因此突出发生后瓦斯浓度随时间变化的函数关系可表示为:

$$c(t) = k_c t^{-\mu_c} \tag{3.3-1}$$

式中:t——突出发生后所经过的时间,h;

$c(t)$——在 t 时刻的瓦斯浓度;

k_c、μ_c——常系数。

表 3.3-1 列出了一些突出实例中用幂函数对突出发生后瓦斯浓度随时间变化监测数据回归分析所得的函数参数,图 3.3-1 绘出了这些函数的变化曲线。

突出后瓦斯浓度随时间变化的回归分析 表 3.3-1

突出地点	突出时间（年.月.日）	系数 k_c	系数 μ_c	相关系数
顿巴斯煤田苏维埃乌克兰 60 周年矿	1984.10.13	2.1725	1.4998	0.9836
苏联卡拉干达煤炭生产联合企业列宁矿竖井揭开 Д$_8$ 煤层		0.0619	0.6552	0.9992
重庆市中梁山矿务局南矿+290m 水平南	1977.11.4	0.0262	0.6574	0.9701
山西省襄垣县石板沟煤矿主斜井揭煤	2006.5.4	0.4897	1.078	-0.9898
四川省华蓥山广能集团李子垭矿南二井 3102 煤层探巷	2006.3.21	0.0928	1.5501	0.9602

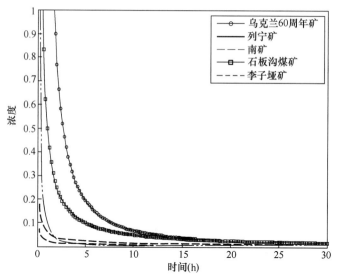

图 3.3-1 突出后的瓦斯浓度变化曲线

巷道瓦斯浓度监测数据表明,在突出发生后的一小段时间内,瓦斯呈爆发性涌出,在监测地点能测到巷道中的瓦斯浓度急剧升高,但在没有形成逆流的条件下,总会有一定的风量对涌出的瓦斯进行稀释,因此一般观测不到瓦斯浓度达到 100% 的情况。在通常的观测时间间隔下,一般都可看到在突出发生后瓦斯浓度即从较高的值迅速下降,并且该下降速度随着时间的推移而逐渐减小,直到最后基本上趋于一个平稳的值。

虽然用幂函数能与突出后实际监测的瓦斯浓度数据很好地吻合,但当时间 t 的值趋近于 0 时（突出发生的时刻）,瓦斯浓度 c_t 将变为无穷大,而实际的瓦斯浓度不可能大于 100%,并且幂函数在 $[0, t']$ 上不可积分,使得无法利用幂函数计算突出涌出的瓦斯量。为此我们可对式（3.3-1）进行如下修正:

(1) 平移坐标轴

将回归所得的式(3.3-1)的曲线向左侧平移一段距离 s，即不以突出发生的时刻为时间坐标原点，而是将突出发生不久后的某一时刻作为时间坐标原点，如此可得：

$$c(t) = k_c (t + t_s)^{-\mu_c} \tag{3.3-2}$$

式中：t_s——突出发生时刻到坐标原点所代表时刻的时间间隔。

t_s 的取值必须符合一个条件，即 t_s 的取值应使式(3.3-2)在 $t=0$ 时刻所计算得出的瓦斯浓度满足：

$$c_{\max} \leqslant c(0) \leqslant 1 \tag{3.3-3}$$

式中：$c_{\max}$——突出发生后所监测到的最大瓦斯浓度。

对于 s 的具体取值，需要根据突出发生的具体情况人为估计监测地点的最大瓦斯浓度，将该浓度值代入式(3.3-1)对 t 进行求解，求解的结果即认为是式(3.3-2)中的 t_s。

(2) 使用分段函数

有时候因为突出的规模较大，或者是突出持续的时间较长，突出发生后监测地点的瓦斯浓度在很长时间内都维持在一个较高的值，这时用式(3.3-2)就无法很好地反映突出后的瓦斯涌出动态，并且所计算的突出发生后瓦斯涌出总量也会偏小。在这种情况下，采用分段函数表示突出后监测地点的瓦斯浓度变化可能更好，即：

$$c(t) = \begin{cases} c_a & 0 \leqslant t < t_1 \\ k_c t^{-\mu_c} & t_1 \leqslant t \end{cases} \tag{3.3-4}$$

式中：c_a——巷道内维持高浓度瓦斯的浓度平均值；

t_1——巷道内维持高浓度瓦斯的持续时间，h。

在得出监测地点在突出发生后的瓦斯浓度变化曲线以后，可计算得到突出发生后至任何时刻 t 的涌出瓦斯总量：

$$Q(t) = \int_0^t c(t) q_f \mathrm{d}t \tag{3.3-5}$$

式中：$Q(t)$——突出发生后经过 t 时间所涌出的瓦斯总量；

t——从突出发生开始所经过的时间，h；

q_f——巷道内风量，m^3/h。

这里对以上各式中的参数 k_c、μ_c 进行讨论。当 k_c 固定不变时，μ_c 的绝对值越大，函数曲线随着 t 的下降速度越快，$t=1$ 时函数值恒为 k_c；当 μ_c 固定不变时，k_c 越大，则函数值越大。μ_c 一般在 1 左右变化，系数 k_c 的变化范围较大，通常无法给出 k_c 的一个大致取值范围。根据以上特征，我们认为可以用系数 k_c 表征突出时瓦斯涌出量大小幅度的量，k_c 越大，则表示突出规模越大，或者是煤层的瓦斯含量较大；而 μ_c 则可以用来表征突出发生后瓦斯涌出的持续能力，μ_c 的绝对值越大，则表示突出发生后孔洞周围瓦斯的补给能力不足。

另外，突出发生后第 1 分钟的瓦斯涌出量可用下列公式计算：

$$Q_1 = 0.1234 Q_\infty k_d^{1.968} \tag{3.3-6}$$

式中：Q_1——第 1 分钟的瓦斯涌出量；

Q_∞——瓦斯涌出总量；

k_d——煤体瓦斯解吸速度的时间特性指数。

3.4 突出过程中的动力效应特征

煤与瓦斯突出发生时,大量的粉煤和瓦斯瞬间涌入巷道或采场,在巷道或采场形成粉煤与瓦斯两相流动,这种特殊的气固两相流动有时带有暴风般的性质,能逆风流前进充满数千米长的巷道,摧毁井下设施,造成井下人员伤亡,严重时可引发瓦斯煤尘爆炸,造成更大规模的破坏。研究突出过程中的动力效应,目的在于研究突出的致灾机理,为研究控制突出危害、突出灾情预警和应急技术提供指导,对突出强度预测技术和突出事故风险评价具有重要的意义。本节将对突出过程中产生的动力现象进行总结描述,为进一步从理论上进行深入分析奠定基础。

3.4.1 突出动力效应的表现特征分析

由于技术条件限制,现有煤与瓦斯突出数据库中对动力效应的现场描述和图片资料较少,仅有几个典型的突出实例对动力效应情况进行详细叙述。从这些少量的文字叙述中我们仍然可以感受到煤矿井下煤与瓦斯突出事故的强大破坏力。当然,不同强度的突出,其动力效应的表现也是不一样的。在一些小型突出中,抛出煤量和瓦斯涌出量小,动力效应不明显,现场也几乎看不出被破坏的痕迹,只能通过突出孔洞和粉煤堆积特征等现象来对突出过程进行描述。但在大型或特大型突出过程中,现场动力效应表现得非常明显,表现形式也多种多样,如巨大声响、矿车翻倒变形、支架破坏、巨石抛出、瓦斯逆流、摧毁反向风门等。

(1)声响

很多突出实例中都有突出时发出声响的描述,但描述文字不同,有巨响、闷雷声、雷鸣声、煤炮声、强烈震动、冲击声等词汇,如1977年11月中梁山煤矿南井+290m水平南西二半抬高石门揭煤的现场实测资料对突出声响的描述是:"震动炮声响后1.5s发生第一次冲击声,随即在2.5s、3.5s、4.0s时又出现三次冲击声,冲击声响的振幅与放炮声响处于同一数量级(炮声18.5V,冲击声17V)。从第9s到19.5s听到瓦斯风暴的吹哨声,第23.5s听到一次冲击声响。"

突出时发出的巨大声响的次数也是不同的。有的突出过程中只有一次巨响,而有的突出过程中则有多次巨响,且连续多次巨响之间有短暂的时间间隔。关于声响次数的统计资料较少,大部分相关资料只是提到了突出过程中有声响,但未记录具体的声响次数。表3.4-1列出了部分突出实例中关于声响次数和突出强度的数据。

部分突出实例的声响次数及突出强度数据　　表3.4-1

突出地点	突出时间(年.月.日)	煤量(t)	声响次数
辽宁省北票矿务局三宝一井西一采区-175m水平二石门	1967.03.14	1500	2(震动)
重庆南桐矿务局南桐一井0水平三号半石门	1969.04.18	3500	2(巨响)
四川省天府矿务局磨心坡矿+110m水平北段六石门	1970.03.10	5270	多(声响)

续上表

突 出 地 点	突出时间(年.月.日)	煤量(t)	声响次数
重庆市中梁山矿务局南矿+290m 水平南西二半抬高石门	1977.11.04	817	5(冲击声)
辽宁省抚顺矿务局老虎台矿-730m 水平硐室掘进工作面	1992.04.14	231	1(闷响)
河南省焦作矿务局李贵作村东矿上山掘进工作面	1995.11.25	52	1(巨响)
淮南矿务局潘三矿东三下段运输巷	1997.03.14	75	10(煤炮声)
河南平煤集团平禹四矿12190运输巷	2008.08.01	2382	2(闷雷声)

根据以上有限的声响记录可以看出,突出往往是一个多次冲击破坏的过程,高强度突出尤为如此。

(2)煤岩抛出

发生煤与瓦斯突出时,短时间内会抛出大量的破碎煤岩,并在采掘空间进行运移和堆积。抛出煤岩量可以由数吨到上万吨,德国伟腊矿区的门寸格拉本矿于1953年7月7日发生过当前世界上最大的一次钾盐和二氧化碳突出,突出钾盐1.0×10^5t。按抛出煤岩量的多少定义突出强度,可将煤与瓦斯突出划分为小型煤与瓦斯突出(<10t)、中型煤与瓦斯突出(10~99t)、次大型煤与瓦斯突出(100~499t)、大型煤与瓦斯突出(500~999t)和特大型煤与瓦斯突出($\geqslant$1000t)。煤岩的抛掷距离与突出强度有关,可以由几米到上千米,突出煤可堆满巷道全断面,造成巷道堵塞,破坏矿井通风系统。

除赋存稳定且顶底板坚硬煤层外,突出过程中一般都会有岩石抛出。在特大型突出中,突出气流能把大石块抛出很远,如2008年8月1日,河南平煤集团平禹四矿12190运输巷发生特大型突出,突出煤岩2382t,瓦斯$1.7 \times 10^5 m^3$,突出时一块重达2.7t的岩石被抛出距离达12.4m。图3.4-1为该次突出事故抛出的大块岩石现场图片。

 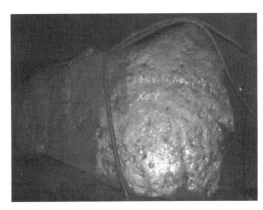

图 3.4-1 平煤集团平禹四矿"8·1"突出事故井下大块岩石图片

抛出岩石的大小与多个因素有关,包括突出强度、煤层赋存、顶底板性质等。多数突出实例中抛出的岩石为小块破碎岩石,只有部分突出实例中有大块岩石抛出的描述。表3.4-2列出了几个关于巨石抛出的煤与瓦斯突出实例。

部分突出实例的煤岩抛出描述　　　表 3.4-2

突出地点	突出时间 （年.月.日）	煤岩抛出情况
重庆天府矿务局三汇一矿+280m 主平硐	1975.08.08	抛出煤岩量 12780t，主平硐堆积煤 1170m，一块重 1t 多的石块抛出 120m 以上，并拐了两个 90°的弯，还把一块重 3t 的石块抛出 50m 以上
广东梅田矿务局二矿+50m 水平运输石门	1977.08.03	突出煤岩 654t，尺寸为 3.2m×1.0m×0.4m 的岩块被抛出 16m
河南平煤集团八矿己$_{15}$ 14081 工作面回风巷	1997.04.13	抛出煤岩量 478t，抛出距离 76.4m，7 块重 0.4~2.2t 的岩块被搬运外移，其中最大块重 2.2t 的岩石被搬运至距离工作面 28m 处
安徽淮北矿业集团芦岭煤矿Ⅱ 818-13 号溜煤斜巷	2002.04.07	抛出煤岩量 8729t，煤体抛出最远距离 240m，累计填堵巷道 790m，抛出 50kg 以上的岩块 100 多块，其中较大的 5t 以上的有两块，尺寸分别为 2.15m× 0.8m×1.35m 和 2.1m×0.8m×1.5m
陕西韩城市盘龙煤矿 3301 运输巷	2007.08.03	抛出煤岩 310t，最远抛出距离约 38m，最大岩块尺寸为 2.2m×1.1m×1.2m，抛出距离 3.1m
河南平煤集团平禹四矿 12190 工作面运输巷	2008.08.01	抛出煤岩 2382t，最远抛出距离约 300m，重达 2.7t 的岩石被抛出距离达 12.4m

（3）现场破坏

煤与瓦斯突出现场典型的破坏现象有设备位移或损坏、巷道支护变形、风门破坏等。大型或特大型煤与瓦斯突出会摧毁现场采掘设备和通风设施，严重破坏矿井通风系统。如 1975 年 8 月 8 日我国最大的一次煤与瓦斯突出事故发生在天府矿务局三汇一矿，当时回风平硐内距突出地点 700m 左右的 3 道风门全被冲开，停放在平硐口的一辆满载矿车被抛出 30m 以上。

突出过程中的现场破坏情况与突出强度、煤层瓦斯压力、煤层性质等多个因素有关，并不完全取决于突出强度。有的特大型突出现场几乎看不出破坏痕迹，动力效应也不明显，如 2007 年 11 月 12 日，河南平煤集团十矿己$_{15}$16-24110 综采工作面发生特大型煤与瓦斯突出事故，突出煤量 2000t，但突出现场隔爆水袋无破损，支架完好，无明显动力现象。表 3.4-3 列举了现场破坏情况较严重的部分突出实例。

部分突出实例的现场破坏情况　　　表 3.4-3

突出地点	突出时间 （年.月.日）	煤量 （t）	瓦斯量 （m³）	现场破坏情况
重庆南桐矿务局东林煤矿北翼十一采区石门	1983.06.20	3109	$2.0×10^5$	突出冲击波摧毁附近风门 4 个，上部 1609 北段工作面通风系统被破坏，北翼风井两道风门被冲开
贵州六枝矿务局化处煤矿一采区 2172 运输巷石门	1988.08.25	2078	$6.3×10^5$	冲击波毁坏永久和临时密闭各 1 个，逆流瓦斯使主要通风机排风能力超限跳闸约 1min
芙蓉矿务局白皎矿 20142 断层切眼	1993.3.27	1520	$1.13×10^5$	两道反向风门被摧毁，在反向风门之外有人员伤亡

续上表

突出地点	突出时间（年.月.日）	煤量（t）	瓦斯量（m³）	现场破坏情况
芙蓉矿务局巡场煤矿三水平东一采区±0m装车石门	1995.10.16	1499	1.17×10^5	突出冲击波将±0m装车石门正反向风门冲击变形,风门闭锁装置损坏,耙斗机翻倒并冲出40m,矿车被推上斜坡5m多
辽宁沈阳矿务局红菱煤矿-620m水平南小石门	1996.06.20	5390	4.2×10^5	突出冲击波摧毁了4个风门,运输胶带被全部掀翻,开关矿车移位
贵州六枝四角田煤矿2176采煤工作面	1998.11.17	2700	8.2×10^5	工作面共有20个支柱变形或断裂,126个支柱被摧垮,运输巷向上16m段的支柱全部被推倒
贵州水城矿务局老鹰山煤矿七采区7134运输巷	1999.12.10	289	1.72×10^4	突出冲击波将风筒全部摧毁并冲至1420中石门,将临近采区车场防突正反向风门的反向风门底部冲坏,正向风门推至半开
重庆松藻矿务局打通二矿+150m水平N2801工作面运输巷	2001.01.14	695	4.1×10^4	突出冲击波损坏风门2个,摧垮支架37个,损坏矿车3辆、钻机1台、隔爆水袋30个
河南焦作朱村矿东南区25051工作面切眼	2003.01.23	650	5.17×10^4	切眼内8m长的支架顶梁被摧毁,部分支柱倾倒,约20m²顶板冒落,冒落高度1.2~1.5m
陕西韩城矿务局下峪口煤矿北二岩石轨道下山延伸反向掘进工作面	2008.02.02	2705	1.84×10^5	运输平板车被推翻、风筒被破坏等
河南平煤集团平禹四矿12190工作面切眼	2010.10.16	2547	1.5×10^5	切眼内采煤机和支架位移,钻杆变形弯曲

(4) 瓦斯逆流

突出时会涌出大量的瓦斯气体,瓦斯涌出量取决于突出强度和煤层瓦斯含量。突出过程结束后,堆积煤体仍会持续解吸出大量的瓦斯,矿井瓦斯涌出超出正常值的状态有时会持续数天。特大型煤与瓦斯突出能够涌出几十万立方米甚至几百万立方米的瓦斯,吨煤瓦斯涌出量高达 $100 \sim 800 m^3$,超过煤层瓦斯含量 $5 \sim 30$ 倍。

突出瓦斯流一般顺风流由突出地点进入矿井回风巷道,对其他工作面或采区影响较小。但在大型或特大型煤与瓦斯突出时,携带粉煤的瓦斯流运行速度极快,可在巷道中逆风流运行千米,甚至进入进风大巷由井口冲出,造成全矿井反风。突出瓦斯流还会造成部分采区甚至全矿井在一段时间内瓦斯超限,遇上明火时将引发瓦斯或煤尘爆炸,造成大量的人员伤亡和财产损失。因此,瓦斯逆流是对矿井安全生产威胁最大的突出动力效应特征。表3.4-4列出了部分突出实例中的瓦斯逆流情况。

部分突出实例的瓦斯逆流情况 表3.4-4

突出地点	突出时间（年.月.日）	煤量（t）	瓦斯量（m³）	瓦斯逆流情况
南桐矿务局鱼田堡煤矿+150m水平石门	1958.6.30	1473	无记载	瓦斯逆流冲出主井井筒,引起瓦斯爆炸和燃烧,火焰冲出数十米高,数公里外都能见到强烈火光,提升井架被烧毁,造成严重事故

续上表

突出地点	突出时间（年.月.日）	煤量（t）	瓦斯量（m³）	瓦斯逆流情况
河南焦作矿务局演马庄矿二水平胶带运输大巷	1975.08.04	1500	$4.4×10^5$	瓦斯逆风推进750m冲至第一水平运输大巷,并在一水平引发局部瓦斯燃烧和爆炸
辽宁北票矿务局冠山矿原二井-460m水平中央石门	1979.12.08	1894	$1.64×10^5$	突出瓦斯流逆风行至-320m水平进入回风系统,共逆流约1300m
广东梅田矿务局梅田三矿二号石门	1985.07.12	3200	$7.2×10^5$	突出气流使主、副井风流逆转25min,瓦斯逆流距离达1600m,灾害波及全矿井
四川涪陵地区半溪煤矿+300m水平东运输大巷	1993.02.05	1990	$2.1×10^5$	瓦斯逆流影响到整个东翼和主、副井,逆流距离达1800m
四川芙蓉矿务局巡场煤矿三水平东一采区±0m装车石门	1995.10.22	3100	$2.5×10^5$	瓦斯逆流影响到全矿井,使井下所有采掘工作面都达到爆炸界限,瓦斯逆流距离达4000m
辽宁沈阳矿务局红菱煤矿-700m水平南石门	1998.12.24	2686.5	$8.1×10^5$	突出瓦斯逆流进入-550m水平进风大巷,逆流距离长达2160m
湖南涟邵矿务局利民煤矿18采区1838机巷	1995.06.04	2500	$3.0×10^5$	反向风门遭到严重破坏,导致突出后,瓦斯逆流距离2200m
湖南娄底新化县温塘镇新源煤矿+428m运输大巷	2002.05.15	600	$7.5×10^5$	突出瓦斯逆流造成井下反风达20min,井下作业人员全部遇难
河南郑煤集团大平煤矿21岩石下山	2004.10.20	1000	$2.5×10^5$	突出瓦斯流进入西大巷主进风流中,造成西大巷局部地段和13采区瓦斯浓度达到爆炸浓度,引发瓦斯爆炸
黑龙江龙煤集团鹤岗分公司新兴煤矿三水平二石门	2009.11.21	3098	$1.663×10^5$	突出引起风流逆向,瓦斯随逆风流进入二段钢带机机头硐室,引发瓦斯爆炸
河南洛阳市伊川县国民煤业有限公司1102工作面回风巷	2010.03.31	600	$3×10^4$	突出瓦斯逆流至副井口,并在副井口引发瓦斯爆炸,造成地面人员伤亡

3.4.2 突出过程中的冲击波

根据气体动力学理论,冲击波主要有以下三个主要性质。

(1)冲击波的压力:冲击波的压力有超压、动压及负压三种。压缩区内超过正常大气压的那部分压力称为超压;高速气流运动所产生的冲击压力称为动压。波阵面上的超压和动压最大,分别称为超压峰值和动压峰值。冲击波的杀伤破坏作用主要是由超压和动压造成的。

(2)冲击波的传播:冲击波压力越大,传播越快。以后随着传播距离渐远,压力渐小,则速度渐慢,当压力降至正常大气压时,冲击波就变成声波而消失。

(3)冲击波的作用时间:冲击波到达某一点,压力从开始上升至达峰值所需的时间,称为压力上升时间。超压持续作用的时间,称为正压作用时间。压力上升时间越短,正压作用时间越长,则破坏作用就越强,反之则越弱。

突出冲击波的超压与突出强度、孔洞形态、煤体性质、瓦斯压力、瓦斯含量等因素有密切关系。据有关资料记载，不同的冲击波超压对巷道设施的作用特点不同，其超压越大，破坏程度越大。

(1) 0.011~0.02MPa：支架部分破坏，密闭被破坏(密闭不稳定时)。

(2) 0.021~0.06MPa：木支架相当程度被破坏，金属支架移动，混凝土整体支护发生片状脱落。

(3) 0.061~0.30MPa：木支架完全破坏，金属支架部分破坏，发碹巷道出现裂隙，片状脱落，铁轨变形，枕木脱开，小于1t的设备整体破坏、变形、位移，大于1t设备翻倒、位移、部分变形。

(4) 0.31~0.65MPa：金属支架巷道全长全面破坏，形成密实堆积物，整体钢筋混凝土支架部分破坏，混凝土整体遭破坏，设备和设施完全破坏。

(5) 0.66~1.17MPa：混凝土支架完全破坏，形成密实堆积物，整体钢筋混凝土支架相当大破坏，可能形成冒落拱。

对人体而言，冲击波超压为0.05MPa时，人的耳膜破裂，内脏受伤；超压为0.1MPa时，作用在人体整个躯干的力可达40~50kN，在这么大的冲击力挤压下，人体内脏器官严重损伤，尤其会造成肺、肝、脾破裂，导致死亡。

虽然风门等井下通风设施一般距离突出地点较远，突出冲击波传播到该地点时前沿压力已衰减到很小的数值，但由于巷道断面较大，其冲击力仍能够产生较大的破坏作用。比如，0.01MPa的超压相当于$1cm^2$受1N的力，乍看起来，这个力很小，可是当它作用在受力面积为$1m^2$的物体上时，作用力达10kN，虽然这个力的作用时间很短，但这么大的冲击力仍能产生相当可观的破坏作用。因此，在特大型煤与瓦斯突出发生时，时常出现防突风门损坏的情况。

根据突出现场的破坏情况和冲击波破坏规律，就可以大约估计出突出冲击波的前沿压力大小。但为了达到预防和控制煤与瓦斯突出灾害的目的，还需要对冲击波形成规律和致灾机理进行研究。

3.5 煤与瓦斯突出发生过程的现场考察

虽然关于突出发展的监测资料不多，但仍有少数的突出发展过程被监测记录下来，这些监测数据为我们的研究提供了宝贵的资料依据。以下将通过分析这些监测数据，来推断突出发展阶段所发生的现象。

1) 苏联顿巴斯煤田突出监测资料

苏联马凯耶夫煤矿安全科学研究所在1957—1962年对顿巴斯煤田"红色国际工会"矿杰列佐夫卡煤层和"共产党员—新"矿拉达利亚煤层的突出现象进行了研究，主要监测记录了突出过程中的煤体变形、瓦斯压力变化、声响情况等，我国学者于不凡将这些俄文资料进行了整理翻译。以下是对这些研究结果中有关突出发展规律的简要介绍。

(1) 开采条件与监测方法

所有的监测都是在煤巷掘进时进行的，工作面的掘进方式为爆破掘进。"红色国际工会"矿杰列佐夫卡煤层在+537m水平处的平均厚度为1.5m，在+645m水平处的平均厚度为1.8m，在煤层下方距煤层10m处的不可采煤层中掘进专门的考察巷道,考察巷道超前掘进工作面90m,从考察巷道向待监测的煤层中打监测钻孔,在钻孔中安设各种传感器来测定岩石位移、煤体变形和瓦斯压力。为了测量爆破和突出时空气冲击波及抛出煤的速度,在距工作面不同距离的巷道中,安装了与传感器连在一起的挡板。并在距工作面不同距离的巷道中自动监测瓦斯浓度。

(2)巷道中空气冲击波及煤的抛出速度

用连接在挡板上的微震仪记录空气冲击波、煤通过挡板的时间,以及振动的延续时间,从这些资料可求得空气冲击波的传播速度,所得的数据如表3.5-1所示,该表所提供的资料系根据距离工作面5m处的挡板得到。在全部爆破时,炮眼深度为2m,炮眼装药量为0.9kg。

平巷中空气冲击波及煤的抛出速度　　　　表3.5-1

爆破日期	炮眼数目	空气瓦斯冲击波通过挡板的时间(s)	煤通过挡板的时间(s)	到下次震动的时间(s)	震动延续时间(s)	空气瓦斯冲击波传播速度(m/s)	煤的传播速度(m/s) W'	煤的传播速度(m/s) W''	过程的总时间(s)	破裂的总时间(s)
1957.09.04*	16	—	—	—	—	—	—	—	7.81	4.80
1957.09.26*	16	—	—	—	—	—	—	—	98.60	52.35
1957.10.10*	14	—	—	—	—	—	—	—	144.19	78.91
1957.10.17	14	0.020	0.220	0.412	0.192	250	22.7		仪器未动作	
1957.10.21	16	0.012	0.160	0.440	0.280	416	31.2		仪器未动作	
1957.10.23*	17	0.012	0.140	0.685	0.545	416		35.7	13.10	9.00
1957.10.28	16	0.018	0.240	0.242	0.002	277	20.8		15.12	2.45
1957.10.30	14	0.012	0.228	1.050	0.822	416	21.9		11.07	4.76
1957.11.03	12	0.018	0.286	0.740	0.504	277	21.1		2.32	2.28
1957.11.05*	14	0.012	0.100	0.070	0.970	416		50.0	39.80	8.96
1957.11.11	14	0.024	0.232	0.598	0.366	208	21.5		1.95	1.93
1957.11.13	16	0.020	0.160	0.460	0.300	250	31.3		17.64	2.03
1957.11.14	16	0.018	0.190	0.730	0.540	277	26.3		15.34	5.87
1957.11.17	16	0.015	0.217	0.218	0.001	333	23.1		仪器未动作	
1957.11.23*	16	0.012	0.160	0.546	0.386	416		31.3	13.59	11.16
1957.11.24*	16	0.015	0.165	0.918	0.753	333		30.3	8.34	4.13
1957.11.26*	16	0.010	0.130	3.200**	3.070	500		38.4	仪器未动作	

注:*发生突出的日期。
**看到挡板有两个震动期间:由0.130s到0.69s,由1.80s到3.20s。

根据测得的数据可知,在爆破的参数几乎相近的条件下,空气瓦斯冲击波的速度在通常的振动爆破时为208~416m/s,而在引起突出的振动爆破时为416~500m/s。煤抛出的平均速度在通常爆破时为21~31m/s,而在引起突出的爆破时为31~50m/s。突出时煤抛出的延续时间为0.4~3.1s,大致为爆破时煤抛出延续时间的3倍,并且煤体的破坏总是比煤抛出久得多,在通常爆破时煤体破坏延续时间平均为3.5s,而在引起突出的爆破时则长达8s~2.5min。

(3)突出实例描述

①"红色国际工会"矿1962年2月16日100t突出。与爆破有关的裂缝生成延续了100ms。从爆破开始,煤体中传感器便记录到岩石的剧烈变形。在爆破时,位于工作面前方2m的传感器测得围岩的压缩变形为1~2mm,也测到瓦斯压力的急剧增长(由0.4MPa增到3.8MPa),如图3.5-1所示。与此同时,安装在巷道上方3m处与工作面同一位置的传感器,记录到了岩石的分开,延续5s。此后开始急剧移近,又过1s,瓦斯压力由0.5MPa增加到10MPa(此时传感器坏了,再也没有观察到以后的变化)。距工作面3m的煤体中的位移传感器,在爆破后前0.5~0.6s,测得沿水平方向的煤层变形为0.5mm,沿垂直方向为1.7mm。

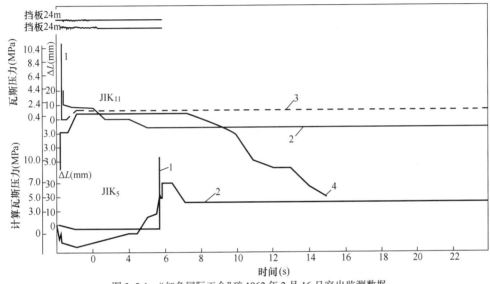

图3.5-1 "红色国际工会"矿1962年2月16日突出监测数据
1-瓦斯压力;2-岩石变形;3-煤体水平位移;4-煤体垂直位移

突出伴随着强烈的瓦斯涌出。在突出时煤块的运动速度为15m/s。根据挡板显示,巷道中的所有现象(爆破波、爆破抛出煤、与抛出的煤移动有关的空气冲击波、煤的突出等)发生在2s的期间内。因此,所考察的突出直接发生在爆破之后,而没有间断。此时在形成的孔洞周围的煤体中,现象还在继续,在煤向巷道抛出后还延续了12s。

②1962年4月15日发生了强度约1000t的大突出。在爆破时煤体中的裂缝生成过程延续了160ms。在爆破同时,记录到工作面前方8m处煤层围岩缓慢移近,见图3.5-2b)。

爆破后4s,在工作面前方3m处,监测到岩石急剧地分开0.5mm,瓦斯压力由0.7MPa增加到2.0MPa[图3.5-2a)]。与此同时,离工作面8m处的岩石移动速度增高,见图3.5-2b)。爆破后5~7s,2个传感器测到"最强烈"的变形变化和瓦斯压力"最剧烈"的增高,此后这些传感器就损坏了。爆破后6s,位于工作面前方5m处的煤位移传感器开始工作,它记录了煤层沿倾斜的压缩和向巷道方面的挤压[图3.5-2c)]。爆破后8s,煤向工作面方向的运动速度开始增加,又过了0.52s,水平方向的传感器停止工作。在8s时水平变形的增加与煤层压缩变形的减缓是相符合的,并在9.12s瞬时地过渡到膨胀变形。这个时刻相当于在安装传感器地点(工作面前方5m)煤体连续性遭受破坏,此后又过0.88s传感器也停止了工作。

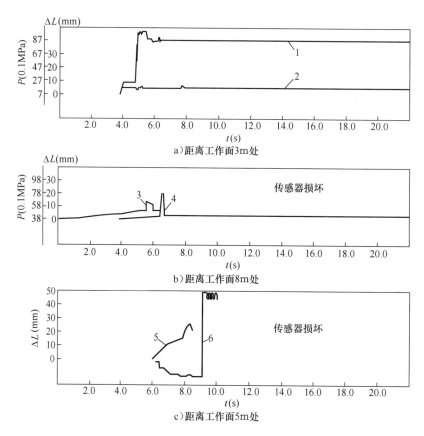

图 3.5-2 "红色国际工会"矿 1962 年 4 月 15 日突出监测数据

1-距离工作面 3m 处的瓦斯压力;2-距离工作面 3m 处的变形;3-距离工作面 8m 处的变形;4-距离工作面 8m 处的瓦斯压力;5-距离工作面 5m 处煤的水平位移;6-距离工作面 5m 处煤的垂直位移

在巷道中与爆破有关的空气冲击波和煤的抛出经过 0.85s 结束,此后,直到 8.82s 没有观察到任何的现象(图 3.5-3)。最近的挡板在 8.8s 记录到空气冲击波引起的扰动。由此空气冲击波到达挡板的时间约等于 0.02s(其速度约 350m/s),到挡板的距离为 5m,爆破后经过 8.82s 煤开始向巷道抛出。8.82~10.4s,发生煤向巷道可察觉的运动。此后,在 2.6s 内巷道中没有观察到任何现象。从 13s 起,挡板又开始记录到不大的,然而是逐渐加剧的冲击。16.32~18.3s,距离工作面 12m 的挡板受到不断的冲击。以后,挡板停止了冲击,这是由于突出将它破坏了。

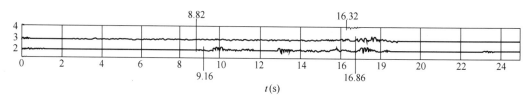

图 3.5-3 "红色国际工会"矿 1962 年 4 月 15 日突出煤体和挡板的振动波形

从上述可以看出,根据已记录到的资料,煤向巷道的强烈移动能明显分成两个阶段:8.82~10.4s 和 16.2~18.3s。所考察的杰列卓夫卡煤层的强烈突出,其特点是具有长达超过 8s 的准备期间,而煤向巷道的抛出,第一阶段延续 1.6s,第二阶段为 2.5s,中间间断 6.1s。

③1960年8月9日,在"共产党员一新"矿缓倾斜的拉达利亚煤层发生了强度500t的突出,监测结果如图3.5-4所示。

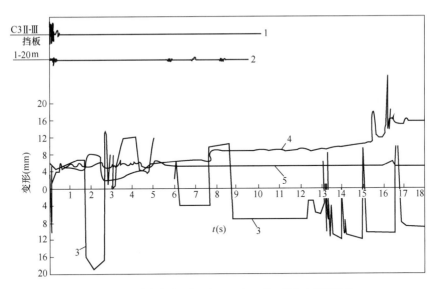

图3.5-4 "共产党员一新"矿1960年8月9日突出监测数据
1-煤的弹性振动;2-在爆破和突出时挡板的震荡;3、4-在工作面前方3.9m处炮眼中的垂直和水平变形;5-工作面前方2.3m处炮眼中的垂直位移

从图中可以看出,爆破延续时间为0.09s。从爆破开始煤体中就发生压缩和膨胀变形。爆破后过5.9s,与煤体变形增加大同时,巷道中看到第一次扰动(距离工作面20.7m的挡板振动),过6.8s后发生第二次更长的扰动,再过8.3s后发生第三次最强烈的扰动,此时挡板就破坏了。可以推论,挡板的第一次振动与空气冲击波有关,因为后者是煤运动引起的,因而,示波图能分辨出长6~8s的突出准备期。

在煤体突出时,发生于准备阶段内同样性质的变形,强度却大得多。如图3.5-4所示,在考察的突出条件下,煤体中变形的延续时间长达45s。

表3.5-2所示为马凯耶夫煤矿安全科学研究所在顿巴斯煤田所监测的多次突出数据的资料汇总。

突出过程中的监测记录数据　　　　　　表3.5-2

参　　数	"红色国际工会"矿杰列卓夫卡煤层							"共产党一新"矿拉达利亚层
发生时间 (年.月.日)	1957.10.10	1957.11.23	1961.06.04	1961.12.05	1962.02.16	1962.03.16	1962.04.15	1960.08.09
突出强度 (t)	37	28	363	85	82	97	1000	500
煤抛出距离 (m)	8		57	12	12	9.5	128	
突出准备时间(s)	10	0	45.7	0	0	0	882	6~8

续上表

参　　数	"红色国际工会"矿杰列卓夫卡煤层							"共产党一新"矿拉达利亚层
瓦斯冲击波传播速度(m/s)	—	416	—	500	400	400	353	
煤突出的延续时间(s)	—	0.386	—	0.69,5.7,0.5	—	—	1.6,6.1,2.5	
煤块抛出速度(m/s)	—	31.3	—	55.5	—	50	17.6~22.5	
煤向巷道抛出的延续时间(s)	—	0.4	—	7	2	2.5	>11	
到瓦斯压力传感器距离(m)	3.6	5.2	13,16	2	2	4.2	3,8	
爆破前瓦斯压力(MPa)	3.4	0.65	3.0,3.4	1.8	0.4	1.6	0.7,3.8	
瓦斯压力开始变化时间(s)	10.4	6.2	3.76,2.0	0.1	0.01	3.8	4,4.4	
瓦斯压力变化时间(s)	10~12	6.2~120	3.76~>6.4,2.0~>6.4	0.1~1.2	0.01~0.04	3.8~5.2	4~6.3,4.4~>6.8,以后传感器损坏	
瓦斯压力变化范围(MPa)	3.4~0	0.65~0	3~>10,3.4~8.4,~>10	1.8~4.8~10	0.4~10	1.6~0.6~10	0.7~0~10,3.8~7.8	
突出后瓦斯压力(MPa)	0	0	4.2	1.3	突出中传感器损坏	1	突出中传感器损坏	
到测量煤层变形的传感器的距离(沿垂直方向)(m)	20.5	5.2	13,16	2	2,3	4.2,9	3,8	
煤层变形变化开始时间①(s)	传感器未显示变化	0.1	38.5,37.3	0.1	0.01,沿垂直0.32,沿水平0.26	0.16,0.6	4,0.8,沿垂直6.3,沿水平6.0	0.1
变形变化期间(s)	传感器未显示变化	48	38.5~>64②,37.3~>64②	0.1~1.3	5.0,垂直0.32~15,水平0.26~1.0	0.16~0.48,0.6~>22*	4~7.9,0.8~6.8,以后传感器损坏,垂直6.3~10,水平6.0~8.5	45

续上表

参　　数	"红色国际工会"矿杰列卓夫卡煤层						"共产党—新"矿拉达利亚层
变形变化范围③(mm)	+2, -0.7	+2.8, -2.2	-2.8, +2.0	+1.8, -0.6, 垂直4.8, 0.25, 水平+0.6	-1.5, +1.8, 6.2	+0.5, +1.3, 垂直-1.3, +0.5, 水平+2.75	垂直+5, -16, 水平+8, -2
变形变化性质	平缓	脉冲式	平缓	平缓	平缓	脉冲式	脉冲式
煤体破裂总时间(突出)(s)	144	13.6	>64			>30	
破裂和突出后煤体破裂的延续时间(s)			以后仪器停止工作			以后仪器停止工作	

注：①在爆破瞬间取为0。

②表示超过64,其余以此类推。

③+号表示垂直煤层的压缩变形,-号表示膨胀变形。

2) 苏联顿巴斯"红十月"矿突出事故

图3.5-5是苏联顿巴斯"红十月"矿 m^2 煤层采煤工作面一次突出的震动波实测曲线图与突出孔洞的形成过程[95]。突出发生在倒台阶工作面的一个隅角,这次突出由四个循环组成。如果认为各循环的破碎煤量与该轮的震动波持续时间成正比,则四个循环的持续时间依次为2.8s、6.4s、5.0s和2.8s,各循环的破碎煤量相应为7t、15t、11t和7t,各循环之间的间歇时间为0~5s。

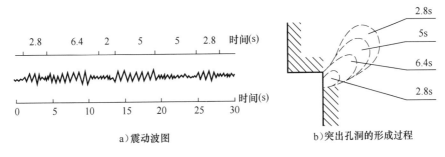

图3.5-5 震动波实测曲线图及突出孔洞的形成过程

3) 中梁山煤矿突出事故

中梁山煤矿于1977年11月4日在现场石门揭煤时实测到一次突出,此次突出强度为抛出817t煤(矸),涌出38540m^3瓦斯,最大瓦斯涌出量为1200m^3/min,全过程延续39s。突出地点在南井+290m水平南西二半抬高石门揭穿背斜西翼K_{10}煤层处,见图3.5-6。采用四参数仪对瓦斯浓度、温度、瓦斯流量和瓦斯压力进行遥测,首先测出各初始值:1号钻孔瓦斯压力为

1.85MPa,2号钻孔为1.55MPa,3号钻孔瓦斯流量为0.7L/min,4号钻孔煤层温度21℃,工作面回风瓦斯浓度0.2%。完成一系列严密准备工作后,于14:00在地面遥控放震动炮揭开煤层,随即发生突出。突出点距地表垂深320m。

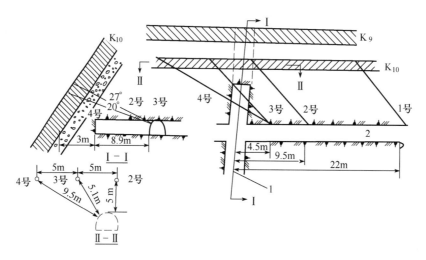

图3.5-6 中梁山煤矿石门揭K_{10}煤层实测突出参数测试仪布置图
1-西2(1/2)抬高石门;2-西小茅口灰岩巷

所得的监测结果见图3.5-7,以下是对监测结果的解释:

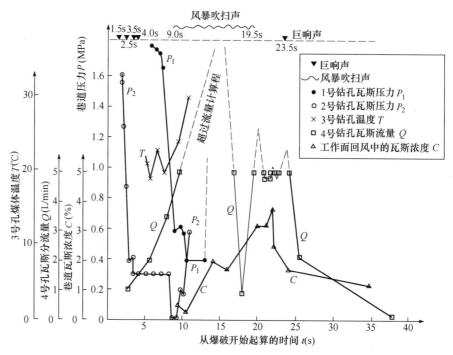

图3.5-7 中梁山煤矿石门揭煤突出监测数据

(1)声响记录

震动爆破用瞬发雷管,经过测试,选择电阻值相同的雷管。震动炮声响后 1.5s 发生第一次冲击声,随即在 2.5s、3.5s、4.0s 时又出现三次冲击声。第一次冲击声出现后,测量表明瓦斯压力、流量、浓度及温度均无明显变化。从第 9~19.5s 听到瓦斯风暴的吹哨声,第 23.5s 听到一次冲击声响。冲击声响的振幅与爆破声响处于同一数量级(炮声 18.5V,冲击声 17V),表明二者的能量在同一数量级水平上。

(2)瓦斯压力记录

2 号钻孔测定瓦斯压力的位置距自由面最近(5m),1 号钻孔距 2 号钻孔水平距离 14m。在冲击声后 1.5~2.5s,2 号钻孔的瓦斯压力 P_2 才开始下降,在此后的 0.5s 时间间隔内,P_2 由原来的 1.65MPa 下降到 0.9MPa;在 1.3s 间隔时,下降到 0.3~0.4MPa。1 号孔瓦斯压力 P_1 是在第 6s 时开始下降的,其中前 3s 下降速度缓慢,此后陡降,如同 P_2 一样。从 P_2、P_1 的变化可知,突出时瓦斯潜能的释放先从距自由面最近点开始,然后向煤体深部扩展。在这次突出中这个传播速度为 3~4m/s。从 P_2、P_1 曲线出现阶梯形状可知,突出过程中的粉煤-瓦斯流是承压流,即带有较高静压头的瓦斯流。在本例条件下,静压头的压力为 0.3~0.6MPa。

(3)钻孔瓦斯流量记录

4 号钻孔距煤门的水平距离为 10m,高出煤门 5m,流量计采用分流方式工作,爆破前总流量 4.8L/min,流量计只测分流量 0.7L/min,其余 4.1L/min 不经过流量计。爆破后第 2.5s 时流量开始有变化,稍后急速增长,表明此处已卸载(卸压),其周围煤的透气性剧增,流量增大 100 倍以上。由于流量超过流量计的量程,所以图 3.5-7 中的大于 5L/min 的分流曲线是推算的。它与 P_1 的变化表明,这次突出卸压流动范围(即应力变化范围)在石门两侧各扩展 10m 以上,高度在煤门顶 5m 以外。将流量曲线与声响记录相对照,可以看到瓦斯流量活化(增大)时间正好与风暴吹扫声期相吻合,从而证明参与突出的瓦斯不仅是突出煤炭本身所含的瓦斯,而且包括突出孔周围煤体卸压涌出的卸压瓦斯,这就解释了为什么突出吨煤瓦斯涌出量会大大高于其含量的原因,在后面的章节中将对此做出更加详尽的分析。

(4)温度与浓度测定结果

温度探头设在 3 号钻孔内,由于固定得不牢,在第四冲击声后 1s 被破坏,所得数据不全。看起来,在突出发动初期,煤温有所升高,这可能是在地应力作用下,煤体破坏、位移,一部分摩擦功转变为热能所致。工作面回风中的瓦斯浓度探头是热效式的,突出后很快测到 6% 的甲烷,随后因缺氧,元件停止工作,指示仪刻度降至零。在矿井总回风中的瓦斯遥测仪探头测得高峰期瓦斯浓度达 20%(风量为 6090m³/min),瓦斯涌出量 1200m³/min。

4)海孜矿突出事故

海孜矿 Ⅱ102 采区主要开采 10 煤层,由于采区上方存在一厚度达 120m 的巨厚火成岩,该火成岩断裂可能诱发矿震甚至严重的冲击地压。因此,该矿委托中国矿业大学的窦林名教授建立微震监测系统,对该矿的岩层活动情况进行监测。

2009 年 4 月 25 日,海孜矿 Ⅱ1024 工作面上方高程 $z=-513$m 处发生一次矿震,之后引发 Ⅱ1026 机巷掘进头发生突出。煤与瓦斯涌出后堵塞了将近 120m 巷道,突出煤量约为 600t。预先已经布置好的微震监测系统成功监测到了动力现象发生过程,9 次标记动力事件的震动坐标和能量,见表 3.5-3。

海孜矿动力现象中各次震动的震源坐标与能量　　　　　表3.5-3

编　号	日　期	时　间	x 坐标	y 坐标	z 坐标	能量(J)
1	2009-4-25	1:47:16	39462779	3727716	−512.75	350
2	2009-4-25	1:47:21.5	39462530	3728204	−759.15	8414.967
3	2009-4-25	1:47:23.5	39462522	3728136	−742.16	5475.292
4	2009-4-25	1:47:28	39462484	3728207	−782.91	2574.46
5	2009-4-25	1:47:31.2	39462519	3728127	−788.64	2425.924
6	2009-4-25	1:47:32.5	39462508	3728173	−751.53	2077.582
7	2009-4-25	1:47:33.2	39462503	3728195	−754.63	7966.365
8	2009-4-25	1:47:48	39462485	3728210	−770.86	1805.791
9	2009-4-25	1:48:08	39462497	3728141	−677.19	8547.956

图3.5-8为根据表3.5-3画出的各次震动的能量以及随时间的变化关系。从中可以可出，第一次矿震的能量并不大，随后引发了8次能量较大的突出震动，第一次突出震动到最后一次突出震动之间的时间间隔为46.5s。

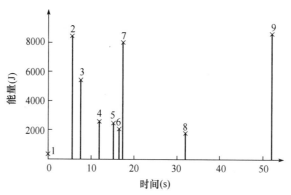

图3.5-8　海孜矿"4·25"突出能量的微震监测

5）其他突出事故

除了以上较为翔实的突出发展过程记录资料外，还有许多较为粗略的突出发展过程记录资料，这些包括：

（1）根据苏联伊万诺夫和梅辛娜的资料，瓦斯动力现象持续的总时间为3~96s，25次动力现象持续的平均时间为18.5s±11.9s；煤与瓦斯突出主要阶段的持续时间为2~35s，21次突出的平均时间为11.8s±4.4s。

（2）煤炭科学研究总院重庆分院在南桐矿务局南桐煤矿6504采区掘进工作面记录到一次爆破诱导突出的声发射全过程，这次突出煤30t，涌出瓦斯1240m³。据资料可以得出，突出不是与爆破同时发生的，滞后时间约2s；突出的发生有一个由弱到强的激发过程，这次突出经历了2次激发，突出主要过程持续7s，释放的能量是爆破能量的5.5倍。

（3）另外，从众多的事故调查资料中记录井下工作人员听到的声响等情况可以发现，突出往往是多次激发的[6]。例如，河南焦作矿务局西矿"1·17"突出事故，此次突出是由爆破引起的,炮响后紧接着连续听到两次异常的响声;重庆天府矿务局刘家沟煤矿"4·9"突出事故,在打钻时发生突出,人员在撤退过程中,连续发生了4次突出;吉林营城矿五井"6·13"岩石与二氧化碳突出事故,在掏槽爆破后40min,又拉底爆破,随即听到"隆隆"两声巨响,发生了国内第一次岩石与二氧化碳突出;南桐矿务局南桐煤矿一井"7·13"突出事故,在工作面来压后发生突出,当人员撤出时发生5声巨响。

6)突出发生过程的规律总结

根据以上众多突出发生过程的实例资料,对突出发生的基本过程做如下总结:

(1)突出的发生过程有一定的持续时间,该持续时间从数秒到数分钟不等。

(2)大型突出的发生过程往往不是连续的,而是经过多次暂停与再次激发的循环,突出每次激发所产生的冲击能量往往大于通常的爆破所产生的冲击能量。

(3)在单次突出激发后的破坏发展过程中,破坏阵面向前的发展并不是匀速的,而是由多个脉冲过程组成的。

(4)突出后在巷道中产生的碎煤-瓦斯两相流是高速承压流。

第4章 煤与瓦斯多场耦合作用力学特性

煤体吸附瓦斯会发生膨胀变形,解吸瓦斯会发生收缩变形,这种变形会导致煤体强度、应力状态和孔隙性发生变化,进而影响煤与瓦斯突出特性和煤层透气性。同时,瓦斯在煤层运移过程是一个极为复杂的固气耦合动态问题。采掘作业过程中,随着孔隙压力不断下降,煤体有效应力增加,必然导致煤体的孔隙率、渗透率等参数发生变化。因此,本章系统阐述突出危险煤在不同瓦斯压力条件下的吸附-解吸变形全过程试验,分析了吸附-解吸全过程中煤体的变形特征及其机理,重点对煤样吸附膨胀变形和解吸收缩变形特性进行了综合分析;并考虑吸附膨胀效应和Klinkenberg效应对煤层中瓦斯运移规律的影响,建立低渗透率含瓦斯煤体的固气耦合数学模型,运用有限元分析方法给出数值解。

4.1 突出危险煤吸附-解吸变形动态演化机制

4.1.1 突出危险煤吸附-解吸变形试验结果

采用煤体高压吸附-解吸变形试验系统,如图4.1-1所示[88-89]。该系统主要由瓦斯气源、恒温水浴系统、吸附罐、应变数据采集仪、计算机、压力控制阀、压力表、真空泵、真空表及相关管路组成。其中,应变数据采集仪为WS-3811数字式动态应变数据采集仪,该设备量程为$\pm 4000\times 10^{-6}$(1挡)或$\pm 40000\times 10^{-6}$(2挡),在0~50℃条件下的应变测量准确度为示值的0.5%,时间零点漂移$\leq 3\times 10^{-6}$/2h,温度漂移$\leq 1\times 10^{-6}$/℃。

试验所用煤样取自具有煤与瓦斯突出危险性某煤矿8号煤层,该煤层原始瓦斯压力为2.78MPa,瓦斯含量为22.6m³/t,坚固性系数为0.303。根据试验设备及测试条件的要求,采用便携式取芯设备在大块煤样上钻取原煤煤芯,然后在实验室经人工切割、打磨、抛光,加工成尺寸为50mm×100mm圆柱体标准原煤试件。测试煤样及传感器布置方式见图4.1-2。

采用纯度为99.99%的CH_4气体(瓦斯)作为吸附质,试验温度为10℃,试验气体压力为0.5MPa、1.0MPa、1.5MPa、2.0MPa和2.5MPa。图4.1-3为煤样在不同瓦斯压力条件下煤样的吸附-解吸变形全过程试验曲线,收缩变形表示为正值,膨胀变形表示为负值。ε_1为垂直层理方向的应变(纵向应变);ε_2为平行层理方向的应变(横向应变)。

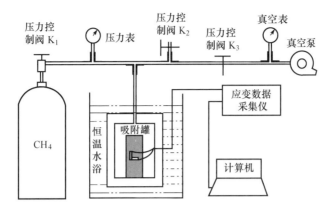

图 4.1-1 试验系统示意图

图 4.1-2 测试煤样及传感器布置方式

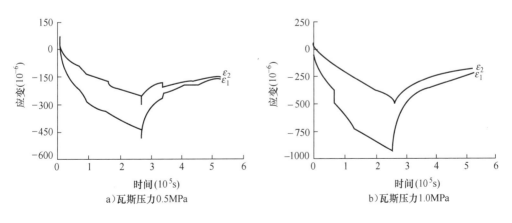

a）瓦斯压力0.5MPa　　　　　　　b）瓦斯压力1.0MPa

图 4.1-3

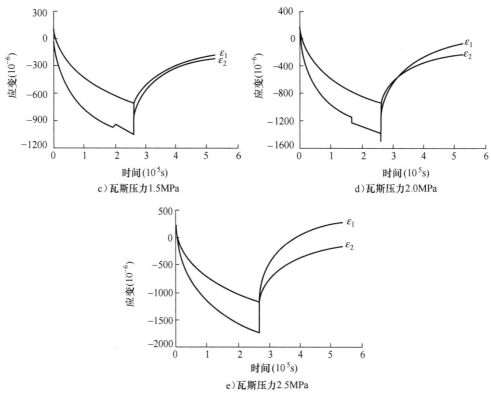

图 4.1-3　不同瓦斯压力条件下煤样的吸附-解吸变形全过程试验曲线

图 4.1-3 结果表明,同一煤样在不同瓦斯压力下随时间变化的变形曲线均具有相同变化规律。如图 4.1-4 所示,以时间为参照变量,煤样在整个吸附-解吸过程中的变形曲线大致可以分为 6 个阶段,即抽真空收缩变形阶段、充气压缩变形阶段、吸附膨胀变形阶段、卸压膨胀变形阶段、卸压后弹性恢复变形阶段和解吸收缩变形阶段。

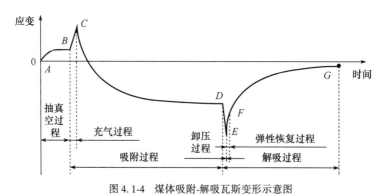

图 4.1-4　煤体吸附-解吸瓦斯变形示意图

(1) 抽真空收缩变形阶段(AB)

试验中,抽真空的目的是排除试验系统(包括煤样)中的空气和水分,减小二者对煤样吸附瓦斯的影响。抽真空过程中,煤样发生收缩变形。原始煤样富含大量孔隙(微孔、小孔、中孔、大孔)、裂隙,这些孔隙、裂隙,尤其是大孔隙、大裂隙(约占总孔体积的5%)为空气和水分的主要聚集场所。抽真空时,这些孔隙、裂隙中的空气和水分被抽出,煤体表面张力减小,煤体发生收缩变形。经过约1h,应变趋于平衡,可以认为此时煤样中的空气和水分已排尽。

(2)充气压缩变形阶段(BC)

当高压瓦斯气体进入吸附罐后,使煤体在瓦斯压力梯度作用下,裂隙和较大的孔隙($>1000nm$)中出现渗流瓦斯,只有少量的瓦斯发生扩散和吸附[90]。同时,高压瓦斯气体产生围压作用,使煤样发生初始压缩变形,这种初始压缩变形随着瓦斯压力的加载瞬间完成。待吸附罐内气体压力恒定时,压缩变形值达到最大值,且该值一般能达到真空状态下煤体收缩变形值的10倍以上。该阶段瓦斯吸附膨胀变形值相对瓦斯气体压缩变形值较小,可忽略,因此,该阶段变形可完全看作充入高压瓦斯气体后产生的压缩变形。

(3)吸附膨胀变形阶段(CD)

当瓦斯压力较低时,瓦斯分子能进入到尺寸大于或相当于瓦斯气体分子平均自由程的微孔隙和微裂隙内,吸附瓦斯使煤的微孔隙和微裂隙表面能降低,表面层厚度增大,同时游离瓦斯促使微孔隙和微裂隙体积增大,从而使煤体发生膨胀变形;当瓦斯压力较高时,压力瓦斯能楔开并进入大于或相当于瓦斯气体分子尺度的裂隙,从而使煤体发生膨胀变形[90]。

在吸附过程中,该阶段煤体各向应变整体趋势一致,即应变量绝对值随时间增长而增大,应变速率绝对值随时间增长而减小,最后应变趋于一个稳定的极限值。

(4)卸压膨胀变形阶段(DE)

当快速排出吸附罐内高压瓦斯气体时,煤样并非简单发生解吸收缩变形,而存在一个短暂的膨胀变形过程,该过程持续时间较短,变形值却较大。相较而言,煤样发生卸压膨胀变形比解吸收缩变形更为显著。因此,煤样在该阶段主要表现为卸压膨胀变形。分析出现这种现象的原因,主要有以下3方面。

一是卸压前煤体在高压瓦斯作用下趋于吸附平衡,可看作处于静载荷作用条件下的应力平衡状态。快速排出高压瓦斯气体时,煤样所受应力条件发生改变,由静力状态变为动力状态,煤样稳定性降低。

二是快速排出高压瓦斯气体时,煤体所受应力状态发生改变,围压迅速减小,来不及释放出来的高压瓦斯提供的孔隙压力,使煤体所受的有效应力迅速减小,煤样发生膨胀变形;同时,随着煤体的围压快速卸载,煤样弹性变形迅速恢复,也可引起煤样发生膨胀变形。因此,围压卸载速度越快,煤体膨胀变形越明显,煤样稳定性越差。

三是瓦斯气体的解吸是一个过程。卸压初期,主要是裂隙、大孔隙中呈吸附态瓦斯解吸并很快地扩散、流动出来,因为绝大部分的吸附态瓦斯都存在于小孔和微孔中,小孔和微孔内的吸附态瓦斯解吸由高浓度向低浓度扩散的过程相对缓慢,导致卸压最初阶段煤样解吸收缩变形效应并不明显。

(5)卸压后弹性恢复变形阶段(EF)

试验结果表明,伴随煤样卸压膨胀变形阶段后,存在一个弹性恢复变形阶段。该阶段变形速度快,持续时间短。在该阶段,煤样解吸收缩变形值相对较小,收缩变形效应不明显。

(6) 解吸收缩变形阶段（FG）

与煤体吸附膨胀变形相反，解吸收缩变形则是由两方面的原因所致：一是瓦斯气体在煤孔隙、裂隙表面脱附时，煤的孔隙表面能增加，表面层收缩[91]；二是气体压力下降，吸附气体发生解吸现象，因力学结构原因使煤体基质之间的微孔隙和微裂隙发生闭合[92]。在解吸过程中，煤样各向应变的整体变化趋势一致，即应变量随时间增长而增大，应变速率随时间增长而减小，最后趋于一个稳定的极限值。

4.1.2 突出危险煤煤体吸附-解吸变形规律

(1) 吸附变形与时间关系

采用煤样体积应变的变化规律，表征煤样吸附过程中各向应变变化规律。用下式计算煤样的体积应变：

$$\varepsilon_V = \varepsilon_1 + 2\varepsilon_2 \tag{4.1-1}$$

式中：ε_V——煤样体积应变。

根据式(4.1-1)对煤样应变进行处理，以充气压缩变形最大值处（即 C 点）为吸附膨胀变形起始点，该点的体积应变和时间均记为 0，得到煤样如图 4.1-5 所示的体积应变-时间关系。对各压力下的试验数据进行拟合，结果见表 4.1-1。

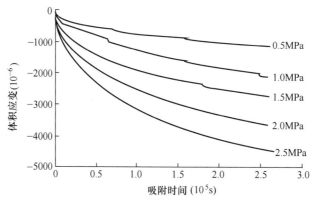

图 4.1-5　煤样吸附过程体积应变与时间关系

煤样吸附过程体积应变与时间关系拟合（t_a 为吸附时间，单位：s）　　表 4.1-1

瓦斯压力(MPa)	拟合公式	拟合精度 R^2
0.5	$\varepsilon_V = -1.77 \times 10^{-2} t_a / (1 + 1.28 \times 10^{-5} t_a)$	0.9818
1.0	$\varepsilon_V = -3.42 \times 10^{-2} t_a / (1 + 1.35 \times 10^{-5} t_a)$	0.9885
1.5	$\varepsilon_V = -4.70 \times 10^{-2} t_a / (1 + 1.38 \times 10^{-5} t_a)$	0.9849
2.0	$\varepsilon_V = -6.58 \times 10^{-2} t_a / (1 + 1.50 \times 10^{-5} t_a)$	0.9854
2.5	$\varepsilon_V = -7.78 \times 10^{-2} t_a / (1 + 1.39 \times 10^{-5} t_a)$	0.9886

从表 4.1-1 可知，煤样吸附瓦斯过程中体积应变-时间关系服从朗格缪尔方程。由此可得出煤吸附瓦斯过程中体积应变与时间的一般关系表达式，即：

$$\varepsilon_V = \frac{-abt_a}{1+bt_a} \tag{4.1-2}$$

式中：a、b——拟合常数；

a——煤样吸附瓦斯气体后所产生的最大变形值(即$|\varepsilon_V|_{max}$)，10^{-6}；

b——吸附时间和煤样体积应变关系的参数，其大小反映了煤样的体积应变随时间变化快慢，s^{-1}。

(2) 解吸变形与时间关系

同样，采用体积应变的变化规律表征煤样解吸过程中各向应变变化规律。由于卸压膨胀变形段和弹性恢复变形段持续时间非常短，变形值却很大，煤样解吸收缩变形效应并不明显，因此，分析时以弹性恢复变形终止点(即F点)为解吸收缩变形起始点，该点的体积应变和时间均记为0。处理后的煤样体积应变-时间关系如图4.1-6所示。对各压力下的解吸收缩体积应变-时间曲线进行拟合，结果见表4.1-2。

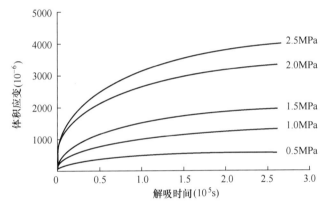

图4.1-6 煤样解吸过程体积应变与时间关系

煤样解吸过程体积应变与时间关系拟合(t_d为解吸时间，单位：s)　　表4.1-2

瓦斯压力(MPa)	拟合公式	拟合精度 R^2
0.5	$\varepsilon_V = -1.68\times10^{-2}t_d/(1+2.51\times10^{-5}t_d)$	0.9896
1.0	$\varepsilon_V = -4.24\times10^{-2}t_d/(1+2.90\times10^{-5}t_d)$	0.9790
1.5	$\varepsilon_V = 5.22\times10^{-2}t_d/(1+2.35\times10^{-5}t_a)$	0.9920
2.0	$\varepsilon_V = -1.19\times10^{-1}t_d/(1+3.34\times10^{-5}t_d)$	0.9526
2.5	$\varepsilon_V = 1.34\times10^{-1}t_d/(1+3.11\times10^{-5}t_d)$	0.9759

由表4.1-2可知，煤样解吸瓦斯过程中体积应变-时间关系也服从朗格缪尔方程，即有如下的一般表达式：

$$\varepsilon_V = \frac{cdt_d}{1+dt_d} \tag{4.1-3}$$

式中：c、d——拟合常数；

c——煤样解吸瓦斯气体后所产生的最大变形值(即$|\varepsilon_V|_{max}$)，10^{-6}；

d——解吸时间和煤样体积应变关系的参数,其大小反映了煤样体积应变随时间变化的快慢,s^{-1}。

以上分析表明,试验煤样吸附瓦斯过程和解吸瓦斯过程的体积应变-时间关系均服从朗格缪尔方程,据此可以得到不同瓦斯压力条件下的煤样最终吸附膨胀、解吸收缩变形值,见表 4.1-3。

煤样吸附-解吸平衡应变量　　　　表 4.1-3

项　目		瓦斯压力(MPa)				
		0.5	1.0	1.5	2.0	2.5
吸附膨胀变形	$\varepsilon_1(10^{-6})$	-582	-1096	-1280	-1689	-2261
	$\varepsilon_2(10^{-6})$	-420	-797	-1102	-1352	-1676
	$\varepsilon_V(10^{-6})$	-1387	-2541	-3413	-4387	-5608
解吸收缩变形	$\varepsilon_1(10^{-6})$	357	663	877	1445	1741
	$\varepsilon_2(10^{-6})$	158	399	675	1053	1295
	$\varepsilon_V(10^{-6})$	671	1460	2224	3550	4324

(3)吸附、解吸变形与瓦斯压力关系

由表 4.1-3 可以看出,在试验瓦斯压力条件下,煤样吸附膨胀变形和解吸收缩变形均具有明显的方向性,即垂直层理方向的应变 ε_1 显著大于平行层理方向的应变 ε_2。究其原因,应是因煤样内的孔隙、裂隙主要沿平行层理方向发育。如前所述,煤体吸附膨胀变形和解吸收缩变形实质上就是煤体孔隙、裂隙变形,或表面层增厚(减薄),或体积增大(减小),而这些变形主要反映为垂直孔隙、裂隙延展方向产生较大变形。

采用线性函数、二次函数、幂函数、指数函数等几种常用函数以及朗格缪尔方程,对表 4.1-3 数据进行拟合(仅考虑体积应变),结果见表 4.1-4。由表 4.1-4 可以看出,在试验压力范围内,煤样吸附变形与瓦斯压力关系对二次函数和朗格缪尔方程均具有较好的拟合效果。因此,试验煤样吸附膨胀变形 ε_V 与吸附瓦斯压力 P_a 的关系为:

$$\varepsilon_V = f P_a^2 + g P_a \text{ 或 } \varepsilon_V = jkP_a/(1+kP_a) \tag{4.1-4}$$

式中:f、g、j、k——拟合常数。

煤样吸附、解吸变形与瓦斯压力拟合关系　　　　表 4.1-4

变形阶段	函数类型	拟合公式	拟合精度 R^2
吸附膨胀	二次函数	$\varepsilon_V = -3.83\times10^3 P_a^2 - 2.57\times10^1 P_a$	0.9922
	朗格缪尔方程	$\varepsilon_V = -2.63\times10^3 P_a/(1+7.97\times10^{-2}P_a)$	0.9904
	线性函数	$\varepsilon_V = -2.27\times10^3 P_a$	0.9845
	对数函数	$\varepsilon_V = 2.49\times10^3 \ln(P_a) - 2.81\times10^3$	0.9417
解吸收缩	幂函数	$\varepsilon_V = 1.48\times10^3 P_d^{1.17}$	0.9959
	二次函数	$\varepsilon_V = 1.52\times10^2 P_d^2 + 1.27\times10^3 P_d$	0.9920
	线性函数	$\varepsilon_V = 1.68\times10^3 P_d$	0.9758
	朗格缪尔方程	$\varepsilon_V = 1.68\times10^3 P_d/(1+1.61\times10^{-5}P_d)$	0.9677
	指数函数	$\varepsilon_V = 5.05\times10^2 e^{0.92P_d}$	0.9566

由表 4.1-4 还可以看出,在试验压力范围内,煤样解吸收缩变形与原始瓦斯压力呈很好的

幂函数关系和二次函数关系。试验煤样解吸变形 ε_V 与原始瓦斯压力 P_d 的关系可以表示为：

$$\varepsilon_V = mP_d^n \text{ 或 } \varepsilon_V = uP_d^2 + wP_d \tag{4.1-5}$$

式中：m、n、u、w——拟合常数。

4.1.3 煤吸附/解吸变形机理

吸附态气体和游离气体均对煤的吸附/解吸应变产生作用，其中游离气体的作用又可以分为两个方面：一是气体压力较低时，游离气体促使微孔隙和微裂隙体积增大，而气体压力较高时，压力气体能楔入大于或相当于甲烷气体分子尺度的裂隙，促进微裂隙的产生和扩展，从而使煤发生膨胀应变；二是气体压力对煤基质起压缩作用，压力越大，煤质越软弱，气体-蚀损作用越强，这种压缩作用就越明显。两种状态存在的气体产生三方面的作用，而这三方面作用相辅相成。

煤在甲烷气氛下的吸附膨胀变形分为三个阶段：当甲烷压力较低时，煤样变形以煤基质吸附气体膨胀变形为主，以游离气体促进煤基质中微裂隙的扩展和生成、游离气体对煤基质的压缩作用为辅，此阶段表现为煤发生膨胀变形；当气体压力较高时，以游离气体促进煤基质中微裂隙的扩展和生成为主，以煤基质吸附气体膨胀变形为辅，此时需考虑游离气体对煤基质的压缩作用，此阶段仍表现为煤发生膨胀变形。当气体压力继续增高时，则以游离气体对煤基质的压缩作用为主，游离气体促进煤基质中微裂隙的扩展和生成为辅，煤样将表现为收缩变形。

在解吸气体过程中，仍可将煤解吸变形分为三个阶段：当气体压力高时，以游离气体压力降低导致的煤基质弹性恢复(膨胀)应变为主，微裂隙的闭合为辅，总体上煤样表现为膨胀变形；当气体压力较高时，以游离气体压力降低导致的微裂隙的闭合为主，游离气体压力降低导致的煤基质弹性恢复(膨胀)变形和煤基质解吸气体产生的收缩变形为辅，总体上煤样表现为收缩变形；当气体压力较低时，煤基质解吸气体产生的收缩变形为主，游离气体压力降低导致的微裂隙的闭合为辅，游离气体压力降低导致的煤基质弹性恢复(膨胀)应变可以忽略。

4.2 瓦斯煤体固-气耦合多场渗流模型

4.2.1 瓦斯煤体固-气耦合物性参数模型

瓦斯在煤层运移过程是一个极为复杂的固气耦合动态问题。采掘作业过程中，随着孔隙压力不断下降，煤体有效应力增加，必然导致煤体的孔隙率、渗透率等参数发生变化。综合考虑吸附膨胀效应和 Klinkenberg 效应对煤层中瓦斯运移规律的影响，建立低渗透率含瓦斯煤体的固气耦合数学模型，并运用有限元分析方法给出数值解[93]。为了便于模型的构建以及数值模拟的解析分析，提出以下基本假设：①含瓦斯煤体为各向同性线弹性介质；②在瓦斯运移和煤体变形过程中温度保持不变；③煤体的变形属于小变形；④瓦斯在煤体中吸附解吸过程遵守 Langmuir 平衡方程。

(1) 孔隙率模型

孔隙率是指孔隙裂隙介质体积与多孔介质总体积之比。假设多孔介质固体骨架的体积用

V_s 表示,其变化用 ΔV_s 表示;多孔介质总体积用 V_b 表示,其变化用 ΔV_b 表示;多孔介质孔隙裂隙体积用 V_p 表示,其变化用 ΔV_p 表示。根据孔隙率 n 的定义有:

$$n = \frac{V_p}{V_b} = \frac{V_{p0} + \Delta V_p}{V_{b0} + \Delta V_b} = 1 - \frac{V_{s0} + \Delta V_s}{V_{b0} + \Delta V_b} = 1 - \frac{1 - n_0}{1 + \varepsilon_V}\left(1 + \frac{\Delta V_s}{V_{s0}}\right) \qquad (4.2\text{-}1)$$

式中:V_{b0}——含瓦斯煤体初始总体积;

V_{s0}——含瓦斯煤体的初始骨架体积;

V_{p0}——含瓦斯煤体孔隙裂隙体积;

n_0——含瓦斯煤体的初始孔隙率;

ε_V——含瓦斯煤体体积应变。

在工程实际中,煤体内部变形主要由3个部分组成,即温度引起的变形、瓦斯压力引起的变形和吸附膨胀应力引起的变形。假设该变形过程为等温过程,因此煤体固体颗粒的统计变化量[94]为:

$$\Delta V_s = - V_{s0}(\varepsilon_p - \varepsilon_{sw}) \qquad (4.2\text{-}2)$$

根据文献[95-96]可知,瓦斯压力和吸附膨胀应力引起的煤体变形分别由式(4.2-3)和式(4.2-4)表示,即:

$$\varepsilon_p = \frac{\Delta p}{k_s} \qquad (4.2\text{-}3)$$

式中:ε_p——瓦斯压力引起的应变,%;

Δp——瓦斯压力变化,MPa;

k_s——煤体固体骨架模量,MPa。

$$\varepsilon_{sw} = \frac{2a\rho_s RT}{3V_m k_s}\ln(1 + bp) \qquad (4.2\text{-}4)$$

式中:ε_{sw}——吸附膨胀应变,%;

a——极限吸附量,m³/t;

b——吸附常数,MPa⁻¹;

R——气体摩尔常数;

T——煤体温度,K;

V_m——气体摩尔体积,22.4L/mol;

p——孔隙压力,MPa;

ρ_s——煤体视密度,kg/m³。

将式(4.2-3)、式(4.2-4)代入式(4.2-1)得到孔隙率 n 的表达式为:

$$n = 1 - \frac{1 - n_0}{1 + \varepsilon_V}(1 - \varepsilon_p + \varepsilon_{sw}) \qquad (4.2\text{-}5)$$

(2)渗透率模型

渗透率 k 是描述瓦斯在煤层中运移难易程度的重要指标。因此,建立正确的渗透率模型,对预防煤与瓦斯突出具有重要意义。含瓦斯煤体渗透率与煤体所受的应力状态密切相关。渗透率与孔隙裂隙率关系的 Karman-Kozeny 基本方程[97]为:

$$k = \frac{n}{K_z S_p^2} = \frac{n^3}{K_z \sum^2} \qquad (4.2\text{-}6)$$

式中：K_z——无量纲常数，一般为 5；
S_p——单位孔隙体积的孔隙表面积，$S_p = A_s/V_p$，cm²；
A_s——孔隙的总表面积，cm²；
Σ——单位体积内多孔介质的孔隙表面积，m²。

根据文献[98]可知，在煤岩体的应力应变过程中，可近似认为其单位体积岩体的颗粒总表面积不变，则有：

$$\frac{k}{k_0} = \frac{1}{1+\varepsilon_V} \frac{1}{(1+\Delta A_s)^2} \left(\frac{V_{p0}+\Delta V_p}{V_{p0}}\right)^3 \tag{4.2-7}$$

式中：ΔA_s——孔隙的总表面积变化，cm²。

则根据式(4.2-1)、式(4.2-6)、式(4.2-7)，可得煤岩体的渗透率 k 表达式为：

$$k = \frac{k_0}{1+\varepsilon_V} \left[1 + \frac{\varepsilon_p + (\varepsilon_p - \varepsilon_{sw})(1-n_0)}{n_0}\right]^3 \tag{4.2-8}$$

式中：k_0——含瓦斯煤体初始渗透率。

4.2.2 含瓦斯煤体有效应力

煤体对瓦斯表现出较强的吸附作用，并产生吸附膨胀应力，导致煤体的受力分布发生变化。因此，在研究含瓦斯煤体的固气耦合问题时，吸附膨胀应力的影响不应该被忽略。煤体膨胀应力的计算公式[95]：

$$\sigma_{sw} = \frac{2a\rho_s RT(1-2\upsilon)\ln(1+bp)}{3V_m} \tag{4.2-9}$$

式中：υ——泊松比。

据此，根据太沙基有效应力原理，同时考虑吸附膨胀应力，含瓦斯煤体有效应力方程为：

$$\sigma'_{ij} = \sigma_{ij} - \alpha p \delta_{ij} - \sigma_{sw}\delta_{ij} \tag{4.2-10}$$

式中：σ'_{ij}——含瓦斯煤体有效应力，MPa；
σ_{ij}——含瓦斯煤体整体应力，MPa；
α——Biot 系数。

4.2.3 含瓦斯煤体固气耦合模型

1) 应力场方程

假设含瓦斯煤体为各向同性线弹性介质，则其应力场变化服从以下方程：

(1) 平衡方程

$$\sigma_{ij,j} + F_i = 0 \tag{4.2-11}$$

式中：F_i——体应力，N/m³。

将式(4.2-10)代入式(4.2-11)，得：

$$\sigma'_{ij,j} + (\alpha p \delta_{ij})_{,j} + \sigma_{sw}\delta_{ij,j} + F_i = 0 \tag{4.2-12}$$

(2) 几何方程

$$\varepsilon_{ij} = \frac{1}{2}(U_{i,j} + U_{j,i}) \tag{4.2-13}$$

(3) 应力与应变关系

根据模型构建的基本假设,煤体在弹性变形阶段遵守广义的胡克定律,即:

$$\sigma'_{ij} = \lambda \delta_{ij} \varepsilon_V + 2G\varepsilon_{ij} \tag{4.2-14}$$

式中:λ——拉梅(Lame)常数;

G——剪切模量;

δ_{ij}——Kronecker 符号。

煤体的变形主要是由于地应力、瓦斯压力和膨胀应力等 3 部分引起的,且假设煤体为各向同性材料。因此,含瓦斯煤体的应变可用张量表示为:

$$\varepsilon_{ij} = \frac{1}{2G}\left(\sigma' - \frac{v\Theta'}{1+v}\right) - \frac{\Delta p}{3k_s} + \frac{2a\rho_s RT}{9V_m k_s}\ln(1+bp) \tag{4.2-15}$$

根据式(4.2-14)、式(4.2-15)求解出有效应力 σ'_{ij} 的表达式为:

$$\sigma'_{ij} = \lambda \varepsilon_V \delta_{ij} + 2G\varepsilon_{ij} + \frac{2G}{3k_s}\Delta p \delta_{ij} - \frac{4Ga\rho_s RT}{9V_m k_s}\ln(1+bp)\delta_{ij} \tag{4.2-16}$$

联合求解式(4.2-16)和式(4.2-12),整理得到含瓦斯煤体应力场方程:

$$\frac{G}{1-2v}u_{j,ji} + Gu_{i,jj} + \left(\alpha + \frac{2G}{3k_s}\right)p_{,i} + F_i - \left\{\left(\frac{4G}{9V_m k_s} - \frac{2(1-2v)}{3V_m}\right)\frac{ab\rho_s RT}{1+bp}\right\}p_{,i} = 0$$
$$\tag{4.2-17}$$

2) 渗流场方程

(1) 渗流运动方程

瓦斯渗流试验表明[99],瓦斯在低渗透率多孔介质中运移时,在固体壁上瓦斯渗流表现出速度不为零的现象,其渗流规律不再符合线性达西定律。渗流力学把这种效应称为 Klinkenberg 效应,其渗透率表达式为:

$$k = k_g\left(1 + \frac{4c\lambda}{r}\right) = k_g\left(1 + \frac{m}{p}\right) \tag{4.2-18}$$

式中:k——瓦斯的渗透率,m^2;

k_g——瓦斯的绝对渗透率,m^2;

c——比例因子;

λ——瓦斯分子平均自由程;

r——孔隙的平均半径;

m——Klinkenberg 系数。

因此,考虑 Klinkenberg 效应时,煤中瓦斯的运动方程可表示为:

$$V = -\frac{k_g}{\mu}\left(1 + \frac{m}{p}\right)\text{grad}p \tag{4.2-19}$$

式中:m——Klinkenberg 系数,MPa;

$\text{grad}p$——压力梯度。

(2)渗流状态方程

$$\rho = \frac{\rho_n p}{p_n z} \tag{4.2-20}$$

式中：ρ——瓦斯密度，kg/m^3；

ρ_n——标准状态下的瓦斯密度，kg/m^3；

p_n——标准状态下的瓦斯压力，Pa；

z——近似等于1。

(3)渗流连续方程

$$\frac{\partial Q}{\partial t} + \nabla \cdot (\rho V) = 0 \tag{4.2-21}$$

式中：Q——煤体瓦斯含量，m^3/t。

(4)煤体瓦斯含量方程

煤体中的瓦斯主要由吸附状态瓦斯 Q_a 和游离状态瓦斯 Q_b 两部分组成，其中：

$$Q_a = \frac{abp}{1+bp}\rho_s \rho_n \tag{4.2-22}$$

$$Q_b = \rho n = \frac{n\rho_n p}{p_n z} \tag{4.2-23}$$

式中：n——煤体孔隙率，m^3/t。

联合式(4.2-4)、式(4.2-19)~式(4.2-23)求解，得渗流场方程：

$$\left(2n + \frac{2abp_0\rho_s}{(1+bp)^2} - \frac{4ab\rho_n RT(1-n_0)p}{3V_m k_s(1+bp)}\right)\frac{\partial p}{\partial t} + 2\alpha p\frac{\partial \varepsilon_V}{\partial t} - \nabla \cdot \left[\frac{k_g}{\mu}\left(1+\frac{m}{p}\right)\nabla p^2\right] + \frac{2(1-n_0)p}{k_s}\frac{\partial p}{\partial t} = 0 \tag{4.2-24}$$

综上所述，式(4.2-4)、式(4.2-8)、式(4.2-17)与式(4.2-24)共同构成了含瓦斯煤体固气耦合模型。

3)定解条件

根据煤层中瓦斯的运移过程，考虑如下定解条件。

(1)初始条件

$$p|_{t=0} = p_{int} \tag{4.2-25}$$

式中：p_{int}——煤体中初始瓦斯压力，MPa。

(2)边界条件

位移边界条件：

$$u|_L = u_b \tag{4.2-26}$$

式中：u_b——边界上的初始位移，m。

应力边界条件：

$$\sigma_{ij} n_j = f_i \tag{4.2-27}$$

式中：f_i——边界上的面力，MPa。

压力边界条件：

$$p|_L = p_b \tag{4.2-28}$$

式中：p_b——边界上的瓦斯压力，MPa。

流量边界：

$$q|_L = q_m \qquad (4.2\text{-}29)$$

式中：q_m——边界上的瓦斯流量，m^3/h。

4.2.4 数值模拟分析

由上述分析可知，含瓦斯煤体固气耦合数学模型是一个极为复杂的非线性方程组，其求解需借助数值解法。

(1) 几何模型

根据煤体的实际赋存条件，建立如下平面应变几何模型[100]，如图 4.2-1 所示。模型竖直方向取 26m，水平方向 25m。煤层位于两岩层中，长 20m，厚 6m。

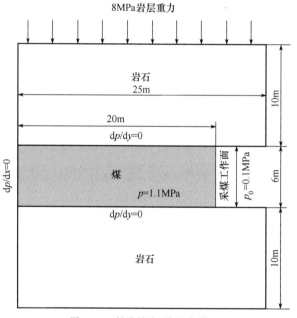

图 4.2-1 钻孔抽放瓦斯几何模型

煤层中初始瓦斯压力为 $p=1.1$ MPa，采煤工作面气体压力为 0.1 MPa，瓦斯只能在煤层中运移。模型下端、左侧和右侧均为固定边界，上端施加 8MPa 的稳定荷载。初始时间 $t=0$，模拟时间为 2×10^{10} s。

(2) 模型参数

含瓦斯煤体固气耦合模型相关参数见表 4.2-1。

含瓦斯煤体固气耦合模型参数　　　　表 4.2-1

参 数 名 称	数 值
岩体弹性模量 E(MPa)	24500
岩石泊松比 v_1	0.25

续上表

参 数 名 称	数　　值
岩石密度 ρ_r (kg/m³)	2500
煤体弹性模量 E (MPa)	7410
煤体泊松比 v_2	0.33
煤密度 ρ_s (kg/m³)	1250
煤体初始孔隙率 n_0	0.089
Klinkenberg 效应参数 m (Pa)	7.6×10^5
煤体初始渗透率 k_g (m²)	8×10^{-18}
吸附常数 a (m³/kg)	38.17×10^{-3}
吸附常数 b (MPa⁻¹)	0.79
瓦斯黏度系数 μ (Pa·s)	1.84×10^{-5}
瓦斯初始密度 ρ_g (kg/m³)	1.0

图 4.2-2 为煤体固气耦合变形过程中瞬时孔隙瓦斯压力分布图。煤层最大瓦斯压力分布于模型最左侧。当 $t=0$ 时，距采煤工作面煤壁深度 20m 处瓦斯压力为 1.1MPa；随着自然卸压时间的增加，煤层孔隙瓦斯压力逐渐减小；当 $t=1\times10^{10}$ s 时，瓦斯压力减小至 0.48MPa。图 4.2-3 为煤体固气耦合变形过程中瞬时孔隙瓦斯压力演化曲线。由图可知，距采煤工作面越近，气体压力下降越快；气体压力的卸压过程是一个非线性过程，瓦斯压力减小梯度随时间的增加而降低。

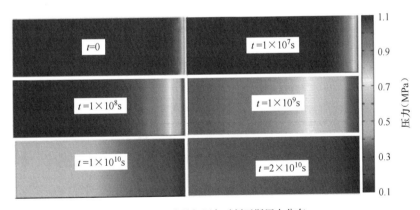

图 4.2-2　自然卸压各时刻瓦斯压力分布

图 4.2-4 和图 4.2-5 分别为煤体变形过程中孔隙率和渗透率演化曲线。由图可知，采煤工作面自然卸压过程中，孔隙率和渗透率的变化趋势基本相一致，均随时间的增加而增大，但增加幅度逐渐变缓，最终趋于稳定。究其原因，可能是随着自然卸压时间的增加，煤层中孔隙瓦斯压力逐渐减小，煤体中固体介质发生收缩变形，煤体孔隙率增大，煤体渗透率增加；此外，煤体收缩变形也是由煤吸附特性决定的，它不能引起煤层区域性卸压，但能引起煤层内生裂隙的

形成[101]。煤体孔隙率增大,瓦斯运移通道增加,也使得煤体渗透率增加。该数值模拟结果与现场渗透率测试规律基本相符[102]。

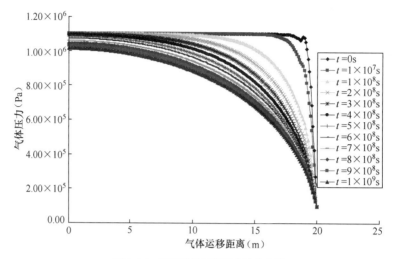

图 4.2-3　瞬时孔隙瓦斯压力演化曲线

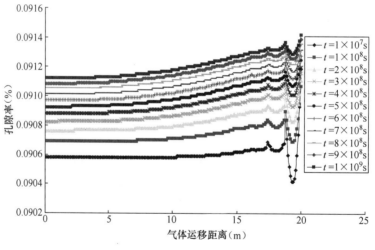

图 4.2-4　孔隙率演化曲线

从图 4.2-4、图 4.2-5 中还可以看出,从煤体深处向距离工作面煤壁方向,煤体孔隙率、渗透率在逐渐增加,而且增长幅度在不断提高;煤体孔隙率、渗透率在距离工作面某位置达到峰值后会有一个突然下降的过程,下降的速度非常快,且在某一时刻达到最小值;随着继续临近工作面,煤体孔隙率和渗透率继续增加,且增加幅度较快,该区域一直延伸到采煤工作面。该数值模拟结果与文献[102]现场测试结果基本吻合。这一现象主要是由于孔隙瓦斯压力变化(Δp)引起的,在距工作面较远的地方,瓦斯压力变化较小,煤层中瓦斯压力的卸压过程比较平缓;在接近工作面煤壁时,瓦斯压力变化(Δp)变化较大,煤体中瓦斯压力释放,煤体发生突然卸压,煤体的有效应力增大,在煤体基质内的弹性应力作用下,孔隙裂隙发生闭合,孔隙率减小,煤体渗透率降低;在继续临近工作面煤壁,瓦斯压力变化(Δp)变化较大,但煤体发生失稳卸压,煤体的孔隙、裂隙得以发展,孔隙率速度增加,煤体渗透率增大。研究结果与煤与瓦斯突出理论相吻合。

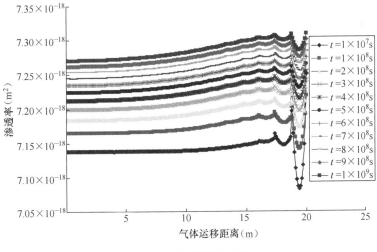

图 4.2-5　渗透率演化曲线

4.2.5　固-气耦合渗流模型结果

(1) 从孔隙率和渗透率的基本定义出发,综合考虑吸附膨胀效应和 Klinkenberg 效应对煤层中瓦斯运移的影响,得到孔隙率和渗透率的动态数学模型,并基于固气耦合基础理论,建立了含瓦斯煤体的固气耦合数学模型。

(2) 数值模拟结果显示,孔隙瓦斯压力随着自然卸压时间的增大而减小;煤体孔隙率和渗透率随自然卸压时间的增加而增加,与现场渗透率测试规律基本相符。该结果对于深入理解瓦斯抽放机理以及采取相应的瓦斯灾害事故防治措施有借鉴作用。

(3) 数值模拟结果显示,从煤体深处向距离工作面煤壁方向,孔隙率、渗透率逐渐增加,在距工作面某处达到最大值;随后孔隙、渗透率急速下降到最小值;最后,煤体孔隙率和渗透率又迅速增加,该区域范围一直延伸到采煤工作面。研究结果与煤与瓦斯突出理论相吻合,具有一定的理论意义和实际应用价值。

第5章 突出煤层消突技术

《防治煤与瓦斯突出细则》明确指出,始终坚持"区域综合防突措施先行、局部综合防突措施补充"的原则。目前,区域防突措施主要分为保护层开采与大面积预抽煤层瓦斯两类。关于局部防突措施,形成了预抽瓦斯、超前钻孔、水力化措施、松动爆破等成熟的工作面防突技术体系。长期的理论研究与开采实践表明,针对现场不同条件开展系统完善的防突技术,是遏制突出发生的根本保障。

5.1 保护层开采技术

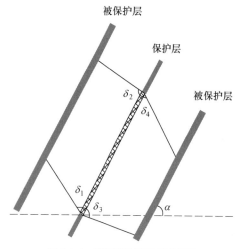

图 5.1-1 煤层保护层开采示意图

煤层保护层开采示意见图 5.1-1,先开采保护层,后开采被保护层。保护层开采的理论基础为煤层瓦斯流动理论和煤岩层变形移动理论。保护层工作面开采后,采场周围的地应力发生变化,原岩应力重新分布,向采空区周围岩体转移,煤岩层垮落或卸压,使得在保护范围内的被保护层发生变形,被保护煤层透气性随之发生变化,煤层瓦斯解吸加快,从采动裂隙流出到采空区或被卸压抽采钻孔抽出。这一过程涉及工作面采空区应力的变化、煤岩体的变形、采场周围裂隙的产生发展、煤层透气性的变化等复杂过程[103]。

国内外学者对保护层开采进行了大量理论与应用研究。苏联是最早进行保护层开采研究及应用的国家,其学者认为,保护层开采使得岩层和被保护的煤层发生卸压,煤岩层发生卸压后,将会使得原生孔隙裂隙张开,从而导致被保护煤层透气性增大,煤层瓦斯压力降低。苏联学者还将保护层开采后采场卸压形成的自然平衡拱围岩分为不规则移动和冒落带、断裂移动带和未断裂移动带"三带"。由于瓦斯通过卸压裂缝向保护层巷道及采空区自然排放,被保护层的瓦斯压力的降低具有不可逆特征,煤层的突出危险性一旦失去便不可恢复,这就是保护层开采防治煤与瓦斯突出的机制。

我国学者也对保护层开采防突机理进行了大量研究,认为保护层开采后,保护层工作面煤岩层和煤层向采空区移动和变形,在采空区上方形成自然冒落拱,采场应力向采空区以外的煤岩层传递,对保护层周围的煤岩层产生采动影响,使得原生裂缝和大孔隙张开,形成新裂缝,从而增加了煤、岩体的透气性,提高了瓦斯解吸能力与瓦斯排放强度。

综上所述,保护层开采后,被保护层内煤层透气性系数增大,瓦斯从采动离层或裂隙流出到保护层工作面或回采巷道及卸压抽采钻孔,被保护煤层瓦斯含量、瓦斯压力下降。被保护层发生这些变化的先决条件是保护层工作面开采后的煤岩体卸压[104],保护层开采防突机理可用图 5.1-2 来说明。

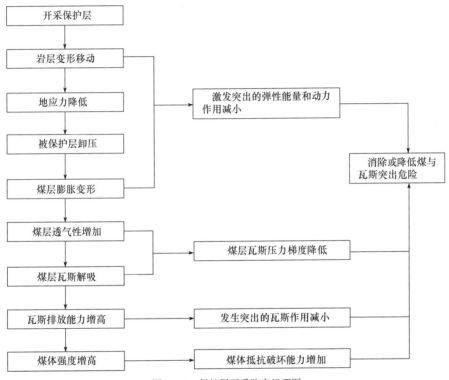

图 5.1-2 保护层开采防突机理图

随着保护层工作面的推进,及时对被保护层进行卸压瓦斯抽采才能彻底消除突出危险性,否则待上覆岩层移动稳定后应力恢复,卸压瓦斯重新吸附就难以实现瓦斯排放,难以达到消突目的。程远平和袁亮提出了煤层群煤与瓦斯安全高效共采的概念,重点阐述了不同卸压瓦斯流动特点的近程、中程和远程卸压瓦斯抽采方法及实际工程应用实践。表 5.1-1 介绍了保护层开采及卸压瓦斯强化抽采方法[105-106]。随着开采深度的加大,复杂突出煤层群地质条件变得普遍,传统保护层开采适用性明显受限,在没有适宜或非危险突出煤层作为保护层的情况下,首采保护层选择变得更加困难,从而成为防治整个煤层群突出的一大难题[107]。相关学者针对远距离保护层及全岩保护层的应用可行性进行了研究,根据淮北、阳泉等矿区现场实践,证实了远距离保护层开采依然能获得很好的卸压及瓦斯抽采效果[108-109]。杨威等系统分析了保护煤层开采过程的应力分布、地层变形和渗透性演化规律,揭示了瓦斯流动特征所具有的普遍时空规律,对被保护层卸压瓦斯治理具有指导性意义[110]。综上所述,如果针对不同条件下的保护层技术进行合理规划,该项技术依然将是我国现有区域防突措施的首要途径。

保护层开采及卸压瓦斯强化抽采方法汇总[111]　　　　　　　表5.1-1

瓦斯抽采区	方法	瓦斯来源	具体做法	应用矿区	应用效果
上部卸压区域	近程抽采	首采煤层的未开采分层采空区遗煤	顶板走向穿层钻孔	淮南、淮北、铁法、沈阳、平顶山等	好
		处在垮落带的煤层	顶板走向顺层长钻孔	淮南、阳泉等	较好
		底板变形较大区域的煤层	顶板走向高抽巷	淮南	较好
		裂隙带内煤层	采空区埋管	抚顺、淮南、淮北、平顶山等	较好
		少部分来自弯曲带内煤层	采空区尾抽	淮南、阳泉等	—
	中程抽采	裂隙带内煤层部分来自弯曲带内煤层	顶板走向高抽巷法	阳泉、盘江、淮南等	好
			顶板倾斜高抽巷法	阳泉	好
			顶板倾斜穿层钻孔法	阳泉	较好
			地面钻井法	阳泉、淮北、淮南、铁法等	部分较好
	远程抽采	弯曲带内煤层	底板巷道网格式上向穿层钻孔法	淮南、阳泉	好
			地面钻井法	阳泉、淮北、淮南、铁法等	部分较好
下部卸压区域		下部卸压区域内煤层	底板巷道网格式上向穿层钻孔法	淮南、天府、沈阳等	好
			顶板巷道网格式上向穿层钻孔法	淮南、天府等	较好

5.2　预抽煤层瓦斯技术

经过长期的探索和发展,我国煤矿的瓦斯抽采理念和抽采技术(方法)均取得了巨大的进步。首先,我国的煤矿瓦斯抽采理念先后经历了"局部防突措施为主、先抽后采、抽采达标和区域防突措施先行"等4个阶段。同时,我国的瓦斯抽采技术也形成了较为完整的体系,如图5.2-1所示。《防治煤与瓦斯突出细则》针对区域防突措施提出了地面井预抽煤层瓦斯、井下穿层钻孔或顺层钻孔预抽区段煤层瓦斯、顺层钻孔或者穿层钻孔预抽开采区域瓦斯、穿层钻孔预抽井巷(含立、斜井,石门等)揭煤区域煤层瓦斯、穿层钻孔预抽煤巷条带煤层瓦斯以及定向钻孔预抽煤巷条带煤层瓦斯等多种方式。其中,最为常用的是穿层钻孔瓦斯抽采技术和顺层钻孔瓦斯抽采技术。

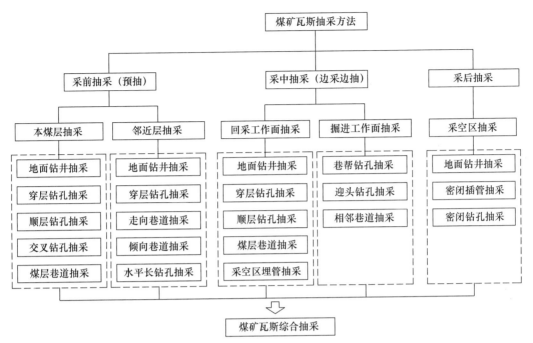

图 5.2-1 我国煤矿瓦斯抽采技术划分

掘进工作面中穿层钻孔瓦斯抽采和顺层钻孔瓦斯抽采的钻孔布置如图 5.2-2 所示。在穿层钻孔瓦斯抽采技术中,钻孔是从煤层下方 15~30m 处的底板岩巷内施工的。由于施工地点和煤层之间具有 15~30m 的岩层作为保护屏障,因此安全性较高,但是该技术的缺点同样十分明显:

(1)需要事先施工一条底板岩巷,瓦斯抽采成本较高;

(2)钻孔主要位于岩层段,煤层段的长度较短,因此钻孔利用率较低。

在顺层钻孔瓦斯抽采技术中,需要首先将掘进工作面前方煤体划分为不同的抽采循环,每个抽采循环的长度不小于 60m。然后,在每个抽采循环内布置顺层钻孔,对其内的瓦斯进行抽采。该技术的优点在于:

(1)钻孔直接在煤巷内施工,不需要布置底板岩巷,因此瓦斯抽采成本相对较低;

(2)钻孔位于煤层内,钻孔的利用率较高。

该技术的主要缺点在于:

(1)钻孔施工过程的安全性较低;

(2)顺层钻孔具有明显的发散特性,在距离掘进头较近的地方,钻孔间距小,而在距离掘进头较远的地方钻孔间距增大,因此其瓦斯抽采具有不均衡性,在钻孔间距小的地方抽采效果好,在钻孔间距大的地方抽采效果差;

(3)在构造煤发育区域顶钻、卡钻现象频发,钻孔的施工较为困难。

为了改善普通穿层钻孔和顺层钻孔的瓦斯抽采效果,学者们从抽采负压[112]、钻孔密度[113]、封孔材料[114]、封孔长度、始封深度和封孔工艺[115]等参数进行了一系列优化,效果显著。近年来,定向钻进技术由于具有钻进效率高、控制范围广、抽采效果好等技术优点在国内瓦斯抽采领域实现了广泛应用[116]。

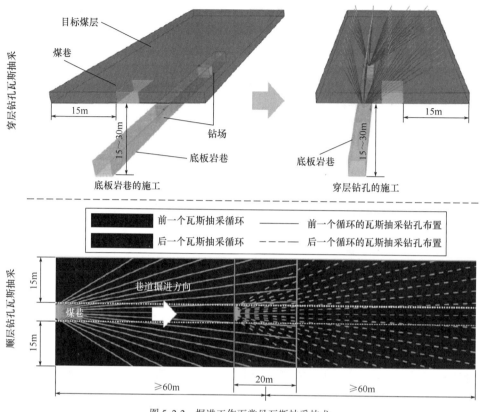

图 5.2-2 掘进工作面常见瓦斯抽采技术

5.3 强化瓦斯抽采技术

煤层瓦斯抽采的难易程度一般取决于渗透率的大小。因此,对于低透煤层来说,一般采用增透措施来强化其瓦斯抽采。同时,实践证明开采保护层是最有效的增透技术。然而,随着煤矿开采深度的增加,几乎所有的煤层均为突出煤层,因此保护层开采技术的应用变得越来越困难。鉴于此,围绕煤层的高效增透进行了大量研究,开发引进了一系列煤层增透新技术,其中主要包括深孔预裂爆破增透、水力化系列措施及无水化措施等技术。主要目的是降低煤层外在应力和改变煤体自身力学特性,从而改善煤层透气性,实现高效抽采。

5.3.1 深孔爆破技术

深孔爆破是通过远距离爆破所产生的冲击波在煤层中产生径向和切向裂隙,从而提高其渗透率的技术[117],如图 5.3-1 所示。该技术一般包括两种爆破方式,即松动爆破和控制爆破。

该技术主要适用于突出危险性较低的煤层。在近年来在应用过程中,研究学者主要针对爆破孔间距、爆破致裂效果等问题进行了优化和改进。石必明等分析了突出煤层实行松动爆破时的煤与瓦斯耦合裂隙衍生机理,开展了控制松动爆破的相关理论研究,分析了爆破过程中含瓦斯煤的致裂机理,确定了贯穿裂隙的生成条件,以及控制孔和爆破孔间距的制订依据[118]。刘泽功等基于煤层爆破损伤模型,利用数值分析再现了动压冲击震裂、应力波传播、叠加和气体驱动裂纹扩展机制,通过研究控制孔与爆破孔对卸压增透效果的影响,提出了深孔预裂爆破的合理间距在 5~6m[119-120]。而基于常规深孔松动爆破粉碎圈范围大但断裂带半径小的缺陷,郭德勇等提出了深孔聚能爆破方法[121-123],对该项技术从理论机理到布置改进进行了深入研究,分析了多孔及微差聚能爆破的裂隙贯通机制及增透效果,对有效致裂范围进行了探讨,按照裂隙类型及数目将炮孔周围分为裂隙密集区和主裂隙扩展区,结果表明,深孔预裂爆破针对突出危险性较小的工作面以及硬度较大的煤体卸压增透效果显著。

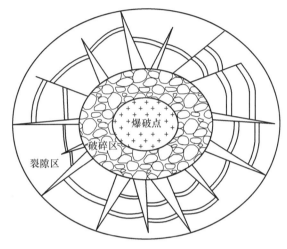

图 5.3-1 深孔爆破技术示意图

5.3.2 水力化增透关键技术

水力化增透技术通常分为两种形式:一种是向钻孔内注入高压水压裂钻孔,随着煤层原生裂隙的扩大、延伸,为瓦斯的解吸流动提供通道;另一种是通过高压水射流割缝或冲孔将钻孔内部煤体排出,使孔壁周围应力发生转移,孔洞裂隙的贯通会增加煤层的渗透性,提高瓦斯的抽采效果[124]。其中以水力压裂、水力割缝和水力冲孔为主的卸压增透技术,已广泛应用于工程实践。

(1) 水力压裂技术

水力压裂技术通过混有支撑剂的高压水对钻孔周围的煤岩体进行压裂,形成沿着煤层层理和垂直于最小主应力方向的延伸裂隙,来提高煤层渗透性[125],如图 5.3-2 所示。水力压裂过程中所采用的压力一般在 25MPa 以上,有时高达 40MPa。水力压裂技术最早见诸 1947 年美国 Kansas 西南部的 Hugoton 气田,距今已有 70 余年的历史。此后,随着煤层气的开发,水力压裂技术在美国获得了广泛的应用。然而,美国所采用的水力压裂技术以地面压裂为主。井下水力压裂首先见诸 20 世纪 60 年代苏联的顿巴斯矿区和卡拉干达矿区,并于 20 世纪 70 年代开始了高排量高压力水力压裂。此外,水力压裂技术在我国同样具有悠久的应用历史。在 20 世纪 80 年代,我国白沙红卫矿、阳泉一矿、焦作中马矿和抚顺北龙凤矿已经开始进行井下水力压裂试验,并取得了一些应用成果。

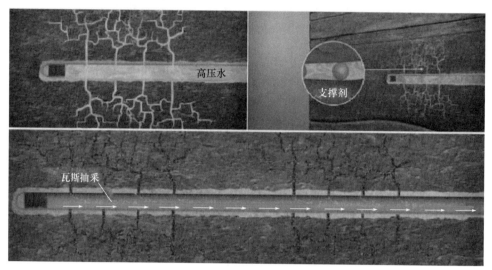

图 5.3-2 水力压裂技术示意图

由于复杂地质条件下空间的限制,地面压裂设备难以满足井下需求,因此井下压裂一直存在设备大、水压大、流量大、封堵要求严等技术难点。与此同时,我国突出煤层普遍存在的松软、低透特性,常规水力压裂实际产生的裂隙较少且容易由于增透方向的不确定而导致应力集中以及瓦斯抽采屏障区的出现。为了改善压裂效果,部分学者尝试在压裂液中添加表面活性剂,这在一定程度上能够降低煤体吸附瓦斯的能力,同时通过选择性溶解煤中矿物质,提高煤体的裂隙通道和渗透率[126]。为了得到均匀的裂隙网络,先后提出了射孔、预置裂缝、定向孔等方式来控制裂缝的扩展方向,解决了局部压裂不均所引起的致裂效果不佳的难题[127-129]。为了实现设备小型化需求,部分学者通过适当降低水力压裂压力来减小装备尺寸,同时结合脉动水力压裂技术来解决裂隙的重新闭合。研究发现,高压脉动压裂技术通过高压水激发震荡,不断冲击煤层,由峰值压力与谷底压力构成周期性的脉动波,使煤体裂隙孔隙产生"压缩—膨胀—压缩"的循环作用,进而使煤层弱面的原生裂隙不断贯穿,延伸成新裂隙。在实际应用中,与传统水力压裂技术相比,起裂压力更低,卸压装备尺寸更小,压裂裂缝更多,因此实现快速卸压增透及抽采效果[130-131]。进一步研究还发现,变频脉冲比单频脉冲增透效果更好[132]。另外,变排量压裂、复合压裂、重复压裂、分段压裂等多种方法也在实际应用中不同程度地实现了良好增透效果[133-135]。

(2)水力割缝技术

水力割缝技术利用高压水射流沿着钻孔径向切割煤体,形成缝槽,伴随着暴露面积的增大,不仅为煤体提供变形空间,也导致煤体发生损伤而形成裂隙,为煤层的内部卸压及瓦斯流动提供良好的条件[136],如图 5.3-3 所示。水力割缝技术在我国也有较为悠久的应用历史,自 20 世纪 80 年代起就已经在我国的鹤壁煤田和开滦煤田进行了现场应用。然而,受限于当时的装备水平,水力割缝技术并未获得广泛的应用。

直至 21 世纪初,水力割缝技术逐渐在国内瓦斯治理领域引起了广泛的关注,同时对该技术进行了大量的优化。林柏泉等从突出机理出发,提出了整体卸压理念,开发了高压水射流割缝网格化增透技术及"钻—割—抽"一体化装备,并在实际应用中取得了良好的煤层卸压消突效果[137-139]。卢义玉等针对近距离多突出煤层的石门揭煤防突技术难题,提出了自激振荡脉冲水射流割缝技术,从而缩短了石门揭煤时间,通过研究供水压力、流量等因素与切槽深度、宽度的关系,优化了自激振荡喷嘴结构及高压脉冲水射流的水力参数,并针对深部煤层地应力高的特点,探讨了地面定向井+水力割缝卸压方法,利用地应力变化通过切割造缝增加煤层孔隙和渗透性(图 5.3-4)[140-142]。陆庭侃等提出了顺层钻孔割缝技术,通过分析割缝深度和割缝间距对煤体卸荷增透效果的影响,在宁夏地区煤矿应用高压(40~60MPa)水射流割缝,使瓦斯抽采效率提高了 3~6 倍[143]。

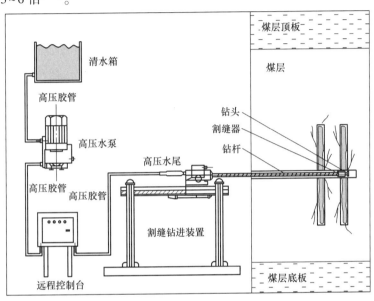

图 5.3-3 水力割缝技术示意图

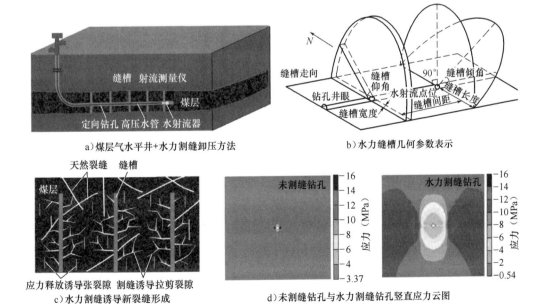

图 5.3-4 地面定向井+水力割缝卸压开发煤层气方法

(3) 水力冲孔技术

水力冲孔是一种以高压水射流作为动力,通过冲出大量煤体,从而诱导煤层实现卸荷增透的技术,如图 5.3-5 所示。该技术与水力割缝技术较为类似,但也有明显的不同。在水力割缝技术中,割缝的目的是在四周煤体内产生人工裂隙,因此出煤量较少;相反,在水力冲孔技术中,冲孔的目的在于构建大尺寸的孔洞,因此出煤量较大。

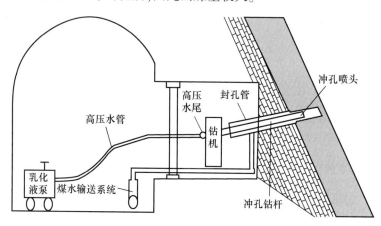

图 5.3-5 水力冲孔技术示意图

水力冲孔技术起源于 20 世纪 80 年代的美国,主要用于强化美国圣胡安盆地的煤层气开采。现场应用效果表明,采用水力冲孔技术后,煤层气井的产量相对于水力压裂气井可以提高 3~20 倍,同时生产成本显著降低。鉴于此,当前圣胡安盆地中大约有将近 1/3 煤层气井采用了该技术。在国内,王兆丰等在罗卜安矿的测试结果表明:水力冲孔钻孔等效直径达到 0.87m,抽采孔有效影响半径提高 2~3 倍,抽采浓度提高 4~5 倍,抽采衰减周期提高 3 倍以上[144]。王凯等根据钻孔周围的瓦斯参数确定了现场钻孔的有效卸压范围,并通过 RFPA2D-Flow 对水力冲孔钻孔周围煤体应力及透气性变化规律进行了研究[145]。石必明等进行了水力冲孔后的瓦斯压力考察试验,将水力冲孔后的孔洞区域划分为瓦斯充分排放区、瓦斯排放区、瓦斯压力过渡区和原始瓦斯压力区,并模拟分析了冲孔后煤层裂隙发育的过程及地应力、瓦斯压力的分布规律[146]。刘明举等基于高压水射流的破煤理论,结合在淮南矿区的现场实践情况,将水射流的最佳破煤压力确定为煤层坚固性系数的 12~20 倍[147-148]。程远平等提出了新型顺层钻孔水力冲孔的瓦斯抽采技术,并在阳泉矿区进行了工业试验,结果表明该技术是实现软、低渗煤层掘进工作面瓦斯高效抽采和快速掘进的有效方法[149]。同时将水力冲孔技术进一步应用于厚复合构造煤层中,表明在软分层中进行水力冲孔同样可以对硬分层进行卸荷增透[150]。曹佐勇等针对低渗高突煤层群的特殊条件,开展了水力冲孔破煤增透多场耦合效应研究,模拟分析了水力冲孔下瓦斯压力与孔径之间的时空演化规律[151]。王恩元等针对薛湖煤矿煤层瓦斯含量高、吸附性强、透气性低的特点,提出了煤层顺层水力冲孔卸压增透技术。

尽管学者们提出了许多煤层强化瓦斯抽采技术,然而在构造煤层中深孔爆破、水力压裂和水力割缝技术所产生的新生裂隙极易被重新压实,因此上述技术并不能对构造煤层高效增透,即不能有效强化瓦斯抽采;相反,在水力冲孔技术中,随着大量的构造煤体被冲出,冲孔硐室四周煤体获得了较大的卸荷和变形的空间,因此其渗透率可大幅增加。

5.3.3 无水化致裂增透技术

无水化致裂增透采用非水物质作为煤层致裂增透介质,具有避免水资源污染和煤储层伤害、不会导致含黏性矿物质煤层吸水膨胀堵塞瓦斯运移通道等优点,目前主要涉及液氮致裂和二氧化碳致裂等技术手段。液氮致裂技术早在 1971 年就被提出,并进行了现场应用[152]。近年来,衍生了一系列增产工艺及结合其他增透技术的双重增产工艺,如液氮和蒸汽致裂煤层的瓦斯抽采方法,通过增强水-冰相变冻胀作用,提高液氮增透效果[153];液氮循环致裂增透方法,采用液氮循环注入方式实现持续充填不断扩展的裂隙空间,由于冰的不流动性和水冰相变的膨胀性,与其他流体相比有着更高的致裂效率(图 5.3-6),在瓦斯抽采中具有很好的应用前景[154-155]。部分学者还建立了微波、红外热辐射等辅助液氮增透技术,不仅可加热煤体,形成温度梯度,还可以提供能量,促进煤体解吸吸附瓦斯[156-157]。

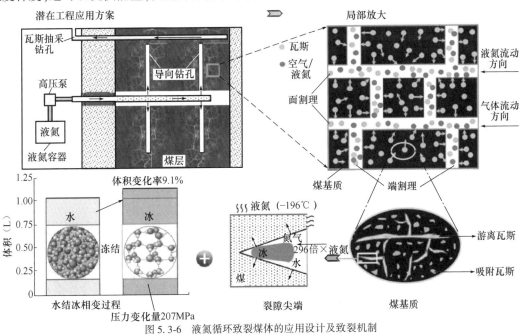

图 5.3-6 液氮循环致裂煤体的应用设计及致裂机制

液态二氧化碳相变致裂技术不仅能对煤层结构进行改造,同时其较强的吸附性对瓦斯具有驱替作用,有效提高瓦斯的抽采效果,起到防突目的。王兆丰等基于现场试验研究了高瓦斯低透气性煤层中的液态 CO_2 增透机理和消突效果以及布孔方式的影响[158-159]。张东明等提出了低渗煤层液态 CO_2 相变定向射孔致裂增透方法,可有效改善煤体内部孔隙结构及渗流能力,提高瓦斯抽采纯流量 9~12 倍,降低抽采流量衰减系数 92%[160]。而针对单一注入形式或储液管瞬时加热爆破形式,可能引起流体随裂隙扩展运移所导致的起裂压力不足等问题,翟成团队开展了液态 CO_2 循环致裂研究,发现利用循环机制能够促进煤基质内多尺度孔裂隙结构的扩容及延伸,裂隙间的贯通率和渗透性大幅提升,基于现场工况液态 CO_2 循环冲击致裂应用表明,液态 CO_2 介质的循环热应力、相变高压及疲劳劣化耦合机制可实现煤层的高效致裂[161]。

5.4 隧道导洞预抽煤层瓦斯技术

某隧道穿越7层煤,掘进过程其中掌子面分布情况示意图见图5.4-1。揭露煤层及瓦斯参数见表5.4-1,其中,厚度大于0.3m煤层瓦斯压力为1.04～1.48MPa,该隧道穿煤段须按煤与瓦斯突出隧道进行施工。

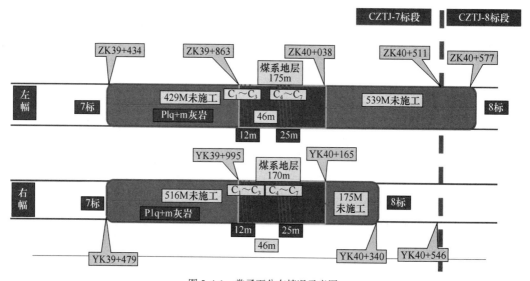

图5.4-1 掌子面分布情况示意图

揭露煤层及瓦斯参数　　　　　　　　　　　　　　　表5.4-1

煤层名称	气体成分 CH_4含量	参数井实测煤层总含气量 (m^3/t)	隧道高程计算煤层总含气量 (m^3/t)	自燃等级	爆炸性结论	瓦斯压力 (MPa)	放散初速度 ΔP (mmHg)	坚固性系数 f	煤厚 (m)	倾角 (°)
C_7	96.35	9.86	11.29	Ⅲ类不易自燃	无爆炸性	1.15	—	—	0.57	75
C_6	43.85	7.78	8.58	Ⅱ类自燃	有爆炸性	1.27	17	<0.3	0.34	75
C_5	81.15	10.18	11.16	Ⅱ类自燃	无爆炸性	1.04	12	1.6	1.33	75
C_4	11.58	3.92	4.09	Ⅱ类自燃	无爆炸性	—	—	—	0.12	75
C_3	84.72	11.48	10.69	Ⅲ类不易自燃	有爆炸性	1.48	15	<0.3	0.9	75
C_2	21.55	6.01	5.60	—	—	—	—	—	0.13	75
C_1	27.01	3.25	3.10	—	—	—	—	—	0.16	75

根据多种方案对比,最终确定由 8 标往小里程掘进至石门前沿煤层走向施工小导洞,对 $C_7 \sim C_4$、$C_3 \sim C_1$ 两个煤层群分别按两个四位一体的原则进行钻孔预抽瓦斯揭煤防突。该方案具有如下优点如下:

(1)具有抽采持续性,能避免瓦斯二次聚集,后续施工可降低进口端瓦斯超限风险。

(2)起到瓦斯截流作用,在进口端开展爆破作业时出口端继续抽采,快速降低瓦斯浓度。

(3)因 $C_1 \sim C_3$ 煤层采用长孔抽采,$C_4 \sim C_7$ 采用短孔抽采控制。在施工过程中,由进口端开挖揭煤,且两组煤层间距达 46m,有针对性地先对 $C_1 \sim C_3$ 煤层钻孔及抽采工作,而后开展 $C_4 \sim C_7$ 煤层钻孔及抽采工作,抽采效果更加可靠。

(4)工期短,社会效益明显。

掌子面揭煤预抽煤层瓦斯区域防突措施钻孔布置(开孔位置)和平、剖面图如图 5.4-2~图 5.4-6 所示。

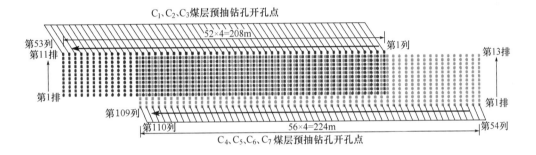

图 5.4-2 小导洞预抽煤层瓦斯区域防突措施钻孔布置(开孔位置)示意图

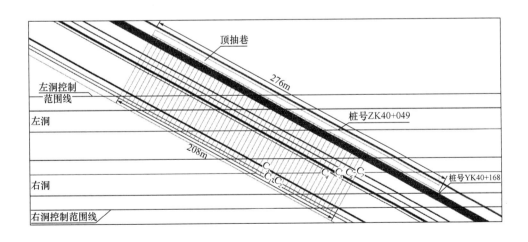

图 5.4-3 小导洞下煤组(C_1、C_2 和 C_3 煤层)预抽钻孔平面示意图

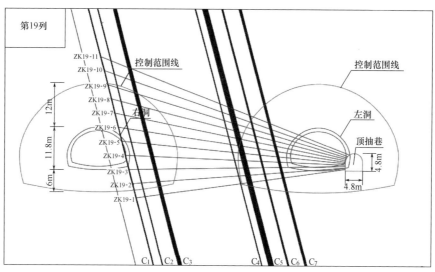

图 5.4-4　小导洞下煤组(C_1、C_2 和 C_3 煤层)预抽钻孔布置剖面示意图

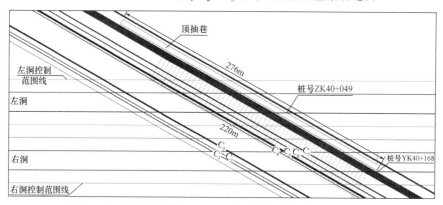

图 5.4-5　小导洞上煤组(C_4、C_5、C_6 和 C_7 煤层)预抽钻孔平面示意图

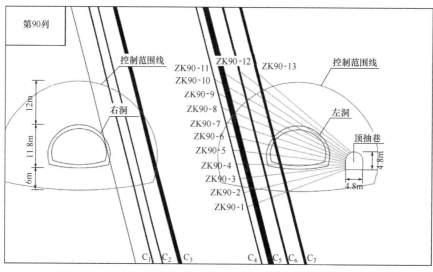

图 5.4-6　小导洞上煤组(C_4、C_5、C_6 和 C_7 煤层)预抽钻孔布置剖面示意图

第6章 天城坝隧道煤与瓦斯突出危险性评估与预测

天城坝隧道为贵州省正安到习水高速公路第十六合同段(即 16 标)和第十七合同段(即 17 标)共同承接的隧道,按左、右线分离式设计,其进口工区长约 2250m。在隧道进口工区左线里程 ZK109+950~ZK110+320 段、右线里程 K109+915~K110+285 段需穿越煤系地层,总长约 370m,共需穿越 9~13 层煤,其中 C_6 煤层的原始瓦斯压力高达 4.2MPa、C_8 煤层的原始瓦斯含量高达 37.16m³/t,其瓦斯压力和瓦斯含量均为国内隧道建设史上之最,远远高于国家规定的 0.74MPa 和 8m³/t 的突出临界指标,为具有高突出风险的煤与瓦斯突出隧道。

6.1 工程概况

正习高速公路位于贵州省遵义市北部,处于正安、桐梓、习水三县境内。路线起于正安县城安场镇三江互通,通过三江 T 形枢纽互通与道瓮高速公路(G69 贵州北段)相接,经正安县的安场镇、杨兴镇、碧峰镇,桐梓县的芭蕉镇、水坝塘镇、羊蹬镇、木瓜镇、松坎镇、新站乡、夜郎镇,习水县的仙源镇、温水镇,终于习水县温水镇温水互通,接江习古高速公路,全长约 130.367km。正习高速公路路线见图 6.1-1。主线采用双向四车道高速公路标准建设,设计速度 80km/h,路基宽度 24.5m,全线桥涵设计汽车荷载等级采用公路—Ⅰ级。全线共有桥梁 48751m/200 座,其中,特大桥 8092.5m/6 座,大桥 38595m/133 座。全线共计隧道 34689m/25 座,其中,特长隧道 13770m/3 座,长隧道 12310.5m/9 座,中隧道、短隧道 5195.5m/13 座。

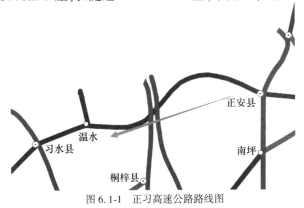

图 6.1-1 正习高速公路路线图

天城坝隧道是正习高速公路控制性工程,按左、右线分离式设计。左线隧道里程桩号 ZK108+250～ZK112+508,长 4258m;右线隧道里程桩号 K108+210～K112+490,长 4280m,均属特长隧道。最大埋深 518.41m(里程 K110+630)。

天城坝隧道划分为两个施工标段,16 标范围右线 K108+210～K110+460,长度为 2250m,左线 ZK108+250～ZK110+485,长度为 2235m,为瓦斯突出工区;17 标范围右线 K110+460～K112+490,长度 2030m,左线 ZK110+485～ZK112+505,长度 2020m,为非瓦斯工区。标段划分见图 6.1-2。

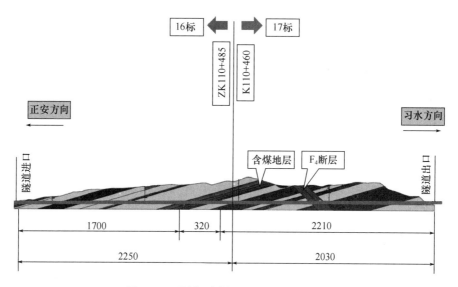

图 6.1-2 天城坝隧道标段划分(尺寸单位:m)

天城坝隧道全线围岩级别为Ⅲ～Ⅴ级,Ⅲ级围岩长 1945m(占 46%),Ⅳ级长 1230m(占 29%),Ⅴ级长 1035m(占 25%)。含煤地层相邻岩层均为微风化灰岩,F_4 断层相邻围岩为微风化页岩和微风化灰岩。

6.2 自然地理条件

6.2.1 气象

本区属大陆性亚热带湿润季风气候,温和潮湿,多云雾和雨。据习水县气象局及邻近重庆市綦江区石壕气象站 1995—2005 年气象资料,最大年降雨量 1830.9mm(1999 年),最小年降雨量 1027.5mm(2004 年),平均年降雨量 1340.9mm。一般 4～10 月雨量较为充沛,11 月至次年 3 月雨量较小。历年日最大降雨量为 106.5mm(2000 年 7 月 9 日)。年平均气温 15.18℃,最高年平均气温 16.03℃(1998 年),最低年平均气温 14.67℃(1996 年),最高日气温 39℃(2001 年 8 月 7 日),最低日气温-3.8℃(2002 年 12 月 28 日),月平均气温均在 1.5℃以上,但

12月至次年2月气温较为寒冷,冬季山上有积雪。年相对湿度一般在79.83%~83.08%之间。全年多西北风,平均风速1.5m/s。

6.2.2 地形地貌

工程区位于云贵高原北端向四川盆地南部过渡的斜坡地带,属大娄山系尧龙山主脉南西端。山脉走向大致与地层走向一致,呈北东~南西向展布。地貌形态受地质构造影响,以单面山为主,其特征为"两槽夹一山",即谷地多为二叠系下统茅口组和三叠系下统茅草铺组石灰岩地层,而山峰则多为三叠系下统夜郎组和二叠系上统长兴组地层。

6.2.3 地震

根据《中国地震动参数区划图》(GB 18306—2015),隧址所在地地震动峰值加速度为 $0.05g$,地震动反应谱特征周期为 $0.35s$,抗震设防烈度为6度,地震基本烈度为6度。

6.3 地质概况

6.3.1 地层岩性

隧道从南西至北东由新至老依次穿过三叠系中统松子坎组(T_2s)、三叠系下统茅草铺组(T_1m)、三叠系下统夜郎组(T_1y)、二叠系上统长兴组(P_3c)、二叠系上统龙潭组(P_3l)、二叠系中统茅口组和栖霞组(P_2q+m)。现由新至老分述如下:

(1)三叠系中统松子坎组(T_2s):由灰色、深灰色黏土岩、白云岩、泥灰岩组成,根据区域资料厚度108~309m,岩层产状133°~144°∠31°,节理裂隙较发育。

(2)三叠系下统茅草铺组(T_1m):分布于井田东南部,其岩性为浅灰色~深灰色薄层状~厚层状微~细晶灰岩,发育缝合线构造及少量节理构造,节理多为方解石脉充填,下部夹一层钙质泥岩,与下伏地层呈整合接触。未见顶。

(3)三叠系下统夜郎组(T_1y):总厚338.78m,共分三段。

①九级滩段(T_1y^3)

紫~灰紫~灰绿色粉砂质泥岩、钙质泥岩、泥岩,以薄层状构造为主,局部见交错层理和斜层理,偶见绿泥石条带,与下伏玉龙山段呈整合接触。厚度183.57~239.31m,平均厚度211.44m。

②玉龙山段(T_1y^2)

浅灰~灰色中厚层状泥晶灰岩至粉晶灰岩,发育脉状层理及少量包卷层理构造,局部夹浅灰~灰绿色薄层状~中厚层状泥灰岩及薄层状钙质泥岩。该段中普遍发育缝合线构造及节理构造,具方解石脉,脉宽1~10mm。该段与下伏沙堡湾段呈整合接触。厚度91.53~112.99m,平均厚度102.26m。

③沙堡湾段(T_1y^1)

灰绿~浅灰色薄层状钙质泥岩、泥灰岩,局部夹薄层石灰岩,发育水平层理构造。从下至上,钙质增加,泥质减少,与玉龙山段呈渐变过渡关系,与下伏地层长兴组呈整合接触关系。厚度20.19~30.02m,平均厚度25.08m。

(4)二叠系上统长兴组(P_3c):灰~深灰~灰黑色中厚~厚层状细~粉晶灰岩、生物碎屑灰岩,从上至下颜色逐渐加深,具沥青味,中部含燧石结核,下部夹1~2层深灰色薄层状钙质泥岩或砂质泥岩,与下伏龙潭组呈整合接触。厚44.22~59.08m,平均厚度52.08m。

(5)二叠系上统龙潭组(P_3l):上部约17.00m由灰~深灰色泥岩、石灰岩、砂质泥岩、泥灰岩组成,夹少量细砂岩、粉砂岩及煤线;中部约30.00m为灰~深灰色砂质泥岩、泥岩、黏土岩、细砂岩、粉砂岩及煤层,局部夹泥灰岩;下部约15.00m为深灰色砂质泥岩、泥岩、粉砂岩、石灰岩、泥灰岩及煤线,底部为含黄铁矿的铝质泥岩。本组含煤4~10层,可采和局部可采煤层4层,主要分布于中部。岩层中含点状、结核状硫铁矿及菱铁矿结核,与下伏茅口组呈假整合接触。厚54.22~70.95m,平均厚度61.88m。

(6)二叠系中统茅口组(P_2m):灰色中厚层~厚层状粉晶~细晶灰岩,含燧石团块,局部夹泥灰岩及泥质条带,方解石脉较发育,见蜓类、海百合茎类化石,与下伏栖霞组呈整合接触。厚185~250m,平均厚度220m。

(7)二叠系中统栖霞组(P_2q):深灰~灰黑色中厚层~厚层状泥晶~细晶灰岩,夹泥灰岩、钙质泥岩条带,具透镜状、眼球状构造,未见底。

6.3.2 地质构造

根据区域地质资料,线路所经地区属于川黔南北向构造带与北东向构造带交接的复合部位。与隧址区相关的褶皱为桑木场背斜。桑木场背斜位于习水县城西南12km的鲁城、桑木场一带,总体轴向北东40°~50°,轴长约63km,核部为主要为寒武系地层,南东翼主要为侏罗系地层,北西翼主要为白垩系地层。两翼倾角15°~35°,为南西宽缓北东狭窄基本对称的圆顶背斜。隧道位于桑木场背斜北东翼。

隧址区有F_4断裂通过。该断裂为桑木场断裂的一条次级断裂,走向近乎正北方向,与隧道线路在K111+150(左线ZK111+100)附近大角度相交。

根据工程地质调绘,隧道进口端出露的强风化灰岩中节理裂隙较发育,节理呈张开~微张状。

6.3.3 水文地质概况

1)地表水体

工程区以山脊部分(由夜郎组和长兴组地层组成)为分水岭,地下水、地表水向两侧溪沟排泄。分水岭以西,地表水、泉沿溪沟由南到北经过鲁城、石场门排泄于羊叉河;分水岭以东,虽沟谷发育,但多为季节性冲沟,无河流分布,仅在工程区南侧磨朝溪、北侧麻沙溪沙坝及中部漆坪沟常年有水,但水量均较小,受大气降雨影响较大,由南往北都排泄于加单河溪,通过硫黄坝、松坎汇入綦江。

另外,隧址区域无其他水库、鱼塘等地表水体。

2)主要含水层

(1)茅口组+栖霞组(P_2m+q)岩溶含水层

岩性为灰色、深灰色中厚~厚层状石灰岩,夹少许燧石结核,厚度大于100m,岩溶发育。该层富水性中等,地下水补给源主要为大气降水。

(2)长兴组(P_3c)岩溶含水层

岩性主要为灰色、深灰色中厚层状至厚层状灰岩,灰岩含泥灰及有杂质且间夹少量碳质、钙质泥岩,厚度不详。该层地表大部为陡坡,补给条件一般,富水性弱至中等。

6.3.4 煤系地层与煤层

1)原设计概况

天城坝隧道含煤地层基本位于隧道中部,左幅煤层范围为 ZK109+987.1~ZK110+198.2,长度211.1m,S-Vws衬砌范围 ZK109+935~ZK110+250,长度315m,距进口端1685m,距17标起点235m;右幅煤层范围为 YK109+953.4~ YK110+164,长度210.6m,S-Vws衬砌范围 YK109+900~ YK110+215,长度315m,距进口端1690m,距17标起点245m。原设计煤层与标段截面位置关系见图6.3-1。

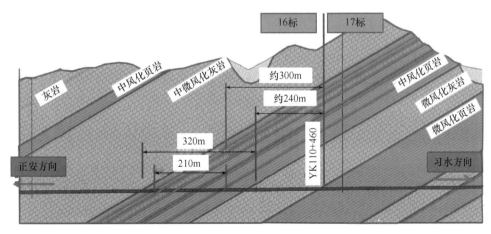

图 6.3-1 原设计煤层与标段截面位置关系

2)煤层实际位置

2018年9月在隧道掌子面施工至K109+925处施作超前水平钻(100m),钻至设计C_5煤层位置时未发现煤层。

原因分析:天城坝隧道位于桑木场背斜的北东翼,在隧道段落内表现为单斜构造。地层时代主要为三叠系的松坎组和夜郎组、二叠系的龙潭组和栖霞组。地层岩性主要以页岩、灰岩为主。其中二叠系龙潭组为一套含煤地层。

该处地质构造复杂,岩层产状变化较大。在勘察期间,采集了地表附近大量的岩层产状,岩层倾角一般为27°~42°不等,采用倾角平均值32°进行煤层位置的推算,路线在左线ZK109+987及右线K109+953.5附近揭露C_5煤层。

由于地层产状变化较大,地质构造复杂,隧道埋深较大,埋深超过360m,倾角变化1°,表现到隧道洞身位置煤层差距将近30m。从该处掌子面岩层产状来看,倾角约40°。推测C_5煤层具体里程桩号约为ZK110+293.8和YK110+252.5。

实际揭露煤层位置:通过超前地质水平钻获取信息,C_5煤层分别在ZK110+296及YK110+252.5处揭露。根据地层产状,推算最后一层C_{12}煤层的终点位置分别为ZK110+415及YK110+398。左线煤层纵断面见图6.3-2,实际煤层与标段截面位置关系见图6.3-3。

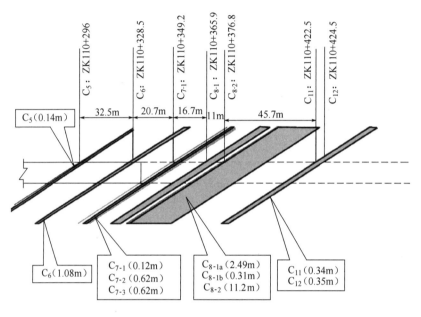

图6.3-2 左线煤层纵断面图

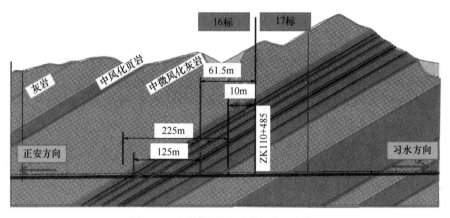

图6.3-3 实际煤层与标段截面位置关系

3)煤层特性

天城坝隧道工程区内含煤地层为二叠系上统龙潭组,由泥岩、砂质泥岩、泥质粉砂岩、细砂岩夹数层薄层灰岩、泥质灰岩、燧石灰岩、煤层及铝质泥岩组成,属海陆过渡带局限海碳酸盐台地潮坪成煤环境。煤系厚度 54.22~70.95m，平均厚度 62.65m，厚度变化不大。含煤 9~13 层，自上而下编号为 C_5、C_6、C_7(含 C_{7-1}、C_{7-2}、C_{7-3})、C_8(含 C_{8-1a}、C_{8-1b}、C_{8-2})、C_{11} 和 C_{12}。含煤总厚 6.28~13.65m，平均厚度 10.40m；含煤系数 10.02%~21.81%，平均厚度 16.81%。可采煤层层数 3~4 层，一般 4 层，编号为 C_6、C_{7-2}、C_{8-1}、C_{8-2}；可采煤层纯煤总厚 4.38~10.67m，平均厚度 7.80m。主要煤层发育于煤系中部，即 B_5 底界至 B_4 底界。

(1) C_5 煤层

C_5 煤层位于煤系地层上部，上距长兴组底界 6.08~12.36m，平均 8.80m，下距 B_5 顶界 5.60~17.11m，平均 8.69m。矿区内施工的 21 个钻孔全部见该层，可见层位稳定。其中有 16 个钻孔的该层变为炭质泥岩，可见该层煤质不稳定；不可采。根据《贵州省正(安)习(水)高速公路天成坝隧道(左洞 ZK110+229.6)超前地质钻探成果报告》，C_5 煤层真厚 0.14m。

(2) C_6 煤层

C_6 煤层位于煤系地层上部，上距长兴底界 17.61~28.06m，一般在 21m 左右，平均 21.90m；下距 C_8 煤层顶板 8.77~23.96m，平均 14.34m。矿区共施工钻孔 21 个，见煤个钻孔 18 个，断层断缺 3 个，无沉积缺失点，该层层位稳定；所有见煤点均可采，故该煤层全区可采。根据《贵州省正(安)习(水)高速公路天成坝隧道(左洞 ZK110+229.6)超前地质钻探成果报告》，C_6 煤层真厚 1.08m。

(3) C_7 煤层

C_7 煤层位于煤系地层中部，处于 C_6 和 C_8 之间。根据钻孔揭露情况，C_7 为复煤层，可分为 3 层，自上而下编号为 C_{7-1}、C_{7-2}、C_{7-3}。现将各分层叙述如下：

① C_{7-1} 煤层

位于 C_{7-2} 之上，相距 C_{7-2} 煤层 0.56~0.90m，平均 0.76m。矿区共施工钻孔 21 个，见该层钻孔 7 个，沉积缺失孔 9 个，断层缺失 5 个，7 个见该层点中仅 2 点为煤层，其余均为炭质泥岩，这两点的厚度分别为 0.12m 和 0.28m，故该煤层不可采。顶底板均为泥岩和砂质泥岩。根据《贵州省正(安)习(水)高速公路天成坝隧道(左洞 ZK110+333.4)超前地质钻探成果报告》，C_{7-1} 煤层真厚 0.12m。

② C_{7-2} 煤层

上距 C_6 底板 1.94~13.66m，平均 6.87m；下距 C_8 顶板 3.33~11.28m，平均 6.53m。该煤层为大部可采煤层。根据《贵州省正(安)习(水)高速公路天成坝隧道(左洞 ZK110+333.4)超前地质钻探成果报告》，C_{7-2} 煤层真厚 0.62m。

③ C_{7-3} 煤层

C_{7-3} 煤层位于 C_{7-2} 煤层之下，局部地点分为 $C_{7-3上}$ 和 $C_{7-3下}$ 两层。矿区共施工钻孔 21 个，见煤孔 16 个，沉积缺失孔 2 个，断层缺失 3 个，该层层位较稳定。含夹矸 0~3 层，通常为 2 层，夹矸岩性为泥岩及炭质泥岩。煤层厚度 0~4.67m，平均厚度 1.44m。煤层有益厚度 0~2.44m，平均厚度 0.83m。顶底板为泥岩和砂质泥岩。根据《贵州省正(安)习(水)高速公路天成坝隧道(左洞 ZK110+333.4)超前地质钻探成果报告》，C_{7-3} 煤层真厚 0.62m。

(4) C_8 煤层

C_8 煤层位于煤系中下部，上距 C_6 底板 3.28~14.66m，平均 7.81m；下距 B_3 顶板 2.67~8.50m，平均 6.11m。矿区共施工钻孔 21 个，见煤个钻孔 19 个，断层断缺 2 个，无沉积缺失点，该层层位稳定。根据钻孔揭露情况，C_8煤层为复煤层，一般含有 2~3 层夹矸，夹矸岩性砂质泥岩~炭质泥岩，将夹矸按自下而上的顺序编号为矸$_1$、矸$_2$ 和矸$_3$。矸$_1$ 岩性为砂质泥岩~泥岩，一般为砂质泥岩，矿区 19 个见煤钻孔均有该层，厚度 0.24~1.79m，平均 1.05m，其中厚度大于 0.70m 的点 16 个，占见煤点总数的 84%。矸$_2$ 岩性为砂质泥岩~泥岩，矿区 19 个见煤钻孔均有该层，岩芯为泥岩和砂质泥岩，厚度 0.24~1.79m，平均 0.71m，其中厚度大于 0.70m 的点 6 个，见煤点总数的 32%。矸$_3$ 岩性为泥岩~炭质泥岩，矿区 21 个见煤钻孔中 8 个孔有该层，一般为砂质泥岩，厚度 0.00~0.96m，平均 0.15m，其中厚度大于 0.70m 的点 1 个，见煤点总数的 12.5%。

根据矸$_1$ 大部分点厚度大于 0.70m、矸$_2$ 小部分点厚度大于 0.70m 和矸$_3$ 仅 1 点（补 2 钻孔）厚度大于 0.70m 的特点，为方便叙述和资源/储量估算，可以矸$_1$ 为界将 C_8 煤层分为 C_{8-1} 和 C_{8-2} 煤层，C_{8-2} 煤层位于矸$_1$ 下部，C_{8-1} 煤层位于矸$_1$ 上部，其中 C_{8-1} 煤层局部可分为 C_{8-1a}、C_{8-1b} 和 C_{8-1c}（即矸$_2$、矸$_3$ 厚度大于 0.70m 时），并包含矸$_1$ 厚度小于 0.70m 时 C_{8-1} 和 C_{8-2} 合为一层的情况。

C_8 煤层总厚度 2.48~8.53m，平均厚度 6.10m，变异系数 25%；有益厚度 2.11~6.20m，平均厚度 4.19m，全区可采，其中厚度大于 3.50m 的占 68%。据可采面积系数、煤层变异系数及可采性指数，属于较稳定型煤层。根据《贵州省正（安）习（水）高速公路天成坝隧道（左洞 ZK110+333.4）超前地质钻探成果报告》，C_8 煤层见 C_{8-1a}、C_{8-1b}、C_{8-2}，C_{8-1a} 煤层真厚 2.49m，C_{8-1b} 煤层真厚 0.31m，C_{8-2} 煤层真厚 11.19m。

（5）C_{11} 煤层

C_{11} 煤层位于煤系底部，上距 B_2 底界 0~4.66m，平均 1.78m，下距 B_1 顶界 2.28~7.16m，平均 4.30m。矿区施工钻孔 21 个均见该层，可见层位稳定。其中 8 个见煤点变为炭质泥岩，占见煤总数的 38%，可见该层煤质变化大。结构简单无夹矸，厚 0.09~0.61m，平均厚度 0.35m，全区不可采。顶底板均为砂质泥岩。

（6）C_{12} 煤层

该煤层位于煤系地层底部，以 B_1 为直接底板，上距 B_2 底界 2.34~7.23m，平均 4.35m。矿区施工钻孔 21 个均见该层，可见层位稳定。所有见该层的钻孔中，有 8 个见煤点变为炭质泥岩，占见煤总数的 38%，可见该层煤质变化大。厚 0.09~0.59m，平均厚度 0.34m，全区不可采。顶板为砂质泥岩，底板为铝质泥岩（B_1）。

主要煤层物理性质见表 6.3-1。

主要煤层物理性质 表 6.3-1

煤层	C_6	C_{7-2}	C_{8-1}	C_{8-2}
可采性	全区可采	局部可采	全区可采	局部可采
颜色	黑色	黑色	黑色	黑色
宏观煤岩类型	半暗型	半暗型	半亮型	半亮型
条痕色	灰黑色	灰黑色	灰黑色	灰黑色

天城坝隧道煤系地层段主要煤层分布情况如图 6.3-4 所示。

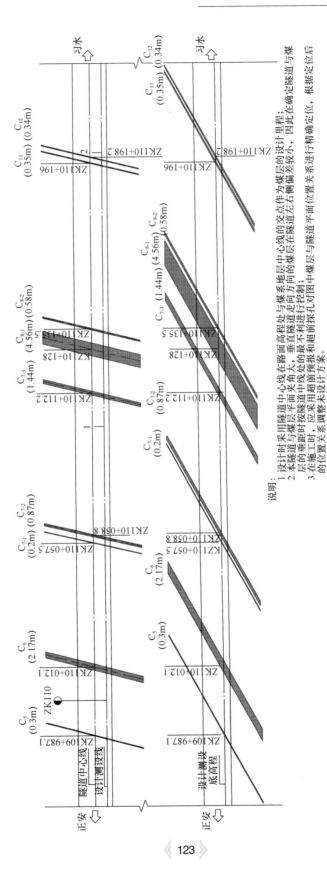

图6.3-4 天城坝隧道煤系地层段主要煤层分布剖面示意图（左线隧道）

6.3.5 隧址区采空区分布

天城坝隧道周边分布有庆口煤矿、利达煤矿、天成煤矿与富邦煤矿,详细情况见图 6.3-5。

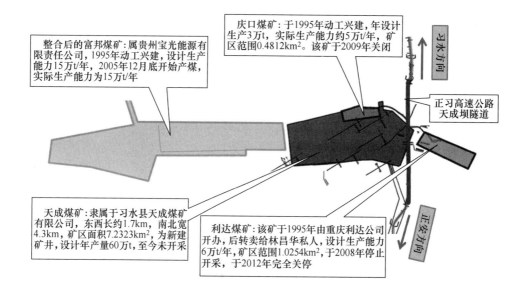

图 6.3-5　天城坝隧道周边煤矿分布情况

天城坝隧道线位西南侧为天城煤矿,东北侧为利达煤矿,平面与天城煤矿一个角重叠,与利达煤矿水平最近距离约290m,右线侵入天城煤矿最大净距约150m。隧道顶地面煤层出露。根据收集的天城煤矿和利达煤矿采空区、地质等资料,利达煤矿采空区距隧道最小净距约380m,天成煤矿仅施工平硐,还未开采,详见图 6.3-6。

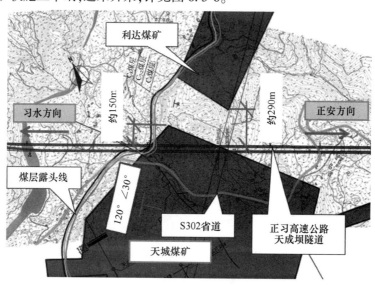

图 6.3-6　利达煤矿和天城煤矿与隧道位置关系

6.4 勘探阶段突出危险性评估

(1) 瓦斯含量

根据矿区内钻孔煤芯瓦斯测试资料分析,主要煤层中瓦斯的主要成分甲烷(CH_4)含量:C_6煤层瓦斯含量7.01~28.15mL/g,平均15.59mL/g,瓦斯可燃值含量为8.33~33.44mL/(g·r),平均33.44mL/(g·r)。C_7煤层瓦斯含量9.54~19.09mL/g,平均13.53mL/g,瓦斯可燃值含量为11.30~22.18mL/(g·r),平均16.46mL/(g·r)。C_8煤层瓦斯含量7.93~37.16mL/g,平均20.30mL/g,瓦斯可燃值含量为0.26~44.66mL/(g·r),平均23.96mL/(g·r)。

根据上述瓦斯含量分析测试结果:区内的主要可采煤层C_6煤层瓦斯含量最高值为28.15mL/g,C_7煤层瓦斯含量最高值19.09mL/g,C_8煤层瓦斯含量最高值37.16mL/g,说明矿区内瓦斯含量较高。

(2) 瓦斯压力

勘探期间在补1、补3、补4、补6号钻孔分别对C_6、C_7、C_8煤层进行瓦斯压力测试,其中C_6煤层的瓦斯压力平均值为3.19MPa,C_7煤层瓦斯压力平均值为1.87MPa,C_8煤层的瓦斯压力平均值为2.46MPa(表6.4-1)。

各煤层瓦斯压力一览表 表6.4-1

钻孔编号	煤层编号	深度(m)	瓦斯压力(MPa)
补4	C_6	415.50~418.00	3.07
补4	C_{7-2}	431.52~432.27	2.11
补1	C_6	686.54~688.98	4.12
补3	C_8	832.13~838.97	2.76
补6	C_6	217.43~221.80	2.39
补6	C_{7-2}	234.65~235.64	1.62
补6	C_8	240.30~248.55	2.15

(3) 煤层瓦斯突出危险性评价

根据采样结果(表6.4-2),C_6煤层的坚固性系数f为0.13~0.7,瓦斯放散初速度ΔP为22.34~31.00,瓦斯压力P为2.38~4.12MPa,C_7煤层的坚固性系数f为0.5,瓦斯放散初速度ΔP为18.2,瓦斯压力P为1.62MPa,C_{8-1}、C_{8-2}(含C_8煤层的坚固性系数f为0.17~1.6,瓦斯放散初速度ΔP为14.13~34.00,瓦斯压力P为2.00~2.76MPa。按《煤与瓦斯突出矿井鉴定规范》(AQ 1024—2006)判定煤与瓦斯突出危险性单项指标临界值(表6.4-3)。C_6、C_8煤层各项指标均达到煤层突出性单项指标临界值,初步预测C_6、C_8煤层具有煤与瓦斯突出危险性,C_7煤层虽然煤的坚固性系数f未达到煤层突出性单项指标临界值,但其他指标均达到煤层突出性单项指标临界值,故C_7煤层也具有煤与瓦斯突出危险性。

瓦斯突出危险性指标测试成果表 表6.4-2

孔 号	煤层编号	煤的破坏类型	瓦斯放散初速度 ΔP	煤的坚固性系数 f	瓦斯压力 P（MPa）
补4	C_{12}				2.11
补3	C_{8-1}	Ⅲ	22.21	0.8	
	C_{8-2}	Ⅲ	16.23	1.0	
	C_{12}	Ⅲ	10.84	1.1	
	C_8	Ⅲ	14.13	1.6	
补1	C_6	Ⅲ	22.34	0.7	4.12
	C_{8-1}	Ⅲ	18.14	0.9	2.76
补6	C_6	Ⅲ	25.50	0.40	2.39
	C_7	Ⅲ	18.2	0.50	1.62
	C_{8-1}	Ⅲ	24.18	0.3	2.15
庆口煤矿	C_6	Ⅲ	31.00	0.13	2.38
KZ202	C_{8-2}	Ⅲ	34.00	0.17	2.00

预测煤层突出危险性单项指标的临界值 表6.4-3

突出煤层危险性	煤的破坏类型	瓦斯放散初速度 ΔP	煤的坚固性系数 f	煤层瓦斯压力 P（MPa）
突出危险	Ⅲ、Ⅳ、Ⅴ	≥10	≤0.50	≥0.74

（4）瓦斯突出判定表

根据相关的地质勘探（简称"地勘"）资料，天城坝隧道煤层内瓦斯突出情况判定见表6.4-4。

勘探阶段天城坝隧道煤层内瓦斯突出情况判定 表6.4-4

煤 层	瓦斯压力（MPa） $P≥0.74$	ΔP ≥10	煤的坚固性系数 $f≤0.50$	煤的破坏类型	突出判别
C_5	—	—	—	Ⅲ类	—
C_6	4.12	31	0.4	Ⅲ类	突出
C_{7-1}	1.62	18.2	0.5	Ⅲ类	突出
C_{7-2}	1.62	18.2	0.5	Ⅲ类	突出
C_{7-3}	1.62	18.2	0.5	Ⅲ类	突出
C_{8-1}	2.76	22.21	0.3	Ⅲ类	突出
C_{8-2}	2.0	34	1.0	Ⅲ类	突出
C_{11}	—	—	—	Ⅲ类	—
C_{12}		10.84	1.1	Ⅲ类	突出

根据煤层相关参数,将天城坝隧道确定为瓦斯突出隧道,隧道的进口为瓦斯突出工区,隧道出口为非瓦斯工区,瓦斯地层段的隧道结构设防等级为Ⅰ级。

6.5 实际揭露高突出危险性

施作超前地质钻孔时,对 C_7、C_8 煤层进行取样并通过实验室测定和计算获得了 C_7、C_8 煤层的瓦斯含量、瓦斯压力、瓦斯放散初速度 ΔP、煤的坚固性系数 f 等,测定结果见表 6.5-1、表 6.5-2。

左线 C_7、C_8 煤层瓦斯参数测定结果　　　　表 6.5-1

煤层	瓦斯含量 (m³/t) $Q \geq 8$	瓦斯压力 (MPa) $Q \geq 0.74$	瓦斯放散初速度 $\Delta P \geq 10$	煤的坚固性系数 $f \leq 0.5$	煤的破坏类型	突出类别
C_{7-2}	15.33	3.43	14	0.4	Ⅳ	突出
C_{7-3}	16.08	3.43	16	0.4	Ⅳ	突出
C_8	20.99	4.58	20	0.5	Ⅳ	突出

右线 C_7、C_8 煤层瓦斯参数测定结果　　　　表 6.5-2

煤层	瓦斯含量 (m³/t) $Q \geq 8$	瓦斯压力 (MPa) $Q \geq 0.74$	瓦斯放散初速度 $\Delta P \geq 10$	煤的坚固性系数 $f \leq 0.5$	煤的破坏类型	突出类别
C_{7-2}	11.87				Ⅳ	突出
C_{7-3}	12.39	3.432	14	0.4	Ⅳ	突出
C_{8-1}	16.72	3.584	20	0.5	Ⅳ	突出
C_{8-2}	18.47	3.584	20	0.5	Ⅳ	突出

天城坝隧道煤层参数对比见表 6.5-3、表 6.5-4。

左幅煤层参数对比　　　　表 6.5-3

煤层	煤层真厚 (m)		瓦斯压力 (MPa)		瓦斯放散初速度 ΔP		煤的坚固性系数 f		含气量 (m³/吨煤)	
	设计	精探	设计	精探	设计	精探	设计	精探	设计	精探
C_5	0.3	0.14	—		—		—			
C_6	2.17	1.08	4.12	2.5	31	11	0.4	0.45	15.74	11.3
C_{7-1}	0.2	0.12	1.62		18.2		0.5			
C_{7-2}	0.87	0.62	1.62	3.43	18.2	14	0.5	0.4	13.82	15.3
C_{7-3}	1.44	0.62	1.62	3.43	18.2	16	0.5	0.5		16
C_{8-1}	4.56	2.49	2.76	4.58	22.2	20	0.3	0.5	18.5	21
C_{8-2}	0.58	11.2	2.0	4.58	34	20	1.0	0.5	14.2	21
C_{11}	0.35		—							
C_{12}	0.34	0.35	—		10.8		1.1			

右幅煤层参数对比　　　　　　　　　　　　　　　　　　表 6.5-4

煤层	煤层真厚（m）		瓦斯压力（MPa）		瓦斯放散初速度 ΔP		煤的坚固性系数 f		含气量（m³/吨煤）	
	设计	精探	设计	精探	设计	精探	设计	精探	设计	精探
C_5	0.3	0.14	—		—		—			
C_6	2.17	1.08	4.12	2.5	31	11	0.4	0.45	15.74	11.3
C_{7-1}	0.2	0.4	1.62		18.2		0.5			11.87
C_{7-2}	0.87	0.63	1.62	3.43	18.2	14	0.5	0.4	13.82	12.39
C_{8-1}	4.56	2.12	2.76	3.58	22.2	20	0.3	0.5	18.5	16.72
C_{8-2}	0.58	4.84~9.1	2.0	3.58	34	20	1.0	0.5	14.2	18.47
C_{11}	0.35		—		—		—			
C_{12}	0.34		—		10.8		1.1			

施工过程中发现钻孔动力现象明显，其中，C_8 煤层钻孔喷孔现象见图 6.5-1。

a）

b）

图 6.5-1　C_8 煤层钻孔喷孔现象

天城坝隧道煤层厚,原始瓦斯含量高、原始瓦斯压力大、瓦斯放散初速度快和坚固性系数低。其中,煤层最大真厚达 11.19m(沿隧道走向厚度达 36m);煤层最大原始瓦斯含量为 20.99m³/t,是突出临界指标 8m³/t 的 2.6 倍;瓦斯压力为 7.4MPa,是突出临界指标 0.74MPa 的 10 倍,见图 6.5-2。天城坝隧道瓦斯压力和瓦斯含量远高于突出临界值,被业内专家称为我国罕见的高压力瓦斯突出隧道,施工风险极高。

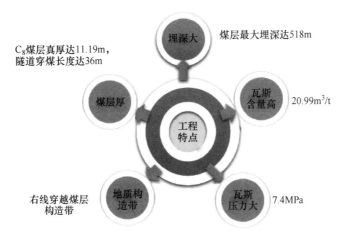

图 6.5-2 天城坝隧道工程特点

第7章 揭煤瓦斯地层段软弱破碎围岩变形控制

揭煤地层为煤系地层,其岩性基本上为沉积岩。煤系地层中,煤层沉积岩顶底板岩体强度普遍偏低,完整性普遍较差,尤其在构造区域,围岩稳定条件受到极大破坏,相当软弱。另外,山岭隧道一般爆破施工掘进,爆破应力波对围岩的损伤将进一步增加岩体的变形破坏程度,使围岩更加破碎。如此软弱破碎围岩将增加隧道煤与瓦斯突出的风险。所以,针对揭煤瓦斯地层段,需要进一步优化爆破技术,采取更加有效的支护手段。

7.1 软弱破碎煤岩大变形机理

煤系地层隧道围岩大变形是一种常见的、危害极大的施工地质灾害,对于山岭隧道软岩大变形地段,进行围岩级别判定对指导隧道安全施工具有极其重要的作用。1981年国际岩石力学学会(ISRM)委托日本力学协会召开"国际软岩学术讨论会"定义软质岩为单轴抗压强度在 0~25MPa 的"软弱、破碎和风化"的岩石。我国在1983年召开的"煤矿矿山压力名词术语"讨论会上提出软岩的定义为强度低、空隙度大、胶结程度差、受构造面切割及风化影响显著或含有大量膨胀性黏土矿物的松、散、软、弱岩层。根据岩体结构力学的观点,岩体是由岩块(结构体)和结构面(节理、裂隙、裂缝等)组成的结构体。姚宝珠[162]根据岩体坚硬程度和完整程度及软岩的影响因素将煤系地层软岩划分为5类,即软弱型软岩、破碎型软岩、高应力型软岩、软弱破碎型软岩、膨胀性软岩。

(1)软弱型软岩巷道(隧道)。软弱型软岩的变形以岩块变形为主,结构面的影响较小。由于软弱型软岩的岩块强度很小,所以这类软岩巷道(隧道)破坏机理以塑性变形和流变变形为主,巷道(隧道)变形的特点是变形持续时间长、变形速度居高不下、变形量大,表现为明显的流变变形特征。软弱型软岩巷道(隧道)破坏形式主要有持续性的挤压流动性底鼓、大变形量的顶板及两帮收敛变形。

(2)破碎型软岩巷道(隧道)。破碎型软岩的变形是由岩块变形和结构面变形两部分组成的。所以这类巷道(隧道)变形以松动塌落变形和流变变形为主。破碎型软岩巷道(隧道)破坏形式主要有顶板冒落、两帮片落鼓折、大变形量的顶板及两帮收敛变形。

(3)高应力型软岩巷道(隧道)。高应力型软岩巷道(隧道)在岩块强度较高时,变形破坏以松动塌落为主,具体形式有冒顶、片帮;在岩块强度较低时,变形破坏以流变变形为主。高地应力地区软岩巷道的主要破坏形式有大变形和岩爆两种。当变形量很大且延续时间很长时就产生持续不断的破坏,以致深入到围岩内部,使围岩塑性区逐渐增大造成硐室大规模坍塌,因此,巷道(隧道)围岩破坏具有明显的时效性。为了防止岩体破坏,支护作用必须控制持续不断的变形和破坏,并维持巷道(隧道)的稳定。

(4)软弱破碎型软岩巷道(隧道)。软弱破碎型软岩兼有软弱型与破碎型软岩变形的特点,变形机理十分复杂,表现强烈的流变变形特性。软弱破碎型软岩巷道(隧道)来压迅猛,表现为持续高速流变变形。

(5)膨胀性软岩巷道(隧道)。泥岩或泥质胶结页岩、砂岩内含蒙脱石、伊利石等膨胀性黏土矿物,在此类地层中修建的巷道(隧道)由于围岩的膨胀变形而产生许多病害。

由于组成岩体的岩块强度和结构面特性不同,不同类型软岩围岩变形规律各不相同,实践中应根据不同软岩类型变形机理与支护原则,见表7.1-1。

不同类型软岩隧道变形机理、支护原则　　　　表 7.1-1

类别	软岩类型	变形机理与特征	支 护 原 则
Ⅰ	软弱型软岩	巷道变形以塑性和流变变形为主,破坏形式主要有持续性的挤压流动性底鼓、大变形量的顶板及两帮收敛变形	高强度支护,适当让压,全封闭支护结构
Ⅱ	破碎型软岩	巷道变形以松动塌落变形和流变变形为主,破坏形式主要有顶板冒落、两帮片落鼓折、大变形量的顶板及两帮收敛变形	加固岩体结构面,提高岩体整体强度;高强支护,适当让压
Ⅲ	高应力型软岩	当岩块强度较高时,变形破坏以松动塌落为主,具体形式有冒顶、片帮,在极高地应力条件下会发生岩爆;当岩块强度较低时,变形破坏以流变变形为主	卸压;支护强度较高
Ⅳ	软弱破碎型软岩	表现出强烈的流变变形特性;软弱破碎型软岩巷道来压迅猛,表现为持续高速流变变形	超高强度支护、加固岩体;全封闭支护结构
Ⅴ	膨胀性软岩	巷道变形以膨胀和流变变形为主,围岩变形量大,持续时间长,极易坍塌	封闭围岩表面;高阻限制—让压;全封闭支护结构

何满潮院士将软岩分为地质软岩和工程软岩。地质软岩多为泥岩、页岩、粉砂岩和泥质矿岩等强度较低的岩石,是天然形成的复杂的地质介质;而在工程应力场作用下能发生显著塑性变形破坏的工程岩体属于工程软岩的范畴,并将工程软岩按产生的显著塑性变形分为膨胀性软岩(也称低强度软岩)、高应力软岩、节理化软岩和复合型软岩。

孙钧院士引入不稳定围岩作为软岩的条件,将软岩定义为在高地应力、地下水和强风化作用下,具有显著渗流、膨胀、或崩解特性的软弱、破碎、风化和节理化围岩,简称不稳定围岩岩体。

7.2　软弱破碎煤岩变形控制基准

为保证隧道围岩的变形在可控范围内和隧道工程的施工安全,建立围岩变形的施工管理基准。在隧道监测险情预报中,应同时考虑净空收敛量和收敛变形速率,并且结合其他的监测数据(包括洞内外观察到的隧道洞身和围岩喷射混凝土以及初期支护的表面状况等多项数据)。

7.2.1 容许变形值

大变形是相对正常变形而言,目前还没有统一的定义和判别标准。各类围岩在正常施工条件下都会产生一定的变形。现行的铁路隧道设计规范、公路隧道设计规范、新奥法指南及衬砌标准设计等都根据多年经验及统计,对各类围岩及各种支护结构制定了不同的预留变形量,以容纳这些正常变形。

卞国忠从围岩变形量上给大变形做了界定,即若围岩变形量超过正常规定的2倍时,可把围岩变形视为大变形,围岩变形量介于正常预留变形量及其2倍之间时,可认为是正常变形至大变形的过渡阶段。

何满潮认为大变形问题有弹性大变形和塑性大变形之分,而软弱围岩的大变形问题可归结为塑性大变形,塑性大变形区别于弹性大变形和小变形的显著标志是前者与过程紧密相关。也有学者指出,大变形是隧道施工过程中,围岩在复杂外部环境作用下,其自承能力的丧失或部分丧失,进而发生塑性破坏的现象。与一般岩体局部破坏(如岩爆、坍塌)的区别在于这种塑性破坏具有显著的持续性和时间效应。

隧道围岩地质条件差,深埋高地应力,构造作用强烈,加上支护措施不当是产生隧道软岩大变形的主要原因。软弱围岩隧道产生的大变形是相对正常变形而言的,判断大变形的标准有预留变形量是否超限、围岩位移相对于洞壁半径是否过大的、围岩强度应力比是否过小等。由于围岩变形量更加直观和现场施工具有更好的操作性,赵勇等学者建议隧道变形控制的总原则是把隧道开挖后围岩变形控制在容许范围之内,即满足式(7.2-1)要求:

$$\mu < \mu_s \tag{7.2-1}$$

式中:μ——隧道开挖后围岩的总变形量;

μ_s——围岩容许变形量,即隧道围岩变形的控制标准。

根据新意法原理,隧道开挖后围岩的总变形量μ,包括掌子面到达前的变形(超前变形,也称为先行位移)μ_f,掌子面通过后量测开始前的变形(初始变形)μ_i,以及量测开始后的变形(量测变形)μ_m,如图7.2-1所示。全变形也就是隧道开挖后在有支护条件下的最大可能的变形值μ。

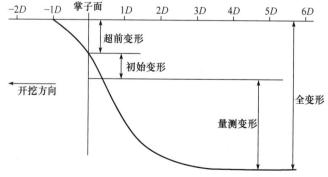

图7.2-1 随掌子面推进围岩变形图
D-隧道直径

由图 7.2-1,围岩的全变形 μ 如式(7.2-2)所示:

$$\mu = \mu_f + \mu_i + \mu_m \tag{7.2-2}$$

式中: μ ——全变形;
$\quad \mu_f$ ——超前变形;
$\quad \mu_i$ ——初始变形;
$\quad \mu_m$ ——量测变形。

因此,隧道变形控制的总原则即为支护设置后须把全变形值控制在容许变形值内。

我国《公路隧道施工技术规范》(JTG/T 3360—2020)对隧道施工过程中对隧道变形的监控量测频率、隧道围岩稳定性判断和二次衬砌支护时机做出具体的规定。隧道监控量测的控制基准规定了隧道变形的允许最大值、变形速率的允许最大值等控制标准,这些控制标准在隧道的监控量测工作中必须严格遵守。结合我国的相关规范和前人的研究成果建立了隧道变形管理控制基准。

对隧道位移数据的控制,见表 7.2-1。

围岩变形管理表　　　　　　　　　　　　　　　　　　　　表 7.2-1

管理等级	位 移 值	管理措施
Ⅲ级	$U < \dfrac{U_0}{3}$	围岩变形趋于稳定,可正常施工
Ⅱ级	$\dfrac{U_0}{3} \leq U < \dfrac{2U_0}{3}$	变形较大,加大监测力度,适时调整支护
Ⅰ级	$U > \dfrac{2U_0}{3}$	变形过大,停工补救,采取应急措施

注: U ——现场监测数据;
$\quad U_0$ ——允许变形值。

隧道洞周相对收敛允许值见表 7.2-2。

隧道洞周相对收敛允许值　　　　　　　　　　　　　　　　表 7.2-2

围岩类别	洞室埋深(m)		
	300~500	50~300	<5
	相对收敛允许值(%)		
Ⅲ级	0.40~1.20	0.20~0.50	0.10~0.30
Ⅱ级	0.80~2.00	0.40~1.20	0.15~0.50
Ⅰ级	1.00~3.00	0.60~1.60	0.20~0.80

注:1.表中数据的物理意义是两测点间的实测变形位移值与两测点间的距离之比,或拱顶变形位移的实测值与隧道的宽度之比。
　2.本表仅适用于埋深小于500m、高跨比 0.8~1.2。不满足该条件时应对表中数据加以修正。
　3.塑性围岩取大值,脆性围岩取小值。

7.2.2 位移变形速率控制

监控量测控制的另一个重要指标是隧道围岩的位移变形速率,如表 7.2-3 所示。

位移变形速率控制　　　　　　　　　表 7.2-3

变形速率(mm/d)	管 理 措 施
v<0.2	围岩变形趋于稳定,可正常施工
0.2<v<1	变形较大,加大监测力度,适时调整方案
v>1	变形过大,停工补救,采取应急措施

7.3 软弱破碎煤岩稳定性判定方法

7.3.1 位移变形速率判定

根据监测位移时态曲线,可进行煤岩稳定性判断:

(1)若 $d^2u/dt^2<0$,则表明现阶段监测断面隧道围岩变形速率不断下降,变形位移趋于稳定,隧道围岩属于基本稳定区。该时期的主要特征是变形加速度小于 0,即变形速率不断下降。施工现场隧道开挖后在洞内测得变形加速度如果始终处于小于 0 的状态,则表明该时期此段隧道围岩是稳定的。

(2)若 $d^2u/dt^2=0$,则表明现阶段监测断面的变形速率保持不变。该阶段大都属于过渡区,主要特征是变形加速度始终等于 0,即变形速率一致保持不变。隧道工程现场监测到这种状况时,表明此处的隧道围岩进入"定常蠕变"状态,即隧道围岩长期缓慢发生变形。此时应当特别关注并予以警告,若变形速率长时间保持不变,没有下降,还应及时采取一定的补救措施以加强支护体系。

(3)若 $d^2u/dt^2>0$,此时隧道监测变形的主要特征是变形加速度始终大于 0,即变形速率不断变大。此时,意味着围岩已经失稳,进入危险状态,施工现场须立即停止施工,及时采取有效的工程抢救措施来进行补充加固,如果发现已无法抢救,应当立即撤离人员,以避免发生更严重的人身伤亡事故。

在对隧道工程开展监控量测的过程中,由于人员操作的误差,仪器精度有限,监控量测工作有时候还会受到其他因素的干扰(包括监测测线布设不准确、温度升降引起的监测数据变化、监测人员读数的不准确等),这些众多的不确定性因素必然会造成监测到的原始数据呈现一定的离散性,因此生成的累计收敛变形曲线必然会出现不规则的上下波动现象,这就导致了原始监测的数据不能够准确反映隧道围岩变形的变化规律。因此,为减少监测数据的偏差,有必要对原始监测数据进行回归分析改造处理,进而获取相对准确的隧道位移变化规律关系式。得到回归分析改造后的位移变形关系式,并生成位移和位移速率随时间变化的趋势曲线图后,可以对隧道围岩的变形速率进行计算,并对隧道变形的最终位移值进行预测,据此可为二次衬砌施作时机提供合理的依据。现阶段隧道工程监控量测的数据处理中,常见的回归函数主要有以下三种:

(1)对数函数:

$$S = A + B\ln(1+n) \quad \lim_{x\to\infty} S = A \qquad (7.3\text{-}1)$$

(2) 指数函数：

$$S = Ae^{-B/n} \quad \lim_{x \to \infty} S = A \tag{7.3-2}$$

(3) 双曲线函数：

$$S = t/(A + Bn) \quad \lim_{x \to \infty} S = \frac{1}{B} \tag{7.3-3}$$

式中：A、B——回归系数；

S——围岩变形量；

n——监测断面距离掌子面的开挖步数。

由于水平收敛和拱顶下沉是围岩变形最重要的两个指标，所以本书只对隧道的洞周收敛变形和拱顶下沉变形的监测数据进行回归处理。通过利用数据分析软件 Origin 分别对拱顶沉降变形数据和洞周收敛变形数据进回归拟合分析，获取拟合表达式及其相关系数。相关系数可以评价回归方程的拟合效果和描述数据的拟合程度，相关系数越大，拟合结果越好，最后选取相关系数最大的作为最终的结果。

7.3.2 松动圈探测判定

1) 松动圈理论

松动圈理论最早是由中国矿业大学的董方庭教授等人在 20 世纪 90 年代提出的。巷道（隧道）开挖引起围岩内部应力的重新分布，破坏了原来的应力平衡状态，并产生集中应力。若围岩集中应力小于下降后的岩石表征强度，则围岩处于弹塑性状态，围岩稳定；反之围岩将发生破坏，这种破坏逐渐向深部扩展，直至达到新的三向应力平衡状态，此时围岩中出现了一个松弛破裂带，把这个由于应力作用产生的松弛破裂带称为围岩松动圈。开挖后的围岩可分为松弛破裂区（松动圈）、塑性区及弹性区，如图 7.3-1 所示。

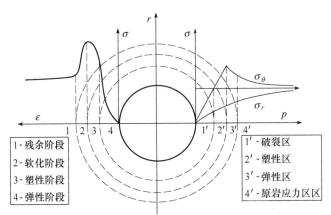

图 7.3-1 围岩的典型物理力学状态
p-地应力；σ-应力；σ_θ-切向应力；σ_r-径向应力；r-半径

松动圈理论在后人的发展和丰富下，已在地下工程领域得到广泛的认可和应用。松动圈理论的主要观点有以下三点：

(1)地下硐室破坏支护结构的荷载大部分是由于围岩松动圈在形成过程中的产生的碎胀力,这种碎胀力对支护结构产生挤压力,使得支护结构发生强度破坏或者因为变形过大而发生失稳破坏。因此,在解决地下硐室支护的设计问题时,应加强对岩石的碎胀变形和碎胀力的定量研究,还需重视岩石破坏以后性质的研究。

(2)松动圈理论认为地下硐室的围岩松动圈越大,则该地下硐室的支护越困难,每个地下工程项目的松动圈的大小由围岩应力与岩体强度相互作用的结果。松动圈大小这个综合指标简单易行,且可靠度高。

(3)地下硐室采取锚喷支护时的支护类型应根据具体松动圈的大小的围岩状态来确定。对于软岩地下硐室,在实践中和理论上都表明锚喷网支护形式是一种较好的支护类型。

隧道在开挖的过程中,受开挖扰动影响,应力发生重分布,必将在隧道周围形成松动圈。对于煤系地层岩体,松动圈范围内的岩体距离硐室表面越近,则岩体破碎程度越大,随着围岩向深处的延伸,岩体破碎程度越来越小。越浅的薄层"松动"越严重,越深的"松动"程度越轻,并逐渐向未松动的围岩慢慢过渡。

2)松动圈测定

隧道围岩松动圈范围(破裂区半径)是评价围岩稳定性的重要依据和开展隧道支护定量设计的基础,围岩松动圈范围可通过理论分析、相似材料模型试验、数值模拟、现场实测及智能预测方法获得。以 Fenner 和 Kastner 弹塑性解答为代表的早期研究,将岩石视为理想弹塑性材料和假定体积应变为零,造成理论结果与实际情况不符。可考虑岩石破裂后的应变软化、体积破裂膨胀特性及渗流等因素,给出更合理的理论解析式。相似材料模型试验可直观地再现矿压显现规律,揭示围岩松动圈形成及演化过程。数值模拟可开展复杂工程与围岩条件下隧道围岩松动圈的发展历程,揭示应力状态、岩性条件、软弱夹层、断面形状与几何参数、支护方式与参数等因素对围岩松动圈的影响规律。也采用智能预测方法(神经网络、粒子群算法、优化支持向量机、人工鱼群算法、免疫算法、灰色系统理论等)在 Matlab、Visual Basic 等平台上开发围岩松动圈智能预测系统,对隧道围岩松动圈范围进行预测。

采用理论分析、相似材料模型试验、数值模拟及智能预测方法等计算或确定隧道围岩松动圈范围时,需要进行一定程度的简化(地应力均匀分布、忽略围岩力学性质的裂化与几何形体的变化)和必要的假设(岩体均匀性、各向同性、小变形等),所模拟的条件难以与隧道工程实际情况完全吻合,导线所得到的结果具有一定的局限性。开展隧道围岩松动圈现场实测,可在理论与试验方面不作任何假设,能得到准确可靠的数据[163]。

围岩松动圈的测试技术多种多样,目前较为常见的地下工程围岩松动圈的测试技术主要包括声波法、电阻率法、钻孔成像法、多点位移计法、地质雷达法及地震波法等。

(1)声波法

因为声波法测试相对容易,探测方法中应用最为广泛的方法就是声波法。声波法测试原理是声波的传播速度与传播介质的密度有关。破碎岩体的密度与完整岩体的密度不同,密度的不同就会导致声波在其两者的内部的传播速度不同。声波法测试正是利用这一特点,通过探测到围岩中不同传播速度的岩体,进而获得破碎岩体与完整岩体的分界线,这条分界线就是围岩松动圈的边界线,见图 7.3-2。声波法探测还细分为单孔和双孔两种探测方法,因单孔测试法的简便性,在地下工程松动圈测试中常用的是单孔测试方法。

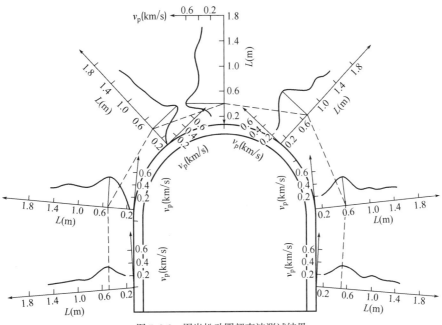

图 7.3-2　围岩松动圈超声波测试结果

声波法探测的优点为,作为经典的探测松动圈方法,经过多年的检验和补充发展,该方法的技术和理论都已十分成熟,且该方法的探测仪器简单、仪器价格低,现场应用广泛。声波法探测的缺点是因为探测过程中需要打孔,所以现场探测的过程耗时、耗力,探测过程会非常不方便。

（2）电阻率法

岩体的电阻率与岩体本身的应变大小有关系,岩体的裂隙发育程度、含水率的多少都会影响岩体的电阻率。通过改变测量时的电极间距,可得到不同深度岩石电阻率的变化,获知围岩不同深度处的松动程度,找到围岩松动圈的边界,见图 7.3-3[164]。

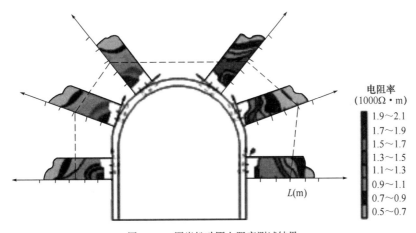

图 7.3-3　围岩松动圈电阻率测试结果

电阻率法测试的好处有成本低、布点方便快捷,可同时布设多组电极进行长时间观测,测量范围广,测量时段长。缺点是该测试技术需要有较高的仪器精度,并且测量过程中对电极的布置要求较高。

(3)钻孔成像法

钻孔成像技术又称为数字全景钻孔成像系统。该技术的关键部分包括全景技术(截头的锥面反射镜)和数字技术(数字视频和数字图像)。全景技术的主要作用表现为全方位钻孔二维扫描,把不同深度的钻孔内壁情况全都表现为图片形式,称之为全景图像;数字技术的突破使得全景图像可进行数字化处理,通过数字的形式来表现钻孔的内部情况,亦可形成钻孔的数字柱状图。钻孔成像技术对围岩内部结构(岩性、岩层分界、围岩破碎情况、围岩内部裂隙的发育等)进行记录,将围岩内部结构直观地展现出来,见图7.3-4[163,165]。

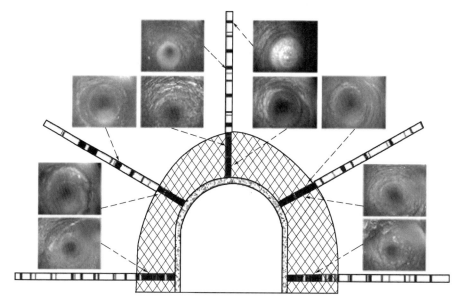

图7.3-4 围岩松动圈钻孔成像测试技术结果

靖洪文等[163]首次将全景数字式钻孔摄像技术应用于矿山巷道围岩松动圈的测试,提出了由圆形度指标来判断围岩松动圈厚度的理论方法,开发了巷道围岩裂缝检测与松动圈判别程序;结合煤矿巷道围岩松动圈超声波测试结果,验证了采用钻孔摄像技术测量巷道围岩松动圈厚度值的合理性及可靠性。

钻孔成像法需要打孔,是该方法的主要弊端。但是钻孔信息能直观观察钻孔信息,且凿岩台车的大范围使用,使该方法得到推广。

(4)多点位移计法

因裂缝产生、扩展、连接贯通,围岩松动部分的变形较未松动围岩的变形量要大,通过在隧道围岩钻孔中不同深度位置处安设内部位移测点,观测隧道围岩内部位移变化趋势,变形速度及变形量突然增大的区域即为松动圈边界。在实际操作中,是将多点位移安装在钻孔不同深度的位置上,通过多点位移计测出不同固定点随时间变化的位移量,通过不同深度点位移量变化来判断围岩松动圈边界。

多点位移计探测方法缺点:需要打孔,且该方法的监测周特别长。

(5)地质雷达法

地质雷达法的探测原理是,地质雷达仪器向围岩内部发射电磁脉冲波,电磁脉冲波在遇到不同的传播介质时,会发生反射现象,所以当电磁脉冲波传播到岩体与水的分界面时,电磁脉冲波会在此发生反射,这一反射波会重新传播到地质雷达仪器上,地质雷达不仅可以发射电磁脉冲波,也可监测到电磁脉冲波的到来。除此之外,地质雷达仪器还有计时的功能,可以记录下电磁脉冲波从发出到返回的时间 t。假设探测围岩中岩体的裂隙埋深为 H,则电磁脉冲波从发射到返回总共走的路程为 $2H$,在知道电磁波在探测岩体中的速度 v 时,即可自动计算出裂隙界面的埋深为 $H=vt/2$。

地质雷达法测试的优点速度快,且对围岩不会产生破坏;缺点是仪器价格高。

(6)地震波法

地震波法的原理与地质雷达的原理大致相同,都是利用已知某种波在岩体介质中的传播速度和在介质中的传播时间,让速度乘以时间便可得到裂隙的埋深。地震波法与地质雷达法不同的是波的形式和发出方式不同。顾名思义,地震波法使用的波的种类为地震波,而地质雷达法使用的波的种类为电磁波。

地震波法最大的特点是一次测试的探测范围大,但由于每次探测工作复杂,所以该探测方法在工程项目中的应用并不广泛。

7.4 软弱破碎煤岩变形控制技术原理

7.4.1 松动圈支护对象

科学的支护方法就是确定合理的支护对象,最大限度利用围岩的自承力和形成自稳结构。围岩控制的核心是确定支护对象并形成支护-围岩相互作用的稳定结构,这是确定合理的支护方式和支护参数的关键,是保持围岩稳定及使用安全的前提。

在长期的地下工程实践中发现,开挖后的隧道、巷道或硐室围岩具有自稳特性,考虑冒落拱内岩石重量的普氏理论(压力拱假说)和考虑极限平衡拱的太沙基理论均认为冒落拱内的岩石重量为支护荷载,支护对象即为松动压力,而忽略了围岩的变形因素。基于弹塑性理论求解的卡斯特纳公式(现代弹塑性支护理论)表明,开挖后围岩塑性区的形成和变形是产生地压的主因(形变压力),支护对象是围岩弹塑性变形和处于弹塑性状态的围岩,经典的弹塑性理论将岩石看作连续均匀、各向同性的介质,仅涉及岩石破坏之前的状态(峰前极限变形量)。对于脆性的岩石而言,极限变形量值较小,相对于岩石峰后的碎胀变形可忽略不计。但地下施工条件与工程特殊性(掘进后要及时出矸,为下一循环掘进做准备,如通风管路的铺设等)的影响,开挖后不可能及时施加支护结构;受支护结构加工工艺与现场安装技术水平[托盘表面的平整度、锚杆(索)预紧力的施加、型钢支架与围岩之间的空隙充填是否密实等]的影响,不可能在支护结构安装完成后就与围岩紧密贴合在一起,即支护结构与围岩之间存在一定的间隙,不可能立即承受荷载。因此,由开挖引起的围岩弹塑性变形不是产生形变压力的本质原因[163]。

隧道或巷道围岩松动圈是在地应力（原岩应力、二次应力）作用下产生的，随时间推移围岩松动圈（破裂带）的范围不断发展扩大，围岩变形继续增大，维持围岩稳定所需要的支护力亦增大，试图通过支护手段阻止围岩松动破坏是不可能的。由于受到支护结构的约束作用或围岩破裂块体的相互啮合作用，松动圈内的破裂围岩仍具有一定的承载力；破裂围岩在集中应力作用下将沿破裂面滑移错动，越靠近隧道（巷道）表面，裂缝扩张越明显，破裂程度越高[166-167]。岩石扩容是其内部微裂隙产生、扩展的结果，但由于没有形成连通的裂隙，没有滑移和错动变形的产生，因此作用不到支护结构之上。只有当破裂围岩产生碎胀变形使得支护结构与围岩紧密贴合后，因应力峰值向围岩深部转移或扰动压力作用下产生的深部围岩弹塑性及扩容变形，才可能对支护结构构成形变压力（图7.4-1）。因此，松动圈支护理论认为，岩石破坏前的弹塑性变形阶段对支护结构起不到任何作用，只有当围岩破坏之后才产生支护问题，破裂围岩的非连续变形和隧道少量深部围岩弹塑性变形构成形变压力（岩石破坏后裂缝与扩张所产生的碎胀变形力），这就从根本上明确了支护的对象问题[168-169]。

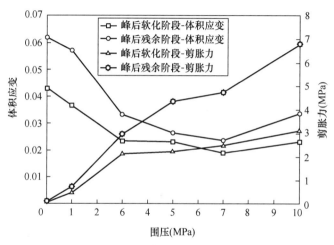

图7.4-1 松动圈支护与围岩共同作用原理

隧道收敛变形由围岩弹性变形、塑性变形、峰前损伤扩容变形、峰后碎胀变形、蠕变及吸水膨胀变形等组成，但岩石峰后碎胀变形多于峰前的极限变形（峰前弹塑性变形与损伤扩容变形之和）。碎胀变形的实质是破裂岩块之间的相对滑动，其值可通过理论与现场实测获得。在相同条件下，围岩松动圈越大，碎胀应变越大，碎胀变形也相应增大。

7.4.2 松动圈支护机理

国内外围岩分类方法从不同侧面反映了影响围岩稳定的因素，但各分类方法的分类指标选取及其权值确定又有所不同。尽管围岩分类工作研究历史悠久，但由于隧道工程与地质条件的复杂性，现在大多数围岩分类方法都存在一些问题，很难准确地界定围岩的类别。影响隧道围岩稳定的主要因素是地应力与围岩体的力学性质（考虑地下水对岩石力学性质的影响），另外软弱夹层的位置和断面形状等因素也会影响围岩松动圈分布形态。因此，科学的围岩分类方法应综合考虑影响围岩稳定的多种因素，同时要考虑到围岩分类的理论基础、分类的准确性和应用的便利性。根据围岩松动圈厚度大小和围岩碎胀变形量的不同,可把开挖后围岩松动圈分为小、中、大3类[163],大松动圈与围岩特性见表7.4-1。

大松动圈与围岩特性表　　　　表7.4-1

围岩类别		分类名称	松动圈 L_p (m)	围岩坚硬性与完整性
大松动圈	Ⅱ	一般不稳定围岩(软岩)	1.5~2.0	块状结构,围岩软弱,开巷后可保持一定的稳定
	Ⅲ	不稳定围岩(较软围岩)	2.0~3.0	块状结构,围岩软弱,围岩自稳性较差
	Ⅳ	较不稳定围岩(较软围岩)	3.0~5.0	块状结构,围岩松散破碎,围岩自稳性较差
	Ⅴ	极不稳定围岩(极软围岩)	≥5.0	破碎软弱,松散结构,围岩几乎没有自稳能力

由于支护结构施加的滞后性、与围岩贴合不密实及支护阻力小(0.1~0.25MPa)等特点,依靠支护结构提供的支护阻力不可能改变围岩破裂状态,亦不能限制围岩不变形。围岩破裂区的形成使围岩稳定性大幅度降低,但围岩破裂并不意味围岩失稳,而是表明围岩处于峰值后应变软化或残余强度的状态,岩石破裂后仍具有承载力,隧道是否失稳则取决于结构受力状态能否平衡。侧压力(围压)越大,围岩残余强度越高,破裂围岩承载力也越大。围岩主要支护对象是围岩破裂膨胀及破裂后块体非连续变形,支护与围岩共同作用表现为采用经济合理的支护形式,提供支护阻力,以有效控制破裂围岩产生的有害变形(图7.4-2)[166]。

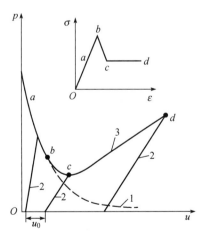

图7.4-2　松动圈支护与围岩共同作用原理
1-围岩压力理论曲线;2-支护阻力特性曲线;3-围岩压力实际曲线

支护结构所提供的支护阻力越高,围岩残余强度越大,围岩变形量则降低。若将支护阻力降低到某一临界值 p_L (保持围岩稳定时支护结构需提供的最小支护力),围岩则产生较大的变形量直至失稳。传统观点把最小支护力点认为是围岩由弹塑性状态进入破裂松动状态的分界点(应力-应变曲线峰前变形量极限点 b);在深度不大且围岩强度较高时存在这种可能,而在深部是不可能存在的,围岩松动圈支护理论认为支护结构的实际工作状态是 c 点。当围岩处在弹塑性状态(应力-应变曲线的峰前阶段)时,由于支护结构与围岩之间存在裂隙闭合阶段 u_0,支护结构不承受荷载。在围岩产生松动变形后(应力-应变曲线的峰后阶段),可使支架与围岩贴合密实,支护结构开始承受荷载。为充分利用围岩的自撑力和降低支护结构承受的形变压力,可适当允许围岩破裂而产生变形以释放形变压力。但允许围岩破裂并不意味着允许围岩无限制地破裂,否则围岩破裂范围过大将导致支护结构承受较大的形变压力而破坏(d 点)。因此,围岩松动圈支护理论将 c 点认为是允许破裂围岩产生变形量的极限值,此时维持围岩稳定所需的支护力最小。围岩破裂范围越大,围岩稳定性越差。在大松动圈围岩变形量大的情况下,支护结构既要维护破裂围岩非连续变形过程中的稳定和整体性,还需以适当的支护阻力来控制破裂膨胀变形的过度发展,避免影响隧道(巷道)正常使用。围岩松动圈是隧道(巷道)产生收敛变形和失稳的原因,松动圈的大小和围岩收敛及支护难易程度是一致的。大松动圈收敛变形大,支护困难;小松动圈收敛变形小,支护容易。因此,可以根据巷道围岩松动圈的大小(分类)选择合理的支护形式和参数。

7.5 瓦斯地层段钻爆法开挖技术

天城坝隧道穿越煤系地层里程左线 ZK109+950~ZK110+320、右线 K109+915~K110+285,在防突效果检验无突出危险后进行洞身开挖作业。

隧道左线 ZK109+950~ZK110+320、右线 K109+915~K110+285 段洞身开挖设计采用环形导坑预留核心土法。根据《公路瓦斯隧道规范》规定,煤系地层宜采用上、下分台阶法开挖。上、下台阶长度根据围岩的稳定性和保证结构安全及通风需要确定,且有利于下部台阶瓦斯排放。该段施工严格按照"管超前、短进尺、弱爆破、强支护"的施工方法组织施工。

7.5.1 施工工法

根据围岩状况,确定上台阶长度 L,台阶法开挖步骤见图 7.5-1。

(1)利用上一循环架立的钢架施作隧道拱部超前支护,开挖①部;施作①部台阶周边的初期支护,即初喷 4cm 厚混凝土,铺设钢筋网,架立钢架,并设锁脚锚杆及定位锚杆;钻设径向锚杆后复喷混凝土至设计厚度。

(2)在滞后于①部一段距离后,分侧开挖②部,铺设钢筋网;接长钢架并设锁脚锚杆及定位锚杆;钻设径向锚杆后复喷混凝土至设计厚度。

(3)在滞后于②部一段距离后,开挖③部;施作隧底喷混凝土。

(4)根据监控量测结果分析,待初期支护收敛后,灌注Ⅳ仰拱衬砌与边墙基础。

(5)灌注仰拱填充Ⅴ部至设计高度。

(6)利用衬砌模板台车一次性灌注Ⅵ部衬砌(拱墙衬砌一次施作)。

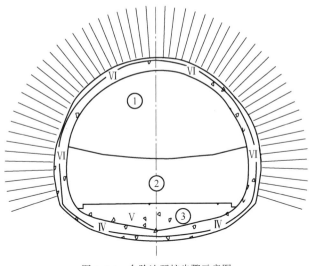

图 7.5-1 台阶法开挖步骤示意图

7.5.2 爆破施工

(1) 测量放线

钻孔前测量放样,准确绘出开挖轮廓线及周边眼、掏槽眼和辅助眼的位置,用激光铅直仪控制边线。距开挖面 50m 处埋设中线桩,每 100m 设置临时水准点。每次测量放线的同时,要对上次爆破断面进行检查,利用隧道开挖断面量测系统对测量数据进行处理,及时调整爆破参数,以达到最佳爆破效果。

(2) 钻孔作业

钻眼前,钻工要熟悉炮眼布置图,严格按钻爆设计实施。特别是周边眼和掏槽眼的位置、间距及数量,未经主管工程师同意不得随意改动。

定人定位,周边眼、掏槽眼由经验丰富的司钻工司钻。准确定位凿岩机钻杆,使钻孔位置误差不大于 5cm,保持钻孔方向平行,严禁相互交错。

周边眼钻孔外插角度控制:眼深 3m 时外插角<3°,眼深 5cm 时外插角<2°,使两茬炮接口处台阶不大于 15cm。

同类炮眼钻孔深度要达到钻爆设计要求,眼底保持在一个铅垂面上。

(3) 周边眼的装药结构

周边眼的装药结构是实现光面爆破的重要条件,严格控制周边眼装药量,采用合理的装药结构,尽量使炸药沿孔深均匀分布。施工时采用不耦合装药结构,不耦合装药系数一般控制在 1.4~2.0。

(4) 装药及起爆

过煤层段(左线 ZK109+950~ZK110+320、右线 K109+915~K110+285)使用煤矿许用炸药和煤矿许用电雷管。煤矿许用炸药的选用遵循下列规定:

高瓦斯区域,使用安全等级不低于三级的煤矿许用炸药。有煤与瓦斯突出危险的工作面,使用安全等级不低于三级的煤矿许用含水炸药。

严禁使用黑火药和冻结或半冻结的硝化甘油类炸药。同一工作面不得使用两种不同品种的炸药。

煤系地层段施工,必须使用煤矿许用瞬发电雷管或煤矿许用毫安延期电雷管。使用煤矿许用毫安延期电雷管时,最后一段的延期时间不得超过 130ms。不同厂家生产的或不同品种的电雷管,不得掺混使用。不得使用导爆管或通导爆索,严禁使用火雷管。

(5)爆破作业管理控制

按"一标准、两要求、三控制、四保证"的原则进行光面爆破施工。

"一标准"即一个控制标准。

"两要求"即钻眼作业要求和装药连线作业要求。

"三控制"即控制钻眼角度、深度、密度,控制装药量和装药结构,控制测量放线精度。

"四保证"即搞好思想保证,端正态度,纠正"宁超勿欠"等错误思想;搞好技术保证,及时根据爆破实际情况调整钻爆设计参数;搞好施工保证,落实岗位责任制,组织质量控制小组(QC 小组)活动,严格工序自检、互检、交接检;搞好经济保证,落实经济责任制。

装药前,所有炮眼全部用高压风吹洗;严格按爆破设计的装药结构和药量施工。

严格按设计的连接网路实施,控制导爆索连接方向和连接点牢固性。

(6)松动爆破

松动爆破是在掘进掌子面向含气层深部的应力集中带内,布置几个长炮眼进行爆破。其目的在于利用炸药的能量破坏岩体前方的应力集中带,使其移向含气层深处,以便在掌子面前方形成较长的卸压带,从而预防突出的发生。

松动爆破一般在掌子面布置 10~20 个钻孔,孔深 20~50m,每孔装药 1~5kg,孔底超前掘进掌子面不小于 15m。爆破后在钻孔周围形成破碎圈和松动圈。破碎圈直径 100~150mm,圈内岩体呈碎屑状,已失去承载地压能力,是排放瓦斯的通道。松动圈的直径不小于 0.8m,松动圈内,岩呈半破碎状,这有助于消除岩层的软硬不均并形成瓦斯排放通道,对防止突出的发生也是有利的。

(7)爆破后检查

在爆破 15min 后瓦检员首先检查通风情况,确认通风正常后下进入洞内检查瓦斯浓度,若瓦斯浓度超标则,则进一步加强通风直至瓦斯检测浓度符合作业要求;在掌子面 20m 范围内喷水除尘;专职安全人员检查掌子面及开挖面情况,清除危石,确认安全后,由专职爆破工检查爆破情况,检查无误后方可开始出渣作业。遇到成组拒爆情况,可重新连线,检查后进行二次起爆;遇有瞎炮、残炮等情况,不可贸然处理,应仔细分析原因,采用重新连线或重新换装雷管进行起爆。

7.5.3 开挖作业规定

爆破开挖作业遵循以下规定:

(1)开挖工作面附近 20m 风流中瓦斯浓度必须小于 1%,钻爆采用 YT-28 风动凿岩机或煤电钻钻孔(采用湿式钻孔),炮眼深度不小于 0.6m。

(2)爆破地点 20m 内,风流中的瓦斯浓度必须小于 1%。

(3)爆破地点20m内,矿车、碎石、煤渣等物体阻塞开挖断面不得大于1/3。

(4)通风应风量足,风向稳,局部通风机无循环风。

(5)炮眼内煤、岩粉应清除干净;炮眼封泥不足或不严不得进行爆破。

(6)爆破采用煤矿许用炸药,有突出地段采用安全等级不低于三级的煤矿许可的含水炸药,使用延期时间不大于130ms的煤矿许用毫秒电雷管起爆,炮眼采用正向连续装药结构,爆破网路采用串联连接方式,使用防爆型起爆器作为起爆电源,且一个开挖工作面不得同时使用两台及以上起爆器起爆。

7.6 瓦斯地层段软弱破碎煤岩支护与施工作业

天城坝隧道揭煤过程围岩地质条件差,极易发生安全事故。本节以进口左线 C_7、C_8 煤层揭煤支护为案例开展研究分析。

7.6.1 超前支护

根据超前地质预报的结果,选用小导管超前支护,以增强煤层和围岩的稳定性,避免高冒诱发煤与瓦斯突出。

(1)超前大管棚

经隧道超前地质预报综合分析,煤系地层围岩及煤层稳定性差时,选用超前大管棚作为煤系地层揭煤施工的超前支护措施。

所有钻孔施作完毕排放至少15d且经检测排放钻孔瓦斯涌出不明显后,施作 ϕ108mm 大管棚(金属骨架的一部分),导管采用 ϕ108mm 热轧无缝管,壁厚6mm,导管周壁钻注浆孔,孔径10~16mm,孔纵向间距15~20cm,呈梅花形布置,尾部留不小于150cm的不钻孔的止浆段。拱部环向间距0.3m,边墙环向间距0.6m,钻孔穿透煤层进入顶(底)板岩层0.5m;当不能穿透时,进入煤层的长度不小于15m。管棚内插入钢筋笼,钢筋笼由3根 ϕ12mm 钢筋组成,呈正三角布置,每米设置钢筋箍。对管棚注砂浆,以注满为原则。

(2)超前小导管

经隧道超前地质预报综合分析,煤系地层围岩及煤层稳定性较好时,选用超前小导管作为煤系地层揭煤施工的超前支护措施。

超前小导管注浆预支护,采用 ϕ42mm 钢管制作,小导管长4.5~6.0m,搭接长度不小于1.5m,环向间距30cm并与大管棚交错布置,倾角5°~8°(不包括路线纵坡),在掌子面架设拱架时施作。

现场加工小钢管,喷射混凝土封闭岩面,风动凿岩机钻孔,并用钻孔台车或风动凿岩机的顶推力将小导管推送入孔,测斜仪控制钻孔角度,注浆泵压注水泥浆。超前小导管以紧靠开挖面的钢架为支点,小导管尾段与钢架焊联,打入钢管后注浆,形成管棚支护环。水泥浆水灰比为0.5~1.0,浆液由稀到浓逐级变换,即先注稀浆,然后逐级变浓至1.0为止。位于土层时,小导管压注水泥浆,压力不小于2MPa,其余地段压注水泥砂浆,压力不小于1MPa。

隧道穿煤段超前小导管布置如图7.6-1所示。

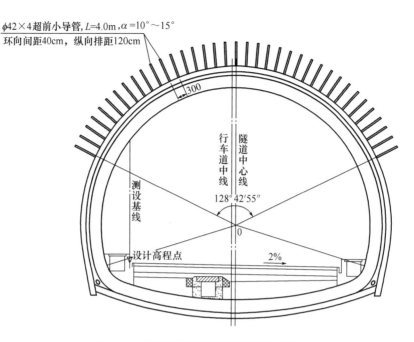

图7.6-1 隧道穿煤段超前小导管布置示意图

7.6.2 初期支护

1) 中空注浆锚杆

(1) 严格按照设计要求选择专业厂家订购中空注浆锚杆，并进行相关试验，确保锚杆体的抗拉拔力满足设计要求。

注浆浆液采用水泥浆，施工准备阶段主要完成有关水泥相关试验和水质化验，进行浆液配合比设计及相关试验。

(2) 测量放样。

锚杆孔开孔前做好量测工作，按设计要求布孔并做好标记，开孔偏差不大于10cm；锚杆孔的孔轴方向满足施工图纸要求，图纸未规定时垂直于开挖面，局部加固锚杆的孔轴方向与可能滑动面的倾向相反，交角大于45°。

(3) 锚杆钻机就位。

(4) 成孔。

采用锚杆钻机钻孔，测斜仪控制孔身倾斜角度，利用短杆冲孔，然后接长钻杆钻孔到设计长度，严格控制锚孔位置、方向、直径，锚孔钻完后用高压风清孔。清孔完成后检查锚孔是否平直畅通，不合格的孔位重新钻孔。

(5) 锚杆杆体安装。

组装中空注浆锚杆杆体，安装可测长锚头、长度检测管。人工辅助锚杆钻机安装，锚杆边旋转边送入锚孔。

隧道拱部采用带防憋气连接套的中空注浆锚杆,锚杆组装时,同时安装防憋气联结套、排气管。

杆体安装完成后,安装止浆塞、垫板、球形螺母,利用中空锚杆扳手拧紧。安装锚杆垫板时确保垫板与锚杆垂直,并与初喷混凝土面密贴紧压。

锚杆安装后,不得随意敲击,3d内不得悬挂重物。

(6)注浆。

注浆通过锚杆杆体预留通道接孔口利用专用高压注浆泵注浆。隧道拱部利用排气管排气;隧道墙部自然排气,确保锚杆孔内注浆饱满。

注浆浆液配合比设计:注浆采用水泥浆,水灰比0.4∶1~0.5∶1。

浆液扩散半径 r 的确定:根据已有资料进行工程类比及现场渣体注浆试验情况选定注浆压力范围,确定浆液扩散半径 r 的大小。

注浆孔距 D 与排距 L 的计算:$L=D\sin60°$,$D=2r\cos30°$。

单孔注浆量:

$$Q_{注} = \pi r 2 h \eta \beta \qquad (7.6\text{-}1)$$

式中:r——浆液扩散半径,m;

h——压浆段有效长度,m;

η——岩石裂隙率;

β——浆液在裂隙内的有效充填系数。

洞内注浆结束的标准:注浆压力控制在设计规定范围内。

(7)锚杆检测。

锚杆长度测量采用在锚杆杆体中预留通道,在注浆完毕后用机械法测量已锚固注浆锚杆的长度。每段工程取代表性段落对锚杆进行抗拔试验,锚杆抗拔力大于100kN/根,通过试验修正施工参数,指导大面积施工。

锚杆抗拔力采用锚杆拉拔器按规范标准分批进行检测。

2)钢架

(1)钢架加工要点

本工程有钢支撑类型格栅钢架、型钢钢架。

①钢架应分节段制作,每节段长度应根据设计尺寸及开挖方法确定,不宜大于4m。每片节段应编号,注明安装位置。型钢钢架宜采用冷弯法制作成型。钢架节段可采用工厂化加工制作方案,亦可在现场加工制作。现场加工的格栅钢架应按1∶1胎模控制尺寸,所有钢筋节点必须采用焊接,焊接长度应不小于40mm,对称焊。

②拱架接头钢板厚度及螺栓规格必须符合设计要求;接头钢板螺栓孔必须采用机械钻孔,孔口采用砂轮机清除毛刺和钢渣,要求每榀之间可以互换,禁止采用气割冲孔。

③钢架加工尺寸应符合设计要求,其形状应与开挖断面相适应。

④对加工成型后的格栅和型钢进行详细标识,分类堆放,做好防锈蚀工作后待用。

⑤型钢钢架加工:型钢对焊严格按规范要求进行。

(2)钢架安装要点

①钢架安装前应检查开挖断面轮廓、中线及高程。

②钢架安装应确保两侧拱脚必须放在牢固的基础上。安装前应将底脚处的虚渣及其他杂物清除干净;脚底超挖、拱脚高程不足时,应用喷射混凝土填充;拱脚高度应低于上半断面底线 15~20cm,当拱脚处围岩承载力不够时,应向围岩方向加设钢垫板、垫梁或浇筑强度不低于 C20 的混凝土以加大拱脚接触面积。

③钢架应分节段安装,节段与节段之间按要求连接。连接钢板平面与钢架轴线垂直。

④相邻两榀钢架之间必须用纵向钢筋连接,连接钢筋直径不应小于 18cm。

⑤钢架立起后,根据中线、水平将其校正到正确位置,然后用定位筋固定,并用纵向连接筋将其和相邻钢架连接牢靠。钢架安装时应垂直于隧道中线,竖向不倾斜,平面不错位,不扭曲。上、下、左、右允许偏差±50mm,钢架倾斜度应小于 2°。

⑥钢架在初喷混凝土后安装,应尽可能与围岩或初喷面密贴,有间隙时应采用混凝土垫块楔紧,严禁采用片石回填。

⑦钢架应严格按设计架设,间距必须符合设计要求,拱架安装位置采用红油漆进行标注,并编写号码。

⑧钢架安装就位后,钢架与围岩之间的间隙应用喷射混凝土充填密实,并使钢架与喷射混凝土形成整体。

喷射混凝土应由两侧拱脚向上对称喷射,并将钢架覆盖,临空一侧的喷射混凝土保护层厚度应不小于 20mm。

⑨钢架应经常检查,如发现破裂、倾斜、弯扭、变形、接头松脱以及填塞漏空等异常情况,必须立即加固。

⑩钢架的抽换、拆除,应本着"先顶后拆"的原则进行,防止围岩松动坍塌。

隧道穿煤段工字钢组合安装见图 7.6-2。

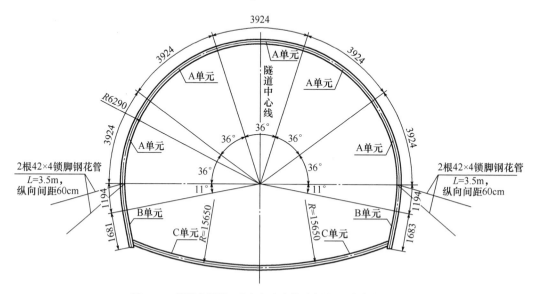

图 7.6-2 隧道穿煤段工字钢组合安装示意图(尺寸单位:mm)

3)喷射混凝土

喷射混凝土前按照规范和标准对开挖断面进行检验,采用湿喷工艺。施工机械采用混凝土湿喷机。选用普通硅酸盐水泥,细度模数大于2.5的硬质洁净砂,粒径5~12mm连续级配碎(卵)石,化验合格的拌和用水。喷射混凝土严格按设计配合比进行拌和,搅拌的均匀性每班检查不少于两次。

喷射前认真检查隧道断面,对欠挖部分及所有开裂、破碎、出水点、崩解的破损岩石进行清理和处理,清除浮石和墙角虚渣,并用高压水或风冲洗岩面。

喷头距岩面距离为0.6~1.2m,喷头垂直受喷面,喷初期支护钢架、钢筋网时,将喷头稍加偏斜。喷射路线应先边墙后拱部,分区、分段"S"形运动,喷头做连续不断的圆周运动,后一圈压前一圈1/3,螺旋状喷射。

喷射混凝土作业采取分段、分块、先墙后拱、自下而上的顺序进行。喷嘴做反复缓慢的螺旋形运动,螺旋直径为20~30cm,以保证混凝土喷射密实。同时掌握风压、水压及喷射距离,减少回弹量。

隧道喷射混凝土厚度>5cm时分两层作业,第二次喷射混凝土如在第一层混凝土终凝1h后进行,需冲洗第一层混凝土面。初次喷射先找平岩面。

喷射混凝土终凝2h后,进行喷水养护,养护时间不少于7d。

喷射混凝土开挖时,下次爆破距喷射混凝土完成时间的间隔不得小于4h。

7.6.3 水气排放系统

瓦斯等有害气体的排放途径:全封衬砌段两侧边墙 ϕ150mm 不透水纵向盲沟→ϕ150 镀锌钢管→3号横通道水气分离室→右(左)洞内的 ϕ200mm 镀锌钢管→瓦斯抽排真空泵→瓦斯排放管排入大气。即在隧道穿越煤系地层段时,采用全封衬砌,瓦斯隔离板背后间距10m设置环向 ϕ80mm 盲管,洞身全封衬砌段两侧边墙分别设置两根 ϕ150mm 纵向不透水盲管,经 ϕ150mm 镀锌钢管引入3号横通道中的水气分离室,经水气分离后,分离出来的瓦斯等有害气体经埋设于左洞内的 ϕ200mm 镀锌钢管引至右洞内排放。由于进口右洞为3.0‰的下坡,水气分离室至右洞洞口有约6m的高差。瓦斯气体比空气轻,而水气分离装置不具备增压功能,为确保瓦斯气体顺利排出,设于洞中的 ϕ200mm 镀锌钢管,在埋设时需由墙底逐渐升高过渡至洞内顶部,并在钢管末端设置瓦斯抽排真空泵。

7.6.4 仰拱及底板施工

采用仰拱先行的施工方法,并且采用全幅浇筑的方法一次完成浇筑仰拱,严禁半幅施工,以起到早闭合,防塌方的作用,并能够营造良好的施工环境。为保证整体工期要求,减少仰拱铺底对施工进度的影响,降低施工干扰,开挖和浇筑混凝土时利用仰拱栈桥,来保证运渣车辆和其他车辆的通行。

施作仰拱混凝土时必须将基底清理干净,并且注意及时排水,支立仰拱模板,排干积水,绑扎钢筋,保护层采用混凝土垫块,经监理工程师验收合格后浇筑混凝土。混凝土在拌和站集中拌制,混凝土运输车运入,泵送入模,振捣器振捣密实。

填充必须在仰拱混凝土达到强度后进行,支立侧模,一次浇筑到位。

7.6.5　洞身防、排水施工

1）防、排水施工原则

施工过程严格遵循"综合预报,先探后掘;排堵结合,综合治理;全程跟踪,突出重点;预案在先,规避风险;试验先行,快速决策;安全第一,确保进度"的原则。

根据隧道防排水设计,地下水排放不影响生态环境时,采用"防、排、截、堵结合,因地制宜,综合治理"的原则进行施工处置;对于地下水发育的地段,当采用以排为主而影响生态环境时,根据实际情况采用帷幕注浆堵水的手段,以达到降低围岩渗透系数、控制地下水流失的目的。

2）防、排水材料主要技术指标

防排水材料性能指标应满足《铁路隧道防水材料暂行技术条件》相关要求。

(1) 防水板:乙烯-醋酸乙烯酯共聚物(EVA)板,厚度1.5mm。

(2) 土工布:质量≥350g/m²。

(3) 施工缝用中埋式橡胶止水带:宽度不小于300mm,硬度(邵氏A度)为60±5;拉伸强度≥12MPa,拉断伸长率≥450%;压缩永久变形在70℃×24h时≤30%,在23℃×168h时≤20%;撕裂强度≥25kN/m;脆性温度≤-45℃。

(4) 变形缝用中埋式橡胶止水带:宽度不小于300mm,硬度(邵氏A度)为60±5;拉伸强度≥12MPa,拉断伸长率≥450%;压缩永久变形在70℃×24h时≤30%,在23℃×168h时≤20%;撕裂强度≥25kN/m;脆性温度≤-45℃。

(5) 环、竖向排水管:ϕ100mm半圆排水管。纵向排水管:ϕ100mmPE(聚乙烯)双壁打孔波纹管(外裹无纺布)。横向排水管:ϕ100mm双壁波纹管。

(6) 混凝土界面剂:剪切黏结强度(7d)≥1.0MPa,剪切黏结强度(14d)≥1.5MPa;拉伸黏结强度(未处理,7d)≥0.4MPa,拉伸黏结强度(未处理,14d)≥0.6MPa。

(7) 瓦斯隔离板:防水板+闭孔PE(聚乙烯)泡沫垫层(厚度≥4mm)。

3）隧道防水施工

本隧道遵循"防、排、陡、截结合,因地制宜、综合治理"的原则,争取隧道建成后达到洞内基本干燥的要求,保证结构和设备的正常使用和行车安全。

(1) 纵向排水

全隧道衬砌两侧边墙脚内均沿纵向设置ϕ100mmPE双壁打孔波纹管。

(2) 环向排水

①环向排水管采用ϕ100mm半圆排水管,全隧道除明洞段其余地段均设置,安设在防水层和初期支护之间;

②排水管与预埋在边墙脚内的ϕ100mmPE纵向双壁打孔波纹管用三通连接。

(3) 横向排水

①全隧道设置横向ϕ100mmPE双壁波纹管,将纵向排水管与路基侧向盲沟连通。纵、横向排水管采用三通连接;对于超高段,应确保ϕ100mmPE双壁波纹管至电缆沟或消防沟沟底距离≥5cm。

②路面水通过两侧边水沟流出洞外。

③路面基层渗水通过设置横向 φ100mmPE 双壁波纹管汇入侧向盲沟。

(4)集中排水

Ω 形弹簧排水管:原则上在岩壁和喷混凝土表面渗漏水较集中处铺设,其中 V 级围岩地段设置间距为 5m。施工中根据实际渗漏水情况做适当调整。

防水系统:初期支护和二次衬砌之间,除仰拱外,均满铺 1.5mm 厚 EVA 防水卷材+350g/m² 无纺布;二次衬砌采用 C30 混凝土,抗渗等级不得低于 S8。

(5)防水板施工

施工顺序:洞外和洞内准备→施作暗钉和吊带→防水层与吊带系小块防水板焊接→相邻两幅防水板接缝焊接→质量检查和补焊。防水板铺设施工见图 7.6-3。

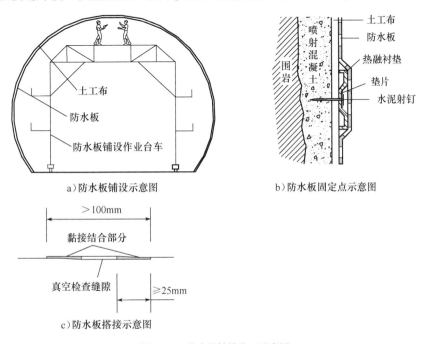

图 7.6-3 防水板铺设施工示意图

注:1.防水板在初期支护基本稳定后进行。
  2.防水板铺设前,对凹凸不平部位修凿补喷。
  3.土工布用射钉固定,加设热熔垫片,防水板焊接在热熔垫片上,搭接处用自动爬行双焊缝机焊接,两幅搭接宽度不小于 10cm。
  4.铺设防水板作业先检查纵环横向排水管安设合格后进行。
  5.防水材料的质量必须满足设计及规范要求。

①施工方法:基面处理主要是检查开挖断面,对显著凹凸支护表面应分层喷混凝土找平,使凹凸处矢跨比小于 1/6,处理处露锚杆及钢管等尖锐物,欠挖处理。然后进行无纺布铺设及塑料垫片固定。先将土工布铺设在初期支护喷射混凝土表面上,再用电锤凿孔下塑料胀管,同时设置与防水板同材质的塑料垫片,将两者用平头木螺钉一并紧固,使土工布和垫片牢靠固定在喷射混凝土上,垫片把无纺布用衬垫固定在洞壁上,衬垫采用射钉枪钉上水泥钉锚固,衬垫拱顶 3~4 个/m²,边墙 2~3 个/m²,在凹凸处适当增加固定点。待土工布及塑料垫片铺设好

后,将防水板采用专用熔接器热熔黏结在衬垫上进行铺设固定。防水板两幅之间环向接缝和边墙与拱部间纵向水平缝采用双缝自动爬行焊机焊接,搭接宽度不小于10cm。焊好后,用针头插入两缝中间空隙充气检查,检测要求为在充气压力0.25MPa、15min内气压下降值小于10%,有问题时,应进行查漏和修补。

②防水层施工措施。

a.防水层所用材料应符合图纸的要求,使用前应将防水板表面清理干净。

b.防水层应在二次衬砌灌注前进行,施作地段应在爆破的安全距离以外,铺设表面应保证圆顺。

c.接缝处喷面平整,确保平整压贴粘接,否则采用背后垫木板等临时设施保持平整。两防水板搭接宽度不小于100mm,焊缝宽度不小于25mm,双焊缝质量合格。

d.焊接钢筋和设临时挡板等时,应注意采取保护措施(采用木板或石棉瓦作防护板),以防电火花烧伤或操作损伤防水层。

e.防水板松弛率:环向松弛率取10%,纵向松弛率取6%。在施工中根据初期支护表面平整度适当调整。

防水板施工流程如图7.6-4所示。

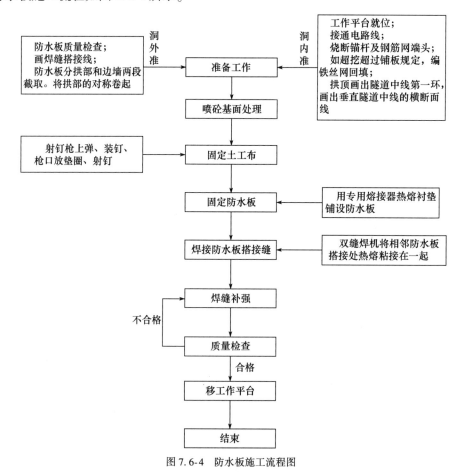

图7.6-4 防水板施工流程图

（6）施工缝、沉降缝的防水处理及技术措施

沉降缝在衬砌形式变化处或者连续过长的Ⅳ、Ⅴ级围岩中按照100m间距设置，施工缝根据二次衬砌台车长度设置。在设有沉降缝的位置，施工缝宜调整到同一位置。

①防水材料

沉降缝采用中埋式橡胶止水带，施工缝采用带注浆管遇水膨胀止水条。防水材料材质、性能、规格必须符合设计要求，且无裂纹和气泡，搭接必须平整，粘贴牢固，保证止水带安装平直。对于环向或竖向施工缝端头模板必须牢固可靠，不得跑模；先浇筑混凝土基面必须充分凿毛、排除杂物、清洗干净。

②中埋式止水带施工

a. 采用预埋法施工，止水带使用前严格检查，确认无损坏和孔眼等，方可使用。

b. 沿衬砌方向轴线间隔1m，在挡头板上钻一$\phi 12$钢筋孔，将加工成型的$\phi 10$钢筋（63cm长）卡由待模筑混凝土一侧向另一侧传入内侧卡紧止水带一半，另一半止水带固结在挡头板上，同时安设沥青木丝板和泡沫板。

c. 浇筑二次衬砌混凝土，待混凝土凝固后拆除挡头板，将止水带靠中心钢筋拉直，然后弯曲$\phi 10$钢筋卡套上止水带，模筑下一环混凝土。

d. 凿除泡沫板，填石棉沥青麻丝，局部孔隙压入双组分聚硫防水密封胶。

e. 止水带的连接采用粘接。粘接采用特种黏结胶，搭接长度不小于20cm。粘接时，首先用刀将止水带凸出的部分割掉，然后用锉将待粘接的两块橡胶带的黏结面母体锉出新鲜面，将新鲜面清除干净后，均匀涂抹胶液，待风干后，对两块止水带进行粘接。粘接后橡胶槌捶打，使粘接部分尽可能全面接触，最大程度减少空隙，然后用专业夹具将搭接部分夹紧，等到胶凝结固化后，取开夹具，进行下道工序施工。

③膨胀止水条施工

a. 在混凝土终凝前，从施工缝界面的端头，将钢钉倒插预埋在混凝土施工缝界面上的中间位置，拉线定位，确保预埋钢钉的位置居中。

b. 安装止水条时，混凝土界面保持平整、干燥，安装前清除界面浮渣、尘土等一切杂物。止水条铺设中，沿预埋钉埋设路径将止水条缓缓展开进行铺设，并利用止水条自身黏性粘铺在混凝土界面上，遇预埋钉处进行敲打、固定。

c. 止水条的连接方式：先将需对接的两根止水条端部的注浆管部分切削去3~5cm，然后将配置的小三通直接端头分别插入连接的两根止水条的注浆孔内，小三通上横向端头则出入备用注浆管。带注浆管止水条端头已削去部分注浆管，止水条应上下重叠，用力按45°从上向下切穿，丢掉多余部分，用手压平，使止水条粘贴紧密。必须将所连接的止水条中的注浆连接件固定黏结，保证所安装的止水条和注浆管完全畅通，安装在三通上备用导浆管，应放入内墙方向内。为了保证止水效果，尽量根据每环使用长度，在工厂提前加工成型，减少现场搭接。

d. 注浆管的末端应引出电缆沟壁，以便在二次衬砌浇筑后进行注浆堵漏。

止水带安装示意如图7.6-5所示。

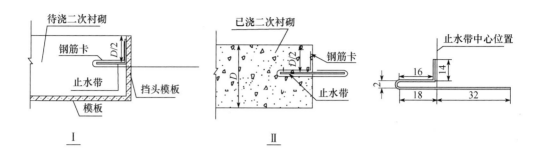

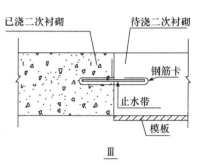

说明:
止水带安装施工顺序：Ⅰ-未浇筑混凝土前关挡头板固定好止水带;
Ⅱ-浇筑一边混凝土脱模后将止水带展开并再次固定;Ⅲ-浇灌另一边混凝土。

操作步骤:
1. 沿二次衬砌设计轴线环向0.5m在挡板上钻一φ12孔。
2. 将加工好的φ10钢筋卡由待模筑混凝土一侧向另一侧穿入，内侧卡紧止水带一半，另一侧止水带平贴在挡头板上(止水带长度为35cm)。
3. 止水带的接头，搭接宽度不小于10cm，焊接的缝宽不小于5cm。

图 7.6-5 止水带安装示意图(尺寸单位:cm)

7.6.6 二次衬砌

水气排放系统完成后全环设置瓦斯隔离板，所在范围内一切辅助硐室，均设置全环瓦斯隔离板，瓦斯隔离板采用防水板+闭孔 PE 泡沫垫层(厚度≥4mm)。瓦斯隔离板接缝应与隧道"三缝"错开。二次衬砌采用气密性混凝土，集中混凝土搅拌站生产;防爆混凝土罐车运输混凝土;利用全液压衬砌模板台车、防爆混凝土输送泵浇筑;拆模后衬砌内表面骑缝涂刷专用材料，确保瓦斯封闭效果。

(1)衬砌施工

混凝土由洞口的自动计量混凝土拌和站集中供应，混凝土搅拌运输车运料，混凝土输送泵泵送入模。仰拱采用仰拱栈桥以抗干扰作业，实现仰拱超前。

采用仰拱(底板)先行、整体式液压钢模衬砌台车衬砌，每节长度12m。

根据设计，隧道衬砌根据喷锚构筑法原理在初期支护完成后适时进行。二次模筑衬砌时间在围岩量测净空变化速率小于0.2mm/d、变形量已达到预计总量的80%以上，且变形速率有明显减缓趋势时进行。

混凝土采用水平分层、对称浇筑，控制灌注混凝土的速度和单侧灌注高度，单侧一次连续浇筑高度不超过1m。输送软管管口至浇筑面垂直距离混凝土的自落高度控制在1.5m以内，以防止混凝土离析。超过时采用串筒或滑槽。混凝土浇筑必须连续，相邻两层浇筑时间间隔控制在规范允许范围之内，因施工需要留设施工缝，必须征得设计同意，并得到监理工程师认可。

捣固采用分层捣固,选用的振捣器,其频率、振幅、振动速度等参数视混凝土的坍落度及集料粒径而定;振捣棒不得碰撞模板、钢筋和预埋件。灌注施工采用全断面一次灌注成型。当混凝土灌至墙拱交界处时,间歇约 1h,以便于边墙混凝土沉实。拱圈封顶时,随拱圈灌注及时捣实。

衬砌为钢筋混凝土衬砌时,钢筋在加工棚内制作,人工在钢筋台架上完成安装钢筋工作。安装钢筋时,钢筋位置和混凝土保护层厚度不小于 5cm。

衬砌拆模时混凝土强度不得低于设计强度的 70%,并根据湿度情况 12h 内进行养护,养护时间满足混凝土强度要求。

(2)混凝土原材料供应

所有工程材料、成品或半成品必须经工地中心试验室检验合格后方可使用。

集料:细集料采用机制砂。在石料场建立粗集料加工系统,保证粗集料生产质量满足混凝土对级配与粒径的要求。到工地后,按混凝土原材料试验规范进行检验。

水泥:水泥计划采用散装水泥,备用袋装水泥,进场必须有出厂合格证。进场后,由中心试验室进行水泥物理性能的检验。水泥进库后按规程要求上盖下垫,分批堆放。水泥出厂超过 3 个月有效期,或发现水泥有受潮结块现象时,均应经过鉴定后降级使用。

水:搅拌用水(建储水池)使用前对水中有害物质含量进行化学分析,污水、废水、pH 值小于 4 的酸性水及大于 9 的碱性水以及硫酸盐含量超过水重 1% 者均不得用于混凝土拌制。

外加剂:采用具有高效减水、适量引气、能细化混凝土孔结构、能明显改善或提高混凝土耐腐蚀气密性能的外加剂,尽量降低拌和水用量。

(3)混凝土配合比控制

①按《公路工程混凝土结构耐久性设计规范》(JTG/T 3310—2019)的要求掺入 YBQK 耐腐气密剂。

②混凝土强度等级必须满足设计要求。

③结构混凝土透气系数满足设计要求,不低于 10^{-11} cm/s。

④在保证混凝土强度和结构耐久性指标的情况下,尽可能减小水灰比和胶凝材料用量,最大不超过 $500kg/m^3$。喷射混凝土胶凝材料用量不小于 $400kg/m^3$,二次衬砌水泥用量不小于 $330kg/m^3$。

(4)混凝土搅拌

①搅拌站采用电子自动计量系统,生产能力 $60m^3/h$,机械供料。

②混凝土原材料严格按照施工配合比要求进行计量,最大允许偏差符合下列规定(按重量计):胶凝材料(水泥、矿物掺和料等)±1%,外加剂 ±1%,粗、细集料 ±2%,拌和用水 ±1%。

③搅拌混凝土前,用直接法测定粗细集料的含水率,准确测定因天气变化而引起的粗细集料含水率变化,以便及时调整施工配合比。含水率每班用直接测定法抽测不少于 3 次。

④混凝土搅拌时,先投入细集料、水泥、矿物掺和料和外加剂,搅拌均匀后,再加入所需用水量,待砂浆充分搅拌后再投入粗集料,并继续搅拌至均匀为止。每阶段的搅拌时间不少于 30s,总搅拌时间 2~3min。

⑤冬季搅拌混凝土前,先经过热工计算,并经试拌确定水和集料需要预热的最高温度,以

满足混凝土最低入模温度(5℃)要求。

⑥炎热季节搅拌混凝土时,采取在堆料场搭设遮阳棚、低温水搅拌混凝土等措施降低混凝土拌合物的温度,或尽可能在傍晚和夜间搅拌混凝土,以保证混凝土的入模温度满足相应规定。

(5)混凝土灌注

混凝土从模板窗口灌入,由下向上,对称分层,先墙后拱灌注,倾落自由高度不超过2.0m。因意外混凝土灌注作业受阻不得超过2h,否则按施工缝处理。衬砌混凝土施工均为机械振捣,使用插入式振动棒和附着式振捣器振捣密实,振动棒插入下层混凝土内的深度不小于50mm。

(6)混凝土养护

衬砌混凝土根据不同地段承压要求分别达到设计强度的70%、100%、2.5MPa后方可拆模。

混凝土拆模后应连续养护至少14d。养护用水采用饮用水,每天浇水的次数以能保持混凝土表面处于湿润状态为宜。

(7)气密性混凝土

①水泥与外加剂

施工中气密性混凝土采用普通硅盐水泥掺外加抗腐蚀气密剂。二次衬砌混凝土按每立方米混凝土水泥用量不少于360 kg,按水泥用量的10%掺加抗腐蚀气密剂。

②集料

砂的细度模数为2.7,含泥量不大于2.5%,气密性混凝土中必须采用中粗砂,不得使用细砂。粗集料针片状颗粒总含量不大于8%,含泥量不大于1%,泥块含量不大于0.2%,硫化物及硫酸盐含量不大于0.5%,坚固性指标不大于8%,最大颗粒不大于40mm。

③水灰比

气密性混凝土最大水灰比不应大于0.45,初始坍落度控制在18~20cm。

(8)施工措施

①混凝土拌和从搅拌机卸出至灌注完毕所需时间宜为40~60min。

②采用强制式机械拌和、机械振捣,要求振捣密实、不漏振、不过振、不冒气泡,不得用人工振捣。

③气密混凝土连续养护时间不得少于14d,避免在5℃以下施工。

隧道穿煤段S-Vws衬砌断面见图7.6-6。

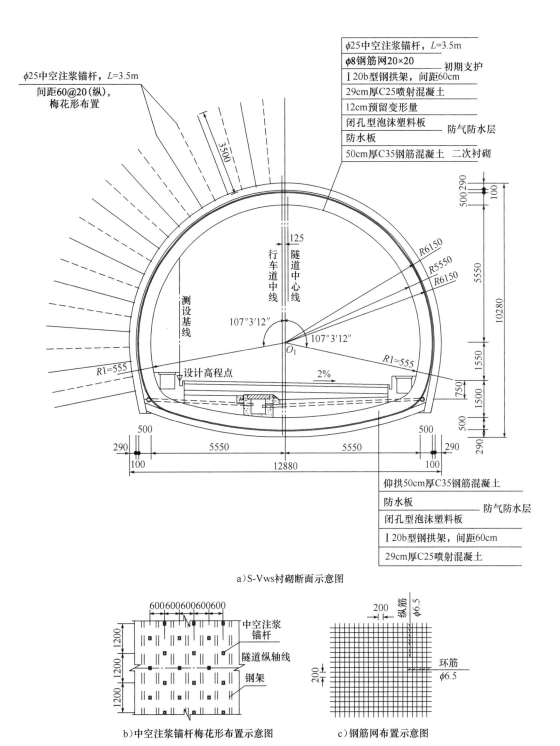

图 7.6-6 隧道穿煤段 S-Vws 衬砌断面示意图(尺寸单位:mm)

7.7 瓦斯地层段软弱破碎煤岩支护效果

7.7.1 监控量测设计

1) 监控量测仪器设备

监控量测仪器设备见表 7.7-1。

监控量测仪器设备   表 7.7-1

名　称	型　号	数　量	精　度	用　途
精密水准仪	DINI 03	1	0.3mm	精密水准测量
钢尺		5	1mm	测量尺寸
全站仪	徕卡 TM30	2	0.5″	坐标测量
水平收敛仪	JSS30A-30	2	0.1mm	围岩量测
人字扶梯		2		登高辅助工具
数码相机	三星	2		拍摄影像资料
地质罗盘	DQL-8	3	0.5″	测量出露岩层产状
激光断面仪	徕卡 TM30	1	0.5″	测断面
钢瓦尺	DINI 因瓦尺	2	0.3mm	精密水准测量

2) 监控量测的实施方案

按照《公路隧道监控量测技术规程》(DB42/T 900—2013)的规定,建立隧道监控量测等级管理、信息反馈和报告制度。施工期间开展监控量测,将监控量测作为关键工序列入现场组织,并对支护体系的稳定性进行判别。

(1) 监控量测项目

以洞内外观察、水平收敛量测、拱顶下沉量测为必测项目,为日常施工管理提供有关数据资料。洞外在洞口段及浅埋段布置测点进行地表下沉量测。

隧道施工需对沿线岩溶泉水量、水位、洞内水进行检测,并对所测数据进行洞内水与岩溶泉水变化关联性的分析。

(2) 监控量测断面及测点布置原则

浅埋隧道地表沉降观测点应在隧道开挖前布设。地表沉降测点和隧道内测点应布置在同一断面里程。地表沉降测点纵向间距见表 7.7-2。

地表沉降测点纵向间距　　　　　　　　　　　　　　　表 7.7-2

隧道埋深与开挖宽度	纵向测点间距(m)
$2B<H_0<2.5B$	20~50
$B<H_0≤2B$	10~20
$H_0≤B$	5~10

注：H_0 为隧道埋深；B 为隧道最大开挖宽度。

地表下沉测点横向间距为 2~5m，在隧道中线附近测点应该适当加密。隧道中线两侧量测范围不应小于 H_0+B，地表有控制性建筑物时，应该适当加宽。

不同断面的测点应布置在相同部位，测点应尽量对称布置，以便数据的相互验证。

拱顶下沉测点原则上设置在拱顶轴线附近。当隧道跨度较大时，应结合施工方法在拱部增设测点。

监控量测断面间距按表 7.7-3 的要求布置，净空变化量测测线数按表 7.7-4 要求布置。拱顶下沉测点及净空变化测线布置见图 7.7-1。

必测项目监控量测断面间距　　　　　　　　　　　　　表 7.7-3

围岩级别	断面间距(m)
Ⅲ	30~50
Ⅳ	10~30
Ⅴ~Ⅵ	5~10

注：Ⅱ级围岩视具体情况确定间距。

净空变化量测测线数　　　　　　　　　　　　　　　　表 7.7-4

开挖方法	一般地段	特殊地段
台阶法	每台阶两条水平测线	每台阶两条水平测线，两条斜测线
分部开挖法	每分部两条水平测线	CD法上部，每分部两条水平测线，两条斜测线、其余分部一条水平测线

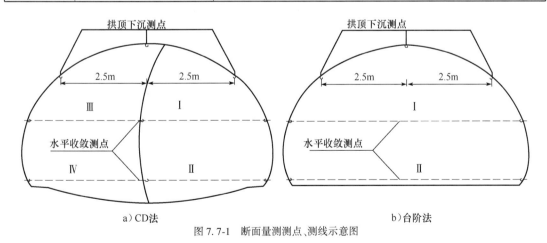

图 7.7-1　断面量测测点、测线示意图

3）监控量测项目及方法

（1）对隧道进口洞口段的地表沉降、拱顶下沉、净空变化进行监控量测，且地表沉降、拱顶下沉、净空变化必须在同一里程断面上。具体监控量测点布置里程如下。

进口洞口段监控量测点布置里程：

ZK108+225、ZK108+230、ZK108+235、ZK108+240、ZK108+245、ZK108+250、ZK108+255、ZK108+260、YK108+170、YK108+175、YK108+180、YK108+185、YK108+190、YK108+195、YK108+200。

（2）隧道 K108+172～K108+200、K108+225～K108+259.184 里程段属于浅埋段，需对地表进行沉降监测，监测布置断面如下：YK108+172、YK108+177、YK108+182、YK108+187、YK108+192、YK108+197、YK108+202；ZK108+225、ZK108+230、ZK108+235、ZK108+240、ZK108+245、ZK108+250、ZK108+255、ZK108+260。

（3）由于隧道洞身段发育 F_4 断层及较大范围的溶蚀洼地，隧道在 K110+450～K110+545 部位地下水富集，造成隧道在穿越断层、靠近洼地底部时，易发生隧道突水、涌水，存在隧道施工安全隐患，需对断层进行监测。

（4）隧址区 K108+170～K108+450、K109+610～K110+010、K111+080～K111+380 等里程段落内分布有中～微风化页岩，岩色新鲜，但岩质软，抗风化能力很差，遇水后极易崩解呈碎屑状，失水后易爆裂，属于极软岩；且节理裂隙发育，岩体完整性差，容易产生大变形。

（5）有害气体（瓦斯）：根据习水县天成煤矿煤田开采范围，煤层在隧道 K110+600～K110+800 段与隧道相交。煤层分布呈透镜体状，厚度 1.50～2.00m 不等，煤与瓦斯突出。在施工过程中，将会遇到瓦斯气体，安全风险很高，对其进行布点监测，监测布置断面如下：K110+600～K110+630、K110+630～K110+660、K110+660～K110+690、K110+690～K110+720、K110+720～K110+750、K110+750～K110+780、K110+780～K110+810。

（6）根据天城坝隧道围岩级别划分，制订监控量测测点（测线）布置实施计划（表 7.7-5～表 7.7-7）。视现场施工实际及设计变更情况，可酌情增减观测断面。

天城坝隧道左线监控量测测点布置计划表　　　　表 7.7-5

里程段落	长度（m）	围岩级别	施工方法	周边收敛测线数（条）	拱顶下沉测点数（个）
ZK108+225～ZK108+350	125	Ⅴ级围岩	台阶法	50	75
ZK108+350～ZK108+550	200	Ⅳ级围岩	台阶法	40	60
ZK108+550～ZK108+740	190	Ⅴ级围岩	台阶法	76	114
ZK108+740～ZK109+100	360	Ⅳ级围岩	台阶法	72	108
ZK109+100～ZK109+730	630	Ⅴ级围岩	台阶法	252	378
ZK109+730～ZK109+960	230	Ⅳ级围岩	台阶法	46	69
ZK109+960～ZK110+160	200	Ⅴ级围岩	CD法	40	60
ZK110+160～ZK110+530	370	Ⅳ级围岩	台阶法	74	111
ZK110+530～ZK110+820	290	Ⅲ级围岩	台阶法	20	29
ZK110+820～ZK111+300	480	Ⅳ级围岩	台阶法	96	144

续上表

里程段落	长度(m)	围岩级别	施工方法	周边收敛测线数(条)	拱顶下沉测点数(个)
ZK111+300~ZK111+850	550	Ⅲ级围岩	台阶法	37	55
ZK111+850~ZK112+370	520	Ⅳ级围岩	台阶法	104	156
ZK112+370~ZK112+445	75	Ⅴ级围岩	台阶法	30	45
总计	4220			937	1404

天城坝隧道右线监控量测测点布置计划表　　表 7.7-6

里程段落	长度(m)	围岩级别	施工方法	周边收敛测线数(条)	拱顶下沉测点数(个)
YK108+172~YK108+230	58	Ⅴ级围岩	台阶法	24	35
YK108+230~YK108+620	390	Ⅳ级围岩	台阶法	78	117
YK108+620~YK108+770	150	Ⅴ级围岩	台阶法	60	90
YK108+770~YK109+040	270	Ⅳ级围岩	台阶法	54	81
YK109+040~YK109+810	770	Ⅲ级围岩	台阶法	52	77
YK109+810~YK109+950	140	Ⅳ级围岩	台阶法	28	42
YK109+950~YK110+160	210	Ⅴ级围岩	CD法	84	126
YK110+160~YK110+470	310	Ⅳ级围岩	台阶法	62	93
YK110+470~YK110+900	430	Ⅲ级围岩	台阶法	29	43
YK110+900~YK111+300	400	Ⅳ级围岩	台阶法	80	120
YK111+300~YK111+850	550	Ⅲ级围岩	台阶法	37	55
YK111+850~YK112+320	470	Ⅳ级围岩	台阶法	94	141
YK112+320~YK112+435	115	Ⅴ级围岩	台阶法	46	69
总计	4263			728	1089

监测项目及方法表　　表 7.7-7

<table>
<tr><th colspan="2">量测项目</th><th>方法及工具</th><th>测点布置</th><th colspan="4">测试时间</th></tr>
<tr><td colspan="2"></td><td></td><td></td><td>1~15天</td><td>16天~1个月</td><td>1~3个月</td><td>3个月以上</td></tr>
<tr><td rowspan="4">必测项目</td><td>地质及支护状态观察</td><td>岩性、结构面产状及支护裂缝观察和描述,地质罗盘、规尺等</td><td>全长度开挖后及初期支护后进行</td><td colspan="4">每次爆破后及初期支护后</td></tr>
<tr><td>地表沉降</td><td>精密水准仪、精密因瓦水准尺</td><td>隧道浅埋段沿洞轴线10~15m布置一个断面</td><td colspan="4">开挖面距量测断面≤2B时,1~2次/d
开挖面距量测断面≤5B时,1次/2d
开挖面距量测断面≤5B时,1次/周</td></tr>
<tr><td>水平收敛</td><td>各种类型收敛计</td><td>每10~30m一个断面,周边收敛与拱顶下沉测点布置在同一断面</td><td>1~2次/d</td><td>1次/2d</td><td>1~2次/周</td><td>1~3次/月</td></tr>
<tr><td>拱顶下沉</td><td>精密水准仪、钢尺、精密因瓦水准尺</td><td></td><td>1~2次/d</td><td>1次/2d</td><td>1~2次/周</td><td>1~3次/月</td></tr>
</table>

续上表

量测项目		方法及工具	测点布置	测试时间			
				1~15天	16天~1个月	1~3个月	3个月以上
选测项目	围岩内部位移（地表设点）	地面钻孔中安设各类型多点位移计	每代表性地段一个断面,每断面3~5个钻孔	1~2次/d	1次/2d	1~2次/周	1~3次/月
	围岩内部位移（洞内设点）	洞内钻杆中安设单点、多点杆式或钢丝式位移计	每5~100m一个断面,每断面2~11个测点	1~2次/d	1次/2d	1~2次/周	1~3次/月
	围岩与初期支护之间压力	压力盒、频率计	每代表性地段一个断面,每断面宜为15~20个测点	1次/d	1次/2d	1~2次/周	1~3次/月
	初期支护与二次衬砌之间压力						
	钢支撑内力及应力	钢筋应力计、频率计	每10榀钢支撑设置一对测力计	1次/d	1次/2d	1~2次/周	1~3次/月
	衬砌内力	钢筋应力计、频率计	每代表性地段一个断面,每断面宜为11个测点	1次/d	1次/2d	1~2次/周	1~3次/月
	锚杆轴力	钢筋应力计、频率计	每个代表地段布置1个断面,每断面不少于7个测点	1次/d	1次/2d	1~2次/周	1~3次/月
	衬砌裂缝监测	测绘计、频率计	衬砌完成后进行	1次/d	1次/2d	1~2次/周	1~3次/月
	围岩弹性波测试	声波仪及配套探头	在有代表性地段设置	—	—	—	—

4）变形管理措施

（1）当位移急剧增加,每天的相对净空变化超过10mm时,须重点加强观测,并密切注意支护的结构变化。

（2）当位移、周边收敛、拱顶下沉量达到预测最终值的80%~90%,收敛速度小于0.1~0.2mm/d,拱顶下沉速率小于0.07~0.15mm/d时,可认为围岩基本稳定,可施作二次衬砌。

（3）当位移-时间曲线出现反弯点时,同时初期支护开裂或掉块,此时尽快采取补强措施,以防坍方。

（4）如果是由于基底下沉引起的变形,尽快仰拱封闭,如仍然下沉,在墙角处加设锚杆,复喷混凝土并在基底钻孔注浆加固。

（5）如果是由于偏压引起的变形,复喷混凝土,加设锚杆。

（6）如果是由于围岩压力引起的变形,可多次复喷并用锚杆加固围岩,补强初期支护。在下一循环施工时,修改支护参数,增强初期支护,同时增大观测频率,及时施作二次衬砌,必要时采用加强衬砌。

5)监测质量保证措施

为保证量测数据的真实可靠及连续性,特制订以下措施:

(1)监测组与业主、监理、施工各方密切配合,及时向各方反映情况和问题,并提供有关切实可靠的数据记录。

(2)制订切实可行的监测实施方案和相应的测点埋设保护措施,并将其纳入工程施工进度控制计划中。

(3)量测项目人员相对固定,保证数据资料的连续性。

(4)量测仪器管理采用专人使用、专人保养、专人检校。

(5)量测设备、元器件等在使用前均应经过检校,合格后方可使用。

(6)各监测项目在监测过程中必须严格遵守相应的实施细则。

(7)量测数据的存储、计算、管理均采用计算机系统进行。

(8)各量测项目设备的管理、使用及资料的整理均设专人负责。

(9)建立监测复核制度,确保监控数据的真实可靠性。

7.7.2 煤系地层段测点布置

隧道左线 ZK110+296～ZK110+424.5、右线 YK110+252.5～ZK110+398 分别进出煤层,左右线进出煤层段的监控量测段情况如下:

(1)ZK110+160～ZK110+530,长度 370m,Ⅳ级围岩,台阶法开挖,周边收敛测线数 74 条,拱顶下沉测点数 111 个。

(2)YK110+160～YK110+470,长度 310m,Ⅳ级围岩,台阶法开挖,周边收敛测线数 62 条,拱顶下沉测点数 93 个。

7.7.3 隧道左线支护效果

(1)ZK110+280 断面变形监测

该断面 2019 年 3 月 22 日—2019 年 3 月 31 日变形监测数据如图 7.7-2 所示。

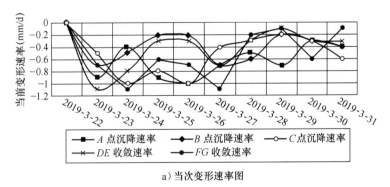

a)当次变形速率图

图 7.7-2

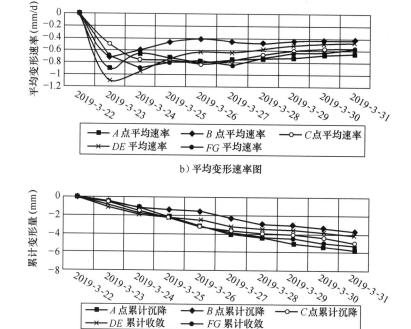

b) 平均变形速率图

c) 累计变形图

图 7.7-2 天城坝隧道进口左线 ZK110+280 断面变形监测数据 1

该段隧道围岩主要为青灰色中风化页岩,岩质新鲜坚硬,锤击声脆,薄页状层理构造,围岩节理裂隙发育,围岩完整性差,自稳能力差。洞内外观察未发现异常。拱顶下沉及周边位移变化速率均比较大,需继续监测。

该断面 2019 年 3 月 22 日—2019 年 4 月 27 日变形监测数据如图 7.7-3 所示。

本阶段天城坝隧道进口左线掌子面未掘进。洞内初期支护混凝土未发现剥离、开裂、鼓包现象,锚杆、型钢未发现有明显的变形和断裂等异常现象;地表未发现开裂、滑移、滑塌等异常现象。断面变化速率趋于稳定。

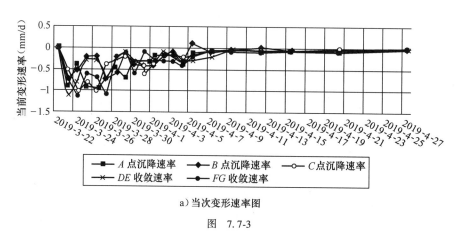

a) 当次变形速率图

图 7.7-3

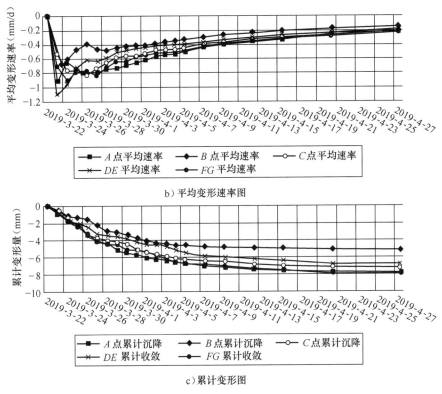

b)平均变形速率图

c)累计变形图

图 7.7-3 天城坝隧道进口左线 ZK110+280 断面变形监测数据 2

(2) ZK110+320 断面变形监测

该断面 2019 年 7 月 14 日—2019 年 7 月 30 日变形监测数据如图 7.7-4 所示。

本阶段天城坝隧道进口左线 ZK110+308~ZK110+333 段正常开挖。该段隧道采用台阶法施工,围岩主要为微风化页岩,节理裂隙较为发育,岩体完整性差,自稳能力差。洞内初期支护混凝土未发现剥离、开裂、鼓包现象,锚杆、型钢未发现有明显的变形和断裂等异常现象;地表未发现开裂、滑移、滑塌等异常现象。断面围岩处于变形中,需继续观测。

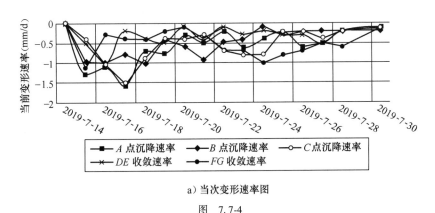

a)当次变形速率图

图 7.7-4

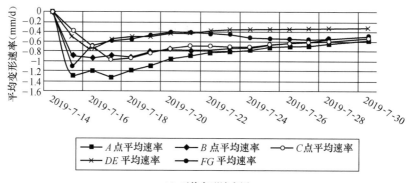

b）平均变形速率图

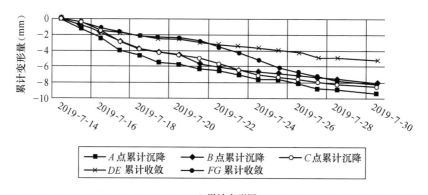

c）累计变形图

图 7.7-4　天城坝隧道进口左线 ZK110+320 断面变形监测数据 1

该断面 2019 年 7 月 14 日—2019 年 8 月 31 日变形监测数据如图 7.7-5 所示。

本阶段天城坝隧道进口左线掌子面未掘进。洞内初期支护混凝土未发现剥离、开裂、鼓包现象，锚杆、型钢未发现有明显的变形和断裂等异常现象；地表未发现开裂、滑移、滑塌等异常现象。断面变化速率趋于稳定。

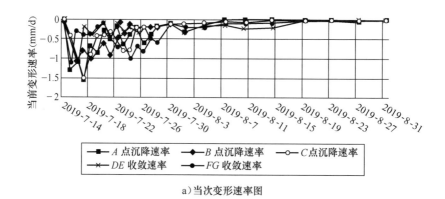

a）当次变形速率图

图　7.7-5

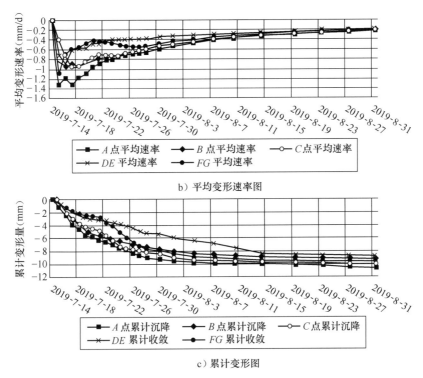

b) 平均变形速率图

c) 累计变形图

图 7.7-5　天城坝隧道进口左线 ZK110+320 断面变形监测数据 2

(3) ZK110+375 断面变形监测

该断面 2020 年 12 月 19 日—2020 年 12 月 30 日变形监测数据如图 7.7-6 所示。

本阶段天城坝隧道进口左线施工中。洞内初期支护混凝土未发现剥离、开裂、鼓包现象，锚杆、型钢未发现有明显的变形和断裂等异常现象；地表未发现开裂、滑移、滑塌等异常现象。断面围岩变形处于缓慢变形阶段，变形在可控范围内。本阶段各断面累计位移值均小于位移管理等级Ⅲ的位移控制值，故本阶段施工状态建议为可正常施工。

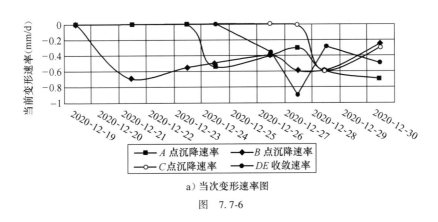

a) 当次变形速率图

图　7.7-6

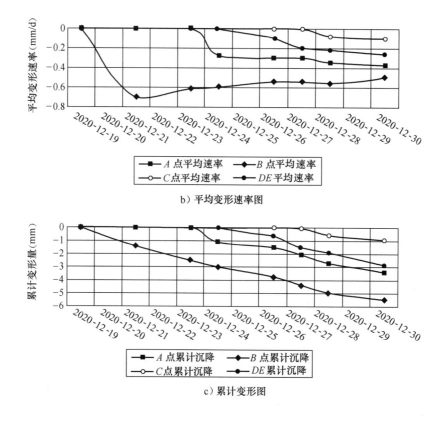

b）平均变形速率图

c）累计变形图

图 7.7-6　天城坝隧道进口左线 ZK110+375 断面变形监测数据 1

该断面 2020 年 12 月 19 日—2021 年 1 月 27 日变形监测数据如图 7.7-7 所示。

本阶段天城坝隧道进口左线施工中。洞内初期支护混凝土未发现剥离、开裂、鼓包现象，锚杆、型钢未发现有明显的变形和断裂等异常现象；地表未发现开裂、滑移、滑塌等异常现象。断面围岩变形基本稳定。

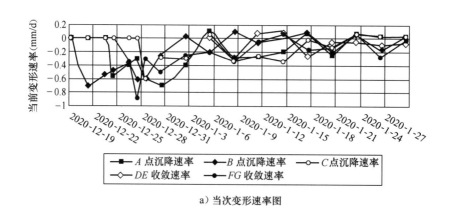

a）当次变形速率图

图　7.7-7

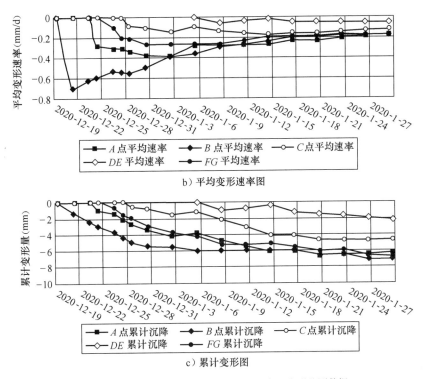

图 7.7-7 天城坝隧道进口左线 ZK110+375 断面变形监测数据 2

(4) ZK110+415 断面变形监测

该断面 2021 年 1 月 23 日—2021 年 1 月 31 日变形监测数据如图 7.7-8 所示。

本阶段天城坝隧道进口左线施工中。洞内初期支护混凝土未发现剥离、开裂、鼓包现象,锚杆、型钢未发现有明显的变形和断裂等异常现象;地表未发现开裂、滑移、滑塌等异常现象。断面处于缓慢变形阶段,变形在可控范围内。本阶段各断面累计位移值均小于位移管理等级 Ⅲ 的位移控制值,故本阶段施工状态建议为可正常施工。

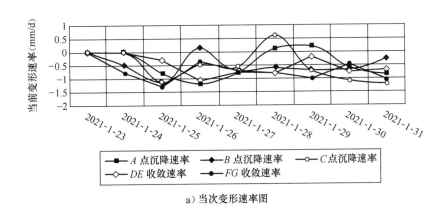

图 7.7-8

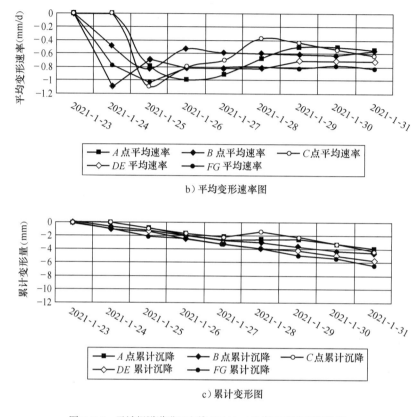

图 7.7-8 天城坝隧道进口左线 ZK110+415 断面变形监测数据 1

该断面 2021 年 1 月 23 日—2021 年 2 月 25 日变形监测数据如图 7.7-9 所示。

本阶段天城坝隧道进口左线施工中。洞内初期支护混凝土未发现剥离、开裂、鼓包现象，锚杆、型钢未发现有明显的变形和断裂等异常现象；地表未发现开裂、滑移、滑塌等异常现象。断面围岩变形基本稳定。

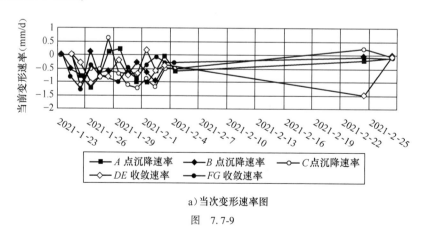

图 7.7-9

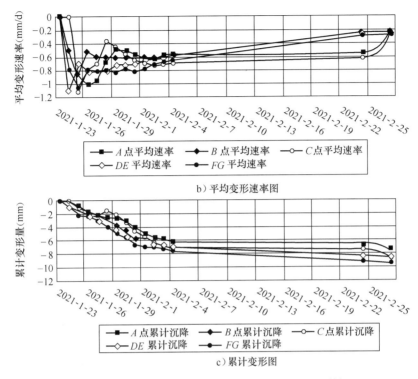

图 7.7-9　天城坝隧道进口左线 ZK110+415 断面变形监测数据 2

7.7.4　隧道右线支护效果

(1) YK110+250 断面变形监测

该断面 2019 年 9 月 12 日—2019 年 9 月 30 日变形监测数据如图 7.7-10 所示。

该段隧道采用台阶法施工;洞内初期支护混凝土未发现剥离、开裂、鼓包现象,锚杆、型钢未发现有明显的变形和断裂等异常现象;地表未发现开裂、滑移、滑塌等异常现象。断面拱顶下沉及周边位移变形中,需继续观测。

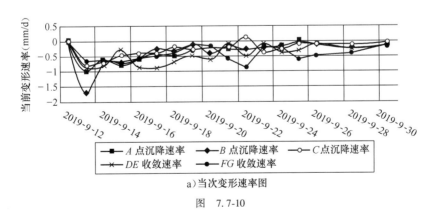

图　7.7-10

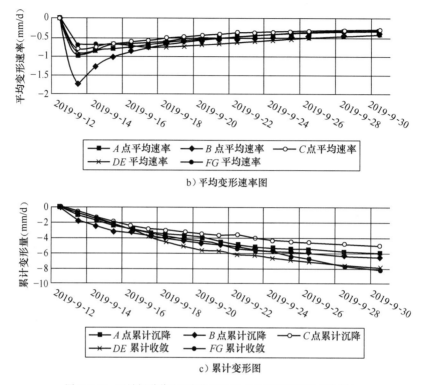

图 7.7-10 天城坝隧道进口右线 YK110+250 断面变形监测数据 1

该断面 2019 年 9 月 12 日—2020 年 1 月 16 日变形监测数据如图 7.7-11 所示。

本阶段天城坝隧道进口右线掌子面未掘进;洞内初期支护混凝土未发现剥离、开裂、鼓包现象,锚杆、型钢未发现有明显的变形和断裂等异常现象;地表未发现开裂、滑移、滑塌等异常现象。断面的拱顶沉降和周边收敛均在正常范围内,沉降收敛均小于 0.2mm/d,根据位移速率判断,速率小于 0.2mm/d 时,围岩达到基本稳定,可以施作二次衬砌。

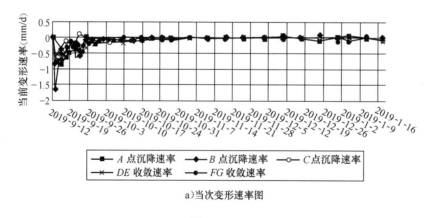

图 7.7-11

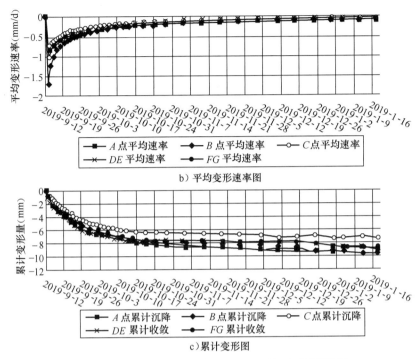

图 7.7-11 天城坝隧道进口右线 YK110+250 断面变形监测数据 2

(2) YK110+292 断面变形监测

该断面 2021 年 1 月 7 日—2021 年 1 月 31 日变形监测数据如图 7.7-12 所示。

本阶段天城坝隧道进口右线隧道围岩主要为强风化灰色灰岩,局部有煤,岩质新鲜坚硬,角砾状结构;围岩节理较裂隙发育,结构面结合程度较差,岩体完整性较差,拱顶易掉块;洞内初期支护混凝土未发现剥离、开裂、鼓包现象,锚杆、型钢未发现明显的变形和断裂等异常现象;地表未发现开裂、滑移、滑塌等异常现象。断面围岩处于缓慢变形阶段。本阶段各断面累计位移值均小于位移管理等级Ⅲ的位移控制值,故本阶段施工状态建议为可正常施工。

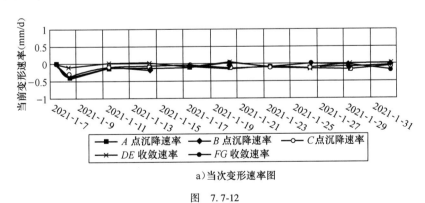

a) 当次变形速率图

图 7.7-12

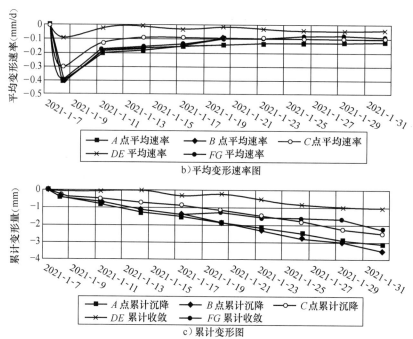

图 7.7-12 天城坝隧道进口右线 YK110+292 断面变形监测数据 1

该断面 2021 年 3 月 2 日—2021 年 3 月 30 日变形监测数据如图 7.7-13 所示。

本阶段天城坝隧道进口右线隧道围岩主要为强风化黑色灰岩,岩质新鲜坚硬,角砾状结构;围岩节理较裂隙发育,结构面结合程度较差,岩体完整性较差,拱顶易掉块;洞内初期支护混凝土未发现剥离、开裂、鼓包现象,锚杆、型钢未发现有明显的变形和断裂等异常现象;地表未发现开裂、滑移、滑塌等异常现象。断面围岩变形处于基本稳定阶段。

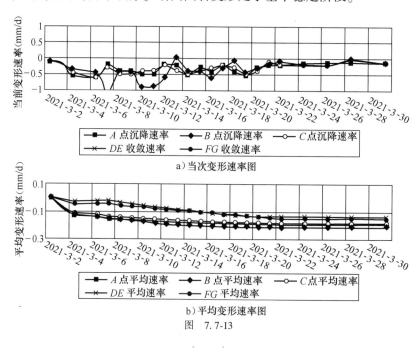

图 7.7-13

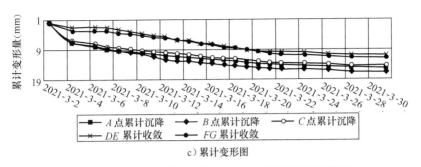

c) 累计变形图

图 7.7-13　天城坝隧道进口右线 YK110+292 断面变形监测数据 2

(3) YK110+360 断面变形监测

该断面 2021 年 5 月 5 日—2021 年 5 月 31 日变形监测数据如图 7.7-14 所示。

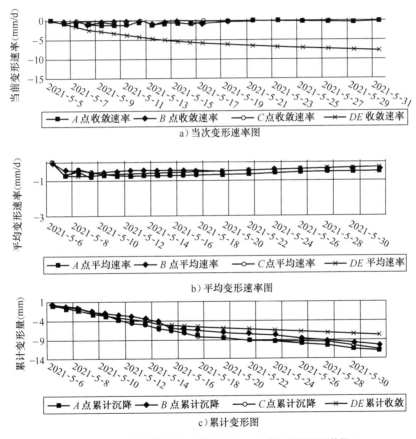

图 7.7-14　天城坝隧道进口右线 YK110+360 断面变形监测数据 1

本阶段天城坝隧道进口右线隧道围岩主要为弱风化黑色灰岩,岩质新鲜坚硬,角砾状结构;围岩节理较裂隙发育,结构面结合程度较好,岩体完整性较好;洞内初期支护混凝土未发现剥离、开裂、鼓包现象,锚杆、型钢未发现有明显的变形和断裂等异常现象;地表未发现开裂、滑移、滑塌等异常现象。断面围岩变形处于缓慢变形阶段。

该断面 2021 年 5 月 5 日—2021 年 6 月 10 日变形监测数据如图 7.7-15 所示。

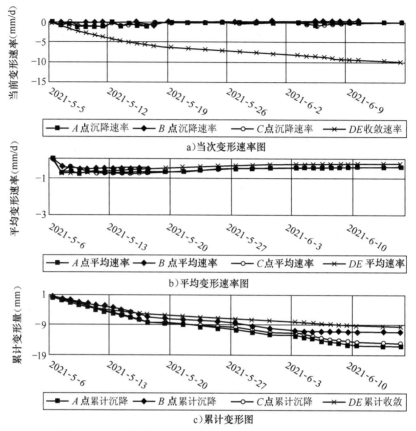

图 7.7-15　天城坝隧道进口右线 YK110+360 断面变形监测数据 2

本阶段天城坝隧道进口右线隧道围岩主要为强风化黑色灰岩,岩质新鲜坚硬,角砾状结构;围岩节理较裂隙发育,结构面结合程度较差,岩体完整性较差,拱顶易掉块;洞内初期支护混凝土未发现剥离、开裂、鼓包现象,锚杆、型钢未发现有明显的变形和断裂等异常现象;地表未发现开裂、滑移、滑塌等异常现象。断面围岩变形处于基本稳定阶段。

第8章 天城坝隧道煤层揭煤防突施工技术

针对天城坝隧道穿越的强突出性煤层,采用区域综合防突措施(煤层突出危险性预测、区域防突措施、区域防突措施效果检验、区域验证)、局部综合防突措施(工作面突出危险性预测、工作面防突措施、工作面防突措施效果检验)开展揭煤防突施工;尤其针对揭穿特厚煤层,利用管棚管径大、强度高、支护效果好的特点,进行超前长距离支护,构建大面积、高强度安全屏障,以防范特厚煤层诱导突出引发事故。

8.1 公路隧道揭煤防突工作流程

对有突出危险性的煤层,揭煤时采用两个四位一体综合防突措施,包括区域突出危险性预测、区域防突措施、区域措施效果检验、区域验证、工作面突出危险性预测、工作面防突措施、工作面防突措施效果检验和安全防护措施。揭煤防突工艺流程如图8.1-1所示。

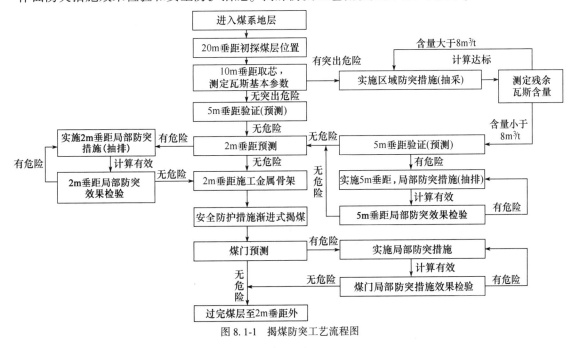

图 8.1-1 揭煤防突工艺流程图

8.2 C_5、C_6煤层区域综合防突技术

8.2.1 C_5、C_6煤层区域突出危险性预测

探明隧道煤系地层的瓦斯赋存情况及地质状况,确切掌握煤层的层位、倾角、厚度、顶底板岩性、地质构造等煤层赋存情况,为安全揭煤提供可靠的基础资料。天城坝隧道进口右线在掌子面(里程YK110+232m)处设计施工C_5、C_6煤层地质钻孔,以确定C_5、C_6煤层的准确位置及基本参数,准确掌握其赋存情况。

1)地质钻孔设计

在右线C_5、C_6煤层掌子面(里程YK110+232m)处设计施工5个地质钻孔,终孔于C_6煤层底板1~3m,钻孔孔径ϕ76mm,用以分析掌子面前方的煤(岩)层性质、产状、断层褶皱等地质构造和岩溶发育情况,以及瓦斯参数等。地质钻孔设计参数见表8.2-1,钻孔布置见图8.2-1。

地质钻孔设计参数   表8.2-1

孔 号	夹角(°)	倾角(°)	孔径(mm)	孔深(m)	备 注
1	5	10	76	70	不取芯
2	19	13.5	76	75	不取芯
3	19	−3	76	36	不取芯
4	0	3	76	52	不取芯
5	0	9	76	89	不取芯
小计				322	

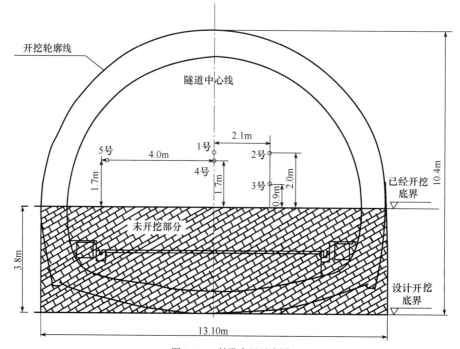

图 8.2-1 钻孔布置示意图

地质钻孔施工过程中,必须由地质人员跟班记录钻孔的取芯情况,并如实填写探钻原始记录表。

2) 原始瓦斯参数测定

瓦斯参数主要测定煤层原始瓦斯压力 P、软分层煤的破坏类型、煤的瓦斯放散初速度 Δp 和煤的坚固性系数 f 等指标,以及施工过程中的瓦斯动力现象,用以判断煤层的突出危险性。

由于瓦斯压力测定周期较长,根据《防治煤与瓦斯突出规定》的要求,可采取瓦斯含量及取样做工业性试验所得的 a、b 常数等资料来计算瓦斯压力,因此突出煤层的原始瓦斯压力采用计算方式进行。计算煤层原始瓦斯压力通过瓦斯含量来计算。

3) 右线 C_5、C_6 煤层地质钻孔施工情况

2019 年 4 月 24 日—4 月 30 日,在掌子面里程 YK110+232m 处施工了 5 个地质钻孔,其中:

1 号钻孔施工时间为 2019 年 4 月 29 日,只取煤芯,终孔深度为 90.4m,见 C_5、C_6 煤层,并对 C_6 煤层取样测试,钻孔探至 C_6 煤层时,发现有喷孔现象。

2 号钻孔施工时间为 2019 年 4 月 24 日,只取煤芯,终孔深度为 77.5m,见 C_5 煤层,未见 C_6 煤层。

3 号钻孔施工时间为 2019 年 4 月 28 日,只取煤芯,终孔深度为 41m,见 C_5、C_6 煤层,并对 C_6 煤层取样测试,钻孔探至 C_6 煤层时,发现有喷孔现象。

4 号钻孔施工时间为 2019 年 4 月 28 日,只取煤芯,终孔深度为 53.2m,见 C_5、C_6 煤层,钻孔探至 C_6 煤层时,发现有喷孔现象。

5 号钻孔施工时间为 2019 年 4 月 30 日,只取煤芯,终孔深度为 94.2m,见 C_5、C_6 煤层,并对 C_6 煤层取样测试,钻孔探至 C_6 煤层时,发现有喷孔现象。

地质钻孔实际施工参数详见表 8.2-2,地质钻孔竣工图见图 8.2-2。

地质钻孔实际施工参数   表 8.2-2

孔 号	夹角(°)	倾角(°)	孔径(mm)	孔深(m)	备 注
1	5	10	76	90.4	不取芯
2	19	13.5	76	77.5	不取芯
3	19	-3	76	41	不取芯
4	0	3	76	53.2	不取芯
5	0	9	76	94.2	不取芯
小计				356.3	

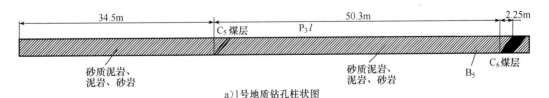

a) 1 号地质钻孔柱状图

图 8.2-2

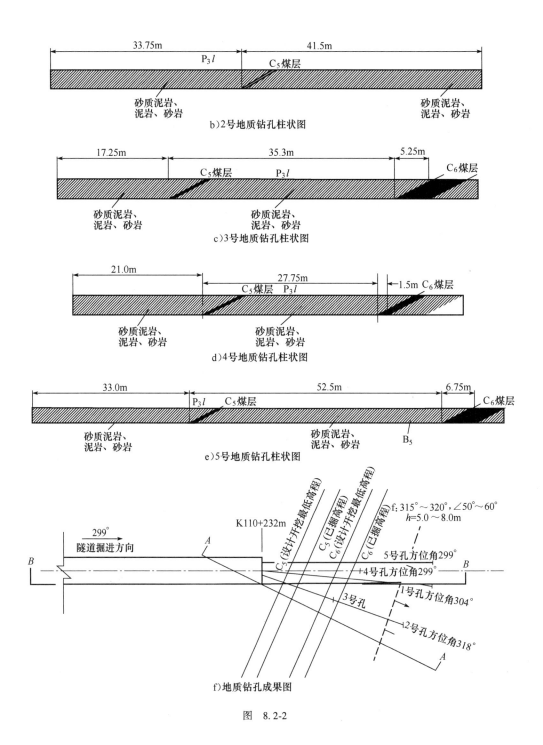

图 8.2-2

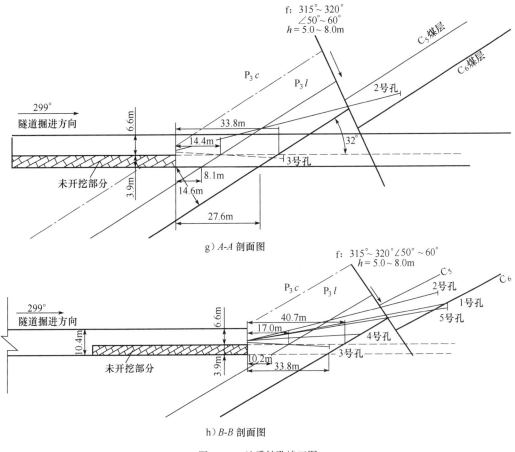

g) A-A 剖面图

h) B-B 剖面图

图 8.2-2 地质钻孔竣工图

4）煤层、地层赋存条件情况

根据对现掌子面施工的 5 个钻孔揭露地质资料分析，掌子面前方地层产状为 144.6°∠32°，岩层走向与隧道夹角 64.4°，与原勘探资料岩层产状 133°∠31°相比，岩层倾向变化较大，倾角基本一致。从本次地质勘探成果来看，C_5 煤层位置与 2019 年 3 月右洞 K110+188m 处地勘成果资料相比基本一致；C_5 煤层至 C_6 煤层层间距与 K110+188m 处地勘成果相比，层间距增大 4~5m，与左洞 ZK110+259m 处地勘成果层间距吻合，同时，根据本次钻孔资料分析，隧道顶部以下 C_5 煤层、C_6 煤层正常，隧道顶以上 C_6 煤层出现异常情况，其表现为 1 号、2 号、5 号三个钻孔见 C_5 煤层位置正常，而见 C_6 煤层位置超过设计较多，3 号、4 号两个钻孔见 C_5 煤层、C_6 煤层均正常。由于本次钻探各孔均未采取岩芯，无法根据钻孔岩芯情况分析前方构造情况，综合各方面地质资料，分析认为在隧道顶以上存在断层，其产状为 315°~320°∠50°~60°，$h=5.0$~8.0m。同时，C_6 煤层厚度变化亦较大，为 0.65~2.99m。断层实际产状情况有待于后续抽放钻孔施工和揭煤工程予以验证。采用 3 号、4 号孔数据分析计算，钻孔参数及计算成果见表 8.2-3。

钻孔参数及计算成果 表 8.2-3

孔号	隧道方位角(°)	煤(岩)层倾向(°)	煤(岩)层倾角(°)	探孔方位角(°)	探孔仰(+)俯(-)角(°)	探孔孔口高度(m)	钻孔距右帮距离(m)	钻孔见煤孔深(m)	钻孔穿煤厚(m)	煤层真厚(m)	隧道右帮设计开挖最低处距离煤层法线距离(m)	备注
2	299	144.6	32	318	-13.5	5.9	4.11	33.75	0.5	0.16	4.65	C_5煤层
2	299	144.6	32	318	-13.5	5.9	4.11	未见煤				C_6煤层
3	299	144.6	32	318	3	4.85	4.11	17.25	0.45	0.26	4.78	C_5煤层
3	299	144.6	32	318	3	4.85	4.11	34.88	5.25	2.99	14.83	C_6煤层
4	299	144.6	32	299	-3	5.9	6.55	21	0.75	0.32	2.59	C_5煤层
4	299	144.6	32	299	-3	5.9	6.55	48.75	1.5	0.65	14.60	C_6煤层
1	299	144.6	32	304	-10	5.6	6.25	34.5	0.75	0.26	5.59	C_5煤层
1	299	144.6	32	304	-10	5.6	6.25	85.5	2.25	0.77	23.00	C_6煤层
5	299	144.6	32	299	-9	5.6	10.55	33	1.5	0.51	4.03	C_5煤层
5	299	144.6	32	299	-9	5.6	10.55	85.5	6.75	2.29	21.85	C_6煤层

经钻孔资料分析计算,现掌子面前方 C_5 煤层真厚 0.16~0.51m,C_6 煤层真厚 0.65~2.99m。现掌子面(YK110+232m)隧道右帮下导设计最低开挖高程处距离 C_5 煤层法线距离为 4.03m,距离 C_6 煤层法线距离为 14.6m;上导设计最低开挖高程处距离 C_5 煤层法线距离为 7.6m,距离 C_6 煤层法线距离为 17.9m。

5)地质钻孔分析

根据地质钻孔分析计算,天城坝隧道右线煤系地层段 C_5、C_6 煤层分布情况,详见表 8.2-4。

右线隧道 C_5、C_6 煤层里程表 表 8.2-4

煤层编号	煤层倾角(°)	煤层与线路交角(°)	距离煤层法向距离 0m 处里程	距离煤层法向距离 2m 处里程	距离煤层法向距离 5m 处里程	距离煤层法向距离 7m 处里程	距离煤层法向距离 10m 处里程	备注
C_5	32	64.4	YK110+248	YK110+243.8	YK110+237.5	YK110+233.3		法向距离按上导右帮设计最低开挖高程处计算
C_6	32	64.4	YK110+269.5	YK110+265.3	YK110+259	YK110+254.8	YK110+248.5	

6) 瓦斯参数测定情况

施工地质钻孔时,对 C_6 煤层进行取样并通过实验室测定和计算获得 C_6 煤层的瓦斯含量、瓦斯压力、瓦斯放散初速度 Δp、煤的坚固性系数 f 和破坏类型,测定结果见表 8.2-5。

C_6 煤层瓦斯参数测定结果　　　　　　　　　　表 8.2-5

煤层	瓦斯含量 Q (m^3/t)	瓦斯压力 P (MPa)	瓦斯放散初速度 Δp	煤的坚固性系数 f	煤的破坏类型	突出判别
	≥8	≥0.74	≥10	≤0.5		
C_6	11.1617	3.220	13	0.42	V类	突出

根据上述资料分析,C_5 煤层真厚为 0.16~0.51m,有的厚度超过 0.3m,应当按突出煤层进行管理,必须对其执行区域防突措施;C_6 煤层的原始瓦斯含量、原始瓦斯压力(相对压力)、破坏类型、瓦斯放散初速度和坚固性系数等指标均超过突出煤层鉴定的单项指标临界值,且施工过程中出现喷孔等瓦斯动力现象,因此判定 C_6 煤层具有突出危险性,必须对其执行区域防突措施。

8.2.2 C_5、C_6 煤层区域防突措施

区域防突措施采取水力压裂增透与预抽煤层瓦斯相结合的措施。但由于 C_5 煤层岩柱厚度过小,从安全角度考虑不宜进行水力压裂,因此针对 C_5 煤层只采取预抽煤层瓦斯的区域防突措施,C_6 煤层采用水力压裂增透与预抽煤层瓦斯相结合的区域防突措施。

1) 水力压裂增透

C_6 煤层的坚固性系数 f 为 0.42,符合实施水力压裂增透抽采条件。为增加煤层透气性,提高瓦斯抽采效果,缩短抽采时间,拟对 C_6 煤层实施单层水力压裂增透。

(1) 压裂地点选择

在掌子面(里程 YK110+232m,距 C_6 煤层最小法向距离 17.9m)位置设计施工压裂钻孔对 C_6 煤层进行水力压裂,压裂泵组安装在左洞距掌子面 500m 处,高压输水管路从泵站铺设至压裂地点,压裂泵组及管路铺设如图 8.2-3 所示。

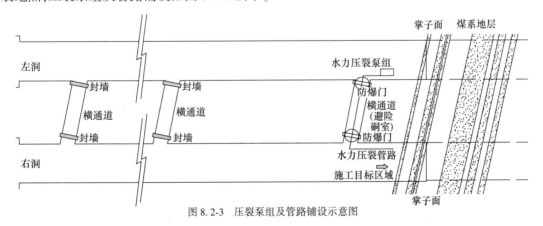

图 8.2-3　压裂泵组及管路铺设示意图

(2) 供水供电要求

压裂时对压裂泵供水要求 35m^3/h 以上,且持续稳定。供电要求 1140V 和 660V 两种电压,功率要求 400kW 以上。

(3) 压裂钻孔设计

C_6煤层水力压裂钻孔方位角299°(沿隧道走向)。为保证压裂钻孔封孔效果,压裂钻孔应设计有一定仰角,因此钻孔倾角设计为10°,孔径$\phi76mm$,施工至C_6煤层底板0.5m,孔深94.3m,采用孔内压裂管预埋至C_6煤层顶板处,封孔深度为90m,封堵凝固后实施水力压裂。C_6煤层压裂钻孔设计如图8.2-4所示。

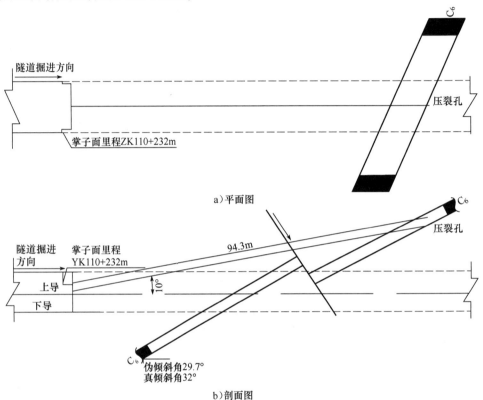

图8.2-4 C_6煤层压裂钻孔设计图

(4) 压裂钻孔封孔设计

为保证压裂效果,压裂钻孔必须封孔至C_6煤层顶板处,如图8.2-5所示。

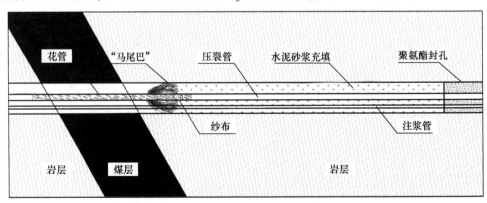

图8.2-5 压裂钻孔封孔设计图

①封孔说明

a.孔内压裂管管内径为 φ40mm,壁厚 6mm 的无缝钢管,每根长 2m,用相应接头进行连接,压裂管前端为 2m 花管,如图 8.2-6 所示。

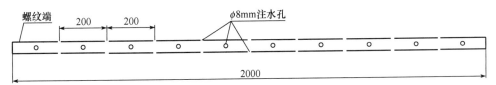

图 8.2-6　压裂花管加工示意图(尺寸单位:cm)

b.注浆管采用 φ4 分铁管加工,长 2m,末端与球阀连接,另加工一根一头带梯形笋子尖、一头为丝扣的 φ4 分铁管,用来连接注浆泵与注浆管,注浆时开启球阀,注浆结束后及时关闭球阀。

c.封孔段内端采用"马尾巴"封堵,其方法是将"马尾巴"绑结实在压裂管上,当压裂管花管穿过煤层时停止送管,向孔外方向拉动压裂管,"马尾巴"收缩,起到封堵水泥砂浆及过滤水的作用。"马尾巴"长度不小于 1m,条数以与孔壁较紧密接触为准,为与压裂管绑捆结实,可在压裂管上焊接小齿。

d.马尾巴后方留 50cm 左右的花管,用纱布缠绕。

e.封孔段外端采用注入聚氨酯封堵的办法,封堵段长度不小于 1.5m。

f.注浆液要求抗压强度不小于 20MPa,抗收缩能力强,主料为强度等级不小于 425 号水泥,配料为膨胀水泥。

g.为减小下管阻力,注浆管、返浆管与压裂管可捆绑,但要注意在孔口注浆管与压裂管应有长度差,以便顺利安装三通、球阀等。

②注浆封孔工艺

注浆人员连接注浆机注浆管路,开启注浆泵并观察是否运转正常;将注浆材料运至注浆机附近,注浆系统试运转并确认正常后,将水和水泥、外加剂按比例加入料搅拌桶,不停搅拌;将注浆管路与孔口管连接,开泵开始注浆;注浆结束后在搅拌机中加入清水,开启注浆泵进行洗泵,至注浆管出浆为清水时停止。如果长期不用注浆泵,将注浆泵管路拆下清理,擦油防锈。

注浆封孔所需设备及材料见表 8.2-6。

注浆所需设备及材料　　　　　　　　表 8.2-6

序 号	名　　称	单 位	数　量	作　用
1	注浆泵	台	1	注浆
2	注浆管	m	45	注浆管
3	压裂花管	根	4	注浆花管

续上表

序号	名称	单位	数量	作用
4	压裂管	根	43	
5	管接头	个	配套	连接
6	棉纱(马尾巴)	kg	0.2	捆绑在压裂管上
7	铁丝	m	5	捆绑注浆管与压裂管
8	老虎钳	把	2	拧铁丝
9	截止阀(球阀)	个	4	控制注浆
10	管钳	把	2	操作工具
11	活口扳手	把	1	操作工具
12	螺丝刀	把	各1	
13	聚氨酯	kg	A/B料各0.5kg	封孔用
14	水泥配料	t	0.1	膨胀增强,防收缩
15	纱布	kg	0.1	过滤泥浆

(5)压裂参数计算

①破裂压力

破裂压力的确定依据公式：

$$p_f \geq \sigma_1 + \sigma_3 - 2(\sigma_1 - \sigma_3)\cos 2\theta + R_t \tag{8.2-1}$$

式中：p_f——破裂压力，MPa；

σ_1、σ_3——最大最小水平主应力，MPa；

θ——目标方向角；

R_t——煤岩体抗拉强度，MPa，取2.6MPa。

$$\begin{cases} \sigma_1 = 0.0216H + 6.7808 \\ \sigma_3 = 0.0182H + 2.2328 \end{cases} \tag{8.2-2}$$

式中：H——埋深，m。

管道摩阻经测算约2MPa，经综合计算，C_6煤层压裂孔破裂压力为26.1MPa。

②总注水量

注水量的确定依据公式：

$$v_{水} = v_{体} k$$
$$v_{体} = abh$$

式中：$v_体$——注水影响体体积，m^3；
  k——影响体孔隙率，%；
  a——影响体长度，m；
  b——影响体宽度，m；
  h——影响体高度，m。

在注水形成压力之前，需充填压裂泵组至压裂孔的管道已经压裂孔，此处需要的水量为：

$$v_c = v_g + v_k$$
$$v_g = \pi \gamma_g^2 h_g$$
$$v_k = \pi \gamma_k^2 h_k$$

式中：v_c——充填管道和压裂孔所需水量，m^3；
  v_g、γ_g、h_g——分别为充填管道所需水量、管道半径、管道长度，m；
  v_k、γ_k、h_k——分别为充填压裂孔所需水量、压裂孔半径、压裂孔长度，m。

根据本项目实施地点的条件及预压裂的有效半径20m，经过计算，C_6煤层压裂孔注水量约37.5m^3。

③施工过程的时间、压力、排量控制

小型的打压试验完毕后，操作员调换2挡挡位，压力缓慢上升到15MPa后，调换到2挡挡位继续注水至预定水量后停泵，保压24h后泄压。

④压裂管长度及管径选择

本次水力压裂选用DN50mm，承压70MPa管道，所需长度1500m。

2）预抽煤层瓦斯

（1）钻场设计

由于天城坝隧道上台阶高度达5.9m，而钻机的支撑立柱最大支撑高度仅4m，不便于钻机安装，需在掌子面沿隧道开挖方向施工作业硐室作为钻场。作业硐室（钻场）尺寸（长×宽×高）为12m×2.5m×3.0m，如图8.2-7所示。

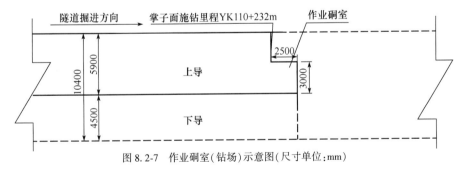

图8.2-7 作业硐室（钻场）示意图（尺寸单位：mm）

（2）抽采钻孔设计

C_5、C_6煤层采取"联合布孔、联合抽采"方式。

抽采钻孔在掌子面（里程YK110+232m，上导距C_5煤层最小法向距离7.6m、距C_6煤层17.9m最小法向距离）位置设计施工。钻孔按终孔间距4m×4m网格布置，控制揭煤区域隧道轮廓线外（沿层面）上方不小于12m、下方不小于12m、左右两帮不小于12m，同时还应保证控制范围的外边缘到隧道轮廓线(包括预计前方揭煤段隧道的轮廓线)的最小距离不小于5m,钻孔孔径76mm,上向孔终孔至C_5、C_6煤层底板0.5m处,下向孔终孔至C_5、C_6煤层底板3m处,抽采钻孔设计如图8.2-8所示。

(3)施工设备

由于天城坝隧道围岩硬度大,且富含黄铁矿晶粒和结核,为确保施工速度,缩短施工工期,抽采钻孔施工设备选用ZDY-2300型煤矿用全液压坑道钻机配套$\phi 63mm \times 760mm$普通钻杆和$\phi 76mm$ PDC金刚石复合片钻头。ZDY-2300型煤矿用全液压坑道钻机结构简单、性能稳定,钻机转速(r/min)为70/160、扭矩(N·m)为2300/1000、最大钻进深度可达300m。

(4)封孔设计

抽采钻孔施工完成后,采用囊袋式注浆封孔法随钻随封。囊袋抽放瓦斯用注浆式(带压式)封孔器主要由注浆管、瓦斯抽放管、单向阀、爆破阀、囊袋、堵头、瓦斯抽放花管(集气段)等构成。该封孔器的注浆管与注浆泵连通,液浆因注浆泵压力进入注浆管及囊袋1及囊袋2,囊袋迅速膨胀,将囊袋的外径紧固在煤层孔壁上,将封孔器两端的孔封闭;当压力大于2.0MPa时,爆破阀爆破,液浆将两个囊袋中间的部分充满,进而实现多层密封,通过瓦斯抽放管连接瓦斯抽放管路进行抽放瓦斯。囊袋式封孔器结构及实物如图8.2-9所示。

囊袋式注浆封孔法工艺如下:

第一步,使用封孔器快速、简便、将封孔器完全插入钻孔内;

第二步,将封孔器与注浆泵压力源连通;

第三步,打开气动搅拌器,搅拌均匀后开始注浆,出浆口压力控制在2MPa,从而实现带压式密封;

第四步,注浆一段时间后,注浆泵自动停止,说明封孔完成;

第五步,打开泄压阀,断开注浆管,清洗注浆泵。

(5)抽采参数测定

钻孔封堵完成并接入抽采系统后,每天测定总体抽采情况,每星期测定一次单孔抽采情况,并做好详细记录。

(6)抽采系统

地面安设两台(一台备用)ZWY-30/55-G型移动抽采泵,对该隧道煤层瓦斯进行抽采,抽采主管为DN200mm铁管。

8.2.3 C_5、C_6煤层区域防突措施效果检验

根据C_5、C_6煤层原始瓦斯含量与瓦斯抽采过程中所测定的抽采参数计算煤层的残余瓦斯含量,当计算残余瓦斯含量小于$8m^3/t$,即可进行区域防突措施效果检验。

区域防突措施效果采用测定残余瓦斯压力或测定残余瓦斯含量或钻屑瓦斯解析指标进行检验。C_5煤层区域防突措施效果检验测试点设计在距离C_5煤层最小法向距离(里程YK110+233.3m)7m处施工;C_6煤层区域防突措施效果检验测试点设计在距离C_6煤层最小法向距离(里程YK110+248.5m)10m处施工。钻孔分别位于要求预抽区域内的上部、中部和两侧,并且

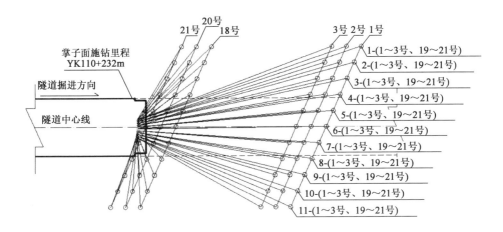

a) 平面图(C_5煤层)

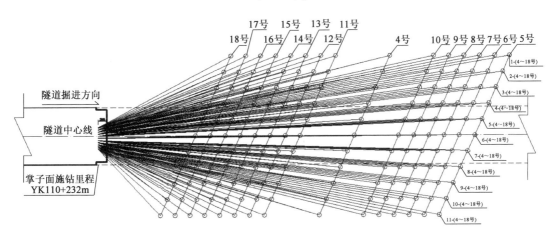

b) 平面图(C_6煤层)

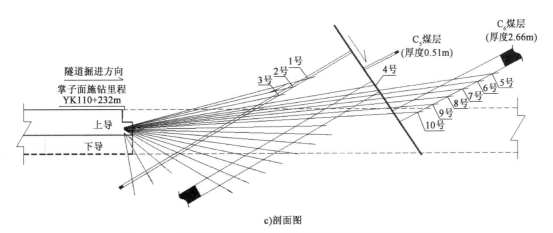

c) 剖面图

图 8.2-8　天城坝隧道进口右线 C_5、C_6 煤层抽采钻孔设计平、剖面示意图

至少有1个检验测试点位于要求预抽区域内距边缘不大于2m的范围,钻孔孔径76mm。区域措施效果检验钻孔设计如图8.2-10所示。

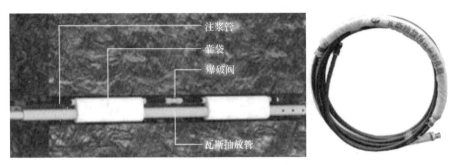

图8.2-9 囊袋式封孔器结构及实物图

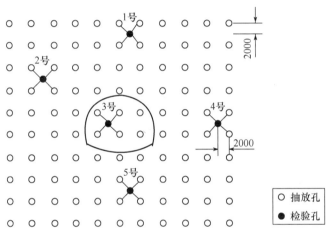

图8.2-10 区域措施效果检验钻孔设计图(尺寸单位:mm)

当测定 C_5、C_6 煤层残余瓦斯压力均小于0.74MPa 或残余瓦斯含量均小于 $8m^3/t$ 或钻屑瓦斯解析指标不超标,且施钻过程中无顶钻、卡钻、喷孔及其他明显突出预兆,则可进行区域验证;若残余瓦斯压力≥0.74MPa 或残余瓦斯含量≥ $0.8m^3/t$ 或钻屑瓦斯解析指标超标或施钻过程中有顶钻、卡钻、喷孔及其他明显突出预兆,则说明预抽防突效果无效,预抽区域仍为突出危险区,应补充施工 C_5、C_6 煤层抽放钻孔抽放瓦斯,直至效果检验达标。

8.2.4 C_5、C_6 煤层区域验证

C_5 煤层经区域防突措施效果检验合格后,开挖至隧道上导距 C_5 煤层最小法向距离(里程 YK110+237.5m)5m 处进行区域验证;C_6 煤层经区域防突措施效果检验合格后,开挖至隧道上导距 C_6 煤层最小法向距离(里程 YK110+259m)5m 处进行区域验证。区域验证采用工作面突出危险性预测方法进行(详见工作面突出危险性预测)。

若验证指标不超标,则采取安全防护措施分别开挖至距 C_5、C_6 煤层最小法向距离2m 处再次进行区域验证(详见工作面突出危险性预测);若验证指标超标,则执行局部综合防突措施。

8.3 C_5、C_6煤层局部综合防突技术

8.3.1 C_5、C_6煤层工作面突出危险性预测

1)预测方法

对突出煤层进行工作面突出危险性预测的方法有钻屑指标法、复合指标法、R 值指标法、其他经试验证实有效的方法。此处选用钻屑瓦斯解析指标法作为预测方法,即采用 WTC 瓦斯突出参数仪测定钻屑瓦斯解吸指标 K_1 值。根据煤层具体情况,预测钻孔进入煤层后,用事先准备好的组合筛子在孔口接取钻屑,同时启动秒表,一边取样一边筛分,当钻屑量不少于 100g 时,停止取样,并继续筛分,最后把筛分好的直径 1~3mm 的钻屑装入 WTC 瓦斯突出参数仪的煤样罐内,盖好煤样罐,准备测试。当秒表走到 t_0 时(t_0<2min),启动仪器采样测定,采样完毕,用键盘输入 t_0 和测定煤样点距孔口的距离 L,仪器自动计算 K_1 值;钻屑量 S 值采用重量法测试,即每个钻屑量 S 值必须测试完每 1m 钻孔深度的全部钻屑。注意测量前应检测煤样罐等的气密性,否则可能造成测量结果不准,影响突出危险预报。

钻孔见煤后,每 1m 测定一次 S 值,每 2m 测定一次 K_1 值。

钻屑瓦斯解析指标 K_1 值的临界值见表 8.3-1。

钻屑指标法预测揭煤工作面突出危险性的临界值　　　　表 8.3-1

煤样类别	$K_1[\mathrm{mL}/(\mathrm{g}\cdot\mathrm{min}^{1/2})]$	$S(\mathrm{kg/m})$
干煤	0.5	6
湿煤	0.4	

2)5m 最小法向距离预测

隧道上导开挖至距 C_5 煤层最小法向距离(里程 YK110+237.5m)5m 处应进行工作面突出危险性预测(区域验证);隧道上导开挖至距 C_6 煤层最小法向距离(里程 YK110+259m)5m 处应进行工作面突出危险性预测(区域验证)。

检验测试点布置于所在部位钻孔密度较小、孔间距较大、预抽时间较短的位置,并尽可能远离测试点周围的各预抽钻孔,或尽可能与周围预抽钻孔保持等距离,钻孔控制隧道轮廓线外(沿层面)上方 10m、下方 5m、左右各 8m,钻孔孔径 76mm,如图 8.3-1 所示。

若预测不超标,则采取安全防护措施分别开挖至距 C_5、C_6 煤层最小法向距离 2m 处进行预测。若预测超标,则执行工作面防突措施。

3)2m 最小法向距离预测钻孔设计

隧道上导开挖至距 C_5 煤层最小法向距离(里程 YK110+243.8m)2m 处应进行工作面突出危险性预测;隧道上导开挖至距 C_6 煤层最小法向距离(里程 YK110+265.3m)2m 处应进行工作面突出危险性预测。

检验测试点布置于所在部位钻孔密度较小、孔间距较大、预抽时间较短的位置,并尽可能

远离测试点周围的各预抽钻孔,或尽可能与周围预抽钻孔保持等距离,控制隧道轮廓线外(沿层面)上方 5m、下方 3m、左右两边各 5m,钻孔孔径 76mm,如图 8.3-2 所示。

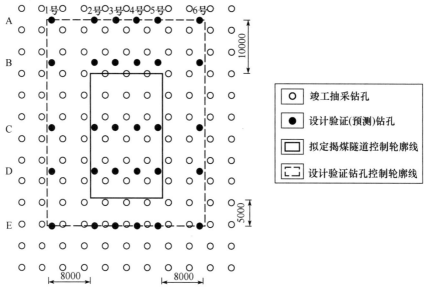

图 8.3-1 最小法向距离 5m 处预测(验证)钻孔设计图(尺寸单位:mm)

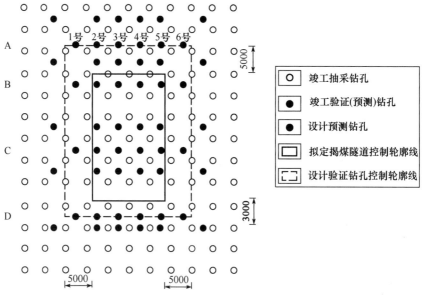

图 8.3-2 最小法向距离 2m 处预测钻孔设计图(尺寸单位:mm)

若预测不超标,则施工金属骨架;若预测超标,则执行工作面防突措施。

4)金属骨架钻孔设计

根据隧道超前地质预报综合分析,若煤系地层围岩及煤层稳定性差,则施工金属骨架作为煤系地层揭煤施工的超前支护措施。金属骨架钻孔孔径 89mm,按 0.2m 间距双排错开布置,控制隧道轮廓线的上部及左右帮,如图 8.3-3 所示。

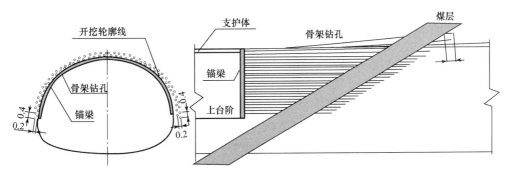

图 8.3-3　隧道揭煤金属骨架钻孔设计图(尺寸单位:m)

金属骨架钻孔施工完成后,立即向孔内插入 DN50mm 无缝钢管,插入深度以超过煤层底板 1m 处为准。在孔口设置一根 φ4mm 注浆管,并采用棉纱+水泥砂浆或 AB 胶将孔口封堵。待孔口部分凝固后,立即采用封孔泵向孔内注浆,直至水泥砂浆从骨架管内返出为止,如图 8.3-4 所示。

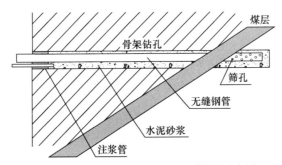

图 8.3-4　隧道揭煤金属骨架钻孔注浆封堵示意图

金属骨架施工完成并凝固后,采用渐进式揭煤方式揭开煤层。

5)煤门预测钻孔设计

隧道上导揭开 C_5 或 C_6 煤层后,即在已揭开的断面处采用风煤钻对煤体进行煤门预测。煤门预测钻孔布置在揭开煤层处沿煤层倾向、走向施工,控制隧道开挖轮廓线外上下左右各 5m,钻孔孔径 42mm,如图 8.3-5 所示。

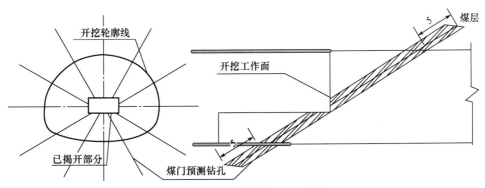

图 8.3-5　煤门预测钻孔设计图(尺寸单位:m)

若预测不超标,则可继续过煤门;若预测超标,则执行工作面防突措施。

隧道下导开挖进入 C_5 或 C_6 煤层后,应再次对煤体进行煤门预测,其要求同上。

8.3.2　C_5、C_6 煤层工作面防突措施

(1)若在进行工作面突出危险性预测(区域验证)时,预测(验证)指标超标或钻孔施工过程中出现顶钻、卡钻、喷孔及其他明显突出预兆时,则采取施工排放钻孔的工作面防突措施。排放钻孔的有效半径按 2m 设计,钻孔布置按终孔间距 4m×4m 网格布置,钻孔孔径 76mm,终孔至 C_5 或 C_6 煤层底板 0.5m 处。排放钻孔需根据超标点位置另行设计。

(2)若煤门预测超标,则必须在煤门处施工排放钻孔进行瓦斯排放。排放钻孔的有效半径按 2m 设计,钻孔布置按终孔间距 4m 布置,钻孔孔径 76mm。排放钻孔需根据超标点位置另行设计。

8.3.3　C_5、C_6 煤层工作面防突措施效果检验

执行局部防突措施后,按工作面突出危险性预测方法对其进行防突措施效果检验,检验钻孔布置在超标钻孔、不超标钻孔、措施钻孔中间的空隙中,确保全面检验整个控制范围。检验钻孔需根据超标孔及措施孔另行设计。

8.4　C_7、C_8 煤层区域综合防突技术

8.4.1　C_7、C_8 煤层区域突出危险性预测

探明隧道煤系地层的瓦斯赋存情况及地质状况,确切掌握煤层的层位、倾角、厚度、顶底板岩性、地质构造等煤层赋存情况,为安全揭煤提供可靠的基础资料。在天城坝隧道进口右线掌子面(里程 YK110+276m)处设计施工 C_7、C_8 煤层地质钻孔,以确定 C_7、C_8 煤层的准确位置及基本参数,准确掌握其赋存情况。

1)地质钻孔设计

右线 C_7、C_8 煤层地质钻孔设计在掌子面(里程 YK110+276m)处,前期施工了初探 1 号孔,根据初探 1 号孔资料,再设计 4 个地质探孔,分别终孔于 C_8 煤层底板 5m 以上,钻孔孔径 76mm,用以分析掌子面前方的(煤)岩层性质、产状、断层、褶皱、瓦斯、岩溶发育情况等地质资料。地质钻孔设计参数见表 8.4-1,钻孔布置见图 8.4-1。

地质钻孔设计参数　　　　　　表 8.4-1

孔　号	夹角(°)	倾角(°)	孔径(mm)	孔深(m)	备　注
1 号	0.0	6.5	76	97.6	只取煤芯
2 号	0.0	-5.1	76	70.2	全程取芯
3 号	-11.0	-3.9	76	88.2	只取煤芯
4 号	14.0	-5.0	76	71.6	只取煤芯

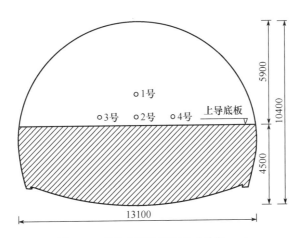

图 8.4-1 钻孔布置示意图(尺寸单位:mm)

地质钻孔施工过程中,必须由地质人员跟班记录钻孔的取芯情况,并如实填写探钻原始记录表。

2) 原始瓦斯参数测定

瓦斯参数主要测定煤层原始瓦斯压力 P、软分层煤的破坏类型、煤的瓦斯放散初速度 Δp 和煤的坚固性系数 f 等指标,以及施工过程中的瓦斯动力现象,用以判断煤层的突出危险性。

由于瓦斯压力测定周期较长,根据《防突细则》的要求,可采取瓦斯含量及取样做工业性试验所得的 a、b 常数等资料来计算瓦斯压力,因此突出煤层的原始瓦斯压力采用计算方式进行。

3) 右线 C_7、C_8 煤层地质钻孔施工情况

2019 年 12 月 19 日,首先在掌子面里程 YK110+276m 处施工了 1 个初探地质钻孔,大致探明前方煤层赋存情况。

初探 1 号孔施工时间为 2019 年 12 月 19 日,未取芯,终孔深度为 53.2m,见 C_6、C_7 和 C_8 煤层。钻孔探至 C_8 煤层时,探孔中瓦斯压力大,喷孔严重。

1 号探孔施工时间为 2019 年 12 月 21 日—22 日,未取芯,终孔深度为 98.8m,见 C_6、C_7、C_8 和 C_{11} 煤层。钻孔探至 C_8 煤层时,探孔中瓦斯压力大,喷孔严重。

2 号探孔施工时间为 2019 年 12 月 27 日,全孔取芯,终孔深度为 43.3m,见 C_6、C_7 和 C_8 煤层。由于 C_8 煤层瓦斯压力大,喷孔严重,本孔未穿透 C_8 煤层。

3 号探孔施工时间为 2019 年 12 月 24 日,未取芯,终孔深度为 88.2m,见 C_6、C_7 和 C_8 煤层。钻孔探至 C_8 煤层时,探孔中瓦斯压力大,喷孔严重,本孔进入 C_8 煤层底板 42.75m。

4 号探孔施工时间为 2019 年 12 月 26 日,未取芯,终孔深度为 71.4m,见 C_6、C_7 和 C_8 煤层。钻孔探至 C_8 煤层时,探孔中瓦斯压力大,喷孔严重,本孔进入 C_8 煤层底板 35.3m。

地质钻孔实际施工参数见表 8.4-2,地质钻孔竣工图见图 8.4-2。

地质钻孔实际施工参数　　　　　　　表 8.4-2

孔　　号	夹角(°)	倾角(°)	孔径(mm)	孔深(m)	备　　注
初探 1 号	0	-28	76	53.2	未取芯
1 号	0	6.5	76	98.8	只取煤芯
2 号	0	1	76	43.3	全程取芯
3 号	11	-3.9	76	88.2	只取煤芯
4 号	14	-5	76	71.4	只取煤芯

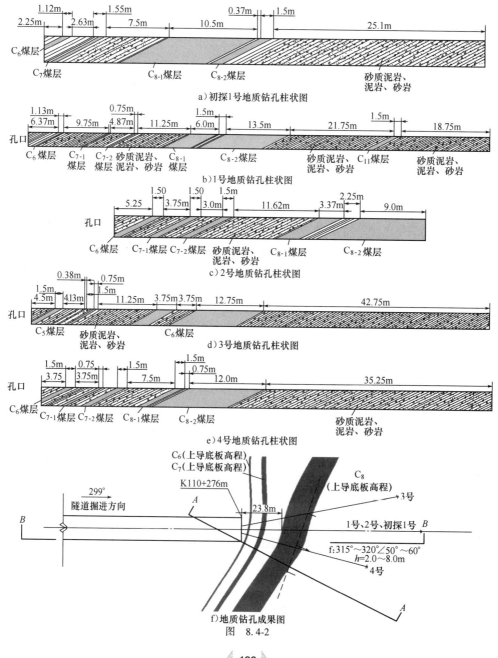

图 8.4-2

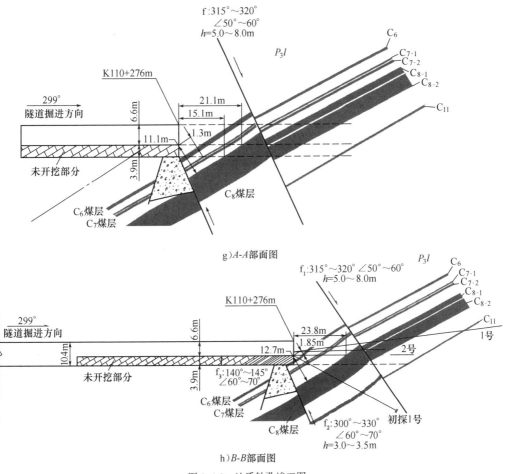

图 8.4-2 地质钻孔竣工图

4）煤层、地层赋存条件情况

通过 5 个地质探孔施工情况分析，现掌子面前方见 C_6、C_7 及 C_8 煤层，现掌子面前方为二叠系上统龙潭组（P_3l）地层，岩性为灰～灰褐色薄层状泥岩、砂质泥岩、砂岩、黑色炭质页岩，C_6、C_7 及 C_8 煤层。

根据对现掌子面施工的 5 个钻孔揭露地质资料及左洞抽放钻孔资料综合分析，掌子面前方地层产状为 132°∠32°，煤（岩）层走向与隧道夹角 77°，与原地质勘探资料煤（岩）层产状 133°∠31°相比，煤（岩）层走产状与勘探成果资料大体一致。从本次地质勘探成果来看，C_6 煤层位置与 2019 年 5 月在右洞 K110+232m 处地质勘探成果资料相比，C_6 煤层位置提前约 9m、C_6 煤层与 C_8 煤层层间距比地质勘探资料和左洞抽放钻孔施工揭露的层间距减小近 1/2，右洞层间距为 9.0～15m，左洞层间距为 18～21.0m。

同时，根据右洞在 K110+243.8m 处抽放孔资料分析，隧道顶部以下至隧道设计开挖底板高程以上 C_5 煤层、C_6 煤层层位基本正常，隧道设计开挖底板高程以下 C_6 煤层变厚，厚度为 4.29～16.10m，煤层厚度增厚范围走向方向为隧道施工方向左帮轮廓线以外 5m 至右帮轮廓线以外 20m 范围，倾斜方向为隧道设计开挖底板以下 40m 范围。经综合分析，造成上述现象的主要原因为断层及断层破碎带的影响,由于抽放钻孔和本次控制隧道底板高程以下的钻探各孔均未采取岩芯,无法根据钻孔岩芯情况分析下方构造情况。综合各方面地质资料,分析认为在现碛头前方和下方存在一组断层,其产状分别为 f_1:315°~320°,∠50°~60°,h=5.0~8.0m(正)。f_2:300°~330°,∠60°~70°,h=3.0~5.0m(逆)。f_3:140°~145°,∠60°~70(正)。前期在 K110+243.8m 处施工抽放孔时钻孔中 C_6 煤层变厚,其原因可能是钻孔中断层破碎带中的碳质泥岩或断层带岩石不易分辨,将其认为是煤层。断层实际产状情况有待于后续抽放钻孔施工和揭煤工程予以验证。钻孔参数及计算成果见表8.4-3。

钻孔参数及计算成果　　　　　　　　　表8.4-3

孔号	隧道方位角(°)	煤(岩)层倾向(°)	煤(岩)层倾角(°)	探孔方位角(°)	探孔仰(-)俯(+)角(°)	探孔孔口高度(m)	钻孔距右帮距离(m)	见煤孔深(m)	探孔煤厚(m)	煤层真厚(m)	隧道右帮底板岩柱(法线)距离(m)	备注
初1	299	144.6	32	299	28	3.9	6.5	2.25	1.13	0.93	-2.95	C_6煤层
								6	0.4	0.33	0.12	C_{7-1}煤层
								6.75	0.75	0.62	0.74	C_{7-2}煤层
								15	10.5	8.61	7.51	C_8煤层
1	299	144.6	32	299	-6.5	5.7	6.5	6.38	1.23	0.47	-3.91	C_6煤层
								17.25	0.38	0.14	0.21	C_{7-1}煤层
								22.5	0.75	0.28	2.20	C_{7-2}煤层
								34.5	6	2.27	6.75	C_{8-1}煤层
								42	13.5	5.11	9.59	C_{8-2}煤层
								77.25	1.5	0.57	22.94	C_{11}煤层
3	299	144.6	32	288	3.9	4.3	8.5	4.5	1.5	0.72	-3.42	C_6煤层
								10.13	0.37	0.18	-0.71	C_{7-1}煤层
								12	0.75	0.36	0.19	C_{7-2}煤层
								24	3.75	1.81	5.98	C_{8-1}煤层
								31.5	12.75	6.15	9.59	C_{8-2}煤层

续上表

孔号	隧道方位角(°)	煤(岩)层倾向(°)	煤(岩)层倾角(°)	探孔方位角(°)	探孔仰(-)俯(+)角(°)	探孔孔口高度(m)	钻孔距右帮距离(m)	见煤孔深(m)	探孔煤厚(m)	煤层真厚(m)	隧道右帮底板岩柱（法线）距离(m)	备注
4	299	144.6	32	313	5	4.3	4.5	3.75	1.5	0.89	-2.46	C_6煤层
								9	0.75	0.44	0.64	C_{7-1}煤层
								12	1.5	0.89	2.42	C_{7-2}煤层
								21	1.5	0.89	7.73	C_{8-1}煤层
								23.25	12	7.09	9.06	C_{8-2}煤层
2	299	144.6	32	299	-1	4.3	6.5	5.25	1.5	0.69	-2.70	C_6煤层
								10.5	1.5	0.69	-0.27	C_{7-1}煤层
								12	1.5	0.69	1.81	C_{7-2}煤层
								28.13	3.38	1.57	7.89	C_{8-1}煤层
								33.75	9	4.17	10.49	C_{8-2}煤层

经钻孔资料综合分析计算,掌子面前方 C_6 煤层真厚为 0.69~0.93m,C_{7-1} 煤层真厚为 0.14~0.69m,C_{7-2} 煤层真厚为 0.28~0.89m,C_{8-1} 煤层真厚为 0.89~2.27m,C_{8-2} 煤层真厚为 4.17~8.61m,C_{8-1} 与 C_{8-2} 煤层间夹矸厚度 0.5~1.5m,现掌子面(YK110+276m)隧道右帮设计最低开挖高程处距离 C_6 煤层法线距离为 0.70m,距离 C_7 煤层法线距离为 4.23m,距离 C_{8-1} 煤层法线距离为 7.81m;掌子面(YK110+276m)隧道右帮上导底板高程处距离 C_6 煤层法线距离为 1.30m,距离 C_7 煤层法线距离为 7.56m,距离 C_{8-1} 煤层法线距离为 11.1m。

5)地质钻孔分析

根据地质钻孔分析计算,天城坝隧道右线煤系地层段 C_7、C_8 煤层里程,详见表 8.4-4。

右线隧道 C_7、C_8 煤层里程表　　　　表 8.4-4

煤层编号	煤层倾角(°)	煤层与线路交角(°)	距离煤层法向距离0m处里程	距离煤层法向距离2m处里程	距离煤层法向距离5m处里程	距离煤层法向距离7m处里程	距离煤层法向距离10m处里程	备注
C_7	27	64	292.4	288	281.5	277.1	270.7	法向距离按上导计算
C_8	27	64	299.9	295.6	289.1	284.7	278.2	

6)瓦斯参数测定情况

施工地质钻孔时,对 C_7、C_8 煤层进行取样并通过实验室测定和计算,获得了 C_7、C_8 煤层的瓦斯含量、瓦斯压力、瓦斯放散初速度 Δp、煤的坚固性系数 f 和破坏类型,测定结果见表 8.4-5。

C_7、C_8 煤层瓦斯参数测定结果　　　　　表 8.4-5

煤层	瓦斯含量 Q（m^3/t）≥8	瓦斯压力 P（MPa）≥0.74	瓦斯放散初速度 Δp ≥10	煤的坚固性系数 f ≤0.5	煤的破坏类型	突出判别
C_{7-1}	11.8667	2.688	13	0.5	Ⅳ	突出
C_{7-2}	12.3855	3.168	13	0.5	Ⅳ	突出
C_{8-1}	16.7238	2.437	18	0.5	Ⅳ	突出
C_{8-2}	18.4704	3.558	18	0.4	Ⅳ	突出

根据上述资料分析,C_{7-1}、C_{7-2}、C_{8-1}、C_{8-2} 煤层的瓦斯含量、瓦斯压力(相对压力)、瓦斯放散初速度、煤的坚固性系数和破坏类型等指标均超过突出煤层鉴定的单项指标临界值,且施工过程中出现喷孔等瓦斯动力现象,因此判定 C_{7-1}、C_{7-2}、C_{8-1}、C_{8-2} 煤层具有突出危险性,必须对其执行区域防突措施。

8.4.2　C_7、C_8 煤层区域防突措施

区域防突措施采取水力压裂增透、水力割缝与预抽煤层瓦斯相结合的措施。由于 C_7 煤层岩柱厚度小于 10m,从安全角度考虑不宜进行水力压裂,因此针对 C_7 煤层只采取水力割缝与预抽煤层瓦斯相结合的区域防突措施,C_8 煤层采用水力压裂增透、水力割缝与预抽煤层瓦斯相结合的区域防突措施。

1)水力压裂增透

天城坝隧道进口左线 C_8 煤层的坚固性系数 f 为 0.5,C_8 煤层的破坏类型Ⅳ类,符合实施水力压裂增透抽采条件。

(1)水力压裂基本原理

水力压裂增透技术利用高压泵组通过钻孔向储层压入压裂液,当液体压入的速度远远超过储层的自然吸水能力时,由于流动阻力的增加,进入储层的液体压力就会逐渐上升,当超过储层的破裂压力时,储层内原来的闭合裂隙就会被贯通,煤层渗透性就会增加,为瓦斯的流动创造条件,从而达到增加煤层透气性、提高瓦斯抽采效果的目的。

(2)水力压裂泵组

水力压裂选用 BYW78/400 型(原 CBYL 型)压裂泵组。

①泵组性能及参数

该泵组主要由压裂泵、液力变速器、防爆电机、控制阀组、润滑冷却系统、仪表、控制系统及监视系统组成。压裂泵组分别布置在 2 台矿用平板车上,其中压裂泵、液力变速器安装在 1 台平板车上,电机、泵出口调节阀、软启动柜及可编程逻辑控制器(PLC)控制柜安装一台平板车

上,电机与液力变速器采用可伸缩的万向联轴器连接,可以完全消除 2 台平板车在使用现场安装的位置误差。根据用户的需要,可以增设 1 台井口阀组平板车,该平板车上安装电动泄压阀及止回阀,可以远程操作井口泄压,同时防止输出管路时高压泄压。

其外观如图 8.4-3 所示,运行参数如表 8.4-6 所示。

图 8.4-3 BYW78/400 型压裂泵组

BYW78/400 型压裂泵组运行参数　　　表 8.4-6

挡位	速比	泵速 (r/min)	配套电机功率 (kW)	柱塞直径 $D=100mm$		柱塞直径 $D=80mm$	
				流量(m^3/h)	压力(MPa)	流量(m^3/h)	压力(MPa)
5	1	370	400	70.5	16.5	45	25
4	1.35	274	400	52.3	22	34	35
3	2.01	184	400	35.4	33	22	52
2	2.68	138	400	26.3	44	17	69
1	4	92.5	400	17.6	50	12	78

②泵组特点

该压裂泵组主要具有以下特点:

a.能力足够。该压裂泵组的最大压力可达 78MPa,最大流量为 70.5m^3/h,在 33MPa 压力工况下流量可达 35m^3/h,完全满足目前水力压裂的需要。

b.智能化程度高。压裂泵组液力变速器采用有挡自动调速,共设置 5 个挡位,压裂时可根据孔内的实际需要自行调节压力与流量,从而使煤体压裂更加充分。

c.安全性能好。压裂泵组实现全程远程操作,并在孔口设置单向阀和电动液压阀,压裂完成后可远方操作,先将其卸压,再安排人员进入检查,彻底消除了带压进人的安全隐患。

d.可靠性更好,故障率低。该泵组使用冷却效果更好的板式冷却器,压裂泵组可以在高压情况下长时间连续运行。

③工作原理

低压水通过压裂泵吸入到泵组内,在压裂泵低压水入口处设置有一个单向阀,使水流吸入泵体内部通过柱塞往复运动将其加压到 20~70MPa,然后分为两路,一路为经电动回流阀流出,另一路经过高压管路向压裂孔输水。在压裂孔口设置一个单向阀及一个电动旁通卸压阀。压裂过程中,卸压阀关闭,高压水经单向阀直接流入孔内压裂煤体;压裂完成并停泵后,由于单向阀的作用,高压水仍保持在单向阀与钻孔之间的高压管路中,此时,打开电动卸压阀,将其放出,从而达到远程卸压的目的。

④操作流程

连接好高压管路→检查泵组管路连接状况(回流阀全部打开)→将压裂泵调整到空挡位置,空载启动压裂泵→检查电机运行正反→调整电源方向→逐步关闭回流阀→开始压裂→压裂→结束压裂→将泵组挡位回到空挡→停泵→打开卸压阀卸压→完成压裂。

a.压裂地点选择。

在掌子面(里程 YK110+276m,隧道右帮上导底板高程处距 C_{8-1} 煤层法线距离 11.1m)位置设计施工压裂钻孔对 C_8 煤层进行水力压裂,压裂泵组安装在左洞距掌子面 500m 处,高压输水管路从泵站铺设至压裂地点,压裂泵组及管路铺设如图 8.4-4 所示。

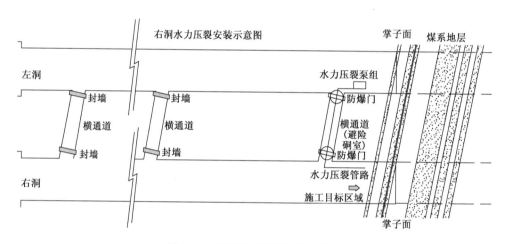

图 8.4-4 压裂泵组及管路铺设示意图

b.供水供电要求。

压裂时对压裂泵供水要求 35m³/h 以上,且持续稳定。供电要求 1140V 和 660V 两种电压,功率要求 400kW 以上。

c.压裂钻孔设计。

C_8 煤层水力压裂钻孔方位角 299°(沿隧道走向)。为保证压裂钻孔封孔效果,压裂钻孔应设计有一定仰角,因此钻孔倾角设计为 10°,孔径 76mm,施工至 C_8 煤层底板 0.5m,孔深 59.5m,采用孔内压裂管预埋至 C_8 煤层底板处,压裂钻孔设计如图 8.4-5 所示。

d.压裂钻孔封孔设计。

为保证压裂效果,压裂钻孔必须封孔至 C_8 煤层顶板处,如图 8.4-6 所示。

封孔说明:

(a)孔内压裂管内径为 40mm,壁厚 8mm 的无缝钢管,每根长 2m,用相应接头进行连接,压裂管前端为 2m 花管,如图 8.4-7 所示。

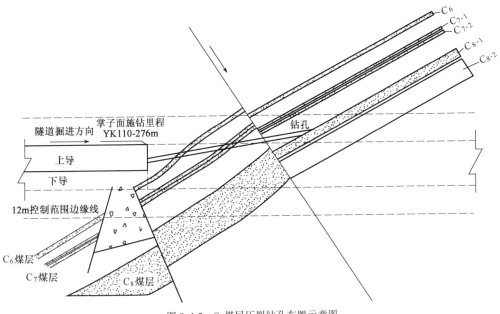

图 8.4-5 C_8 煤层压裂钻孔布置示意图

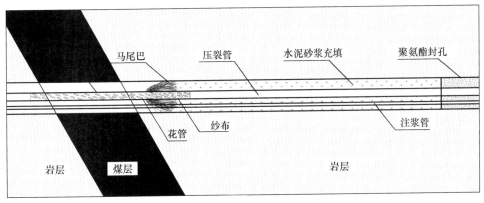

图 8.4-6 压裂钻孔封孔设计示意图

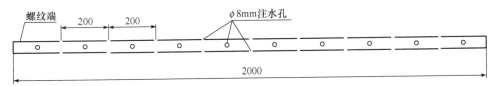

图 8.4-7 压裂花管加工示意图(尺寸单位:cm)

(b)注浆管采用 4 分(ϕ20mm)铁管加工,长 2m,末端与球阀连接,另加工一根一头带梯形笋子尖、一头为丝扣的 4 分铁管,用来连接注浆泵与注浆管,注浆时开启球阀,注浆结束后及时关闭球阀。

(c)封孔段内端采用"马尾巴"封堵,其方法是将"马尾巴"绑结实在压裂管上,当压裂管花管穿过煤层时停止送管,向孔外方向拉动压裂管,"马尾巴"收缩,起到封堵水泥砂浆及过滤水的作用。"马尾巴"长度不小于 1m,条数以与孔壁较紧密接触为准,为与压裂管绑捆结实,可在压裂管上焊接小齿。

(d)"马尾巴"后方留 50cm 左右的花管,用纱布缠绕。

(e)封孔段外端采用注入聚氨酯封堵的办法,封堵段长度不小于 1.5m。

(f)注浆液要求抗压强度不小于 40MPa,抗收缩能力强,主料为强度等级不小于 425 号水泥,配料为膨胀水泥。

(g)为减小下管阻力,注浆管、返浆管与压裂管可捆绑同下,但要注意在孔口注浆管与压裂管应有长度差,以便顺利安装三通、球阀等。

注浆封孔工艺:

注浆人员连接注浆泵注浆管路,开启注浆泵并观察是否运转正常;将注浆材料运至注浆泵附近,注浆系统试运转并确认正常后,将水和水泥、外加剂按比例加入料搅拌桶,不停搅拌;将注浆管路与孔口管连接,开泵开始注浆;注浆结束后在搅拌机中加入清水,开启注浆泵进行洗泵,至注浆管出浆为清水时停止。如果长期不用注浆泵,将注浆泵管路拆下清理,擦油防锈。

注浆封孔所需设备及材料同前述表 8.2-6。

e.压裂参数计算。

破裂压力:管道摩阻经测算约 2MPa,经综合计算,C_8 压裂孔破裂压力为 27.4MPa。

总注水量:根据本项目实施地点的条件及预压裂的有效半径 20m,经过计算,C_8 压裂孔注水量约 180m³。

施工过程的时间、压力、排量控制:小型打压试验完毕后,操作员调换 2 挡挡位,压力缓慢上升到 15MPa 后,调换到 2 挡挡位继续注水至预定水量后停泵,保压 72h 后泄压。

压裂管长度及管径选择:水力压裂选用 DN50mm,承压 70MPa 管道,所需长度 1500m。

2)水力割缝

为提高瓦斯抽采效果,拟在 C_7、C_8 煤层抽采钻孔中选取部分采取水力割缝措施。

(1)水力割缝设备及工作原理

①设备特点

a.高压水射流有切割力,达到对煤层的切割、卸压增透、提高瓦斯排放和瓦斯抽采效果。

b.水力割缝应用于高瓦斯、高突、低透气性煤层的预抽,煤层抽放及卸压等方面,可有扩大单孔抽放影响半径,增加煤层透气性,降低煤层内部压力,提高单孔抽放效率和防止瓦斯突出。

②主要设备和工作原理

a.高压水射流以水为工作介质,通过增压设备和特定形状的喷嘴产生高速射流束,将普通水压的水通过高压泵加压,然后通过特殊的喷嘴,以极高的速度(200~500m/s)喷出一股能量高度集中的水流,对煤层进行切割和破坏,使钻孔的煤层段人为再造裂隙,增大煤体在空气中的暴露面积,形成瓦斯流动通道,加快瓦斯解吸,提高煤层的透气性,降低煤层抽放难度,增大瓦斯释放速度,提高煤层可抽性,最终起到卸压作用,达到瓦斯抽放达标的目的。

b.设备:包括水箱、高压水泵、高压软管、钻机、密封钻杆、高压旋转接头、切割喷头、压力转换总成、泄压阀。

高压水力割缝系统如图 8.4-8 所示。

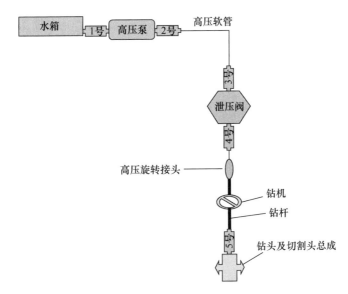

图 8.4-8　高压水力割缝系统

c.流程:水力割缝钻孔采用 2300 型钻机施工,钻孔成孔后,对钻孔见煤段进行切割,采用专用密封钻杆和专用切割钻头切割,切割过程中水射流在煤层中形成若干圆环。

d. KFS98-65 型钻孔水射流式煤层割缝形成装置主要技术参数见表 8.4-7。

主 要 技 术 参 数　　　　　　　　　　　表 8.4-7

项　目		单位	参　数　值
射流理论切缝宽度		mm	20
钻孔射流切缝范围(半径)		mm	780
射流最大压力		MPa	98
耗水量		L/min	80
噪声声压级		dB(A)	109
矿用清水泵	公称压力	MPa	98
	公称流量	L/min	80
	电动机功率	kW	160
	电机电压	V	380/660
	电机额定电流	A	166/96
	泵外形尺寸(长×宽×高)	mm	2600×1220×1230
	水箱容积	L	700
	水箱外形尺寸(长×宽×高)	mm	1500×1000×1000

续上表

项　目			单位	参 数 值
专用钻具	钻头	钻头类型		PDC 钻头
		直径	mm	65
	钻杆	公称直径	mm	42
		连接螺纹类型与尺寸		执行现行标准*
		公称长度	m	0.75、1.5
	感应阀切割头	类型		GFG-100/75
		适应转速	r/min	90~225
		连接螺纹类型与尺寸		执行现行标准*
		供水公称压力	MPa	98
		外形尺寸(长×直径)	mm	259×82
		机重	kg	4
适应钻机基本参数		转矩	N·m	750~280
		转速	r/min	90~225

注：* 为《煤矿用钻杆圆锥螺纹体型式和基本尺寸》(MT/T 392—2011)。

(2)割缝泵安装地点

割缝泵安装在右洞距掌子面 500m 处，高压输水管路从泵站铺设至割缝地点，高压输水管路的承压能力不低于 98MPa。割缝泵组及管路铺设如图 8.4-9 所示。

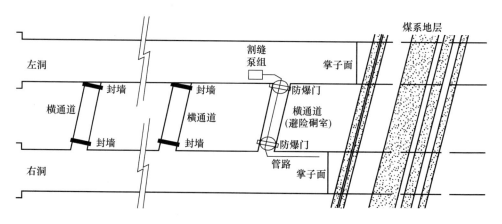

图 8.4-9　割缝泵组及管路铺设示意图

(3) 供水供电要求

割缝时对割缝泵供水要求 125L/min 以上,且持续稳定。供电要求 1140V 和 660V 两种电压,割缝泵功率 250kW。

(4) 水力割缝工艺流程

在水力压裂结束后施工抽采钻孔期间,拟在 C_7、C_8 煤层抽采钻孔中选取部分钻孔(钻场奇数选取奇数号钻孔,钻场偶数选取偶数号钻孔)采取水力割缝。先用钻割一体钻头打钻至煤层底板,退出钻杆至距煤层底板 0.5m 位置后开始水力割缝。割缝 5min 后(割缝时间可根据割缝时的出煤量进行调整),再退钻 0.5m 进行下一循环的割缝,以此类推,直至对煤层段割缝完毕。

3) 预抽煤层瓦斯

(1) 钻场设计

为保证钻孔有足够开孔间距,提高后期抽采效果,拟采取全断面布孔方式,但由于上导高度达 5.9m,而钻机的支撑立柱最大支撑高度仅 4m,不便于钻机安装,因此在掌子面上导自上而下采取人工浇筑施工平台方式分次进行钻孔施工。

(2) 抽采钻孔设计

C_{7-1}、C_{7-2}、C_{8-1}、C_{8-2} 煤层采取"联合布孔、联合抽采"方式。

抽采钻孔在掌子面里程 YK110+276m(上导右侧底部距 C_{7-1} 煤层最小法向距离 7.5m、距 C_{8-1} 煤层最小法向距离 11m)位置设计施工。抽采钻孔按终孔间距 4m×4m 网格布置,控制揭煤区域隧道轮廓线外(沿层面)上方不小于 12m、下方不小于 12m、左右两帮不小于 12m,同时还应保证控制范围的外边缘到隧道轮廓线(包括预计前方揭煤段隧道的轮廓线)的最小距离不小于 5m,钻孔孔径 76mm,终孔至 C_{7-2}、C_{8-2} 煤层底板 0.5m 处,抽采钻孔设计如图 8.4-10、图 8.4-11 所示。

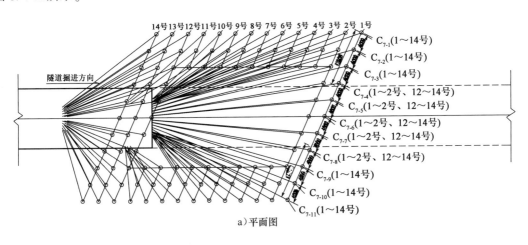

a) 平面图

图 8.4-10

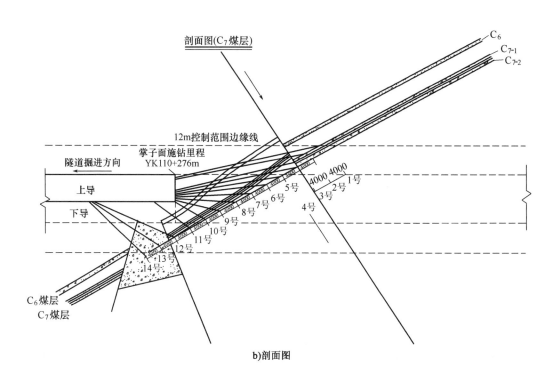

b) 剖面图

图 8.4-10　天城坝隧道进口左线 C_7 煤层抽采钻孔设计平、剖面图（尺寸单位：mm）

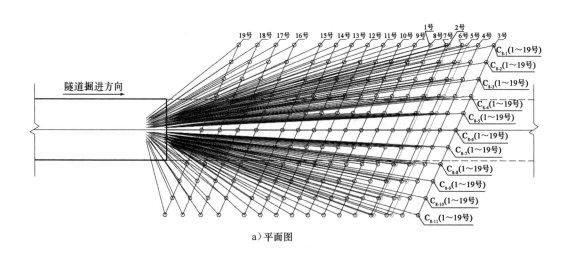

a) 平面图

图 8.4-11

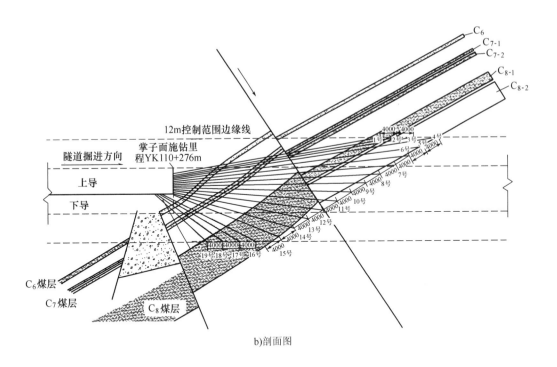

图 8.4-11 天城坝隧道进口左线 C_8 煤层抽采钻孔设计平、剖面图(尺寸单位:mm)

(3)施工设备

由于天城坝隧道围岩硬度大,且富含黄铁矿晶粒和结核,为确保施工速度,缩短施工工期,抽采钻孔施工设备选用 ZDY-2300 型煤矿用全液压坑道钻机配套 $\phi 63mm \times 760mm$ 普通钻杆和 $\phi 76mm$ PDC 金刚石复合片钻头。ZDY-2300 型煤矿用全液压坑道钻机结构简单,性能稳定,钻机转速(r/min)70/160,扭矩(N·m)2300/1000,最大钻进深度可达 300m。

(4)封孔设计

抽采钻孔施工完成后,采用"两堵一注"封孔方式进行封孔(囊袋式注浆封孔法),其中瓦斯抽放管送至煤层位置进行全程下套。囊袋抽放瓦斯用注浆式(带压式)封孔器,其主要由注浆管、瓦斯抽放管、单向阀、爆破阀、囊袋、堵头、瓦斯抽放花管(集气段)等构成。该封孔器的注浆管与注浆泵连通,液浆因注浆泵压力进入注浆管及囊袋1及囊袋2,囊袋迅速膨胀,将囊袋的外径紧固在煤层孔壁上,将封孔器两端的孔封闭;当压力大于 2.0MPa 时,爆破阀爆破,浆液将两个囊袋中间的部分充满,进而实现多层密封,通过瓦斯抽放管连接瓦斯抽放管路进行抽放瓦斯。封孔示意图如图 8.4-12 所示。

囊袋式注浆封孔法工艺如下:

第一步,使用封孔器快速、简便、将封孔器完全插入钻孔内;

第二步,将封孔器与注浆泵压力源连通;

第三步,打开气动搅拌器,搅拌均匀后开始注浆,出浆口压力控制在 2MPa,从而实现带压式密封;

第四步,注浆一段时间后,注浆泵自动停止,说明封孔完成;

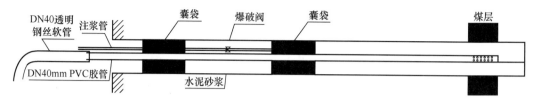

图 8.4-12 封孔示意图

第五步,打开泄压阀,断开注浆管,清洗注浆泵。

(5)抽采参数测定

钻孔封堵完成并接入抽采系统后,每天测定总体抽采情况,每星期测定一次单孔抽采情况,并做好详细记录。

(6)抽采系统

地面安设两台(一台备用)ZWY-30/55-G 型移动抽采泵对该隧道煤层瓦斯进行抽采,抽采主管为 DN200mm 铁管。

8.4.3 C_7、C_8 区域防突措施效果检验

根据 C_{7-1}、C_{7-2}、C_{8-1}、C_{8-2} 煤层原始瓦斯含量与瓦斯抽采过程中所测定的抽采参数计算煤层的残余瓦斯含量,当计算残余瓦斯含量小于 $8m^3/t$,即可进行区域防突措施效果检验。

区域防突措施效果检验采用测定残余瓦斯压力或测定残余瓦斯含量或钻屑瓦斯解析指标进行检验。C_{7-1}、C_{7-2}、C_{8-1}、C_{8-2} 煤层区域防突措施效果检验孔设计在里程 YK110+276m 处施工。钻孔分别位于要求预抽区域内的上部、中部和两侧,并且至少有 1 个检验测试点位于预抽区域内距边缘不大于 2m 的范围,钻孔孔径 76mm,区域措施效果检验孔设计见 8.2 节中图 8.2-10,设计参数见表 8.4-8。

右线 C_8 煤层区域措施效果检验孔参数　　　　　表 8.4-8

孔号	开孔位置(m)		夹角(°)	倾角(°)	设计孔深(m)	后视点(m)
	距隧道中	距隧道底				
1号	-1.0	1.3	-17.6	0.0	48.2	0.6
2号	0.0	1.3	0.0	0.0	38.8	0.0
3号	-1.0	1.3	27.7	0.0	35.7	-1.1
4号	0.0	1.6	0.0	8.1	55.4	0.0
5号	0.0	0.0	0.0	-20.2	24.9	0.0

当测定 C_{7-1}、C_{7-2}、C_{8-1}、C_{8-2} 煤层残余瓦斯压力均小于 0.74MPa 或残余瓦斯含量均小于 $8m^3/t$ 或钻屑瓦斯解析指标不超标,且施钻过程中无顶钻、卡钻、喷孔及其他明显突出预兆,则可进行区域验证;若残余瓦斯压力≥0.74MPa 或残余瓦斯含量≥$0.8m^3/t$ 或钻屑瓦斯解析指

标超标或施钻过程中有顶钻、卡钻、喷孔及其他明显突出预兆,则说明预抽防突效果无效,预抽区域仍为突出危险区,应补充施工抽放钻孔抽放瓦斯直至效果检验达标。

8.4.4 C_7、C_8煤层区域验证

C_{7-1}、C_{7-2}煤层经区域防突措施效果检验合格后,开挖至隧道上导距C_{7-1}煤层最小法向距离(里程YK110+281.5m)5m处进行区域验证;C_{8-1}、C_{8-2}煤层经区域防突措施效果检验合格后,开挖至隧道上导距C_{8-1}煤层最小法向距离(里程YK110+289.1m)5m处进行区域验证。区域验证采用工作面突出危险性预测方法进行(详见工作面突出危险性预测)。

若验证指标不超标,则采取安全防护措施分别开挖至距C_{7-1}、C_{8-1}煤层最小法向距离2m处再次进行区域验证(工作面突出危险性预测);若验证指标超标,则执行局部综合防突措施。

8.5 C_7、C_8煤层局部综合防突技术

8.5.1 C_7、C_8煤层工作面突出危险性预测

1)预测方法

工作面突出危险性预测应当选用钻屑瓦斯解吸指标法或者其他经试验证实有效的方法进行。此处选用钻屑瓦斯解吸指标法。

采用钻屑瓦斯解吸指标法预测工作面突出危险性时,由工作面向煤层的适当位置施工预测钻孔,在钻孔钻进到煤层时每钻进1m采集一次孔口排出的粒径1~3mm的煤钻屑,测定其瓦斯解吸指标K_1或者Δh_2值。测定时,应当考虑不同钻进工艺条件下的排渣速度。

(1)钻屑解吸指标K_1的测定可按下列步骤进行:

在钻孔钻进到煤层时每钻进1m采集一次孔口排出的煤钻屑,用事先准备好的组合筛在孔口接取钻屑,同时启动秒表,一边取样一边筛分,当钻屑量不少于100g时,停止取样,并继续筛分,最后把筛分好的直径1~3mm的钻屑装入WTC防突预测仪的煤样罐内,盖好煤样罐,准备测试。当秒表走到t_0时(t_0<2min),启动仪器采样测定,采样完毕用键盘输入t_0和测定煤样点距孔口的距离L,仪器自动计算K_1值。注意测量前应检测煤样罐等的气密性,否则可能造成测量结果不准,影响突出危险预报。

(2)钻屑解吸指标Δh_2的测定可按下列步骤进行:

把筛分好的粒径为1~3mm煤样装入瓦斯解吸仪的煤样瓶刻度线齐平位置;将已装煤样的煤样瓶迅速装入瓦斯解吸仪测量室,拧紧测量室上盖,然后打开三通阀,使解吸测量室与大气、水柱计均沟通,同时打开单通旋塞,使仪器室处于暴露状态,观察秒表读数。当秒表计时到3min时转动三通阀,使煤样瓶与测量系统接通,与大气隔绝,秒表计时到5min时刻瓦斯解吸仪的示值即为Δh_2,单位Pa。

利用钻屑解吸指标K_1或Δh_2值预测煤层突出危险性临界值应符合表8.5-1规定。

钻屑瓦斯解吸指标临界值 表8.5-1

煤样类别	$K_1[\mathrm{mL}/(\mathrm{g}\cdot\mathrm{min}^{1/2})]$	$\Delta h_2(\mathrm{Pa})$
干煤	0.5	200
湿煤	0.4	160

2) 最小法向距离5m处预测

隧道上导开挖至距 C_{7-1} 煤层最小法向距离5m处(里程YK110+281.5m)应进行工作面突出危险性预测(区域验证);隧道上导开挖至距 C_{8-1} 煤层最小法向距离5m处(里程YK110+289.1m)应进行工作面突出危险性预测(区域验证)。

检验测试点布置于所在部位钻孔密度较小、孔间距较大、预抽时间较短的位置,并尽可能远离测试点周围的各预抽钻孔,或尽可能与周围预抽钻孔保持等距离,钻孔控制隧道轮廓线外(沿层面)上方10m、下方5m、左右各8m,钻孔孔径76mm,钻孔布设同8.3节图8.3-1。

若预测不超标,则采取安全防护措施分别开挖至距 C_{7-1}、C_{8-1} 煤层最小法向距离2m处预测;若预测超标,则执行工作面防突措施。

3) 最小法向距离2m处预测钻孔设计

隧道上导开挖至距 C_{7-1} 煤层最小法向距离2m处(里程YK110+288m)应进行工作面突出危险性预测;隧道上导开挖至距 C_{8-1} 煤层最小法向距离2m处(里程YK110+295.6m)应进行工作面突出危险性预测。

检验测试点布置于所在部位钻孔密度较小、孔间距较大、预抽时间较短的位置,并尽可能远离测试点周围的各预抽钻孔,或尽可能与周围预抽钻孔保持等距离,控制隧道轮廓线外(沿层面)上方5m、下方3m、左右两边各5m,钻孔孔径76mm,钻孔布设同8.3节图8.3-2。

若预测不超标,则施工金属骨架或帷幕注浆进行超前支护;若预测超标,则执行工作面防突措施。

其中,右线 C_7 煤层2m岩柱预测孔设计见图8.5-1,设计参数见表8.5-2。

右线 C_7 煤层2m垂距岩柱预测孔设计参数 表8.5-2

孔 号	开孔位置(m)		夹角(°)	倾角(°)	设计孔深(m)	后视点(m)
	距隧道中	距隧道底				
1号	-0.5	1.5	-26.9	0.0	17.7	1.0
2号	0.0	1.8	0.0	16.3	21.8	0.0
3号	0.5	1.5	45.0	0.0	11.3	-2.0

4) 超前支护设计

根据隧道超前地质预报综合分析,若煤系地层围岩及煤层稳定性差,则采取帷幕注浆作为加固煤系地层措施,并施工金属骨架作为煤系地层揭煤施工的超前支护措施。

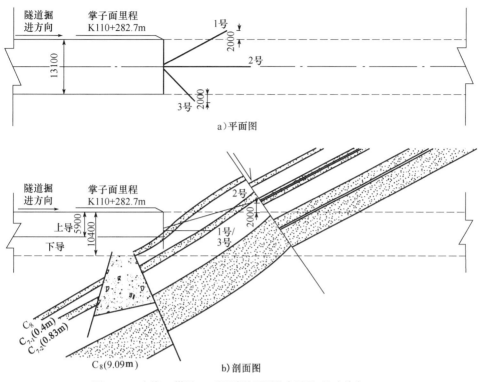

图 8.5-1　右线 C_7 煤层 2m 垂距岩柱预测孔布置图(尺寸单位:mm)

(1)帷幕注浆钻孔设计

帷幕注浆钻孔孔径 76mm,按 4m×4m 网格布置,孔深按每循环不小于 50m 设计施工,控制隧道轮廓线的上方、下方及左右两边各 12m,如图 8.5-2 所示。

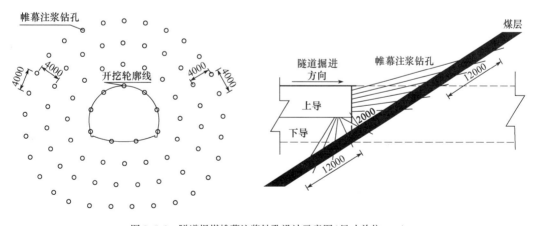

图 8.5-2　隧道揭煤帷幕注浆钻孔设计示意图(尺寸单位:mm)

(2)金属骨架钻孔设计

金属骨架钻孔孔径 89mm,按 0.2m 间距双排错开布置,控制隧道轮廓线的上部及左右帮,如图 8.5-3 所示。

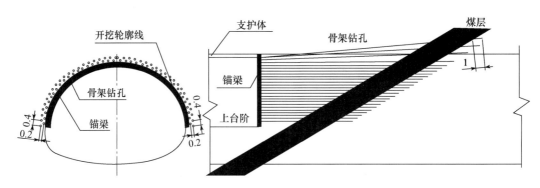

图 8.5-3　隧道揭煤金属骨架钻孔设计示意图(尺寸单位:m)

(3)帷幕注浆或金属骨架钻孔封孔设计

帷幕注浆或金属骨架钻孔(图 8.5-4)施工完成后,立即向孔内插入 DN50mm 无缝钢管,插入深度以超过煤层底板 5m 处为准。在孔口设置一根 4 分注浆管,并采用棉纱+水泥砂浆或 AB 胶将孔口封堵。待孔口部分凝固后,立即采用封孔泵向孔内注浆,直至水泥砂浆从骨架管内返出为止。

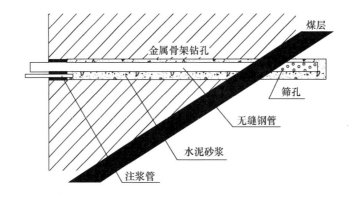

图 8.5-4　隧道揭煤帷幕注浆或金属骨架钻孔封堵示意图

帷幕注浆和金属骨架钻孔施工完成并凝固后,采用渐进式揭煤方式揭开煤层。

5)煤门预测钻孔设计

隧道上导揭开 C_{7-1}、C_{7-2} 或 C_{8-1}、C_{8-2} 煤层后,即在已揭开的断面处采用风煤钻对煤体进行煤门预测。煤门预测钻孔布置在揭开煤层处沿煤层倾向、走向施工,控制隧道开挖轮廓线外法向距离 5m 范围,钻孔孔径 42mm,如图 8.5-5 所示。

若预测不超标,则可继续过煤门;若预测超标,则执行工作面防突措施。

隧道下导开挖进入 C_{7-1}、C_{7-2} 或 C_{8-1}、C_{8-2} 煤层后,应再次对煤体进行煤门预测,其要求同上。

8.5.2　C_7、C_8 煤层工作面防突措施

(1)若在进行工作面突出危险性预测(区域验证)时,预测(验证)指标超标,或钻孔施工

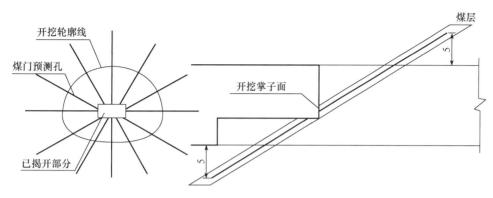

图 8.5-5 煤门预测钻孔设计图(尺寸单位:m)

过程中出现顶钻、卡钻、喷孔及其他明显突出预兆时,则采取施工排放钻孔的工作面防突措施。排放钻孔布置按终孔间距 4m×4m 网格布置,钻孔孔径 76mm,终孔至煤层底板 0.5m 处。排放钻孔需根据超标点位置另行设计。

(2)若煤门预测超标,则必须在煤门处施工排放钻孔进行瓦斯排放。排放钻孔布置按终孔间距 4m 布置,钻孔孔径 76mm。排放钻孔需根据超标点位置另行设计。

8.5.3 C_7、C_8 煤层工作面防突措施效果检验

执行局部防突措施后,按工作面突出危险性预测方法对其进行防突措施效果检验,检验钻孔布置在超标钻孔、不超标钻孔、措施钻孔中间的空隙中,确保全面检验整个控制范围。检验钻孔需根据超标孔及措施孔另行设计。

8.6 抽放效果控制

8.6.1 揭煤瓦斯抽放时间

由于左洞煤层平均倾角 32°,属于倾斜煤层;部分钻孔穿煤长度达 40m 以上。加上原始瓦斯压力大,导致钻孔施工过程中动力现象明显,顶钻、卡钻严重,致使部分钻孔无法穿透 C_{8-2} 煤层。决定针对 C_8 煤层采用两轮治理方案进行消突:第一轮 C_7、C_{8-1} 煤层瓦斯治理达标后,掘进至 C_{8-2} 煤层 5m 法距位置,再次施工 C_{8-2} 煤层抽排钻孔。

二次抽排钻孔原设计 165 个,2020 年 4 月 15 日组织召开专题会,对抽排设计方案进行优化,确定对布孔较少的拱顶两侧上方增加 49 个孔,共计 214 个。

2020 年 4 月 2 日—2020 年 5 月 5 日完成第二轮抽排孔。在钻孔过程中选取部分孔进行水力割缝增透,然后进行抽排消突。

左洞 C_7/C_8 煤层于 2019 年 12 月 23 日开始到 2020 年 2 月 26 日完成第一轮瓦斯抽排,C_{8-1} 煤层瓦斯含量由 12.75m³/t 降至 7.6m³/t,历时 66d。第二轮瓦斯抽排从 2020 年 5 月 10 日—7 月 3 日,C_{8-2} 煤层瓦斯含量由 13.66m³/t 降至 7.7m³/t,历时 55d。

右洞 C_7/C_8 煤层从 2020 年 5 月 23 日—9 月 13 日完成瓦斯抽排，C_{8-2} 煤层瓦斯含量由 13.84 m^3/t 降至 7.07 m^3/t，历时 114d。

表 8.6-1 与表 8.6-2 分别为左、右洞揭煤瓦斯抽放时间。

左洞揭煤揭煤瓦斯抽放时间 表 8.6-1

左洞	开始时间	结束时间	历时(d)	备注
C_7、C_8 煤层第一次抽排孔	2019-9-15	2019-12-21	98	596 孔(29510m)
C_7、C_8 煤层第一轮抽排	2019-12-23	2020-2-26	66	
拆除抽排管	2020-2-27	2020-2-28	2	
抽排效果检验	2020-2-29	2020-3-3	4	
5m 垂距验证	2020-3-4	2020-3-6	3	
揭 C_7 煤层、开挖下导、C_7 煤层煤门预测	2020-3-7	2020-3-21	15	
施工二次治理平台	2020-3-22	2020-3-31	10	
第二次抽排孔	2020-4-1	2020-5-9	39	214 孔(10153m)
第二轮抽排	2020-5-10	2020-7-3	55	
措施效果检验钻孔 12 个	2020-7-4	2020-7-9	6	出报告 2d
合计			298	

右洞揭煤揭煤瓦斯抽放时间 表 8.6-2

右洞	开始时间	结束时间	历时(d)	备注
C7、C8 煤层抽放孔钻孔	2020-3-4	2020-5-15	73	361 孔(16732m)
抽放钻孔联网接抽	2020-5-16	2020-5-22	7	
抽排	2020-5-23	2020-9-13	114	
C_6 煤层 5m 垂距验证；C_7/C_8 煤层区域措施检验孔 9 个	2020-9-14	2020-9-21	8	
试验室出 C_7/C_8 煤层报告	2020-9-22	2020-9-26	5	
C_8 煤层补充排放孔	2020-9-26	2020-9-30	5	
合计			212	

8.6.2 工作面消突验证超标异常处置

1) 右洞 C_8 煤层 5m 垂距验证超标

隧道右线进口端安全揭开 C_5、C_6、C_7 煤层，2020 年 11 月 15 日，掌子面在施工 C_8 煤层 5m 岩柱预测孔时发现部分钻孔 K_1 值超标，并发生喷孔的动力现象。2020 年 11 月 24 日，组织召开专家讨论会针对超标情况制订了施工补充预测孔的方案，进一步摸排超标范围，按照隧道轮廓线外 5m 布置 8m×8m 间距补充加密预测孔 28 个(1050m)，见图 8.6-1、图 8.6-2，逐孔

测定 K_1,选取一半孔测残留瓦斯含量。本次施工过程中有 6 个钻孔 K_1 值指标超标[超标值范围 $0.50 \sim 2.85 \text{mL}/(\text{g} \cdot \text{min}^{1/2})$],2 个钻孔残余瓦斯含量超标(超标值范围 $8.2821 \sim 8.4993 \text{m}^3/\text{t}$)。

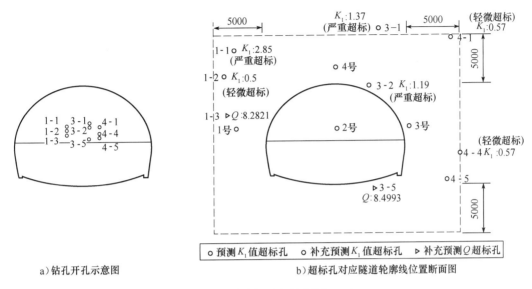

a)钻孔开孔示意图　　　b)超标孔对应隧道轮廓线位置断面图

图 8.6-1　钻孔布置图(尺寸单位:mm)

注:Q-钻孔瓦斯涌出初速度;K_1-钻屑瓦斯解吸指标

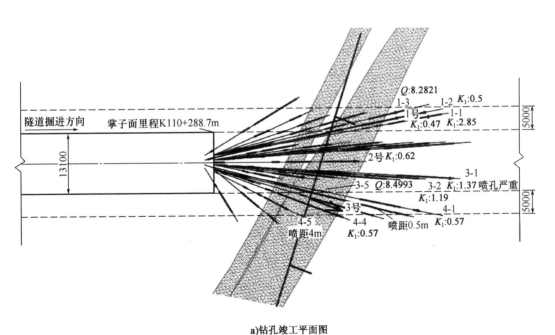

a)钻孔竣工平面图

图 8.6-2

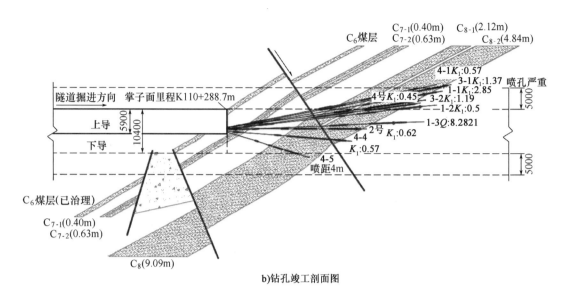

b)钻孔竣工剖面图

图 8.6-2　钻孔竣工平、剖面图(尺寸单位:mm)

原因分析分析如下:

(1)受地质构造影响,C_{8-2}煤层实际煤厚为 8.6m,比设计厚了 4.1m,瓦斯储量增加了近 2 倍,抽采难度增加。

(2)由于左洞掌子面距离右洞较近,左洞 C_{8-2} 刚刚揭开并在过煤门,造成应力集中,使外围高压区大范围瓦斯快速向右洞低压区域运移,造成轮廓线的左上、右上、右下部超标,如图 8.6-3 所示。

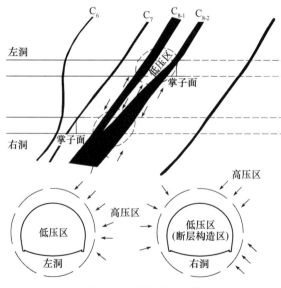

图 8.6-3　瓦斯运移示意图

(3)左洞 C_{8-2} 煤层进行了 2 次治理,第一次钻孔间距为 3m×3m(596 孔),第二次为 4m×4m(214 孔),一共施工了 810 个钻孔,右洞仅采用一次治理,且将钻孔间距调整为了 4m×4m,仅施工 361 个钻孔。

(4)地质构造区域内,煤体变化大,结构复杂,存在有局部地点距离抽采孔极近均未能彻底消突的情况。

2)右洞 C_8 煤层 5m 垂距验证超标处置措施

针对右洞 C_8 煤层 5m 垂距验证超标,必须采取局部综合防突措施,排放钻孔控制范围为隧道轮廓线外层面距离 12m,其中隧道轮廓线外法线距离 5m 范围以内钻孔终孔间距为 4m×4m,孔径 94mm;5~12m 范围终孔间距为 8m×8m,孔径 76mm。共设置排放钻孔共设计 108 个,其中有 20 个钻孔可利用预测孔兼作排放孔,本次实际施工钻孔数量为 88 个,设计钻孔工程量为 3399m。钻孔布置见图 8.6-4。

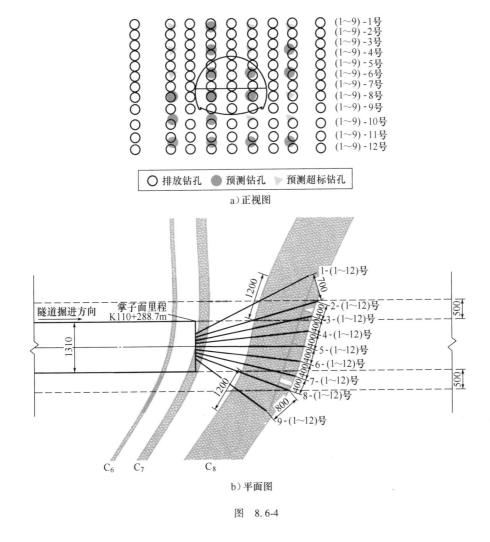

图 8.6-4

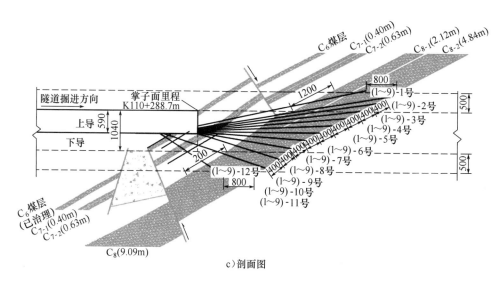

c）剖面图

图 8.6-4　验证超标处置钻孔布置示意图（尺寸单位：cm）

施工过程中收线施工 5m 范围内钻孔，在施工 5m 范围以外的钻孔。所有钻孔施工过程中逐孔测 K_1 值，同时在 5m 控制范围内均布选取 21 个钻孔测定 C_8 煤层残余瓦斯含量。

针对预测孔超标位置附近施工的钻孔和施工过程中有指标超标的钻孔，以及施工过程中有动力现象的钻孔，采取水力割缝增透。

8.7　特厚煤层中管棚超前支护安全快速揭煤技术

目前的超前支护方法主要有超前锚杆、超前小导管注浆。超前锚杆和超前小导管注浆具有施工便捷、技术易掌握、机械化配套程度要求不高等优点，但支护长度小，锚杆或小导管伸入工作面前端滑动线内距离短，开挖循环进尺受限制，循环次数增加，工序交换频繁。尤其在特厚煤层中，由于煤层具有软弱、易碎的特点，很容易在受外力作用时失稳冒落，而无法为锚杆和导管前端提供超前支撑作用，极易造成工作面失稳，且煤层中富含大量瓦斯，存在较大的安全隐患，要求施工设备应为防爆型或本质安全型，施工过程中还需防止火星产生。为了解决上述问题，采用洞内管棚超前支护技术，结合水力压裂增透抽采技术，以确保瓦斯隧道特厚煤层安全快速揭煤。

8.7.1　技术特点

揭穿瓦斯隧道特厚煤层时煤层暴露面积大，会因自重影响造成煤体垮冒，从而诱发煤与瓦斯突出，引发安全事故。因此，利用管棚管径大、强度高、支护效果好的特点，优化形成扇形骨架钻孔布置方式，进行超前长距离支护，构建大面积、高强度安全屏障，以防范特厚煤层诱导突出引发事故。较之前常规的成孔方法，本技术有以下特点及优点：

(1)常规管棚施工为洞口支护,保证隧道开口进洞安全,此方式通过工艺改进,形成了一套完整的洞内超前支护工艺,解决了特厚煤层(极软弱围岩)开挖时的安全问题。

(2)采用JH130E型潜孔钻机配套冲击器和钻头进行管棚钻进,要近水平钻进,保证钻孔方向的精度,避免出现终孔出现孔斜或超出设计允许偏差,引发严重后果。

(3)JH130E型潜孔钻机采用压风作动力源,不需要进行防爆改装,而且体积小、重量轻,结合脚手架搭设可以扩大施工范围,适合于大、中型钻机无法进行作业的场所,方便灵活。

(4)管棚材料强度高、分节安装、长度长,结合扇形骨架钻孔布置方式,可以在特厚煤层大面积暴露时形成高强度支撑屏障,防止特厚煤层(极软弱围岩)因自重而引发突出,保障多煤层安全顺利揭开。

(5)适用于特厚煤层瓦斯隧道安全快速揭煤、极软弱围岩洞内开挖施工、洞内塌方、冒顶等事故处理。

8.7.2 工艺原理及关键技术

工艺原理:采用潜孔钻机,应用冲击回转式钻进技术,即依靠高压气体往复推动活塞高速向下运动冲击钻头破碎岩石,使钻孔成孔平直,为高强度、低曲率的管棚材料提供良好的进入通道,形成高强度、大面积保护屏障后,进而进行煤层增透快速揭穿煤层。

关键技术:潜孔钻机冲击回转式钻进技术、洞内管棚超前支护技术。

潜孔钻机冲击回转式钻进技术:通过在掌子面搭设脚手架施工平台,安放钻机,对设计管棚孔位进行首次不小于管棚直径的导向孔施工,以保证管棚跟进施工,确保管棚安装位置准确;在钻头后端安装导向钻杆,确保导向孔位置及角度精确。

洞内管棚超前支护技术:施工完导向钻孔后,利用钻机分节旋转带入套管管棚。管棚材料分节为十字空心带入钻头,采用1m、1.5m两种长度套管,中间采用螺纹丝扣连接。特点是简单快捷,便于安装,管棚长度可根据地质情况自行调节。

8.7.3 施工流程及操作要点

1)施工流程

施工流程如图8.7-1所示。

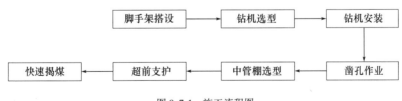

图8.7-1 施工流程图

2)施工操作要点

(1)脚手架搭设

脚手架设扫地杆、竖立杆,逐根竖立杆并与扫地杆扣紧,安装大横杆,并与立杆扣紧,架设剪刀撑,立杆高出作业面,铺设脚手板。脚手架现场安装如图8.7-2所示。

图 8.7-2 脚手架现场安装

(2)钻机选型

JH130E 型潜孔钻机(图 8.7-3)适用于中小型矿山及国防、水利、筑路、石方工程中的凿岩作业,是一种新型、高效、半机械化的凿岩设备,具有结构简单、使用轻便、辅助时间短、重量轻、造价低等特点。

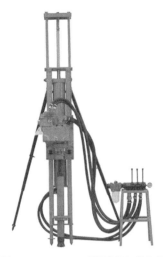

图 8.7-3 JH130E 型潜孔钻机设备图

冲击器(图 8.7-4)是潜孔钻机钻进中的关键组成部分,用于给钻头提供轴向往复碎岩冲击力,以便冷却钻头和挟带岩屑等,同时也是井底动力钻具的"动力液",主要由后接头、外套管、逆止阀、调气塞、汽缸、配气座、活塞、导向套、碟形弹簧、卡环、弹簧、保持环、胶圈、前接头等组成。

关键装备潜孔钻机冲击器的工作原理:依靠高压气体往复推动活塞高速向下运动冲击钻头破碎岩石。首先,高压气体通过后接头的中心孔推开逆止阀以后分为两路,一路通过调气塞进入配气座中心孔,再沿汽缸内孔、活塞内孔、钻头内孔到达钻孔孔底,实现吹渣,使岩渣排出孔外;另一路即高压气体的主要部分通过配气座的轴向孔、汽缸的进气孔进入外套管与汽缸之间的间隙。高压气体进入前部由活塞、导向套、钻头、外套管等共同形成的回程气室,再由回程气室内的高压气体推动活塞向后运动(后接头一端为后,前接头一端为前)。当活塞运动到大端内孔与钻头上的钎尾管脱离时,高压气体通过钎尾管、钻头中心孔到达孔底,与从调气塞过来的高压气体汇合,共同完成吹渣作用。此时,气体压力迅速下降,与此同时,由于活塞回程运动关闭回程进气通道,活塞靠惯性力继续回程运动,直到活塞的惯性力与活塞进气压力形成的冲程力平衡时,活塞才停止返程运动,在冲程压力作用下进行冲程运动打击钻头而做功,完成破岩工作。当冲程运动快要接近钻头时,则回程进气通道打开、又开始活塞的回程准备工作。如此往复,完成潜孔钻机的钻进工作。冲击器内部结构见图 8.7-5。

图 8.7-4　冲击器外形图

图 8.7-5　冲击器内部结构示意图

(3)钻机安装

将横轴和卡环按照一定的高度和方向装在脚手架立杆上,利用手拉葫芦将机器提起,按所需角度固定在脚手架立杆上,然后调整钻机的孔向,如图 8.7-6 所示。

(4)凿孔作业

凿孔前应对掌子面采取喷浆或其他有效的方式进行加固。还应保证风量满足要求,确保瓦斯浓度低于 0.5%,保证供水压力 0.8~1.2MPa,供风压力 0.5~0.8MPa。钻眼深度一般为 20m,钻眼直径 100mm。

图 8.7-6　在脚手架上安装潜孔钻机

开孔时,先打开供气装置,待转运正常后扳动操纵器的推进手把,使其得到适当的推进力,然后再扳动控制冲击器的手把到工作位置。凿岩工作以后,可以打开水阀,使气水混合物保持在有适当的比例,一般以出水呈雾化状即可进行正常的凿岩工作。当推进工作使卸杆器移动到与托钎器相碰时,为钻完一根钻杆。停止电动机运转和停止给冲击器送气、送水,把叉子插到托钎器的钻杆槽中,使电机反转滑板后退,使接头与钻杆脱开,再接第二根钻杆,按此步骤循环连续工作。潜孔钻机凿孔作业如图 8.7-7 所示。

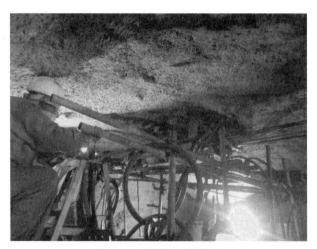

图 8.7-7　潜孔钻机凿孔作业

(5)中管棚选型

中管棚超前支护实物见图 8.7-8,设计参数如下:

①钢管规格:φ89×6mm 热轧无缝钢管,节长 1m、1.5m,两端接头处为长 45mm 内螺纹;

②接头规格:φ89×6mm 热轧无缝钢管,节长 150mm,两端接头处为长 45mm 外螺纹。

图 8.7-8 中管棚超前支护实物图

管棚采用分区间施工,先钻孔施作奇数孔位管棚,待注浆完成后再施工偶数孔位管棚,以便检查奇偶数孔位注浆效果。注浆采用分段注浆,浆液扩散半径不小于 0.7δ(δ 为相邻两根钢管中心距离)。管棚注浆采用水泥浆液(添加水泥浆液体积 5% 的水玻璃),水泥浆水灰比 1:1,水玻璃浓度 35°Bé,水玻璃模数 2.4,注浆压力为初压 0.5~1.0MPa、终压 2.0MPa。

(6)超前支护

中管棚采用扇形布置,外插角取 3°,环向间距取 0.4m,管棚长度为 20m,纵向两组管棚的搭接长度为 5m,如图 8.7-9 所示。

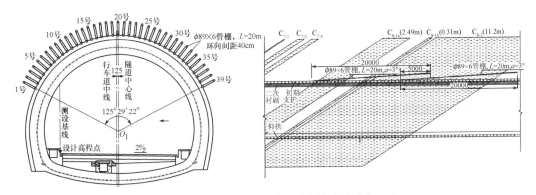

图 8.7-9 洞内管棚超前支护布置示意图(尺寸单位:mm)

管棚采用钻机推送,送管过程中隧道纵向同一横断面内的接头数不大于 50%,相邻钢管的接头须错开 0.5m。注浆结束后及时清除管内浆液,并用 M30 水泥砂浆密实填充,以增强管棚的刚度和强度。

(7)快速揭煤

管棚施作前预先对待揭煤体采取水力压裂增透抽采,以消除煤体突出危险。待管棚施工结束后,撤出洞内人员,切断洞内电源,以洞外爆破的方式揭开煤层。

8.7.4 质量控制

(1)项目经理部成立质量领导小组,项目经理及项目总工程师任正、副组长,成员由工程、物资、安全质量、商务等部门负责人及各施工队长组成。其中,项目经理对工程质量承担主要责任,施工队长对施工质量承担直接责任,并严格实行工程质量终身负责制;质量管理领导小组负责定期组织质量检查,召开质量分析会议,检查、分析质量保证计划的执行情况,及时发现问题,研究改进措施,积极推动项目经理部全面质量管理工作的深入开展。

(2)严格按图施工。施工前进行全面技术交底,使每个施工人员操作有标准,工作有目标。对施工的各个细小环节进行严格控制,建立岗位责任制,包括责任项、责任人及控制措施等。

(3)钻机就位、安装必须水平,钻机就位后经现场技术人员检验钻头对位情况,合格后,才可开钻。钻头在使用前,应由机长检验钻头直径及焊缝,以确保成孔直径满足设计要求。管棚钻眼允许偏差-0.1m,管棚安装接头错距允许偏差±0.1m。

(4)成孔过程中,班长应认真执行操作规程,并根据钻渣的变化判断地层,根据地层状况调整泥浆的性能,保证成孔速度和质量。

8.7.5 社会经济效益

1)社会效益

超厚煤层揭露时,由于暴露面积大,因自重垮落易引发煤与瓦斯突出等重大瓦斯灾害,本技术能有效防止煤与瓦斯突出事故的发生,实现安全生产,保护人员生命财产安全,有利于企业和谐稳定可持续发展。同时该技术施工过程安全性、机械化程度较高,揭煤防突过程控制准确,将隧道超厚煤层防突作业推向了一个新的高度,也为进一步树立企业的品牌形象,起到良好的推动作用。

2)经济效益

钻孔作业过程中岩层钻进采用潜孔钻机钻进,相对普通冲击钻施工作业,工效较高,节省工期,且成孔质量较优。采用中管棚支护长度大,增大了开挖循环进尺,减少了循环次数,节省了工序交换时间。同时,利用水力压裂增透及水力割缝技术,大大缩短了超厚煤层的瓦斯治理时间,节约了工期。

相比常规瓦斯治理技术,可缩短工期1.7个月,按平均每月投入生产成本650万元计算,可节约964.6万元生产成本。

天城坝隧道左洞揭煤长度49m,右洞揭煤长度42m,合计91m。

传统工艺施工每天进尺1循环0.6m,开挖共用时间152d(5个月)。

采用管棚工艺施工可达到2d进尺3循环,每循环0.6m,开挖共用时间101d(3.3个月)。

节约成本(5-3.3)×650=1105(万元);

管棚施工总延米4680m,管棚施工单价170元/m,管棚材料130元/m。

施工成本:4680×(170+130)=140.4(万元);

节约成本:1105-140.4=964.6(万元)。

安全才是本工艺最大的效益,采用此工艺施工能够最大限度地保证天城坝隧道特厚煤层揭煤施工安全,同样广泛适用于极软弱围岩洞内开挖施工、洞内塌方、冒顶等事故处理。

8.7.6 应用实例

天城坝隧道为煤与瓦斯突出隧道,按左、右线分离式设计,C_{8-1a}煤层真厚2.49m,C_{8-1b}煤层真厚0.31m，C_{8-2}煤层真厚11.19m，C_8煤层总厚13.99m，隧道洞身需穿越C_8煤层达到了30m以上。揭C_8煤层作业段范围围岩类别属Ⅳ类围岩，岩性为灰~灰褐色薄层状泥岩、砂质泥岩、砂岩、黑色炭质页岩，由于岩性为薄层状砂泥岩，岩石强度较低。超前锚杆、超前小导管支护方法对施工造成巨大困难。本技术成功应用在天城坝隧道特厚煤层揭煤施工，其中，进口左线C_8煤层管棚位置关系见图8.7-10。

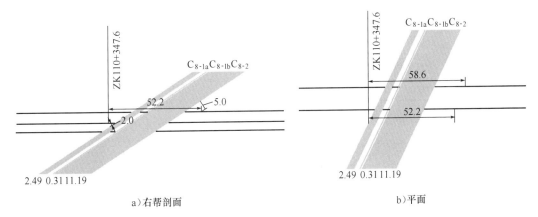

图8.7-10 天城坝隧道进口左线C_8煤层管棚位置关系图(尺寸单位：m)

根据天城坝隧道进口左线C_8煤层揭煤作业段工程地质情况，本次洞内管棚采用扇形布置，外插角取3°，环向间距取0.4m，管棚长度为20m，纵向两组管棚的搭接长度为5m，如图8.7-11所示。

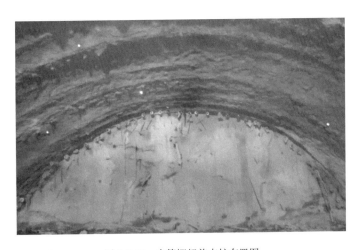

图8.7-11 中管棚超前支护布置图

洞内管棚选用$\phi89\times6$mm热轧无缝钢管，节长1m、1.5m，两端为长45mm内螺纹母扣，采用两端为长45mm外螺纹公扣的接头连接，隧道纵向同一横断面的接头数不大于50%。洞内管棚于2020年8月6日开始施工，8月20日施工完成，共计注入水泥362包，竣工参数如表8.7-1所示。

天城坝隧道进口左线 C_8 煤层洞内管棚竣工参数　　　　表 8.7-1

钻孔编号	钻孔竣工参数								开钻日期	结束日期
	倾角(°)	煤(岩)孔长(m)			孔深(m)	孔径(mm)	送管(m)	注浆(包)		
		岩	煤	岩						
1	3	9	12		21	110	21	13	8月20日	8月20日
2	3	10	11		21	110	21	9	8月20日	8月20日
3	3	9	12		21	110	21	11	8月19日	8月19日
4	3	12	9		21	110	21	9	8月19日	8月19日
5	3	12	9		21	110	21	9	8月18日	8月18日
6	3	11	10		21	110	21	9	8月18日	8月18日
7	3	12	9		21	110	21	6	8月18日	8月18日
8	3	11	10		21	110	21	9	8月17日	8月17日
9	3	12	9		21	110	21	6	8月17日	8月17日
10	3	12	8		20	110	21	11	8月17日	8月17日
11	3	11	9		20	110	21	7	8月16日	8月16日
12	3	12	8		20	110	21	6	8月16日	8月16日
13	3	12	8		20	110	21	5	8月15日	8月15日
14	3	12	9		21	110	20.2	11	8月15日	8月15日
15	3	12	9		21	110	21	12	8月11日	8月11日
16	3	12	9		21	110	21	6	8月11日	8月11日
17	3	11	10		21	110	20.2	9	8月10日	8月10日
18	3	10	11		21	110	20.2	11	8月9日	8月9日
19	3	9	12		21	110	20	17	8月8日	8月8日
20	3	9	12		21	110	19	16	8月7日	8月7日
21	3	9	12		21	110	18	11	8月6日	8月7日
22	3	9	12		21	110	20	13	8月7日	8月7日
23	3	10	11		21	110	19	14	8月8日	8月8日
24	3	10	11		21	110	20.2	9	8月9日	8月9日
25	3	10	11		21	110	21	9	8月10日	8月10日
26	3	11	7	3	21	110	21	10	8月11日	8月11日
27	3	9	12		21	110	21.2	6	8月14日	8月14日
28	3	9	11		20	110	21.2	7	8月15日	8月15日
29	3	9	11		20	110	21	5	8月16日	8月16日
30	3	9	12		21	110	21	8	8月16日	8月16日
31	3	9	12		21	110	21	9	8月17日	8月17日
32	3	7	14		21	110	21	6	8月17日	8月17日
33	3	7	14		21	110	21	11	8月17日	8月17日

续上表

钻孔编号	倾角（°）	煤(岩)孔长(m) 岩	煤(岩)孔长(m) 煤	煤(岩)孔长(m) 岩	孔深(m)	孔径(mm)	送管(m)	注浆(包)	开钻日期	结束日期
34	3	12	9		21	110	21	7	8月18日	8月18日
35	3	11	10		21	110	21	9	8月18日	8月18日
36	3				20.8	110	21	12	8月18日	8月18日
37	3				20.8	110	21	4	8月19日	8月19日
38	3				20.8	110	21	4	8月19日	8月19日
39	3				20.8	110	21	7	8月20日	8月20日
合计					812.2		807.2	362		

左线 C_8 煤层通过采用中管棚超前支护技术于2020年9月15日顺利揭开，截至2020年9月30日已顺利揭穿洞身方向 C_8 煤层11.2m，掌子面里程为ZK110+358.8m。过煤门期间，掌子面现场情况如图8.7-12所示。

图 8.7-12　天城坝隧道进口左线 C_8 煤层过煤门掌子面现场情况图

通过现场应用表明，洞内管棚超前支护技术在天成坝隧道特厚煤层揭煤中是适用的、可行的，有效防止了因煤层自重影响而造成煤体垮冒从而诱发突出的发生。

第9章 桃子垭隧道瓦斯自然泄压揭煤防突施工技术

桃子垭隧道为正习高速公路十大控制性工程之一,为分离式特长隧道,左幅隧道长5090m,右幅隧道长5074m,最大埋深约978m。左右幅隧道平面线形进口及洞身大部分段落均位于直线上,左幅隧道出口段位于 $R=1300$m 圆曲线上,右幅隧道出口段位于 $R=1440$m 的圆曲线上。左右幅隧道纵坡均采用人字坡,左右幅隧道进口段均为1.95%上坡,出口段均为 -0.5%下坡。左右幅间距:进口段线间距36m,洞身段线间距34m。

桃子垭隧道地质条件复杂,构造应力突出,将增加煤与瓦斯突出风险。同时,构造复杂区域,煤岩体破坏严重,裂缝相互贯通,造成瓦斯自然流失,瓦斯压力自然降低,形成自然降突。本章将系统分析桃子垭隧道地应力分布特征,以及自然泄压降突效果。

9.1 工程地质概况

9.1.1 地形地貌

项目区地处黔北高原北部,位于遵义市桐梓县北面,距离桐梓县城约80km。以隧道中部分水岭为界,正安端隶属桐梓县羊蹬镇所辖,X314县道从进口上方通过,交通便利;习水端隶属桐梓县木瓜镇所辖,洞口上侧有连接X314的乡村土路通过,交通条件一般。

场区地貌形态构造及岩性组合控制明显,总体上呈"簸箕"地形,以二叠系中统栖霞和茅口组灰岩组成向斜两翼及扬起端山岭,在山岭边缘软质岩区受风化剥蚀作用呈带状浅切槽谷地形。隧道穿越向斜轴部,隧址区起地形起伏变化大,基岩大部分裸露,植被稀疏。隧址区海拔为377.0~1596.8m,相对高差达1219.8m,轴线通过段地面高程在555.1~1581.6m,相对高差1026.5m。桃子垭隧道位置见图9.1-1。

9.1.2 水文地质

场区属长江流域—綦江水系—松坎河支流。以桃子垭隧道中部分水岭为界,正安端洞门外为羊蹬河二级支流,线路轴线处河面高程为378.9m,河道宽度20~80m,常年平均流量19m³/s;习水端两侧分布雨源型冲沟,雨季地表水从冲沟集中汇流至洞口外3km处的二级支流木瓜河,木瓜河河面高程为 401.7m,河道宽度 18~69m,常年平均流量 13m³/s。

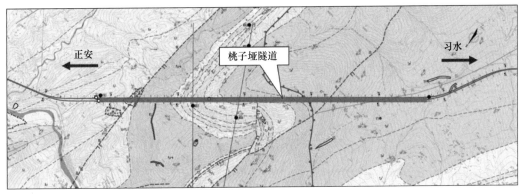

图 9.1-1　桃子垭隧道位置示意图

根据地层岩性及其组合特征、地下水赋存条件和水力特征,区内地下水类型分为碳酸盐岩岩溶水、基岩裂隙水和第四系松散层孔隙水,其中以碳酸盐岩岩溶水为主。

从全区情况看,地下水在向斜及隔水边界影响下,主要由向斜展开方向往南运动,并排往木瓜河。隧道穿过向斜中部主含水层段,施工存在诱发涌水、突泥事故的可能。

收集和施工钻孔实测的稳定水位以及隧道周边出露泉点(矿井水)表明:隧道附近地下水位高程 550~946.88m,埋深在 0~500m,隧道基本都位于地下水位以下。

9.1.3　地层

隧址区地层众多,岩性多样,组合复杂。出露的基岩有:

(1) 三叠系下统茅草铺第二段(T_1m_2)白云质灰岩夹泥质白云岩,偶夹透镜状溶塌角砾岩和角砾状白云岩;

(2) 三叠系下统茅草铺第一段(T_1m_1)灰岩,底部为层厚 15~20m 的泥岩;

(3) 三叠系下统夜郎组第三段(T_1y_3)粉砂质泥岩夹灰岩;

(4) 三叠系下统夜郎组第二段(T_1y_2)灰岩夹粉砂质泥岩;

(5) 三叠系下统夜郎组第一段(T_1y_1)粉砂质泥岩夹灰岩;

(6) 二叠系上统长兴组(P_3c)灰岩;

(7) 二叠系上统龙潭组(P_3l)煤系,有可采、局部可采煤层 3 层;

(8) 二叠系中统栖霞组-茅口组(P_2q-m)灰岩,底部为深灰色灰岩夹沥青质泥岩;

(9) 二叠系中统梁山组(P_2l)泥岩夹炭质泥岩及灰岩;

(10) 志留系中统韩家店组(S_2h)粉砂质泥岩夹灰岩;

(11) 志留系下统龙马溪组(S_{11})灰岩、黑色粉砂质泥岩及炭质泥岩。

煤系地层为二叠系上统龙潭组。煤系地层沿向斜边缘展布,地层厚度 70~95m,平均厚度 82m。其上与二叠系上统长兴组(P_3c)浅灰、深灰色薄至厚层状灰岩整合接触,其下与二叠系中统茅口组(P_2m)浅灰、灰白色中至厚层状灰岩整合接触。该煤系地层岩性组合复杂,岩性有泥岩、粉砂质泥岩、砂岩夹数层薄层灰岩、泥质灰岩、泥灰岩、炭质灰岩、燧石灰岩及煤层,底部为棕灰色、灰白色铝质泥岩,含较多的硫铁矿。煤系地层与隧道关系见图9.1-2。

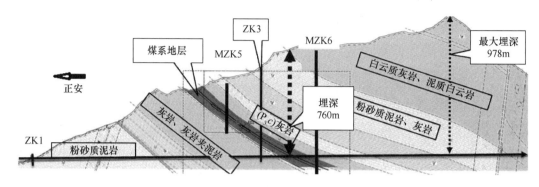

图9.1-2 煤系地层与隧道关系图

隧道在ZK58+560~ZK58+775（YK58+585~YK58+796）段穿过煤系地层,穿过长度210~220m,隧址区地质构造极其复杂,岩层扭曲严重。

9.1.4 构造

项目区位于扬子准地台黔北台隆遵义断拱之凤冈北北东向构造变形区。隧址区地质构造极其复杂,以北北东向褶皱及断裂组成基本构造格局。与隧道关系密切的褶皱有松坎向斜,断层有楠木园断层（F_1）、白毛坪断层（F_2）,以及F_3、F_4、F_5断层,这些断层均为非活动性断层,区域场地整体稳定。区域构造如图9.1-3所示。

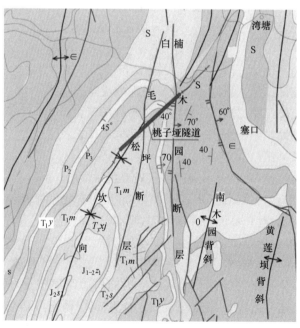

图9.1-3 区域构造示意图

(1) 褶皱

松坎向斜为区内的主要褶皱,北起羊蹬木瓜庙,南止松坎,全长 25km 左右,轴向 N20°~30°E,轴面东倾,倾角 80°~85°。隧址区位于松坎向斜北东扬起段,隧道与向斜轴部小角度相交。向斜东翼在隧道左侧浅部地层局部倒转,岩层倾角大多在 40°~85°,西翼产状较稳定,倾角 58°~72°。受白毛坪断层 F_2 错动拖曳影响,向斜扬起段被切割为东西两段,在尾端分别形成次生向斜,隧道从东段的次生向斜核部通过。

(2) 断层

①楠木园断层 F_1

楠木园断层 F_1 为逆断层,走向近南北,断层北端起刘家院子,往南延伸至水银溪一带,长约 35km。断层面倾向 85°,倾角 50°~70°,断层破碎带宽度 10~20m,大多为钙泥质胶结而成,为隔水断层。断层上盘为志留系中、下统地层,下盘为二叠系地层。断层于地表 ZK57+326（YK57+343）处通过隧道,与隧道轴线斜交。断层两侧岩层产状变化大,两侧岩体节理很发育,岩体极破碎,根据地质调绘及物探资料,其影响带宽度 100~150m。

②白毛坪断层 F_2

白毛坪断层 F_2 为压扭性斜冲逆断层,走向近南北,断层北端起羊蹬,往南延伸至松坎,长度约 12km。断层面倾向 100°、倾角 60°~85°,断层破碎带宽度 12~18m,大多为钙泥质胶结而成,为隔水断层。断层于地表 ZK60+275（YK60+256）处通过隧道,与隧道轴线斜交。松坎向斜北东扬起段（隧址区）受该断层错动拖曳影响强烈,岩层产状变化大。断层两侧岩体节理很发育,岩体极破碎,根据地质调绘及物探资料,其影响带宽度 250~330m。

③断层 F_3

断层 F_3 为逆断层,位于隧道右侧,走向北西~南东,北西起于 F_1 断层,沿早源煤矿主井西冲沟,往南东延伸,止于隧道右侧,长约 750m。断层面倾向 55°、倾角约 65°,断层破碎带宽度约 10m,多为泥质胶结,结合差。断层两侧岩体节理很发育,岩体极破碎。

④断层 F_4

断层 F_4 为正断层,位于隧道右侧,走向近南北,倾角约 85°,北起于 F_1 断层,经早源煤矿主井口止于断层 F_3,长约 1.5km。

⑤断层 F_5

断层 F_5 为平移断层,位于隧道右侧,走向北东~南西,倾角近直立,将二叠系中统栖霞组—茅口组地层水平错动约 600m。

9.1.5 煤层

根据地质调绘及煤矿勘探资料,隧址区煤系地层含煤(线) 5~7 层,从下至上编号为 C_1~C_7,煤层呈黑、灰黑色半暗~半亮型烟煤,具沥青光泽,少量玻璃光泽,参差状、阶梯状断口,偶见条带结构,煤层硬度低,易碎成粉状,质软,隧道穿煤处煤层倾角约 40°,为倾斜煤层,煤岩结构破坏类型为Ⅲ类(强烈破坏煤)。

其中 C_1 厚 0.33~1.39m,平均 1.09m;C_3 厚 0~0.92m,平均 0.44m;C_5 厚 1.72~4.01m,平均 2.5m;C_6 厚 0~0.44m,平均 0.25m;C_7 厚 0~0.25m,平均 0.20m;C_2、C_4 煤层不连续,厚 0~

0.1m。其中，可采或局部可采煤层三层：C_1 位于煤系地层底部，C_3 位于煤系地层下部，C_5 位于煤系地层中部。

9.2 高地应力状态

水压致裂法原岩应力测量是 20 世纪 70 年代发展起来的，该方法是 2003 年国际岩石力学学会试验方法委员会颁布的确定岩石应力建议方法中所推荐的方法之一，是目前国际上能较好地直接进行应力测量的先进方法之一。该方法无须知道岩石的力学参数，就可获得地层中现今地应力的多种参量，并具有操作简便、可在任意深度进行连续或重复测试、测量速度快、测值可靠等特点，因此近年来得到了广泛应用，取得了大量的成果。

9.2.1 水压致裂应力测量原理

水压致裂原岩应力测量是以弹性力学为基础，并以下面三个假设为前提：
(1) 岩石是线弹性和各向同性的；
(2) 岩石是完整的，压裂液体对岩石来说是非渗透的；
(3) 岩层中有一个主应力分量的方向和孔轴平行。

在上述理论和假设前提下，水压致裂的力学模型可简化为一个平面应力问题，如图 9.2-1 所示。

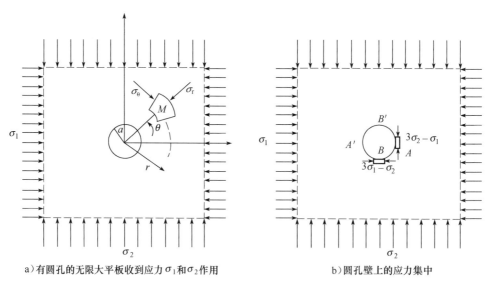

a) 有圆孔的无限大平板收到应力 σ_1 和 σ_2 作用　　b) 圆孔壁上的应力集中

图 9.2-1　水压致裂应力测量的力学模型

这相当于有两个主应力 σ_1 和 σ_2 作用在有一半径为 a 的圆孔的无限大平板上，根据弹性力学分析，圆孔外任何一点 M 处的应力为：

$$\begin{cases} \sigma_r = \dfrac{\sigma_1 + \sigma_2}{2}\left(1 - \dfrac{a^2}{r^2}\right) + \dfrac{\sigma_1 - \sigma_2}{2}\left(1 - \dfrac{4a^2}{r^2} + \dfrac{3a^4}{r^4}\right)\cos2\theta \\ \sigma_\theta = \dfrac{\sigma_1 + \sigma_2}{2}\left(1 + \dfrac{a^2}{r^2}\right) - \dfrac{\sigma_1 - \sigma_2}{2}\left(1 + \dfrac{3a^4}{r^4}\right)\cos2\theta \\ \tau_{r\theta} = -\dfrac{\sigma_1 - \sigma_2}{2}\left(1 + \dfrac{2a^2}{r^2} - \dfrac{3a^4}{r^4}\right)\sin2\theta \end{cases} \quad (9.2\text{-}1)$$

式中：σ_r——M 点的径向应力；

σ_θ——切向应力；

$\tau_{r\theta}$——剪应力；

r——M 点到圆孔中心的距离。

当 $r=a$ 时，即为圆孔壁上的应力状态：

$$\begin{cases} \sigma_r = 0 \\ \sigma_\theta = (\sigma_1 + \sigma_2) - 2(\sigma_1 - \sigma_2)\cos2\theta \\ \tau_{r\theta} = 0 \end{cases} \quad (9.2\text{-}2)$$

由式(9.2-2)可得出如图 9.2-1b)所示的孔壁 A、B 两点及其对称处(A'、B')的应力集中分别为：

$$\sigma_A = \sigma_{A'} = 3\sigma_2 - \sigma_1 \quad (9.2\text{-}3)$$

$$\sigma_B = \sigma_{B'} = 3\sigma_1 - \sigma_2 \quad (9.2\text{-}4)$$

若 $\sigma_1 > \sigma_2$，由于圆孔周边应力的集中效应则 $\sigma_A < \sigma_B$。因此，在圆孔内施加的液压大于孔壁上岩石所能承受的应力时，将在最小切向应力的位置上，即 A 点及其对称点 A' 处产生张破裂。并且破裂将沿着垂直于最小主应力的方向扩展。此时把孔壁产生破裂的外加液压 P_b 称为临界破裂压力。临界破裂压力 P_b 等于孔壁破裂处的应力集中加上岩石的抗张强度 T_{hf}，即：

$$P_b = 3\sigma_2 - \sigma_1 + T_{hf} \quad (9.2\text{-}5)$$

再进一步考虑岩石中所存在的孔隙压力 P_0，式(9.2-5)将为

$$P_b = 3\sigma_2 - \sigma_1 + T_{hf} - P_0 \quad (9.2\text{-}6)$$

在垂直钻孔中测量地应力时，常将最大、最小水平主应力分别写为 σ_H 和 σ_h，即 $\sigma_1 = \sigma_H$，$\sigma_2 = \sigma_h$。当压裂段的岩石被压破时，P_b 可用下列公式表示：

$$P_b = 3\sigma_h - \sigma_H + T_{hf} - P_0 \quad (9.2\text{-}7)$$

孔壁破裂后，若继续注液增压，裂缝将向纵深处扩展。若立即停止注液增压，并保持压裂回路密闭，裂缝将停止延伸。由于地应力场的作用，裂缝将迅速趋于闭合。通常把裂缝处于临界闭合状态时的平衡压力称为瞬时闭合压力 P_s，它等于垂直裂缝面的最小水平主应力，即：

$$P_s = \sigma_h \quad (9.2\text{-}8)$$

如果再次对封隔段增压，使裂缝重新张开时，即可得到破裂重新张开的压力 P_r。由于此时的岩石已经破裂，抗张强度 $T_{hf}=0$，这时即可把式(9.2-7)改写为：

$$P_r = 3\sigma_h - \sigma_H - P_0 \quad (9.2\text{-}9)$$

用式(9.2-7)减式(9.2-9)即可得到岩石的原地抗张强度：

$$T_{hf} = P_b - P_r \tag{9.2-10}$$

由式(9.2-9)可得到最大水平主应力 σ_H 的公式：

$$\sigma_H = 3P_s - P_r - P_0 \tag{9.2-11}$$

垂直应力可根据上覆岩石的重力来计算：

$$\sigma_v = \rho g d \tag{9.2-12}$$

式中：ρ ——岩石密度，kg/m^3；

g ——重力加速度，N/kg；

d ——深度，m。

以上是水压致裂法地应力测量的基本原理及有关参数的计算方法。

9.2.2 测试及数据分析方法

1）水压致裂测试方法

概括地讲，水压致裂原岩应力测量方法是：利用一对可膨胀的封隔器在选定的测量深度封隔一段钻孔，然后通过泵入流体对该试验段(常称压裂段)增压，同时利用 X-Y 记录仪、计算机数字采集系统或数字磁带记录仪记录压力随时间的变化；对实测记录曲线进行分析，得到特征压力参数，再根据相应的理论计算公式，就可得到测点处的最大和最小水平主应力的量值以及岩石的水压致裂抗张强度等岩石力学参数。

根据工程需要并结合岩芯分析，选择合适的压裂孔段，然后使用测试设备进行选定孔段的测量，测试系统分为单回路和双回路两种，见图 9.2-2。

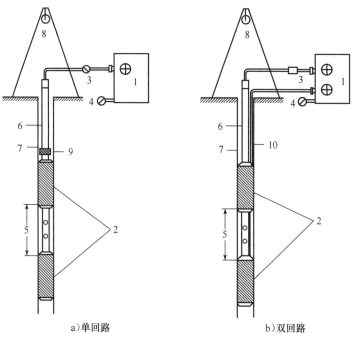

a) 单回路 b) 双回路

图 9.2-2 水压致裂应力测量系统

1-高压泵；2-封隔器；3-记录仪；4-压力表；5-压裂段；6-钻杆；7-钻孔；8-井架；9-高压转换阀；10-高压胶管

单回路测试系统[图 9.2-2a)]：首先将经高压检验的钻杆与封隔器连接起来，并将封隔器放置到压裂深度上，然后通过高压胶管将钻杆与地面高压泵相连，并以钻杆为导管向封隔器内加压，使两个封隔器同时膨胀，紧密地贴于孔壁上，形成封隔空间。再通过钻杆控制井下转换开关，使之封住封隔器进口道并切换到压裂段，继之对压裂段连续加压直至将压裂段的岩石压裂，此后，还要进行数次重张压裂循环，以便取得可靠的压裂参数。

双回路测试系统[图 9.2-2b)]：回路之一为高压胶管，一端与高压泵相连，另一端与封隔器相连而形成回路。其作用是作为导管将高压泵压力施加于封隔器，使其膨胀，并紧密地贴于孔壁上，形成封隔空间。回路之二为钻杆，一端与封隔器相连，另一端通过高压胶管与地面高压泵相连而形成回路，其作用是以钻杆为导管将高压泵压力施加于封隔孔段，直至将封隔段岩石压裂。

单回路和双回路测试系统各有所长，前者适用于深钻孔和小口径钻孔测量，而后者多用于浅孔和大口径孔中，其测量结果都是可靠的。本次在桃子垭隧道工程区现场测试中选择了双回路系统。

水压致裂法的现场测试程序如下：

(1) 选择试验段

测试段选取的主要依据：根据岩芯编录查校完整岩芯所处的深度位置以及工程设计所要求的位置，为使试验能顺利进行，还要考虑封隔器必须放置在孔壁光滑、孔径一致的位置。为确保资料充分和满足技术合同要求，在钻孔条件允许的情况下应尽可能多选试验段。

(2) 检验测量系统

在正式压裂前，要对测试所使用的钻杆及压裂系统进行检漏试验，一般试验压力不低于 15MPa。为确保试验数据的可靠性，要求每个接头都不得有点滴泄漏；并对已试验钻杆进行编号，以便测试深度准确无误。另外，还要对所使用的仪器设备进行检验标定，以保证测试数据的准确性和可靠性。

(3) 安装井下测量设备

用钻杆将一对可膨胀的橡胶封隔器，放置到所要测量的深度位置。

(4) 座封

通过地面的一个独立加压系统，给两个 1m 长的封隔器同时增压，使其膨胀并与孔壁紧密接触，即可将压裂段予以隔离，形成一个封隔空间(即压裂试验段)。地面装有封隔器压力的监视装置，在试验过程中若由于某种原因封隔器压力下降时，可随时通过地面的加压系统予以补压。

(5) 压裂

利用高压泵通过高压管线向被封隔的空间(压裂试验段)增压。在增压过程中，由于高压管路中装有压力传感器，记录仪表上的压力值将随高压液体的泵入而迅速增高，由于钻孔周边的应力集中，压裂段内的岩石在足够大的液压作用下，将会在最小切向应力的位置上产生破裂，即在垂直于最小水平主应力的方向开裂。这时所记录的临界压力值 P_b，即岩石的破裂压力，岩石一旦产生裂缝，在高压液体来不及补充的瞬间，压力将急剧下降。若继续保持排量加压，裂缝将保持张开并向纵深处延扩。

(6) 关泵

岩石开裂后关闭高压泵，停止向测试段注压。在关泵的瞬间压力将急剧下降；之后，随着液体向地层的渗入,压力将缓慢下降。在岩体应力的作用下,裂缝趋于闭合。当裂缝处于临界闭合状态时记录到的压力即为瞬时闭合压力 P_s。

(7)卸压

当压裂段内的压力趋于平稳或不再有明显下降时,即可解除本次封隔段内的压力,连通大气,促使已张开的裂缝闭合。

在测试过程中,每段通常都要进行 3~5 个回次,以便取得合理的应力参量以及准确判断岩石的破裂和裂缝的延伸状态。水压致裂过程中所得到的压力-时间曲线如图 9.2-3 所示。

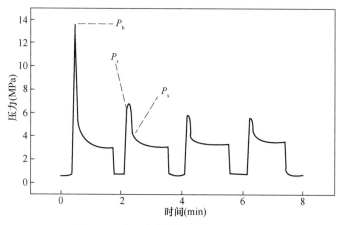

图 9.2-3　水压致裂应力测量记录曲线示例

2)主应力方向测定——定向印模法

在封隔段压裂测量之后即可进行裂缝方位的测定,以便确定最大水平主压应力的方向。常用的方法是定向印模法,它可直接把孔壁上的裂缝痕迹印下来;测试装置由自动定向仪和印模器组成,见图 9.2-4。印模器从外观上看,与封隔器大致相同,所不同的是,它的表层覆盖着一层半硫化橡胶。

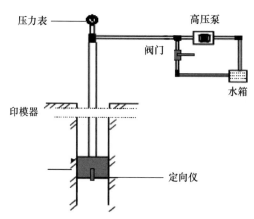

图 9.2-4　确定最大主压应力方向的测试装置

测定方位时,要选择岩石完整,压力-时间关系曲线有较高破裂压力的测段。先将接有定向仪的印模器放到水压致裂应力测量段的深度,然后在地面通过增压系统将印模器膨胀。为了获得清晰的裂缝痕迹,需要施加足够的高压(加压至 15MPa 左右),促使孔壁上由压裂产生的裂缝重新张开以便半硫化橡胶挤入,并保持相应的时间,印模器表面印制了与裂缝相对应的凸起印迹。

定向仪是由照相系统、测角部件、定向罗盘和时钟控制装置等构成。在预定时间到达时,电子罗盘将记录下特定时间段内参考基线的方向。

待保压时间结束后,泄掉印模器的压力并将其提出钻孔。取出照相底片进行显影和定影,通过底片即可直接读出印模器的基线方位。同时用透明塑料薄膜将印模器围起,绘下印模器表面凸起的印痕和基线标志,然后利用基线、磁北针和印痕之间的关系可算出所测破裂面的走向,即最大水平主压应力的方向。

3)数据分析方法

从如图 9.2-3 所示的压力-时间记录曲线中可直接得到岩石的破裂压力 P_b、瞬时闭合压力 P_s 以及裂缝的重新张开压力 P_r,根据这几个基础参数就可以计算出最大水平主应力 σ_H 和最小水平主应力 σ_k 及岩石的原地抗张强度 T_{kf}。

各压力参数的判读及计算方法如下:

(1)破裂压力 P_b

破裂压力 P_b 一般比较容易确定,即把压裂过程中第一循环回次的峰值压力称为岩石的破裂压力(图 9.2-3)。

(2)重张压力 P_r

重张压力 P_r 为后续几个加压回次中使已有裂缝重新张开时的压力。通常取压力-时间曲线上斜率发生明显变化时对应的一点(图 9.2-3)为破裂重新张开的压力值。在测试中通常采用第二、第三回次的平均值。

为克服岩石在第一、二回次可能未充分破裂所带来的影响,和后几回次随着裂缝开合次数增加造成重张压力逐次变低的趋势,根据以往的经验通常取第三个循环回次的值为该测试段的重张压力值,或取第二、三、四循环回次的平均值。

(3)瞬时闭合压力 P_s

瞬时闭合压力 P_s 的确定对于水压致裂应力测量非常重要。由公式可知,瞬时闭合压力 P_s 等于最小水平主应力 σ_k,也就是说水压致裂法可直接测出最小水平主应力值 σ_k;另外,在计算最大水平主应力时,由于 P_s 的取值误差可导致 σ_H 两倍的计算误差,因而瞬时闭合压力的准确取值尤为关键。目前,比较常用和通行的 P_s 取值方法有拐点法、单切线及双切线法、dt/dp 法、dp/dt 法、Mauskat 方法、流量-压力法等。本书试验中 P_s 的取值方法采用了常用的单切线方法。

(4)孔隙压力 P_0

由公式可知,在计算最大水平主应力时,需要岩层的孔隙压力值,由国内外大量的实际测量和研究表明,在绝大多数情况下,孔隙压力基本上等于静水位压力。因此,在水压致裂法应力测量过程中,通常以测量段所处地下水位的静水压力作为该岩层的孔隙压力 P_0。

为保证测试顺利进行并取得可靠数据,测试严格按照相关的规范和要求进行,并对压力传感器和监测用压力表进行严格标定和校验,如图 9.2-5 所示。

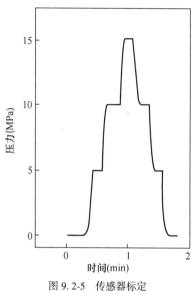

图 9.2-5 传感器标定

9.2.3 水压致裂应力测量钻孔布置

高地应力将增加煤与瓦斯突出风险。桃子垭隧道采用水压致裂应力测量方法,分析评价隧道围岩的高地应力状态。应力测量钻孔布置情况如下:

(1)第 7 标段第一个孔,钻孔以 A7-1 孔标识。该孔里程为 YK58+360,埋深 607m,位于桃子垭隧道入口方向,孔深约 37m,钻孔孔径为 75mm。该孔成功进行水压致裂法地应力测量 10 段,其中可用曲线 6 段,应力方向测量 3 段。

(2)第 8 标段桃子垭隧道出口段第一个孔,钻孔以 A8-1 孔标识。该孔里程为 YK60+100,埋深 793m,位于桃子垭隧道出口方向(28.67°N,106.92°E),孔深约 41m,钻孔孔径为 75mm。该孔成功进行水压致裂法地应力测量 10 段,其中可用曲线 10 段,应力方向测量 3 段。

(3)第 8 标段第 2 个孔,钻孔以 A8-2 孔标识。该孔里程为 YK59+972,埋深约 903m,位于桃子垭隧道出口方向,孔深约 36m,钻孔孔径为 75mm。该孔成功进行水压致裂法地应力测量 9 段,其中可用曲线 9 段,应力方向测量 3 段。

9.2.4 钻孔测量结果

1)A7-1 孔测量结果

图 9.2-6 是 A7-1 钻孔各测试段压裂过程中的压力—时间记录曲线。

压裂结束后,使用自动定向印模器,选取在该孔压裂过程中破裂峰值明显的 3 段进行最大主应力方向印模测定。这 3 段的深度分别为 12.35~13.05m、29.35~30.05m、31.35~32.05m。图 9.2-7 为该孔印模结果,主裂纹印痕清楚,水压裂缝垂直展布并在孔壁两侧对称出现,准确反映了压裂缝的性状。确定的最大水平主应力(S_H)的方向,由浅至深分别为 N22°W、N31°W、N37°W,说明测点附近最大主应力方向在 N22°W~N37°W。

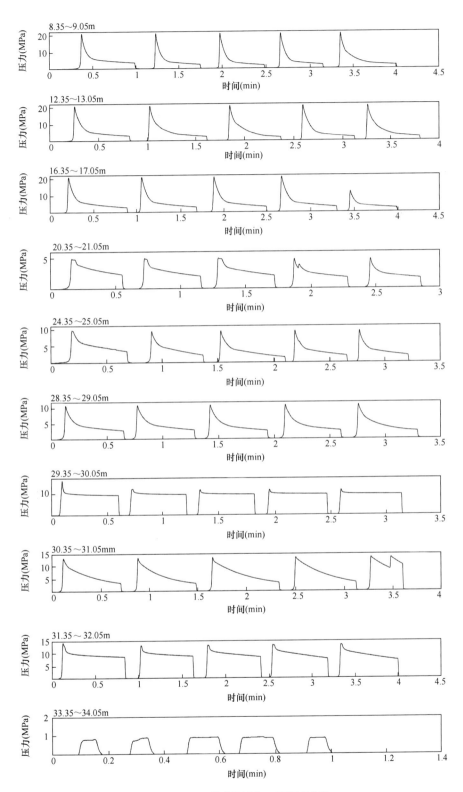

图 9.2-6 A7-1 钻孔孔压力-时间记录曲线

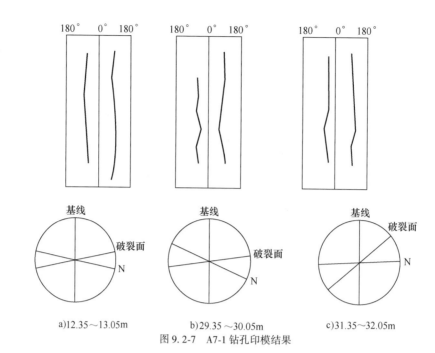

a) 12.35~13.05m b) 29.35~30.05m c) 31.35~32.05m

图 9.2-7　A7-1 钻孔印模结果

其中可用的 6 段详细结果见表 9.2-1。

A7-1 钻孔水压致裂应力测量结果　　　　　　　　　　　　　表 9.2-1

序号	测段深度 (m)	压裂参数（MPa）					应力值（MPa）			破裂方位 (°)
		P_b	P_r	P_s	P_0	T	S_H	S_h	S_v	
1	8.35~9.05	20.94	10.46	9.58	0.85	10.48	17.44	9.58	15.96	
2	12.35~13.05	20.85	11.64	10.70	0.89	9.21	19.58	10.70	16.01	N22°W
3	16.35~17.05	21.11	14.26	10.51	0.93	6.85	16.35	10.51	16.06	
4	24.35~25.05	9.92	9.34	7.53	1.01	0.58	12.24	7.53	16.32	
5	29.35~30.05	16.05	11.35	10.23	1.06	4.70	18.28	10.23	16.58	N31°W
6	31.35~32.05	14.64	12.84	10.58	1.08	1.80	17.82	10.58	16.68	N37°W

注：1. P_b-岩石原地破裂压力；P_r-破裂面重张压力；P_s-破裂面瞬时闭合压力；P_H-静水柱压力；P_0-孔隙压力；T-岩石抗拉强度；S_h-水平最小主应力；S_H-水平最大主应力；S_v-垂直主应力。

2. 垂向应力 S_v 的计算取上覆岩石的重度为 $26.0kN/m^3$。

3. 测段深度是指测试段距钻孔孔口深度，钻孔孔口埋深约为 607m，据前期勘察静水位约为 530m。

由测试结果初步分析，该孔的地应力基本特征为：

（1）该孔最大水平主应力为 12.24~19.58MPa，最小水平主应力为 7.53~10.70MPa；用上覆岩层重度（$26kN/m^3$）估算的垂直主应力为 15.96~16.68MPa。

（2）该孔三向主应力值的关系为 $S_H>S_v>S_h$。三向主应力的这种分布关系表明，该深度地应力表现为以构造作用为主。

（3）该孔附近的最大水平主应力优势方向为北北西向（即 N22°W~N37°W）。

（4）三向主应力具有随深度增加而增大的规律性。

2）A8-1 孔测量结果

图 9.2-8 是 A8-1 钻孔各测试段压裂过程中的压力-时间记录曲线。

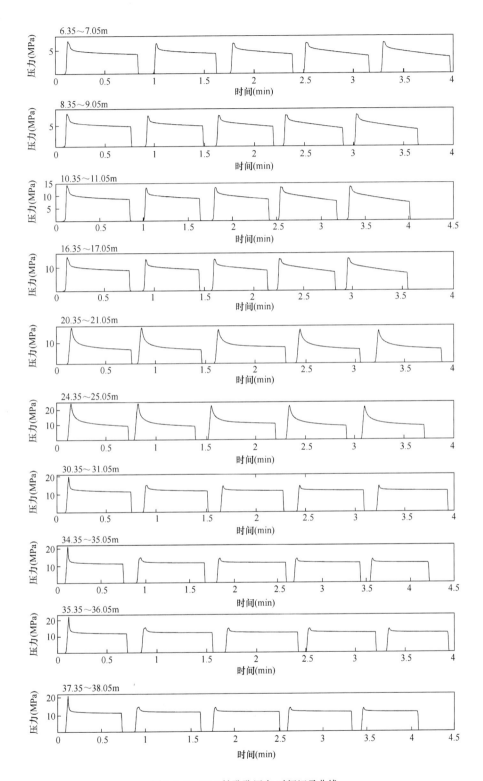

图 9.2-8 A8-1 钻孔孔压力-时间记录曲线

压裂结束后,使用自动定向印模器,选取在该孔压裂过程中破裂峰值明显的3段进行最大主应力方向印模测定。这3段的深度分别为16.35~17.05 m 和24.35~25.05m、34.35~35.05m。图9.2-9为该孔印模结果,主裂纹印痕清楚,水压裂缝垂直展布并在孔壁两侧对称出现,准确反映了压裂缝的性状。确定的最大水平主应力(S_H)的方向,由浅至深分别为N18°W、N25°W、N16°W,说明测点附近最大主应力方向在N16°W~N25°W。

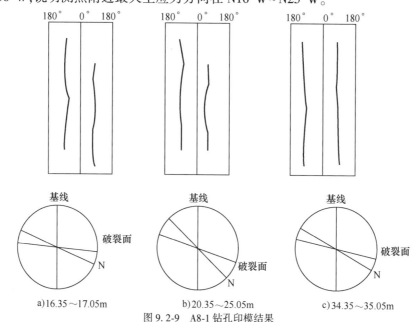

a) 16.35~17.05m b) 20.35~25.05m c) 34.35~35.05m

图9.2-9 A8-1钻孔印模结果

其中可用的10段的详细结果见表9.2-2。

A8-1钻孔水压致裂应力测量结果 表9.2-2

序号	测段深度(m)	压裂参数(MPa)					应力值(MPa)			破裂方位
		P_b	P_r	P_s	P_0	T	S_H	S_h	S_v	
1	6.35~7.05	7.05	6.08	5.81	1.96	0.97	8.67	5.81	20.79	
2	8.35~9.05	8.07	6.96	6.66	1.98	1.11	10.32	6.66	20.85	
3	10.35~11.05	14.46	12.66	11.21	2.00	1.80	18.25	11.21	20.90	
4	16.35~17.05	14.68	12.85	11.34	2.06	1.83	18.39	11.34	21.05	N18°W
5	20.35~21.05	16.39	13.27	11.31	2.10	3.12	17.84	11.31	21.16	
6	24.35~25.05	24.53	19.85	13.95	2.14	4.68	19.13	13.95	21.26	N25°W
7	30.35~31.05	20.01	14.14	12.68	2.20	5.87	20.97	12.68	21.42	
8	34.35~35.05	21.40	13.61	12.24	2.24	7.79	20.14	12.24	21.52	N16°W
9	35.35~36.05	21.99	13.98	12.57	2.25	8.01	20.75	12.57	21.54	
10	37.35~38.05	21.27	13.53	12.16	2.27	7.74	19.95	12.16	21.60	

注:1.P_b-岩石原地破裂压力;P_r-破裂面重张压力;P_s-破裂面瞬时闭合压力;P_H-静水柱压力;P_0-孔隙压力;T-岩石抗拉强度;S_h-水平最小主应力;S_H-水平最大主应力;S_v-垂直主应力。

2.垂向应力S_v的计算取上覆岩石的重度为26.0kN/m³。

3.测试深度是指测试段距钻孔孔口深度,钻孔孔口埋深约为793m,据前期勘察静水位约为530m。

由测试结果初步分析,该孔的地应力基本特征为:

(1)该孔最大水平主应力为 8.67~20.97MPa,最小水平主应力为 5.81~13.95MPa;用上覆岩层重度(26.0kN/m³)估算的垂直主应力为 20.79~21.60MPa。

(2)该孔三向主应力值的关系为 $S_H \geqslant S_V > S_h$。三向主应力的这种分布关系表明,该测点的现今地应力表现为以构造应力作用为主。

(3)该孔附近的最大水平主应力优势方向为 NNW 向(即 N16°W~N25°W)。

(4)三向主应力具有随深度增加而增大的规律性。

3)A8-2 孔测量结果

图 9.2-10 是 A8-2 钻孔各测试段压裂过程中的压力-时间记录曲线。

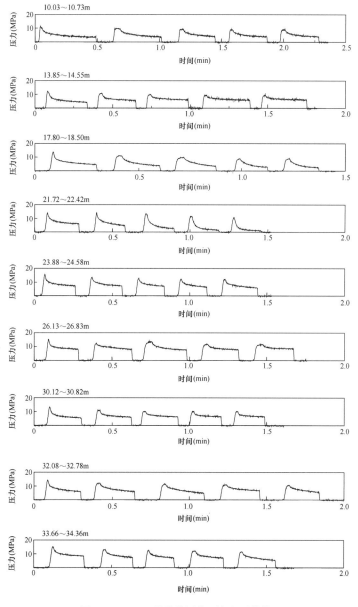

图 9.2-10　A8-2 钻孔压力-时间记录曲线

压裂结束后,使用自动定向印模器,选取在该孔压裂过程中破裂峰值明显的 3 段进行最大主应力方向印模测定。这 3 段的深度分别为 21.72~22.42m、26.13~26.83m 和 33.66~34.36m。图 9.2-11 为该孔印模结果,主裂纹印痕清楚,水压裂缝垂直展布并在孔壁两侧对称出现,准确反映了压裂缝的性状。确定的最大水平主应力(S_H)的方向,由浅至深分别为 N24°W、N29°W、N19°W,说明测点附近最大主应力方向在 N19°W~N29°W。

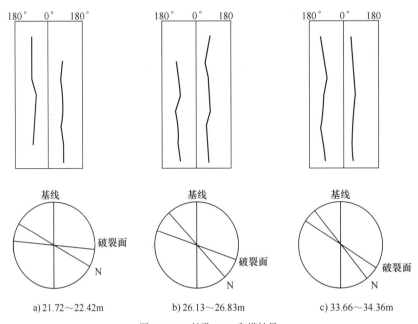

图 9.2-11　钻孔 A8-2 印模结果

其中可用的 9 段的详细结果见表 9.2-3。

钻孔 A8-2 水压致裂应力测量结果　　　　　　　　　　　　表 9.2-3

序号	测段深度(m)	压裂参数(MPa)						应力值(MPa)			破裂方位
		P_b	P_r	P_s	P_H	P_0	T	S_H	S_h	S_v	
1	10.03~10.73	11.92	8.23	9.66	0.10	3.83	3.69	16.93	9.66	23.75	
2	13.85~14.55	12.67	8.45	9.82	0.14	3.87	4.22	17.15	9.82	23.85	
3	17.80~18.50	14.28	9.24	10.75	0.17	3.90	5.04	19.11	10.75	23.95	
4	21.72~22.42	14.63	9.55	11.88	0.21	3.94	5.08	22.15	11.88	24.05	N24°W
5	23.88~24.58	16.23	10.20	12.20	0.23	3.96	6.03	22.44	12.20	24.11	
6	26.13~26.83	15.93	10.22	12.48	0.26	3.99	5.71	23.24	12.48	24.17	N29°W
7	30.12~30.82	14.00	9.30	11.49	0.30	4.03	4.70	21.15	11.49	24.27	
8	32.08~32.78	14.99	10.51	12.48	0.31	4.04	4.48	22.89	12.48	24.32	
9	33.66~34.36	15.80	12.59	13.41	0.33	4.06	3.21	23.58	13.41	24.36	N19°W

注:1.P_b-岩石原地破裂压力;P_r-破裂面重张压力;P_s-破裂面瞬时闭合压力;P_H-静水柱压力;P_0-孔隙压力;T-岩石抗拉强度;S_h-水平最小主应力;S_H-水平最大主应力;S_v-垂直主应力。

2.垂向应力 S_v 的计算取上覆岩石的重度为:26.0kN/m³。

3.测段深度是指测试段距钻孔孔口深度,钻孔孔口埋深约为 903m,据前期勘察静水位约为 530m。

由测试结果初步分析,该孔的地应力基本特征为:

(1)由测试结果初步分析,该孔最大水平主应力为 16.93~23.58MPa,最小水平主应力为 9.66~13.41MPa;用上覆岩层重度(26.0kN/m³)估算的垂直主应力为 23.75~24.36MPa。

(2)该孔三向主应力具有随深度增加而增大的规律性,三向主应力值的关系为 $S_V > S_H > S_h$。三向主应力的这种分布关系表明,该测点的现今地应力表现为以垂直应力作用为主。

(3)该孔附近的最大水平主应力优势方向为 NNW 向(即 N19°W~N29°W)。

9.2.5 隧道工程区应力特征的讨论与分析

通过对工程区一个钻孔的地应力实地测量及结果进行分析,对钻孔附近的地应力状况有了一个初步的认识,但由于隧道工程区面积较大,区域工程地质条件复杂,仅一个钻孔的地应力资料,与整个隧道工程区相比仍然只是一个侧面。下面将从区域应力场特征、钻孔应力量值水平、工程区应力场方向三个方面对该隧道工程区的地应力状态进行进一步的讨论分析,以期得到一个更为准确的结论和认识。

由于 A7-1 钻孔距离煤系地层最近,测试数据对煤系地层煤与瓦斯突出影响更有研究价值,所以本小节针对该钻孔数据讨论分析工程区应力特征。

1)工程区周边区域应力场特征

通过对桃子垭隧道附近主要断裂资料进行统计分析研究,断裂主要分为三组,NE、NW 向和近 NS 向。按照构造地质学原理分析,NW 向和 NE 向构造为共轭的断层,应该受统一的力源控制,依据理论分析,σ_1 和 σ_3 应该分别位于断层线交角的平分线上,这意味着区域应力场方向为近 NW 向或者近 NS 向。同时图 9.2-12 的结果显示,该区域的主干断裂走向为近 NS 向,按照 Anderson 理论和摩尔-库仑理论分析,NS 向断裂的最大水平主应力方向应为 NNW~NNE 向,可以初步推出该区区域应力场方向为 NNW~NNE。

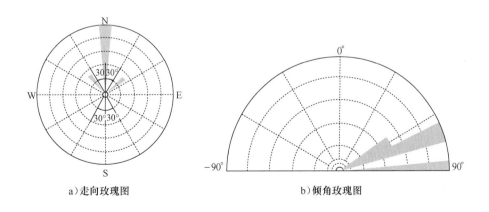

a)走向玫瑰图 b)倾角玫瑰图

图 9.2-12 工程区主要断裂走向和倾角玫瑰统计图

采用构造形迹估算力源的方法更多反映古构造应力场特征,因此,工程区现今地应力方向需要结合震源机制解、实测应力数据等数据综合分析。我们对他人研究成果进行了整理分析,研究区隶属于中国华南地区[170],该区域整体震源机制解应力场方向为 NWW 向[171],约为 290°,震源机制解类型主要是逆断型和走滑型,如图 9.2-13 所示。但图 9.2-13 给出的震源机制解玫瑰方向统计的数据来源是华南各省,考察贵州省区域应力场方向时需要利用贵州省所属构造单元的震源机制解作为区域优势方向统计的输入数据,数据量较大的小震震源机制解提供了这样的输入数据。另外,利用 200 多个小震震源机制解对华南地区的应力场进行分析研究[172],将华南地区应力场细分为 9 个区,工程区位于贵州北部邻近Ⅷ区(图 9.2-14),该区的平均主压应力轴方位为 334°,即主压应力方向为 NNW~NW。

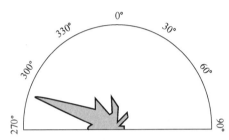

图 9.2-13 基于震源机制解应力数据的中国华南区域构造应力场方向

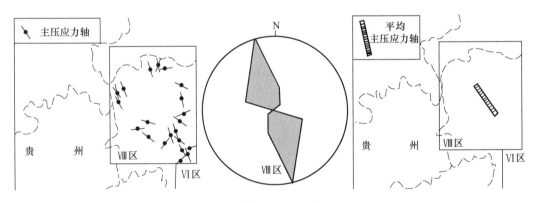

图 9.2-14 贵州北部主压应力轴分布

为了更好地了解该区域的区域应力场状态,查阅了中国地震局地壳应力研究所编制的《中国大陆地壳应力环境基础数据库》,贵州周边水平最大主应力方向为近 NNW~NW 向;查询华南地区贵州桐梓县桃子垭隧道研究区附近应力数据(查询范围:纬度 26.7°N~30.7°N,经度 104.9°E~108.9°E),绘出该区域的实测数据水平最大主应力方位玫瑰图(图 9.2-15),优势方位为 N24°~48°W。

2) 工程区最大水平主应力方向

为了更好地确定工程区应力场的方向,对 1 个钻孔中获得的应力方向数据进行统计分析,表 9.2-4 为钻孔通过印模测量得到的各测段最大水平主应力方向统计。

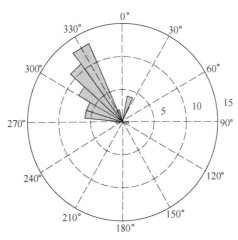

图 9.2-15 工程区附近水平最大主应力方位玫瑰图

最大水平主应力方向统计　　　　　　　　　　表 9.2-4

孔　号	桩　号	印模深度(m)	最大主应力方向	优势方向
A7-1	YK58+360	12.35~13.05	N22°W	N30°W
		29.35~30.05	N31°W	
		31.35~32.05	N37°W	

由表 9.2-4 可见,实测最大主应力方向(即破裂方位),优势方位为 N22°W~N37°W。如前面所述,利用地质学和地震学方法获得的贵州高原地区工程区附近区域构造应力场方向为 NNW~NW 向,说明工程区应力场仍然主要受到构造水平应力的作用,与大的区域构造应力场基本一致。

工程区钻孔实测所得的最大水平主应力方向为近 NNW 向,说明对于地壳浅部钻孔所获得的地应力方向一方面会受到大的区域构造应力背景场的影响,同时也会受到地表地形地貌和赋存岩性的影响而发生适度偏转。

综上所述,本次一个钻孔所获得的工程区应力场方向与大的区域构造应力背景场基本一致,可见实测最大主应力方向(即破裂方位)优势方位为 N22°W~N37°W,十分符合该工程区地应力的赋存规律。

3) 测点附近的应力量值水平

工程区布置的一个钻孔中测试所得到的三向主应力值的关系为 $S_H \geqslant S_V > S_h$,三向主应力的分布关系表明,该测点的地应力表现为以构造应力作用为主。三向主应力具有随深度增加而增大的规律性(图 9.2-16),应力随深度变化相对较缓。

统计分析该钻孔埋深 615.35~639.05m 的最大、最小水平主应力和垂直应力值,并计算各个测段的平均值,统计结果如表 9.2-5 所示。该结果与前期施工地质勘察报告内地应力报告部分的应力预测结果较一致。

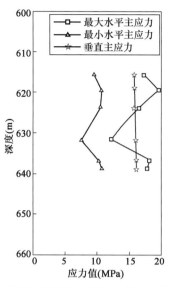

图 9.2-16　正习高速公路第 7 标段 A7-1 孔应力值随深度变化

A7-1 钻孔的主应力统计表　　　　　　　　　　　　　　　表 9.2-5

钻孔编号	深度范围(m)	最大水平主应力(MPa)		最小水平主应力(MPa)		垂直主应力(MPa)	
		应力范围	平均值	应力范围	平均值	应力值范围	平均值
A7-1	615.35~639.05	12.24~19.58	16.95	7.53~10.70	9.86	15.96~16.68	16.27

依据中国地震局地壳应力研究所编制的《中国大陆地壳应力环境基础数据库》,查询研究区附近的应力数据(查询范围:纬度 26.7°N~30.7°N,经度 104.9°E~108.9°E),绘出该区域的水平最大主应力和水平最小主应力随深度变化如图 9.2-17 所示。埋深 300~500m 的水平最大主应力为 2.8~22.8MPa,水平最小主应力为 1.9~14.3MPa;埋深 500~700m 的水平最大主应力为 10.69~28.4MPa,水平最小主应力为 6.9~20.6MPa。

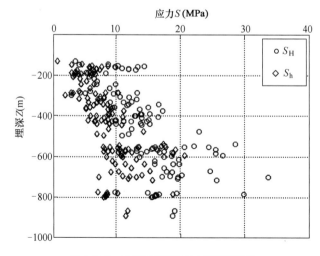

图 9.2-17　工程区附近地应力随深度变化

综上所述,本次一个钻孔所获得的工程区埋深607m左右的最大、最小水平应力值大小与大的区域应力数值相比较为吻合。

4) 岩体原地抗拉强度

大量的实测结果表明,初次的破裂循环与其后的重张循环有显著差别。一般情况下,破裂压力(P_b)大于重张压力(P_r)。初次破裂循环不仅要克服岩石所承受的压应力,而且还要克服岩石本身的抗拉强度(T)。在破裂后的重张循环中,由于破裂面已经形成,要使之重新张开,只需克服作用在破裂面上的地应力,显然二者之差就是岩石的原地抗拉强度,即$T=P_b-P_r$。需要指出的是,在野外钻孔中测量得到的原地抗拉强度,情况比较复杂,一方面由于岩层结构未必是均一的,在不同深度的地层中也不完全一致,测量结果会比较离散,但由于它是原地测试结果,直接反映岩体的实际力学性质。

9.2.6 工程区原岩应力状态评价

地应力状态评价的方法和理论,主要包括岩体强度估算理论和工程区的地应力状态评价方法。结合上测试结果,评价测点附近应力状态。

1) 工程岩体强度估算理论简介

人们对岩体强度理论的研究,最早始于18世纪Rankine提出的最大正应力理论。在一百多年的发展过程中,岩体强度理论一度成为众多专家、学者研究的重点,并已提出许多有应用价值的强度准则。目前,可将岩体强度理论划分为"理论强度准则"和"经验强度准则"两大类。前者是基于材料力学、弹塑性力学的知识体系,是以严谨的数学方法建立的,除包括四个经典强度理论(最大正应力理论、最大正应变理论、最大剪应力理论、八面体剪应力理论)外,还包括莫尔-库仑(Mohr-Coulomb)强度理论、格里菲斯(Griffith)强度理论、修正的格里菲斯(Griffith)强度理论、伦特堡(Lundborg)强度理论、双剪应力理论以及结构面强度理论;而后者则是以试验为主要研究手段、近似描述岩体破坏机理的破坏判据,比较著名的是Bieniawski于1974年提出的经验强度准则和E. Hoek、E. T. Brown于1980年提出的经验强度准则,后者虽在理论上不如前者严谨,但能较好地判别岩体破坏情况。因此,可按以上层次将岩体强度理论划分为表9.2-6。

岩体强度理论的层次划分　　表9.2-6

岩体强度理论	理论强度准则	岩体理论强度准则	最大正应力理论
			最大正应变理论
			最大剪应力理论
			八面体剪应力理论
			Mohr-Coulomb 强度理论
			Griffith 和修正 Griffith 强度理论
			Lundborg 强度理论
			双剪应力理论
		结构面强度理论	基于Mohr-Coulomb 强度理论建立
	经验强度准则	Bieniawski 于1974年提出的经验强度准则	
		E. Hoek 和 E. T. Brown 于1980年提出的经验强度准则	

针对理论强度准则,尤其 Mohr-Coulomb 强度准则的缺陷,许多学者以试验为手段,探求以经验强度准则作为研究岩体破坏特征的新途径。在已提出多个经验强度准则中,尤以 E. Hoek 和 E. T. Brown 提出的最为著名,国际上称为 Hoek-Brown 强度准则,或统称为岩体经验强度准则。下面重点对该准则的内容、对岩体破坏的表述、准则的适用条件做系统阐述。

1980 年,E. Hoek 和 E. T. Brown 分析 Griffith 理论和修正的 Griffith 理论的基础上,根据自身在岩石力学方面深厚的理论功底和丰富的实践经验,通过对大量岩石三轴试验资料和岩体现场试验成果的统计分析,用试错法导出的岩块和岩体破坏时极限主应力之间的关系式(9.2-13),即为 Hoek-Brown 强度准则,也称为狭义 Hoek-Brown 强度经验准则。

$$\sigma_1 = \sigma_3 + \sqrt{m\sigma_c\sigma_3 + s\sigma_c^2} \tag{9.2-13}$$

式中:σ_1、σ_3——岩体破坏时的最大、最小主应力(压应力为正),MPa;

$\quad\sigma_c$——岩块的单轴抗压强度,MPa,可由单轴压力试验和点荷载试验测定;

$\quad m$、s——经验参数。m 反映岩石的软硬程度,其取值范围在 0.0000001~25 之间,对严重扰动岩体取 0.0000001,对完整的坚硬岩体取 25;s 反映岩体破碎程度,其取值范围在 0~1 之间,对破碎岩体取 0,完整岩体取 1。

将 $\sigma_3 = 0$ 代入式(9.2-13),可得到岩体的单轴抗压强度 σ_{cmass} 为:

$$\sigma_{cmass} = \sqrt{s}\sigma_c \tag{9.2-14}$$

对于完整岩体,$s=1$,对于没有破损的岩体,$s<1$。

当 $\sigma_1 = 0$,可得到岩体的单轴抗拉强度 σ_{tmass} 为:

$$\sigma_{tmass} = \frac{1}{2}\sigma_c(m - \sqrt{m^2 + 4s}) \tag{9.2-15}$$

Hoek-Brown 强度准则在 σ_1-σ_3 直角坐标系中的强度包络线为抛物线形状,可描述岩体的非线性破坏特征。

1992 年,E. Hoek 针对 Hoek-Brown 强度准则的不足,提出了狭义 Hoek-Brown 经验强度准则的修改形式,成为广义 Hoek-Brown 经验强度准则,并提出了各类岩体经验参数值。其表达式为:

$$\sigma_1 = \sigma_3 + \sigma_c\left(m_b\frac{\sigma_3}{\sigma_c} + s\right)^\alpha \tag{9.2-16}$$

式中:m_b——经验参数 m 的值;

$\quad s$、α——与岩体特征有关的常数;

$\quad\sigma_c$——岩块单轴抗压强度,MPa;

$\quad\sigma_1$、σ_3——最大、最小主应力,MPa。

他认为:①对质量好的岩体,由于岩石颗粒紧密嵌固,因而其强度特性主要由岩石颗粒强度所控制,此时,狭义 Hoek-Brown 经验强度准则较适合,可取 $\alpha = 0.5$;②对质量较差的岩体,由于剪切作用或风化作用使岩体碎块间的嵌固松散,导致岩体抗拉强度丧失,即黏聚力 $c = 0$,若无围压限制,岩体将塌落。对此类岩体,修正后的广义 Hoek-Brown 经验准比较合适。

对于完全破碎岩体,将 $s = 0$ 代入式(9.2-16),有:

$$\sigma_1 = \sigma_3 + \sigma_c \left(m_b \frac{\sigma_3}{\sigma_c}\right)^\alpha \tag{9.2-17}$$

可见,广义 Hoek-Brown 强度准则的提出,不仅是对狭义 Hoek-Brown 强度准则的完善,而且使该经验强度准则的应用范围更全面,更具体,因而能更好地描述各类岩体的非线性破坏特征。

从狭义和广义 Hoek-Brown 岩体经验强度准则提出后,E. Hoek 和 E. T. Brown 一直致力于岩体强度理论的研究,而世界各地更为广泛地将 Hoek-Brown 岩体经验强度准则应用到生产实践。经过多年实践经验的积累,Hoek 于 2002 年提出了最新的岩体强度估算 Hoek-Brown 经验方程,见式(9.2-18),但是与岩体质量有关的 m_b、s、α 有了很大的变化,如式(9.2-19)~式(9.2-21)所示。

$$\sigma_1 = \sigma_3 + \sigma_c \left(m_b \frac{\sigma_3}{\sigma_1} + s\right)^\alpha \tag{9.2-18}$$

$$m_b = m_i \exp\left(\frac{GSI - 100}{28 - 14D}\right) \tag{9.2-19}$$

$$s = \exp\left(\frac{GSI - 100}{9 - 3D}\right) \tag{9.2-20}$$

$$\alpha = \frac{1}{2} + \frac{1}{6}\left(e^{-GSI/15} - e^{-20/3}\right) \tag{9.2-21}$$

这些公式相对以前的公式而言,新增了一个修正变量 D。D 值的范围为 0~1,取决于外界因素对原位岩体的扰动程度,如爆破、岩体开挖、岩体卸荷等行为,见表 9.2-7。全断面隧道掘进机(TBM)地质强度指标(GSI)为一个对岩体质量进行定性评价的指标。

$$\sigma_{tm} = -\frac{s\sigma_{ci}}{m_b} \tag{9.2-22}$$

$$\sigma_{cm} = \sigma_{ci} s^\alpha \tag{9.2-23}$$

表 9.2-7 D 取 值 参 考 表

岩 体 描 述	建议 D 值
控制爆破质量非常好或者通过全断面隧道掘进机(TBM)开挖的岩体,对围岩扰动非常小	0
在质量差的岩体中机械或手工开挖时,对围岩扰动非常小	0
当硐室底板底鼓严重时,没有使用仰拱	0.5
在坚硬岩体中实施爆破时,爆破质量非常差,以至于对局部岩体损害严重,损害范围在围岩中延伸达 2~3m	0.8
在土木工程边坡施工中实施小规模的爆破,对岩体破坏程度中等,但是岩体卸荷导致对围岩的扰动	爆破良好时:0.7;爆破质量差时:1
大规模的采矿爆破对岩体扰动严重,而且与卸荷并发	1.0
使用机械进行施工时,对岩体扰动相对较小	0.7

将式(9.2-23)进行变形,并将式(9.2-20)代入可得:

$$k = \frac{\sigma_{cm}}{\sigma_{ci}} = \left[\exp\left(\frac{GSI - 100}{9 - 3D}\right) \right]^{\alpha} \tag{9.2-24}$$

由此可得，岩体强度与岩块强度的比值实际上是与岩体质量分级相关的一个函数，岩体单轴抗压强度与岩块强度的比值随 GSI 值的变化可以用图 9.2-18a）直观地表示出来。Hoek 在 2003 年曾对这个问题进行讨论，如图 9.2-18b）所示，根据他的研究，用其他方法进行岩体强度估算和用 Hoek-Brown 强度准则进行估算，相差不大，基本都能与现场实测点的数据相拟合，而且绝大多数情况下，岩体强度与岩块强度的比值都小于 0.5。

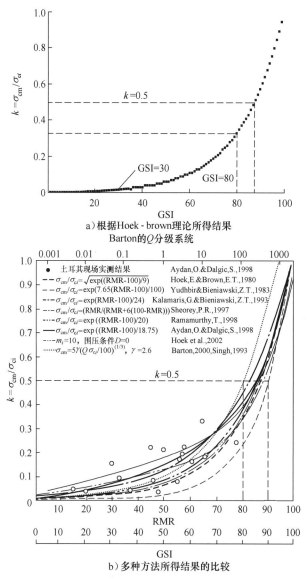

图 9.2-18 岩体单轴抗压强度、岩块单轴抗压强度与岩体质量分级指标之间的关系

目前大多数岩土工程商业软件都是依据 Mohr-Coulomb 破坏准则编写的，而在该准则中，

岩体强度通过黏聚力 c 和内摩擦角 φ 表征。针对这种情况，Hoek 于 2002 年也提出了相应的岩体强度估算方法。

$$\varphi = \sin^{-1}\left[\frac{6\alpha m_b (s + m_b \sigma_{3n})^{\alpha-1}}{2(1+\alpha)(2+\alpha) + 6\alpha m_b (s + m_b \sigma_{3n})^{\alpha-1}}\right] \quad (9.2\text{-}25)$$

$$c = \frac{\sigma_c [(1+2\alpha)s + (1+\alpha)m_b \sigma_{3n}](s + m_b \sigma_{3n})^{\alpha-1}}{(1+\alpha)(2+\alpha)\sqrt{1 + [6\alpha m_b (s + m_b \sigma_{3n})^{\alpha-1}]/(1+\alpha)(2+\alpha)}} \quad (9.2\text{-}26)$$

式中：$\sigma_{3n} = \sigma_{3\max}/\sigma_c$。

在大多数情况下，人们并不关心岩体破坏的具体细节，而是关心岩体的整体强度是多少。在这种情况下，能够知道岩体的整体强度对地下工程稳定性具有实际意义。针对这个问题，Hoek 和 Brown(1997)提出了基于 Mohr-Coulomb 关系准则下的岩体整体强度估算公式。

$$\sigma_m = \frac{2c\cos\varphi}{1-\sin\varphi} \quad (9.2\text{-}27)$$

如果 $\sigma_t < \sigma_3 < \sigma_{ci}/4$，以上公式可以改变为

$$\sigma_{cm} = \sigma_{ci} \frac{\sigma_c[m_b + 4s - \alpha(m_b - 8s)](s + m_b/4)^{\alpha-1}}{2(1+\alpha)(2+\alpha)} \quad (9.2\text{-}28)$$

对式(9.2-28)进行如式 9.2-23 一样的变换，由此可得，岩体整体强度与岩块强度的比值实际上是与 m_i(表 9.2-8)和 GSI 相关的一个函数，即岩体整体强度与岩块强度的比值与岩性和岩体质量分级相关，则岩体整体抗压强度与岩块强度的比值随 GSI 值的变化可以用图 9.2-19 直观地表示出来。

完整岩石的 m_i 常数 表 9.2-8

岩石类别	岩石性状	岩石化学类别	结构			
			粗糙的	中等的	精细的	非常精细
沉积岩	碎屑岩		砾岩 22	砂岩 19	粉砂岩 9	黏土岩 4
	非碎	有机的		煤 8~21		
		碳化的	角砾岩 22	石灰岩 8~10		
	屑状	化学的			石膏	硬石膏 13
变质岩	非层状		大理岩 9	角页岩 19	石英岩 23	
	轻微层状		愨麻岩 30	闪岩 25~31	糜棱岩 6	
	层状		片麻岩 33	片岩 4~8	千枚岩 10	板岩 9
火山岩	亮色的	花岗岩 33		流纹岩 25		
		花岗闪长岩 30		闪长岩 25	英安岩 25	
	暗深色	辉长岩 27		苏长岩 25	玄武岩 17	黑耀岩 19
	火成碎屑	角岩 20		角砾岩 18	凝灰岩 15	

由图 9.2-18、图 9.2-19 可知，岩体单轴抗压强度或者岩体的整体强度与岩块单轴抗压强度的比值和岩体质量密切相关，即与岩体中结构面的分布、结构面的强度密切相关。由表 9.2-9 可知，越坚硬的岩石，即使在 GSI 值比较低的情况下，岩体强度也会相对比较高，即岩体的整体强度与岩块单轴抗压强度的比值较高。由图 9.2-18、图 9.2-19 可知，在大多数情况下，岩体强度

不足岩块单轴抗压强度的50%。以图9.2-19为例,当$k_m = 0.5$时,对应的GSI范围为67~85。实际上,绝大多数地下工程均建设在GSI=30~80的岩体中,对应的岩体整体强度与岩块单轴抗压强度的比值范围为0.1~0.6。利用岩体质量分级指标结合室内岩石力学试验估算的岩体强度存在不同程度的高估和低估问题,通过前面的论述结合图9.2-18、图9.2-19给出的结果,在一般研究论证的情况下,可以近似地取岩体整体强度为岩块单轴抗压强度的50%。

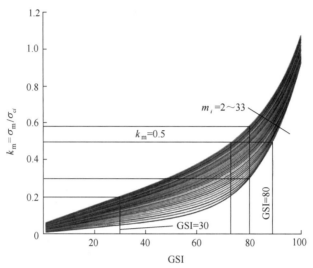

图9.2-19 岩体整体强度与岩块单轴抗压强度与岩体质量分级指标m_i和GSI之间的关系

GSI估算表　　　　　　　　　　　　　　　表9.2-9

结构面条件	结构面表面质量不断降低 →				
	非常好 结构面粗糙,新鲜且没有风化	好 结构面粗糙,轻度风化且有锈斑	中等 光滑,中等风化或表面物质改变	差 表面光滑,高度风化并有压缩状填充物或角砾状填充物	很差 表面十分光滑,高度风化并有软黏土状覆盖层或者填充物
块体结构-块体之间连接良好,整体岩体由三组相互正交的不连续面切割的正方形块体组成	80 70				
块裂结构-岩块之间连接较好,局部地带扰动,岩体整体由四组或者更多的不连续面所切割的锥形体组成		60 50			
块裂扰动结构-岩体由多组不连续面所切割的锥体组成,受地质构造扰动严重			40 30		
散体结构-岩块之间连接很差,岩体严重破碎,主要由锥形和圆形岩块组成				20	10

2)高地应力评价理论

(1)高地应力评价指标现状

国内外对高地应力的含义迄今还未达成统一的认识。例如,工程实践中大多将大于20MPa的硬质岩体内的初始应力称为高地应力;法国隧道协会、日本应用地质协会和苏联顿巴斯矿区等部门在勘察、设计阶段则采用岩石单轴抗压强度(σ_{ci})和最大主应力(σ_1)的比值σ_{ci}/σ_1,(即岩石强度应力比)来划分地应力高低级别(表9.2-10),这样划分和评价的实质是反映岩石承受压应力的相对能力。

国外部分国家地应力分级方案 表9.2-10

地应力级别	高地应力	中等地应力	低地应力
岩石强度应力比(σ_{ci}/σ_1)	<2	2~4	>4

《工程岩体分级标准》(GB/T 50218—2014)附录C中也采用岩石强度应力比(R_c/σ_{max})来划分高地应力级别,这是迄今为止可以参照的我国最具权威性的规范标准,如表9.2-11所示。我国的这一规定中高地应力的含义与表9.2-10中的国外部分国家地应力分级方案有很大出入,这反映出不同国家对高地应力的定义是有很大不同的。

工程岩石强度应力比评估[《工程岩体分级标准》(GB/T 50218—2014)] 表9.2-11

高初始应力条件下的主要现象	R_c/σ_{max}
1.硬质岩:岩心常有饼化现象;开挖过程中有时有岩爆(或脆性破坏)发生,有岩块弹出,洞壁岩体发生剥离,新生裂缝多,围岩易失稳;基坑有剥离现象,成形差。 2.软质岩:开挖过程中洞壁岩体有剥离,位移极为显著,甚至发生大位移,持续时间长,不易成洞;基坑发生显著隆起或剥离,不易成形	<4
1.硬质岩:岩心时有饼化现象,开挖过程中偶有岩爆(或脆性破坏)发生,洞壁岩体有剥离和掉块现象,新生裂缝较多;基坑时有剥离现象,成形一般。 2.软质岩:开挖过程中洞壁岩体位移显著,持续时间较长,围岩易失稳,基坑有隆起现象,成形性较差	4~7

注:σ_{max}-垂直洞轴线方向的最大初始应力;R_c-岩石饱和单轴抗压强度。

以上均是利用岩石力学参数和原岩应力进行比较,1993年杨子文根据水电工程的特点及国内外当时的研究现状提出地应力状态的评判标准,以实测最大主应力σ_1与岩体强度$[R]$的比值K作为评判指标,见表9.2-12。

岩体应力强度比法评判标准 表9.2-12

指标	$K>0.5$	$K=0.25~0.5$	$K=0.1~0.25$	$K=0.01~0.1$	$K<0.01$
应力状态	极高地应力	高地应力	中等地应力	低地应力	极低地应力

注:1.$[R]=245\cdot(R_w/300)^{0.99}\cdot(K_v)^{0.99}$,$R_w$为岩石单轴饱和抗压强度,$K_v$为岩体的完整性系数。

2.$K=\sigma_1/[R]$。

实际上,高地应力是一个相对的概念,并且它与岩体所经受的应力历史、岩体强度和岩石弹性模量等诸多因素有关。中国科学院孙广忠教授(1993)就曾指出:强烈构造作用地区,地应力与岩体强度有关;轻缓构造作用地区,岩体内储存的地应力大小与岩石弹性模量直接有关,即弹性模量大的岩体内地应力高,弹性模量小的岩体内地应力低。孙广忠教授还提出了高地应力地区的 6 大地质判断标志(表 9.2-13),表 9.2-13 中同时列出了低地应力地区的一些地质判断标志,以便对比分析。

高、地应力地区的地质标志　　　　　　　　　　　　　　表 9.2-13

高地应力地区的地质标志	低地应力地区的地质标志
(1)围岩产生岩爆、剥离现象; (2)围岩收敛变形大; (3)软弱夹层挤出; (4)钻孔出现饼状岩芯; (5)开挖无渗水现象; (6)开挖过程有瓦斯突出	(1)围岩松动、塌方、掉块; (2)围岩渗水; (3)岩体节理中有夹泥; (4)岩脉内岩块松动、强风化; (5)断层或节理中有次生矿物晶簇、孔洞等

E. Hoek 在 1995 年出版的《岩石地下工程支护》(*Support of Underground Excavations in Hard Rock*)一书中也相应地提出了基于应力强度比和岩体分级 RMR 系统的应力状态评判方法,如表 9.2-14 所示,该方法实际类似于将杨子文提出的应力定量评价体系和孙广忠教授提出的高低地应力地质判断标志结合后的一个评价体系。

在不同的强度应力比分级标准(最大远场应力/单轴抗压强度)下
依据 RMR 岩体分级指标给出的隧道失稳和脆性破坏特征(Hoek 等,1995)　　表 9.2-14

地应力状态分类	完整岩体结构 (RMR>75)	中等节理化块状岩体 (50<RMR<75)	高度节理化岩体 (RMR<50)
低地应力状态 ($\sigma_1/\sigma_{ci}<0.15$)	线弹性力学响应	掉块	开挖面上松散岩块塌落

续上表

地应力状态分类	完整岩体结构（RMR>75）	中等节理化块状岩体（50<RMR<75）	高度节理化岩体（RMR<50）
中等地应力状态（$0.15<\sigma_1/\sigma_{ci}<0.4$）	 开挖面边界附近脆性破坏	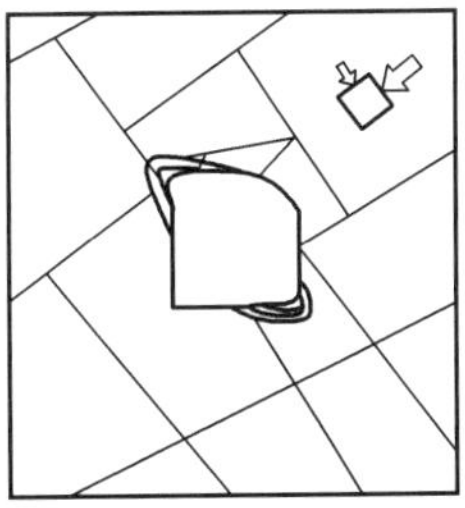 局部地段脆性破坏，并伴有块状岩体移动	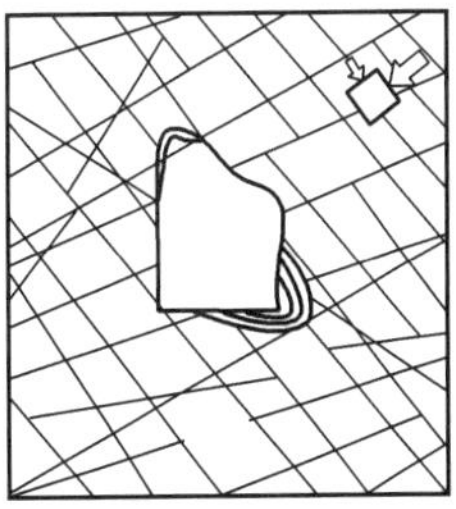 局部地段脆性破坏严重，并伴有块状沿节理面松动塌落
高地应力状态（$0.4<\sigma_1/\sigma_{ci}$）	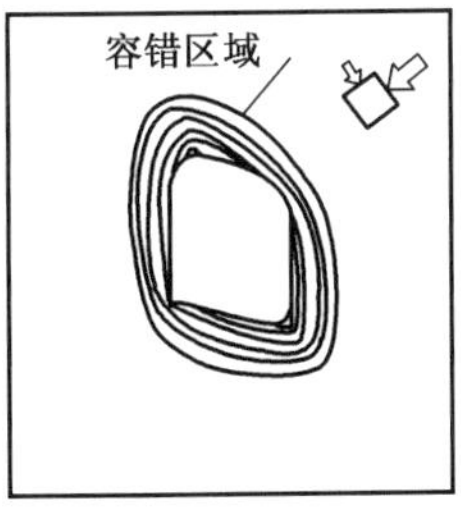 沿整个开挖断面出现脆性破坏现象	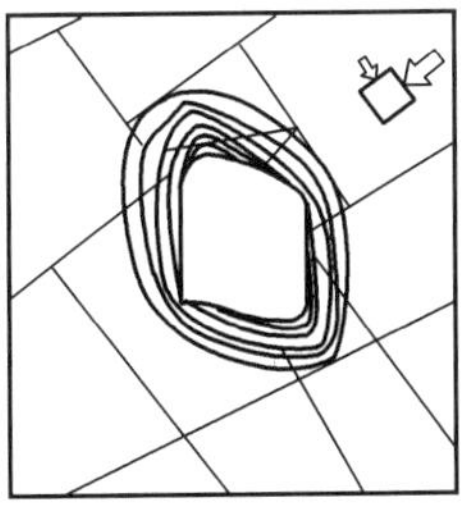 沿整个开挖断面出现脆性破坏现象，并伴有块状岩体移动	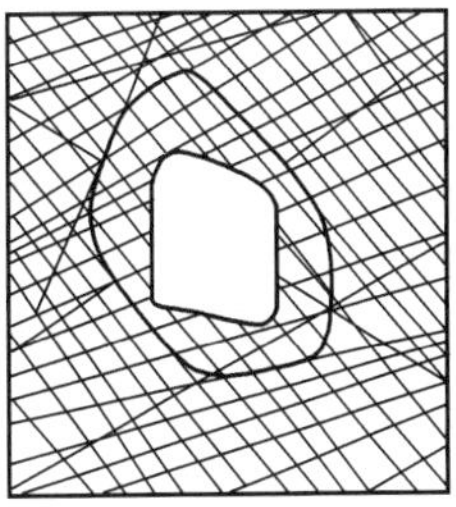 出现挤出和膨胀变形，同时出现弹塑性变形

由此可见，如何评判一个工程区的地应力高低是一个系统的工程，不仅要全面考虑定量测量取得的物理力学参数，而且还要考虑岩体质量特性及工程特性，只有这样才能较好地对一个工程区的地应力状态进行判断分析，并得到准确可靠的结论。

（2）高地应力评价的变形指标

由前面的论述可知，以 20MPa 为标准的常用经验量值判别法已不能完全满足工程设计中的定量化评价要求。强度应力比的方法较为广泛，但如何应用强度应力比来评价地应力的高低并没有一致的标准，指标较为零散，特别是《工程岩体分级标准》(GB/T 50218—2014)给出的评价指标显得十分保守，同时在强度应力比中 σ_{ci} 均为单轴岩石抗压强度，没有考虑岩体的结构和完整性等特征。在这方面，杨子文的公式考虑了岩体的强度，对常用的强度应力比方法进行了校正,但是公式中的岩体强度估算方法考虑的因素太少。表9.2-14不仅考虑了岩体结构对应力评价的影响,同时也提出了如何利用岩体变形破坏的现象来判断应力的高低。

综合表9.2-13和表9.2-14,可以得到不同应力状态下岩体变形破坏的不同表现:

在低应力状态下,完整岩体的变形为弹性变形,不会出现破坏现象,而对于节理化岩体,地下空间开挖面内会出现沿节理裂隙面的围岩松动、掉块等现象,围岩中原有的地质现象赋存状态不会发生变化,如围岩渗水、岩体节理中的夹泥、断层或节理中有次生矿物晶族、孔洞等都不会受到应力状态的影响,仍然处于稳定状态。

在中等应力状态下,地下空间开挖面内局部地方会出现比较明显的变形破坏,但不会扩大到整个断面,也不会影响结构的稳定性,这说明岩体应力对岩体稳定性产生了一定程度的影响,需要考虑其作用。

在高应力状态下,在地下空间开挖面内出现大范围的变形破坏,对整个断面或者大部分断面都有影响,已经影响地下结构的稳定性。对于部分坚硬完整的岩体,会出现岩爆和脆性剥离现象;对于软岩和节理化岩体,会出现大范围的围岩收敛变形或软弱夹层挤出等现象。

(3)基于Hoek-Brown强度理论的新高地应力评价指标体系

岩体应力广泛存在于地壳岩体内,并左右着岩体的变形破坏行为。如何看待岩体强度和岩体中的应力之间的相对关系,已经成为地下工程设计和建设过程中首要的基础工作之一。在工程实践中,原岩应力测量是在工程岩体中展开的,现场实践又受到岩体质量明显的影响,因此,对原岩应力状态的评价必须从岩体角度来考虑,而不能简单考虑室内岩石物理力学指标。

鉴于Hoek-Brown经验强度理论及由其延伸出来的岩体强度估算方法在国内外都得到了广泛的认可,故基于Hoek-Brown强度理论进行高地应力评价,下面详细阐述基于Hoek-Brown强度理论的高地应力评价指标体系的力学原理。

岩体中的应力和岩体自身的强度是一对对立统一的矛盾体,高应力只能存在于高强度岩体中,而岩体强度又不能无限制地承受岩体中赋存的应力,岩体中赋存的应力又受到岩体强度准则规律的限定。前面对岩体强度进行了分析介绍,下面就如何确定应力状态评价分级标准进行论述。

对式(9.2-18)进行变形,可得:

$$\frac{\sigma_1}{\sigma_3} = 1 + \frac{\sigma_{ci}}{\sigma_3}\left(m_b \frac{\sigma_3}{\sigma_{ci}} + s\right)^\alpha \qquad (9.2\text{-}29)$$

Jaeger和Cook(1979)曾指出,工程场区的远场应力不仅受到地下构筑物围岩质量的影响,而且受到该区域上地壳岩体强度的影响,而上地壳岩体强度受到区域地质断层强度的影响,即与断层强度密切相关,应力状态应满足如下公式:

$$\frac{\sigma_1}{\sigma_3} \leq \left[(\mu^2 + 1)^{1/2} + \mu\right]^2 \qquad (9.2\text{-}30)$$

式中:μ——岩体摩擦系数。

实际上,Byerlee J. D. 做过大量的试验来研究岩石的摩擦系数,发现当岩石处于摩擦极限平衡状态时,大多数岩石的摩擦系数为0.6左右,主要分布范围在0.6~1.0。

将式(9.2-29)代入式(9.2-30)且取极限平衡状态,则式(9.2-29)变为:

$$\frac{\sigma_1}{\sigma_3} = 1 + \frac{\sigma_{ci}}{\sigma_3}\left(m_b \frac{\sigma_3}{\sigma_{ci}} + s\right)^{0.5} \leq \left[(\mu^2+1)^{1/2} + \mu\right]^2 \qquad (9.2\text{-}31)$$

令 $r = \sigma_{ci}/\sigma_3$，进一步变化可得 $sr^2 + m_b r - [J(\mu)-1]^2 \leq 0$，则求解不等式(9.2-31)可得：

$$r \geq \frac{-m_b + \sqrt{(m_b)^2 + 4s(J(\mu)-1)^2}}{2s} \qquad (9.2\text{-}32)$$

其中，$J(\mu) = [(\mu^2+1)^{1/2} + \mu]^2$。

令 $\sigma_{ci} = k_m \sigma_m$，则可以求得：

$$\frac{\sigma_m}{\sigma_3} \geq \frac{-m_b + \sqrt{(m_b)^2 + 4s(J(\mu)-1)^2}}{2s} \cdot \frac{1}{k_m} \qquad (9.2\text{-}33)$$

又由式(9.2-30)得

$$\frac{\sigma_m}{\sigma_1} \geq \frac{-m_b + \sqrt{(m_b)^2 + 4s(J(\mu)-1)^2}}{2s} \cdot \frac{1}{J(\mu)k_m} \qquad (9.2\text{-}34)$$

分别令 $\mu=0.6、0.7、0.80、0.90$，进行式(9.2-32)~式(9.2-34)的运算，并将 σ_m/σ_1 的比值与 GSI 的关系绘图说明其变化规律，如图 9.2-20 所示。图 9.2-20 中每条曲线指出如果要满足式(9.2-31)，岩体强度与原岩应力最大主应力的比值需大于曲线上所定义的值。由图 9.2-20 可知，处于破坏极限平衡状态的岩体强度与岩体中最大主应力的比值范围在 0.05~0.7 之间，在实际工程实践中，出现绝对很好或者绝对很差的岩体的概率是非常低的，通过分析可知，数值范围 0.1~0.5 基本可以覆盖绝大多数处于极限平衡状态的岩体强度与岩体中最大主应力的比值。

在这里要推导出适合于绝大多数岩体应力状态评价准则，故应采用极限平衡破坏状态的岩体强度与岩体中最大主应力的比值的上边界。当 $\sigma_m/\sigma_1 < 0.5$ 时，即认为岩体中的应力对岩体稳定性发生了很大的影响，有非常大的可能性会导致岩体失稳，这种状态即可定义为高应力状态。

而在实际工程实践中，开挖作业会在围岩体中产生二次应力场，即地下构筑物周边出现应力集中现象，故而实际岩体破坏时的最大主应力可以简约表达为：

$$\sigma_1 = \eta \cdot \sigma_{\text{max mea}} \qquad (9.2\text{-}35)$$

式中：$\sigma_{\text{max mea}}$——实测最大主应力；

η——地下空间开挖断面内的最大应力集中系数。

根据文献给出的资料，以应力集中系数最小的圆形为例，最大应力集中点的应力集中系数一般为 4，则当实测的最大主应力 $\sigma_m/\sigma_{\text{max mea}} < 2$ 时，岩体已经开始出现破坏，由此可见岩体中的应力对地下结构稳定性的影响非常大。在工程实践中，主要的地下结构断面形状一般为圆形和直墙半圆拱形，而对于直墙半圆拱形硐室，最大的应力集中点的应力集中系数一般为 8，但是这样的应力集中点仅存于断面的局部地方，即当 $2 < \sigma_m/\sigma_{\text{max mea}} < 4$ 时，在断面的局部地段出现岩体破坏。而结合前面的论述结果，在断面内局部地点出现岩体破坏时，认为该硐室处于中等应力状态下。当 $\sigma_m/\sigma_{\text{max mea}} > 4$ 时，一般情况下，在岩体内不会发生明显的由于应力导致的破坏，因为在岩体中形成应力集中系数大于 8 的区域是非常少见的，结合前面表 9.2-14 的论述结果，这种情况下，一般不会出现岩体掉块或者由于结构面失稳的问题，这种情况即可认为是低应力状态。而对于很低应力状态,要求岩体中出现的应力集中系数达20,这种情况基本是极为罕见的,故可以判断该应力状态为很低应力状态。

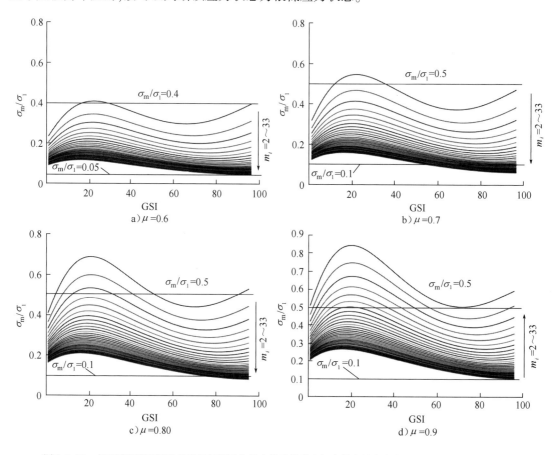

图 9.2-20　在不同摩擦系数下的破坏极限平衡状态的岩体强度与岩体中最大主应力的比值与 GSI 变化关系

对前面的论述进行总结,得到基于 Hoek-Brown 强度理论利用新高地应力评价指标体系进行原岩应力状态评价的具体指标,如表 9.2-15 所示。

岩体强度应力比地应力评价指标(新高地应力评价指标)　　表 9.2-15

评价指标	高	中等	低	很低
强度应力比 $\sigma_m/\sigma_{max\,mea}$	<2	2~4	4~10	>10

注:1. σ_m-原位岩体整体强度,利用 Hoek-brown 强度准则中所给的方法估算,也可以利用 RocLab 软件计算。
　　2. $\sigma_{max\,mea}$-岩体地应力最大主应力。如果岩体地应力利用水压致裂法取得,则可以取 σ_H、σ_h、σ_V 中的最大者;如果是利用其他方法直接确定的三维地应力状态,则直接使用确定的主应力值。

3)高地应力状态评价步骤

经过前面的分析可知,原岩应力状态评价一般可以按照如下的步骤开展:

(1)对工程区的原岩应力实测地点的工程地质背景进行详细研究,并对测点区域岩体进

行详细围岩分类和评价,一般可采用 GSI 系统;

(2)在测区工程地质背景研究的基础上,利用 Hoek-Brown 强度理论对工程岩体强度参数进行估算,取得详细参数;

(3)原岩应力测量,获得实测原岩应力值;

(4)结合基于 Hoek-Brown 强度理论的应力状态评价准则对原岩应力状态进行评价(表 9.2-15),取得评价结论。

高地应力状态评价如图 9.2-21 所示。

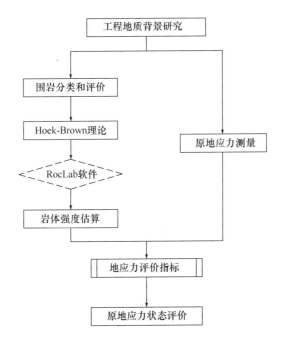

图 9.2-21 高地应力状态评价示意图

4)桃子垭隧道工程区岩体强度估算

(1)岩石强度取值

在正习高速公路 S1 中心实验室进行了岩石抗压强度试验,测试结果见图 9.2-22 和表 9.2-16,样品取自 YK58+360 钻孔,深度为 YK58+360 仰拱往下 7.5~33m,岩芯尺寸为 ϕ55mm×55mm。岩石单轴抗压强度试验数据具有很大的离散型(图 9.2-22)。观察试验岩芯状况,如图 9.2-23~图 9.2-26 所示,YK58+360 仰拱往下 7.5m 的岩样均存在原生裂隙,所测强度过低,不能反映完整岩样抗压强度,故舍弃;仰拱往下 13m 的岩样有一个存在明显裂缝,舍弃;其他深度的岩样也同样参照岩样状况和强度结果进行筛选。筛选后的岩石抗压强度试验结果见表 9.2-17,仰拱往下 13~30m 的抗压强度平均值为 73.8MPa,依据《公路工程岩石试验规程》(JTG E41—2005),换算成标准抗压强度平均值为 R_c=65.6 MPa。29m 位置得到较完整的岩样单轴抗压强度的最大值为 93.8MPa。

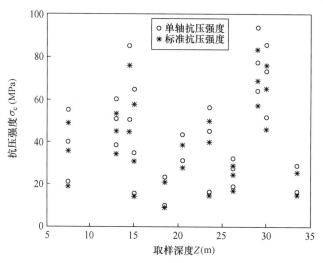

图 9.2-22 岩石抗压强度测试结果

岩石抗压强度试验结果　　　　　　　　　　　　　　　表 9.2-16

YK58+360 仰拱往下位置（m）	极限荷载（kN）	单轴抗压强度（MPa）	换算标准抗压强度（MPa）	标准抗压强度（MPa）
7.5	130.70	55.04	48.92	34.55
	51.20	21.56	19.17	
	95.00	40.01	35.56	
13	120.70	50.83	45.18	44.35
	142.80	60.14	53.45	
	91.90	38.70	34.40	
14.5	202.20	85.15	75.69	60.34
	120.10	50.58	44.96	
15	153.90	64.81	57.61	34.33
	83.00	34.95	31.07	
	38.00	16.00	14.22	
18.5	55.80	23.50	20.89	15.04
	24.50	10.32	9.17	
20.5	103.10	43.42	38.59	33.30
	74.80	31.50	28.00	

续上表

YK58+360仰拱往下位置（m）	极限荷载（kN）	单轴抗压强度（MPa）	换算标准抗压强度（MPa）	标准抗压强度（MPa）
23.5	39.50	16.63	14.79	34.87
	133.00	56.01	49.79	
	106.90	45.02	40.02	
26.2	77.01	32.43	28.83	23.48
	65.75	27.69	24.61	
	45.39	19.11	16.99	
29	222.64	93.76	83.34	69.75
	183.81	77.41	68.81	
	152.54	64.24	57.10	
30	203.01	85.49	75.99	62.38
	173.62	73.11	64.99	
	123.28	51.92	46.15	
33	40.03	16.86	14.98	20.41
	69.03	29.07	25.84	

注：依据中心实验室抗压强度试验结果确定，试验依据《公路工程岩石试验规程》(JTG E41—2005)。

图9.2-23 加工前的岩芯

图9.2-24 YK58+360仰拱往下7.5~15m岩样（由左到右深度逐渐减小）

图 9.2-25　YK58+360 仰拱往下 18.5~23.5m 岩样
（由左到右深度逐渐减小）

图 9.2-26　YK58+360 仰拱往下 26.2~33.5m 岩样
（由左到右深度逐渐减小）

筛选后的岩石抗压强度试验结果　　　　　　　　　　　　　　　　　　表 9.2-17

YK58+360 仰拱往下位置（m）	极限荷载（kN）	单轴抗压强度 R_c（MPa）	标准抗压强度（MPa）
13	142.8	60.14	53.45
14.5	202.2	85.15	75.69
	120.1	50.58	44.96
15	153.9	64.81	57.61
29	222.64	93.76	83.34
	183.81	77.41	68.81
30	203.01	85.49	75.99
	173.62	73.11	64.99
平均单轴抗压强度（MPa）		73.8	65.6

注：依据室内试验及岩样状态确定。

（2）岩体强度估算

依据前面对工程地质资料对隧道围岩基本岩体质量的描述，对钻孔周边的岩体强度以及变形模量利用 Hoek-Brown 准则和 RocLab 进行估算，估算结果见表 9.2-18。

基于 Hoek-Brown 准则的钻孔周边岩体强度估算表　　　　　　　　　　表 9.2-18

Hoek-Brown 岩体分类及岩石力学试验参数		基于 Hoek-Brown 准则的岩体强度参数	
σ_{ci}	93.8	岩体强度参数	数值
GSI	75	σ_{ct}（岩体抗拉强度）	-0.950
m_i	15	σ_{cg}（岩体抗压强度）	23.3301
m_b	6.142	σ_{cm}（岩体整体强度）	35.2384
s	0.062	E_m（岩体变形模量）	38286.8
α	0.501	c（黏聚力）	7.966
		ϕ（内摩擦角）	41.34°

注：σ_{ci}-完整岩石单轴抗压强度；E_i-完整岩石弹性模量；GSI-地质体强度指数；m_i、m_b、s-经验参数。m_b 反映完整岩石的软硬程度，其取值范围在 0.0000001~25；s 反映岩体破碎程度，其取值范围在 0~1。

5) 桃子垭隧道地应力状态评价

为了解了工程区的应力状态,就需要对测点附近的应力状态予以评价。评价方法将依据两种方法来展开,一种是王成虎博士为代表的研究组形成的岩体强度应力比法(即新高地应力评价方法和指标),另外一种是《工程岩体分级标准》(GB/T 50218—2014)提供的岩石强度应力比法。

按照表9.2-15方法可以直接进行评价,基于新高地应力评价方法和指标的评价结果如表9.2-19所示,评价指标显示该测点应力状态为中等应力水平。

桃子垭隧道地应力状态评价表(基于新高地应力评价方法和指标)　　表9.2-19

钻孔编号	桩　号	平均埋深(m)	σ_{cm}(MPa)	S_H(MPa)	S_h(MPa)	S_V(MPa)	σ_{cm}/S_{max}	应力评价
A7-1	YK58+360	627	35.24	16.95	9.86	16.27	2.08	中

依据《工程岩体分级标准》(GB/T 50218—2014)所提供的岩石强度应力比法对桃子垭隧道A7-1钻孔附近地应力状态进行了评价,评价结果如表9.2-20所示。

桃子垭隧道地应力状态评价表[基于《工程岩体分级标准》(GB/T 50218—2014)]

表9.2-20

钻孔编号	桩　号	平均埋深(m)	R_c(MPa)	S_H(MPa)	S_h(MPa)	S_V(MPa)	R_c/S_H	应力评价
A7-1	YK58+360	627	65.6	16.95	9.86	16.27	3.87	极高

通过对比分析表9.2-19和表9.2-20的评价结果可知,隧道工程区所遭受的地应力作用比较明显。按照新高地应力评价方法评价结果为中等应力,而按照《工程岩体分级标准》(GB/T 50218—2014)分析得到的该测点附近为极高地应力。两种方法考虑的侧重点不同,而且采用的岩石强度参数和岩体强度参数也不同,但是得到的评价结论有一点是一致的,就是地应力作用明显,需要施工和设计单位在设计过程中充分考虑地应力作用对煤与瓦斯突出的影响。

9.3　煤层瓦斯含量与压力

9.3.1　隧址区煤矿与采空区分布

1) 小煤窑采空区

1980年前,仅有小煤窑在可采煤层露头线附近季节性开采,所产原煤主要用于生活自用,由于受生产规模和开采条件限制,采深一般小于50m,局部达100m,开采方向杂乱,属独眼井季节性开采,生产设施简陋,无通风措施。煤炭采用马车运输或人工背运。由于小煤窑生产规模小、安全隐患因素多,已被取缔。开采巷道基本未进行处理,地表局部存在采空区塌陷。

2) 煤矿采空区

隧址区周边有万顺煤矿、龙华煤矿、羊蹬煤矿、黔渝煤矿、早源煤矿、泉源煤矿、洋岩煤矿、立鉴煤矿、宏大煤矿 9 家小、中型煤矿。煤矿分布见图 9.3-1。

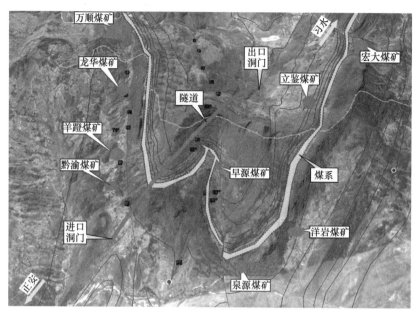

图 9.3-1 隧址区煤矿分布图

煤矿采空区位置与隧道位置关系见图 9.3-2。

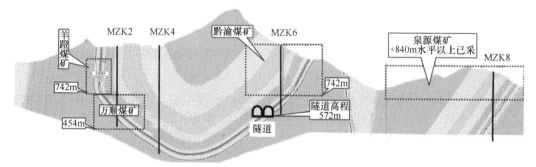

图 9.3-2 煤矿采空区位置与隧道位置关系

采空区详细情况如下：

(1) 万顺煤矿采空区：位于隧道南东侧，开办时间为 1983 年 8 月，开采时限为 2022 年 5 月。矿区呈南北方向长条形，东西向宽 480m，南北向长 6100m，面积约 2.7572km²。北部上界与羊蹬煤矿的分界高程为 740m；中部上界与龙华煤矿的分界高程为 880m。准采高程 −200~+950m，年产规模 45 万 t/年。主采 C_5 煤层，采用走向长壁后退式采煤法，向北（隧道方向）开采至龙华煤矿矿界处，龙华及羊蹬煤矿下方尚未开采。万顺煤矿矿界距离隧道最近约 500m，已采区域距离隧道最近约 4.5km，对隧道建设无影响。

(2) 龙华煤矿采空区：位于隧道东南侧，仍在开采中。矿区呈南北方向长方形，东西向宽 550m，南北向长 2400m，面积约 1.223km²。开采高程 135~880m，年产 9 万 t/年，主采 C_1、C_5 煤层，采用走向长壁后退式采煤法，其下为万顺煤矿。矿界距离隧道最近约 1.5km，对隧道建设无影响。

(3)羊蹬煤矿采空区:位于隧道东南侧,2012年停产。矿区呈南北方向长方形,东西向宽440m,南北向长1600m,面积约0.716km²。开采高程742~1074m,年产9万t/年,主采C_1、C_5煤层,采用走向长壁后退式采煤法,其下为万顺煤矿。矿界距离隧道最近约304m,开采底高程742m,位于隧道左侧上方,对隧道建设基本无影响。

(4)黔渝煤矿采空区:位于隧道正上方,开办时间为2001年12月,2012年停建。矿区平面上呈一"马鞍"形状,延伸长约2000m,平均宽约330m,面积约0.6002km²。开采高程742~1175m(不排除煤矿开采过程中有向下偷采、越采的可能),设计采出率75%,年产9万t/年,主采C_5煤层,采用走向长壁后退式采煤法,+742m水平以上已基本采空。

隧道ZK58+055~ZK58+466(YK58+037~YK58+460)段从黔渝煤矿下方穿过,此段隧道设计高程为558~566m,距离煤矿底界高程176~184m,对隧道建设基本无影响。

(5)泉源煤矿采空区:位于隧道右侧,开办时间为2001年,2012年停建。由原早源煤矿及滴水岩煤矿整合扩界后改为泉源煤矿。原早源煤矿年产3万t/年,主采C_1煤层,开采高程800~1200m;原滴水岩煤矿年产3万t/年,主采C_1、C_5煤层,开采高程300~1200m。整合改建的泉源煤矿采高为开采高程300~1200m,年产9万t/年,主采C_1、C_5煤层,采用走向长壁后退式采煤法。+840m水平以上已开采,以下尚未开采。该煤矿距离隧道最近164m,已采高程位于840m以上,对隧道建设基本无影响。

(6)洋岩煤矿采空区:位于隧道右侧1800m处,矿区平面上呈不规则长方形,长约1900m,平均宽约520m,面积约1.01km²。开采高程400~1200m,设计采出率95%,年产15万t/年,主采C_1、C_6煤层,采用伪倾短壁正台阶采煤法。该煤矿距离隧道远,对隧道建设无影响。

(7)立鉴煤矿采空区:位于隧道右侧1800m处,矿区平面上呈梯形,长约2040m,平均宽约580m,面积约1.0073km²。开采高程504~1300m,年产15万t/年,主采C_5、C_3煤层,采用走向长壁后退式采煤法。该煤矿距离隧道远,对隧道建设无影响。

(8)宏大煤矿采空区:位于隧道右侧1950m处,矿区平面上呈长条形,长约5400m,平均宽约450m,面积约2.0345km²。开采高程300~1300m,年产15万t/年,主采C_1、C_5煤层,采用走向长壁后退式采煤法。该煤矿距离隧道远,对隧道建设无影响。

(9)根据贵州省桐梓县世纪煤焦有限公司(第一批)兼并重组实施方案,由黔渝煤矿和泉源煤矿兼并重组为新的黔渝煤矿,设计开采高程调整至200~1175m,隧道将穿过重组后的黔渝煤矿准采区[轴线方向分布桩号为ZK57+900~ZK59+120(YK57+920~YK59+168)],关系位置见图9.3-3。

3)地表塌陷

经调查,调查区地面塌陷共计2处。塌陷坑TX1位于隧道YK59+265右240m处,呈椭圆形,由原早源煤矿采空塌陷而成,长120m、宽40m,陷坑深度8~10m,未处理;塌陷坑TX2位于ZK59+210左1335m处,长192m,宽80m,陷坑深度10~15m,由羊蹬煤矿采空形成。以上塌陷位于浅表,隧道埋深大,距离塌陷区较远,对隧道稳定无影响。

综上所述,煤矿采空区分布情况对隧道建设无影响,但是煤矿开采过程对围岩的扰动作用,加上楠木园断层(F_1)、白毛坪断层(F_2)破碎带的影响,可能造成煤系地层区隧道围岩裂隙大量发育。

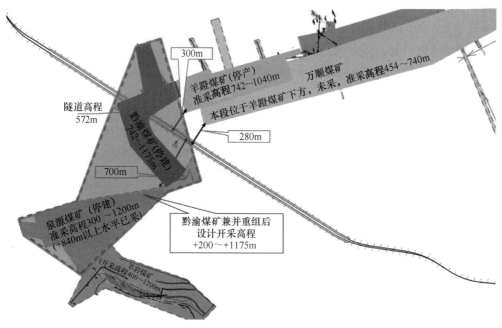

a) 黔渝煤矿兼并重组后与隧道关系平面示意图

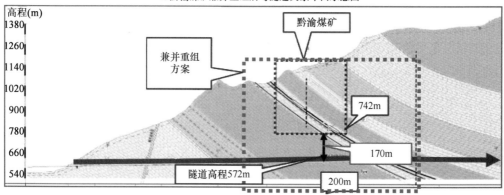

b) 黔渝煤矿兼并重组后与隧道关系剖面示意图

图 9.3-3　黔渝煤矿兼并重组后与隧道关系位置示意图

9.3.2　设计煤层化学物理参数

根据地质调绘及煤矿勘探资料,隧址区煤系地层含煤(线)5~7层,从下至上编号为 C_1~C_7,煤层呈黑、灰黑色半暗~半亮型烟煤,具沥青光泽,少量玻璃光泽,参差状、阶梯状断口,偶见条带结构,煤层硬度低,易碎成粉状,质软,隧道穿煤处煤层倾角约40°,为倾斜煤层,煤岩结构破坏类型为Ⅲ类(强烈破坏煤)。

对万顺煤矿 C_5、C_3、C_1 煤层煤质进行测试,其结果见表 9.3-1。

煤层参数测定表　　　　　　　　　　　　表 9.3-1

检验项目	C_5 煤层	C_3 煤层	C_1 煤层
水分 M_{ad}(%)	1.46	0.83	1.24
灰分 A_d(%)	10.88	15.16	15.87
挥发分 V_{daf}(%)	13.16	13.63	11.79
焦渣特征 CRC	3	3	2
固定碳 FCd	77.38	77.28	74.21
视相对密度 ARD	1.35	1.36	1.39
真相对密度 TRD	1.44	1.47	1.50
孔隙率 Ro(%)	6.25	7.48	7.27
煤的坚固系数 f	0.2	—	—
瓦斯放散初速度 ΔP	16.296	13.010	14.148
吸附常数 a	19.972	21.018	20.541
吸附常数 b	0.772	1.242	0.993

9.3.3 瓦斯段突出危险性

1) 隧道瓦斯段划分

桃子垭隧道左幅设计瓦斯段为 70m 瓦斯过渡段+245m 穿越煤层段+55m 瓦斯过渡段,具体里程为:ZK58+510~ZK58+580(瓦斯过渡段)→ZK58+580~ZK58+825(穿越煤层段)→ZK58+825~ZK58+880(瓦斯过渡段)。该段隧道埋深大,穿越围岩破碎带、煤层及采空区,隧道开挖过程中极易产生涌水、突泥、瓦斯爆炸、煤与瓦斯突出、岩爆、软岩变形等多种组合灾害。

右幅设计瓦斯段为 75m 瓦斯过渡段+245m 穿越煤层段+90m 瓦斯过渡段。具体里程为:YK58+520~YK58+595(瓦斯过渡段)→YK58+595~YK58+840(穿越煤层段)→YK58+840~YK58+930(瓦斯过渡段)。该段隧道埋深大,穿越围岩破碎带、煤层以及采空区,隧道开挖过程中极易产生涌水、突泥、瓦斯爆炸、煤与瓦斯突出、岩爆、软岩变形等多种组合灾害。

2) 瓦斯、煤尘和煤的自燃倾向

(1) 瓦斯含量

P31 煤系地层含煤(线)5~7 层,其中具有突出危险性煤层为 C_1、C_3、C_5,煤层中瓦斯的主要成分为甲烷(CH_4)。万顺煤矿资料显示,C_1 煤层瓦斯含量 4.90~10.95mL/(g·m),C_3 煤层瓦斯含量 3.10~5.98mL/(g·m),C_5 煤层瓦斯含量 6.8~14.14mL/(g·m),且煤层瓦斯含量有向深部略有增高的趋势。

据收集的 2012 年度贵州省煤炭管理局文件《2012 年度遵义市煤矿瓦斯等级鉴定报告的批复》,黔渝、立銮、万顺、洋岩煤矿的瓦斯鉴定结果见表 9.3-2。

2012 年度遵义市(桐梓县)煤矿瓦斯等级鉴定结果汇总表　　　　表 9.3-2

矿井名称	气体名称	绝对瓦斯涌出量 (m^3/min)	相对瓦斯涌出量 (m^3/t)	自然发火倾向性等级	煤尘爆炸危险性	矿井瓦斯等级
黔渝煤矿	CH_4	4.65	29.59	Ⅱ	有	高瓦斯、突出矿井
	CO_2	1.41	8.98			
立鎣煤矿	CH_4	5.92	26.44	Ⅲ、Ⅱ	无	高瓦斯、突出矿井
	CO_2	0.99	4.46			
万顺煤矿	CH_4	5.21	13.92	Ⅲ	有	高瓦斯、突出矿井
	CO_2	2.01	5.37			
洋岩煤矿	CH_4	6.04	17.4	Ⅱ	有	高瓦斯、突出矿井
	CO_2	0.58	1.67			

由表 9.3-2 可知,隧址区矿井 CH_4 绝对瓦斯绝对涌出量 4.65~6.04m^3/min,CO_2 绝对涌出量 0.58~2.01m^3/min;CH_4 相对瓦斯涌出量 13.92~29.59m^3/t,CO_2 相对涌出量 1.67~8.98m^3/t。隧址区矿井为煤与瓦斯突出矿井。

(2)瓦斯分带

据隧址区煤田勘察报告资料,按瓦斯风化带的划分方法,以每克可燃物质 2mL 甲烷含量相对应的深度为准,推算 C_1 煤层瓦斯风化带距地表垂深 42m 左右,C_3 煤层瓦斯风化带距地表垂深 44m 左右,C_5 煤层瓦斯风化带距地表垂深 56m 左右。上述方法结合 CH_4<800‰,确定 C_1、C_3、C_5 煤层瓦斯风化带距地表垂深约 56m,其下为瓦斯带。

(3)瓦斯压力

根据《贵州省桐梓县万顺煤矿扩界资源储量核实与勘探地质报告》(2010 年 12 月),不同深度瓦斯压力测试结果见表 9.3-3。

瓦斯压力测试结果表　　　　表 9.3-3

煤层编号	测试位置	距地表深度(m)	瓦斯压力(MPa)
C_5	+660m 水平	550	0.68
	+454m 水平	756	1.025
	ZK5 钻孔	703.64~707.63	3.82
C_3	+660m 水平	550	0.35
	+454m 水平	756	0.76
C_1	+660m 水平	550	0.42
	+454m 水平	756	0.87
	ZK5 钻孔	759.89~760.23	3.52

由表 9.3-3 可知,矿井瓦斯压力随埋藏深度增加而递增。C_5 煤层埋深在 703.64~707.63m 时,瓦斯压力为 3.82MPa;C_3 煤层埋深在 756m 时,瓦斯压力为 0.76MPa;C_1 煤层埋深在 759.89~760.23m,瓦斯压力为 3.52MPa。

(4)煤与瓦斯突出危险性

根据从万顺煤矿收集的煤层瓦斯参数,按照《防治煤与瓦斯突出规定》判定煤层瓦斯突出危险性单项指标临界值,初步预测 C_5、C_3、C_1 煤层均有煤与瓦斯突出危险性。

该隧道穿煤段埋深 700~760m,其瓦斯压力与上述结果接近。隧道穿煤段瓦斯压力>0.74MPa,按照《贵州省高速公路瓦斯隧道施工技术指南》规定,该隧道为瓦斯突出隧道;另外,煤与瓦斯在高地应力及高压瓦斯综合作用下突出强度和突出距离更大。该隧道穿煤段应按煤与瓦斯突出隧道进行设计,隧道揭煤作业严格按照《防治煤与瓦斯突出规定》要求进行。

(5)煤尘爆炸性及煤的自燃倾向性

根据万顺、泉源煤矿煤层采样测试资料,C_1、C_3 煤层的自燃发火倾向性等级为Ⅱ级,属自燃煤;C_5 煤层为Ⅰ类,属容易自燃煤;C_1、C_3、C_5 煤尘有爆炸危险性。

9.4 钻孔瓦斯动力现场与瓦斯抽采设计

9.4.1 钻孔瓦斯动力现象

左幅施工至 ZK58+593 处,按照设计及规范要求,在该位置施工超前钻探孔 5 个,钻探结果显示:距离掌子面法向距离 20m 处,出现一厚度约 2m 的煤层,该煤层在地质钻探时具有喷孔、顶钻等动力现象,探孔内最大瓦斯浓度 100%。该煤层与隧道轴向水平夹角 47°,煤层与隧道轴向竖夹角 43°,煤层倾角 52°。掌子面前方地层无褶皱或断层。左洞超前钻孔布置见图 9.4-1。

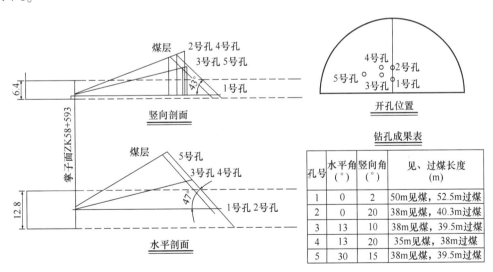

图 9.4-1 左洞超前钻孔布置图(尺寸单位:m)

注:根据以上 5 个钻孔初步分析,煤层距离掌子面法向距离 20.8m,煤层与隧道轴向水平夹角 47°,煤层与隧道轴向竖向夹角 43°,煤层真倾角为 52°。

左幅施工至 YK58+666 处,在掌子面位置施工超前钻探孔 5 个,钻探结果显示:距离掌子面法向距离 13m 处,出现一厚度约 2.4m 的煤层,该煤层在地质钻探时喷孔、顶钻、卡钻现象较明显,探孔内最大瓦斯浓度 90%。该煤层与隧道轴向水平夹角 36°,与隧道轴向竖夹角 40°,煤层真倾角 46°。掌子面前方地层无褶皱或断层。右洞钻孔布置图 9.4-2。

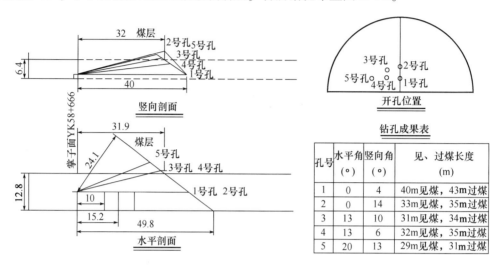

图 9.4-2 右洞钻孔布置示意图(尺寸单位:m)

注:钻孔位置里程 YK58+666,见煤位置里程 YK58+698,煤层法距 10m 位置里程 YK58+676,煤层法向 7m 位置里程 YK58+684,煤层法距 5m 位置里程 YK58+687;煤层与隧道轴向水平夹角 36°,煤层与隧道轴向竖夹角 40°,煤层倾角 46°,煤层走向 264°。

已探煤层与隧道平面关系见图 9.4-3。

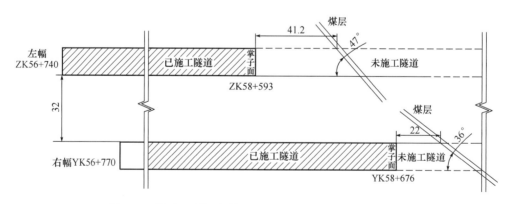

图 9.4-3 桃子垭隧道已探煤层与隧道平面示意图(尺寸单位:m)

9.4.2 瓦斯抽放设计

考虑隧道施工区别于煤矿施工的特殊性及抽排所需的便捷、经济性,本隧道抽排拟采用移动式抽排站,抽采泵采用 ZWY-85/110-G 移动湿式抽采泵,考虑避免影响其他工序施工和经济性,左右洞抽排管路拟利用原有进洞高压风管(左洞高压风管位于隧道左侧,右洞高压风管位于隧道右侧),管径250mm,抽采工作面、管路拐弯、低洼、温度突变处设置放水器,管路每隔200~300m设置一个放水器。抽排泵拟定放置于隧道洞口外合适位置。桃子垭隧道进口瓦斯抽排管路布置见图9.4-4,瓦斯抽放材料数量见表9.4-1。

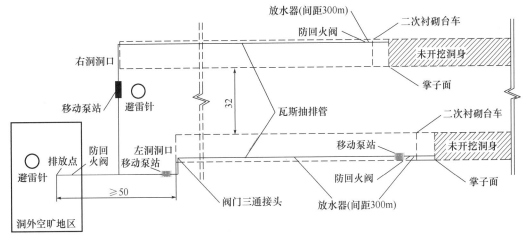

图9.4-4 桃子垭隧道进口瓦斯抽采管路布置示意图(尺寸单位:m)

瓦斯抽采材料数量表 表9.4-1

序号	物资名称	规格型号	计量单位	数量	备注
1	矿用防爆移动空压机	ZWY-85/110-G	台	1	
2	防回火装置	FBQ-1	台	4	
3	矿用防爆配电箱	矿用防爆	个	2	110kW使用
4	钢丝吸引管	内径φ100mm	m	150	
5	钢丝吸引管	内径φ50mm	m	300	
6	闸阀	150mm	个	10	抽放泵用
7	球阀	90mm	个	12	
8	球阀	50mm	个	130	
9	聚氯乙烯(PVC)封孔管	φ40mm,长3m	m	1800	
10	玛丽散		袋	1000	
11	铁丝	10号	圈	5	
12	棉纱		件	50	

9.5 自然泄压揭煤

由前文分析可知,虽然煤系地层附近存在高压区域,但是隧址区煤系地层受构造与煤矿采空区影响大,在隧道掘进过程中,爆破振动很有可能导致隧道前方煤体与断层破碎带、煤矿采空区破坏底板连通,瓦斯沿裂隙通道自然外泄,造成隧道前方煤体自然泄压。

隧道右幅开始进入煤系地层时间为2018年6月,2018年8月开始准备钻孔抽放瓦斯,但是考虑到上述存在自然泄压的可能,布置钻孔后,未采取抽放措施,其间不断测试瓦斯压力,数据显示瓦斯压力不断自然降低,直到2018年11月,瓦斯压力自然泄压到突出标准值以下,达到自然泄压目的。经验证无突出风险后,开展揭煤工作。

第10章 隧道施工安全监控系统

隧道施工安全监控系统采用互联网领域内先进的远距离射频识别技术(RFID),并集气体检测技术、视频技术、多媒体显示技术等多项检测于一体,形成隧道施工安全监控系统。着重解决施工人员进出的自动化识别,替代"人工翻牌进洞"的管理,并综合隧道管理各项资源,在保证既定的系统功能正常应用的前提下,利用先进技术对系统进行整合利用,包含人员进出管理、发光二极管(LED)大屏显示等。最大限度地利用资源将隧道工作、管理提升到更高水平。

10.1 系统概况

桃子垭隧道施工安全监控系统目的和功能如下:

(1)实现人员进出自动登记/定位管理,包括人员信息日常管理、进出记录、定位信息、数据分析、存储、报表打印等,替代原有进隧道翻牌的制度。

(2)实现车辆进出自动管理,包括进出登记、进出计数等。

(3)隧道危险气体监测、记录,超限阈值报警等。

(4)隧道内外部语音实时通信,通信更快捷、方便。

(5)24h视频监控,可以实现1个月历史记录存储,可随时查看。

(6)通过LED屏或电视墙显示,显示效果更形象。

(7)实现实时随地远程访问管理,只要有网络的地方,均可以查看当前隧道施工的各安全信息。

(8)隧道内的电气设备实现瓦斯超限电闭锁功能。当回风流中的瓦斯浓度达到或超过断电浓度时,能自动切断工作面及其回风流中的全部非本质安全型电气设备的电源并闭锁;瓦斯浓度低于复电浓度时自动解锁。

10.2 系统设计方案

10.2.1 系统组成

隧道综合应用系统主要由人员进出考勤、定位管理系统、人员/车辆门禁通道系统、LED

显示系统、视频监控系统及通信系统等组成,见表 10.2-1。

综合应用系统组成　　　　　表 10.2-1

子　系　统	功能模块
监控中心	指挥部监控平台、指挥部监控显示屏
有害气体监测系统	瓦斯气体及有毒有害气体监测
人员进出考勤、定位管理系统	考勤管理、定位管理、系统远程管理
视频监控系统	隧道口视频监控、掌子面视频监控、远程视频终端服务
人员/车辆门禁通道系统	人员门禁道闸管理、汽车门禁道闸管理
LED 显示系统	LED 大屏现场显示
通信系统	光纤传输部分、无线 Wi-Fi 传输部分、其他线缆传输部分

10.2.2　有毒有害气体监控系统

有毒有害气体监控,系统主要测定瓦斯浓度、一氧化碳浓度、风速、风量等参数。本系统要求在瓦斯隧道施工期间成立专门的瓦斯检测队伍检测瓦斯浓度。该系统由自动监控与人工监管系统组成,并作为施工工序管理,由现场施工负责人主管。在开挖面需要进行气体监测的地方,安装相应的瓦斯监测装置,利用瓦斯检测仪实现对该区域瓦斯的监测,将实时气体浓度消息通知监控中心站,做到及时防范,安全预警,保证隧道施工安全进行。

1)系统组成

有毒有害气体监测系统主要包含监控服务器、前端感知监测器、传输接口转换器等。

监控中心站:主要负责接收、处理、反映从前段监控设备返回的相关数据,并做保存,以备查看。

有毒有害气体检测传感器:一般多指采集数据设备,如瓦斯监测器等。其可以实时采集现场环境参数,并通过系统通信系统实时传回服务器。

传输接口:包括一些信号转换器,主要实现信号转换,以使系统更好接收、处理数据。

有毒有害气体监测系统如图 10.2-1 所示。

2)系统设计

主要监测隧道内风速、瓦斯和一氧化碳等参数,以桃子垭隧道为例进行说明,具体设计思路如下:

(1)隧道内相关产品需具有国家安全标志中心认证的煤矿矿用产品安全标志。

(2)桃子垭隧道长 2.5km 左右,调度监控室设置在隧道洞口监控室。地面调度监控室设置 4 台光纤收发器(和矿用光端交换机点对点传输),在右幅洞口和二次衬砌台车、左幅隧道洞口和二次衬砌台车 4 个位置各布置 1 台矿用本质安全型光端交换机 KJJ103,从调度监控室敷设 1 条矿用阻燃光缆 MGTS-12B1 到右洞洞口光端交换机(右洞二次衬砌台车光端交换机)位置,另敷设 1 条矿用阻燃光缆 MGTS-12B1 到左洞洞口矿用光端交换机(左洞二次衬砌台车矿用光端交换机)位置,在相应 4 个光端交换机位置设置光缆接续成端箱,用于光缆成端和视频监控设备接入。构建从地面调度监控室到隧道内的光纤传输系统。

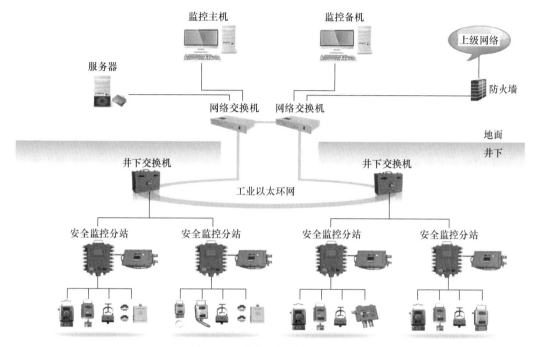

图 10.2-1 有毒有害气体监测系统

(3)桃子垭段隧道左洞和右洞洞口、二次衬砌台车分别配备 1 台监测监控分站 KJ90-F16(D),该分站可接入 16 路模拟量/开关量互换传感器。监控分站 RS485 主通信通过屏蔽主通信电缆 MHYVP1×2×7/0.43 接入矿用本质安全型光端交换机 RS485-TCP/IP 协议转换器上。

(4)隧道内在瓦斯突出位置区域安装瓦斯监测传感器,单洞的掌子面两侧各安装 1 台红外瓦斯传感器,掌子面风筒出风口回风位置安装 1 台风速传感器;左右洞二次衬砌台车各安装 2 台低浓度瓦斯传感器、1 台声光报警器、1 台温度传感器和 1 台硫化氢传感器;左右洞掌子面和二次衬砌台车各安装 1 台一氧化碳传感器;随着隧道的掘进,左右洞二次衬砌台车往外每 300m 位置左右安装 1 台低浓度瓦斯传感器,共计安装 3 台(可根据实际穿越煤层的情况调整安装位置和距离);左右洞洞口位置各安装 1 台低浓度瓦斯传感器、1 台风速传感器、2 台开停传感器和 1 台声光报警器。

(5)每台瓦斯传感器输出信号频率 200~1000Hz,频率信号直接通过信号电缆 MHYV1×4×7/0.43 直接接入瓦斯监控系统隧道内分站,传感器到监测分站采用信号电缆 MHYV1×4×7/0.43 连接,每条信号电缆可接入 2 台传感器。

(6)桃子垭隧道共设置 12 台低浓度瓦斯传感器、6 台红外瓦斯传感器、4 台风速传感器、4 台一氧化碳传感器、4 台声光报警器、2 台温度传感器、2 台硫化氢传感器和 4 台开停传感器。

(7)每台分站自带矿用隔爆兼本质安全型直流稳压电源 KDY660/24B(D),在断电的情况下,可提供 2h 以上备用电,可接入 16 路模拟量与开关量互换传感器和 4 路读卡器,用于给各监测点传感器和读卡器供电、数据采集存储和转发给地面中心站。

(8)在左右洞洞口分别设置 1 台远程馈电断电仪,当隧道内各检测传感器检测到瓦斯浓度超标达到断电值的情况下自动进行远程断电控制。

隧道内瓦斯在线监控系统设备布置见表 10.2-2。

隧道内瓦斯在线监控系统设备布置　　　表 10.2-2

序号	安装位置	矿用光端交换机	矿用本质安全型二合一分站	低浓度瓦斯传感器	红外瓦斯传感器	一氧化碳传感器	温度传感器	硫化氢	风速传感器	开停传感器	声光报警器	远程馈电断电仪	备注
1	左洞掌子面				3	1			1				掌子面拱顶和两侧
2	左洞二次衬砌台车	1	1	2		1	1	1		1			
3	左洞煤层区域			3									间隔 300m 安装 1 台
4	左洞洞口	1	1	1					1	2	1	1	掌子面拱顶和两侧
5	右洞掌子面				3	1			1				
6	右洞二次衬砌台车	1	1	2		1	1	1		1			
7	右洞煤层区域			3									间隔 300m 安装 1 台
8	右洞洞口	1	1	1					1	2	1	1	
9	合计	4	4	12	6	4	2	2	4	4	4	2	

3) 监测监控系统安装要求

(1) 监测监控中心设备应有可靠的防雷和接地保护装置。

(2) 主机应安装在隧道洞口监控室,与隧道生产调度室设置显示终端共同布设。

(3) 各监控元件安装时应垫支架或吊挂在隧道中,使其位于指定的布设位置;硫化氢和二氧化硫传感器的安装位置距底板应不高于 1.6m,瓦斯、温度和烟雾传感器距顶板应不大于 0.3m。

(4) 传感器等监测监控设备备件备用数量应能满足日常监测监控需要。

(5) 用电电源应能保证连续工作 2h 以上。

(6) 传感器的数据或状态应传输到主机。

(7) 电缆和光缆敷设应符合现行《金属非金属矿山安全规程》(GB 16423)的相关规定。

(8) 监测监控系统应具有煤矿矿用产品安全标志。

(9) 结合隧道内瓦斯浓度限值及超限处理措施规定,隧道瓦斯在线监测系统预警值为 0.5%,报警值为 1.0%,断电值为 1.5%,一氧化碳报警值为 24ppm。

隧道内瓦斯浓度限值及超限处理措施见表 10.2-3。

隧道内瓦斯浓度限值及超限处理措施　　　表10.2-3

序号	地点	限值(%)	超限处理措施
1	低瓦斯工区任意处	0.5	超限处20m范围内立即停工,查明原因,加强通风监测
2	局部瓦斯积聚(体积大于0.5m³)	2.0	超限处附近20m停工、断电、撤人,进行处理,加强通风
3	开挖工作面风流中	1.0	停止电钻钻孔
		1.5	超限处停工、撤人,切断电源,查明原因,加强通风等
4	回风巷或工作面回风流中	1.0	停工、撤人、处理
5	爆破地点附近20m风流中	1.0	严禁装药爆破
6	煤层爆破后工作面风流中	1.0	继续通风,不得进入
7	局部通风机及电气开关10m范围内	0.5	停机、通风、处理
8	电动机及开关附近20m范围内	1.5	停止运转,撤出人员,切断电源,进行处理
9	竣工后洞内任何处	0.5	查明渗漏点,进行整治

10.2.3 人员定位管理系统

人员定位管理系统由主机、传输接口、分站(读卡器)、识别卡、传输线缆等设备及管理软件组成,具有对携卡人员出/入隧道时刻、重点区域出/入时刻、工作时间、重点区域人员数量、人员活动路线等信息进行监测、显示、打印、储存、查询、报警、管理等功能。人员定位系统工作原理如图10.2-2所示。

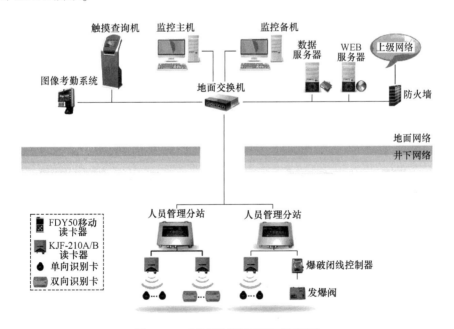

图10.2-2　人员定位管理系统工作原理图

1)系统组成

系统主要由监控主机、系统软件、检卡器人员定位分站、读卡器、人员标识卡等组成。

监控主机:负责整个系统设备及人员检测数据的管理、分站实时数据通信、统计存储、屏幕显示、查询打印、画面编辑、网络通信等。

系统软件:完成人员信息编码采集、识别、加工、显示、存储、查询和报表打印。

检卡器:用于检测出入隧道人员标识卡是否完好。

人员定位分站:通过与读卡器的有线通信,实时获取人员编码数据(可本地显示)。

读卡器:接收标识卡发出的无线人员编码信号,向信号覆盖区域内的所有标识卡进行"群呼",向信号覆盖区域内的某张标识卡进行"寻呼"(双向通信功能)。

人员标识卡:承载唯一的人员编码信息,当被无线信号激活后,将编码数据发送给读卡器。设计紧急呼叫按钮,在紧急情况上可以向监控中心发射紧急求救信号。

人员定位设备显示如图 10.2-3 所示。

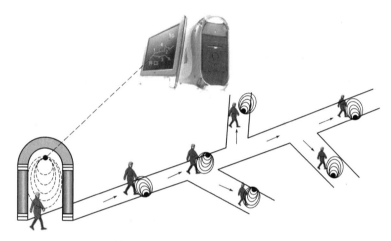

图 10.2-3 人员定位设备显示示意图

2)系统设计

(1)中心站设置

中心站设置在隧道监控调度中心内,中心站主要由以下设备组成:

①桃子垭隧道调度监控室配置监控主机 1 台;

②调度监控室配置 3kV·A 在线不间断电源 1 台(和其他系统共用);

③设置监控室光纤收发器和隧道内光端交换机(和监测监控系统共用);

④配置定位识别卡 200 张(可根据实际作业人员数量增减)。

(2)传输设备及分站

桃子垭隧道左右洞内随着隧道掘进,人员定位管理系统可延伸至相关传输设备及分站,读卡器接入监测监控系统设置的监测监控和人员定位二合一分站 KJ90-F16(D),分站通过接入矿用光端交换机通过左右洞光纤传输至监控中心。

(3)人员标识卡

根据桃子垭隧道实际作业人员数量,暂定配置 200 个 KGE116D 型人员识别卡。

(4)读卡器

桃子垭隧道内监控系统设计布置 4 台分站,左右幅隧道共计最多可接入 16 台读卡器。本次设计在单幅隧道的入口位置各设置 2 台读卡器,用于出入隧道考勤,在二次衬砌台车和掌子面分别设置 1 台读卡器用于定位管理。隧道内设置 4 台二合一监控分站,8 台人员定位读卡器。由于采用区域定位检测原理,根据需要可以增加读卡器的数量使定位的范围更精确。

(5)传输电缆

①分站与分站之间的主传输电缆:MHYVP 1×2×7/0.43mm。

②分站与接收器电缆:MHYV 1×4×7/0.43mm。

隧道内人员定位分站采用主通信电缆级联后,通过主通信电缆连接到隧道内光端交换机 KJJ103B 处,通过矿用光端交换机的 485 转网络模块,将隧道内人员定位监测数据通过光纤网络传输到隧道口监控中心站。

读卡器到分站的连接采用信号电缆(即 MHYV 1×4×7/0.43mm),分站通过信号电缆给读卡器供电和提供 2h 以上备用电源,读卡器监测数据通过信号电缆传输到分站,分站经分析处理传输到人员定位监控中心站。

(6)设备布置清单

隧道人员定位管理系统设备布置见表 10.2-4。

隧道人员定位管理系统设备布置表 表 10.2-4

序号	安装位置	矿用本质安全型二合一分站	读卡器	识别卡
1	左洞隧道口	1	1	
2	左洞隧道口 100~200m 位置		1	
3	左洞二次衬砌台车	1	1	
4	左洞掌子面		1	
5	右洞隧道口	1	1	
6	右洞隧道口 100~200m 位置		1	
7	右洞二次衬砌台车	1	1	
8	右洞掌子面		1	
9	隧道工作人员随身携带			200
10	合计	4	8	200

3)人员定位系统安装要求

(1)人员定位系统主机应安装在隧道口监控室内,且应在监控室内设置显示终端;

(2)分站(读卡器)应安装在便于读卡、观察、调试、检验,且围岩稳固、支护良好、无淋水、无杂物、不容易受到损害的位置;

(3)主机及分站(读卡器)的备用电源应能保证连续工作 2h 以上;

(4)每个隧道内作业人员应携带识别卡,工作时不得与识别卡分离;

(5)应配备检测识别卡工作是否正常的装置,工作不正常的识别卡严禁使用;

(6)电缆和光缆敷设应符合现行《金属非金属矿山安全规程》(GB 16423)的相关规定;

(7)人员定位管理系统及相关产品应取得煤矿产品安全标志。

10.2.4 人员/车辆门禁通道系统

门禁通道系统主要利用自动刷卡机制限制人员的进出,禁止非工作人员私自进出施工区域,同时也可用来保障数据的真实性和有效性,避免因人为因素而导致考勤失效,或是管理出错。车辆门禁通道系统可以实现对现场车辆的及时管控,有效提高车辆利用率。

主机:负责整个系统设备及人员检测数据的管理、通信、统计存储,以及屏幕显示、查询打印、画面编辑、网络通信等。

控制板:实时采集接收人员卡的信息,并及时通过通信线路实时反馈到系统当中并生成控制摆闸的指令,根据数据有效性进行控制,保证人员进出正常。

车道闸:主要安装在入口处,对车辆进出起限制作用。

地感检测器:及时检测是否有车辆经过,并发送信息至控制系统,产生相关联动。

翼闸:安装在隧道入口处,对人员进出起限制作用。

蓝牙读卡器:即远距离读卡器,通过靠近自动刷卡方式,获取车辆携带的电子标签信息,并传输到后台控制中央区。

射频读卡器:通过采用与人员定位管理系统一样读卡器,当人员靠近翼闸时通过近距离无线读卡可识别进出人员携带的人员定位识别卡来控制翼闸。

人员和车辆配置相关电子标签,利用人员/车辆门禁通道系统可以实现进出人车分流通过,保证一定的进出安全。当人员携带人员卡(即电子标签),靠近人员门禁通道时,内置的读卡器可以及时读取卡片信息,并送交后台核实,运行通过,则发送命令给翼闸,开启放行,否则不变化。对于车辆门禁通道系统,也需要给每一辆车配置窗玻璃吸盘卡,车辆经过通行区域时会触发读卡,同时触发地感检测器,当同时读卡和触发地感检测器时,系统将判定车辆允许通行,则开启道闸放行。仅读卡或是单一触发地感检测器,系统统一认为不允许通过。

在隧道口左右洞分别设置一套车行门禁系统和人行门禁系统,车行门禁系统采用 BS-118 系列智能广告道闸,人行门禁系统采用桥式八角斜面单机芯翼闸 BJ-502。

人行门禁系统单个隧道洞口设置为进出一体机,人行门禁系统与隧道人员定位管理系统共用识别卡,人员定位识别卡和门禁卡共用,方便管理、减少卡的使用量,识别卡识别范围为 2~5m(可通过调节安装位置调整识别距离)。当携带识别卡的人员经过人行门禁系统时,门禁系统装置读卡器读到携带识别卡的人员,给翼闸装置一个开关信号来实现门禁的开关控制。

车行门禁系统安装智能广告道闸、检测线圈、车辆检测器、蓝牙读卡器及支架和车辆用玻璃吸盘卡,来实现车行门禁管理功能。车辆玻璃上的吸盘卡距离蓝牙读卡器检测距离(可调)3~15m。由于需进出检测,安装 2 套蓝牙读卡器用于进出检测;车行门禁系统自带 2 套遥控装置。

人行门禁系统和车行门禁系统均可在调度室实现开关常开或常闭。

隧道门禁系统见图 10.2-4,人行翼闸见图 10.2-5。

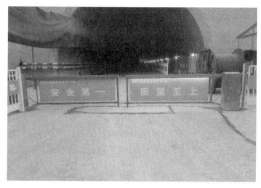
图 10.2-4　隧道门禁系统

图 10.2-5　人行翼闸

10.2.5　LED 显示系统

将 LED 大屏幕安装在施工入口附近,在隧道洞口洞顶为佳,用于实时显示公路工程施工人员的信息和瓦斯监测监控系统检测信息,使管理先进化、透明化。显示的内容包括标签号、姓名、时间、总人数等,使领导及监管人员能及时了解隧道内施工人员情况。LED 大屏幕显示系统不仅可以使洞内各区域内施工人员信息形象、直观、一目了然,而且在开现场会时,也可以在大屏幕上显示各种欢迎标语、宣传标语。在平时可以通过大屏幕提示施工人员注意施工安全,在有高温、霜冻等恶劣天气时可以及时进行温馨提示。这些充分体现隧道施工项目部管理上的人性化、现代化、科学化。

系统组成:服务器、同步系统卡、LED 显示屏。

控制主机:主要实现对显示内容的编辑、控制。

同步显示系统卡:系统的核心部分,同步实现计算机与 LED 显示屏的显示内容。对信号进行编译传输。

LED 显示屏:设计采用户外 P10 全彩 LED 显示屏,设计规格为 2m×3m,两套显示屏分两个区域分别用于显示左洞和右洞的信息,见图 10.2-6,根据现场实际情况可调整拼接显示尺寸。LED 大屏幕显示系统原理见图 10.2-7。

图 10.2-6　LED 大屏幕

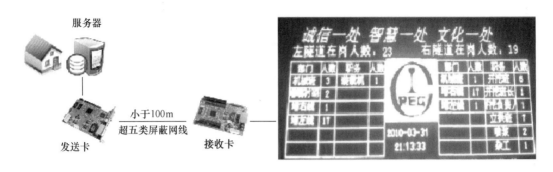

图 10.2-7 LED 大屏幕显示系统原理

10.2.6 网络视频监控系统

网络视频监控系统包括前端视频采集设备、网络视频编解码、通信传输设备,以及后端的监控接收端软件。系统安装在隧道各主要的监控点执行信号采集传输任务。系统软件主要是安装在监控室电脑上,两者之间通过平台管理中心系统授权,对其前端视频点进行多点对多点的实时监控管理,可实现视频、云台、放大、录像等功能,有管理权限的用户还可以对任何点的录像进行设置、下载、实时点播录像等操作;系统还可以通过计算机浏览器进行监控。

由此可以看出,网络视频监控系统采用监控摄像机对隧道施工现场各视频点进行 24h 实时监控。对于一些关键视频点可启动视频移动侦测功能和报警功能,系统根据图像移动情况自动识别、触发,并进行录像(有预先录制机制,预录时长能提前 20s 以上);同时系统将图像、声音、报警等实时数据传送到监控室计算机,管理人员可以通过本地监视、远程 IE[1] 监视、Web 网页客户端等方式随意切换前端任意监控点的视频,能直观地了解和掌握施工各视频监控点的实时情况,从而随时随地、及时准确地对其进行监管。网络视频监控系统见图 10.2-8。

1)系统组成

在掌子面、二次衬砌台车以及洞口附近分别安装摄像头,实时显示查看监控区域的情况,让管理者直接了解现场情况。

系统组成包括服务器、摄像机、视频服务器、传输数据接口(转换器)以及通信传输部分。

(1)服务器:监控平台终端,对系统返回的信息进行显示,并通过平台软件对各个监控点位的摄像机进行操控,提供录像、播放视频、云台控制等多个功能。

(2)摄像机:采用网络高清红外摄像球机和矿用网络高清枪式摄像仪,前端监测设备实时采集信号,提供云台设备,实现摄像角度的改变,提供全方位立体式监控。

(3)传输数据接口:包括一些信号转换器,主要实现对信号的转换,以便系统更好地接收处理数据。

(4)通信传输:通信设备主要由矿用阻燃光缆和网线构成,实现视频信号的及时传输。

2)系统设计

系统主要由前端摄像仪、光纤传输系统、监控中心、客户终端系统等四部分组成。

---

[1] IE,是美国微软公司推出的一款网页浏览器。

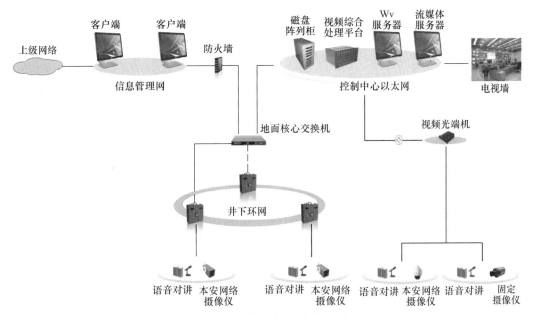

图 10.2-8　网络视频网络监控系统示意图

(1) 前端摄像仪

隧道内部分前端摄像仪采用矿用本质安全型网络摄像仪(KBA173),该摄像仪可通过网口就近(100m 内)接入浇封电源,摄像仪之间可用光纤级联传输,大大减少现场布线,降低成本。具有超高分辨率(黑白 540TVL、彩色 450TVL)、高灵敏度、高信噪比(50dB),在极低照度环境中可获得真实、自然的图像,适合隧道内光照条件差、监视点多的使用要求。

隧道内摄像仪布置:左右幅掘进工作面的二次衬砌台车和掌子面各设置安装 1 台矿用网络摄像仪,左右幅隧道洞口各设置安装 1 台网络高清云台红外摄像仪,摄像仪均接入隧道内设置的二次衬砌台车光纤成端接续箱处。

前端摄像仪部分构成如图 10.2-9 所示。

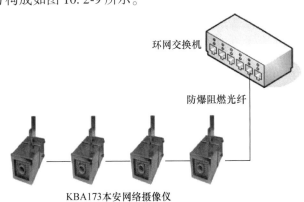

图 10.2-9　前端摄像仪部分构成

(2) 光纤传输系统

主干环网光缆采用矿用阻燃轻铠光缆 MGTS-12B,搭建从调度监控室到隧道内的光纤传输平台。矿用摄像仪配备矿用浇封电源 KJJ220(二光三电)。该浇封电源向矿用红外网络摄像仪供电和传输,浇封电源自带光口可实现光口传输之间级联,最多可级联 7 级。根据隧道实际情况可增设摄像仪,利用现有光纤,浇封电源直接传输至调度监控室,接入网络硬盘录像机。

(3)监控中心

监控中心主要有网络硬盘录像机、拼接大屏幕显示系统、视频解码器、地面光纤配线架、避雷器、不间断电源(UPS)、机柜、监视器、操作台等。

调度监控室配置一套防火板操作台,1 台配备电源避雷器的 3kV·A UPS 电源,地面调度监控中心设置一台 600mm×800mm×2000mm 的机柜,调度监控室配备 2m×3m 的 46 英寸❶液晶拼接屏一套,配备 1 台视频解码器,可实现单液晶屏 1 画面、4 画面、8 画面、9 画面解码屏幕显示,瓦斯监测监控和人员定位管理系统的显示页面可接入拼接屏大屏幕显示系统,具备瓦斯监控系统、人员定位管理系统和网络视频监控系统屏幕显示功能。

所有摄像仪图像的编解码及数据交互均由一台网络硬盘录像机处理。

网络硬盘录像机用于前端设备的管理、参数修改、查询、用户权限设置等。

在监控中心设置配备 2m×3m 的 46 英寸液晶拼接屏一套,配置 1 台 9 路嵌入式解码器 DH-NVS0904DF,实现解码能力,支持 9 路 BNC 输出(4 路 D1 输出或 4 路 4 分割 16 路 CIF 输出)。

(4)客户终端系统

由于数字化视频监控采用目前先进的 B/S 结构,终端部分将由客户自选分配出一台监控专用客户机,在上面将会安装专业监控软件,用于实时接收来自网络的视频信号以及报警信号,并可以对前端实时进行方向控制,以及录像的回放等操作。

(5)设备布置清单

隧道网络视频监控系统设备布置见表 10.2-5。

隧道网络视频监控系统设备布置表　　　　表 10.2-5

序　号	安装位置	网络高清红外云台摄像机	矿用本质安全型网络摄像仪	浇封电源	备　注
1	左洞隧道口	1			
2	左洞二次衬砌台车		1	1	
3	左洞掌子面		1	1	
4	右洞隧道口	1			
5	右洞二次衬砌台车		1	1	
6	右洞掌子面		1	1	
7	合计	2	4	4	

10.2.7　调度有线通信系统和无线 Wi-Fi 对讲通信系统

根据现场实际施工环境,为了方便隧道内与隧道外实时联络,节约时间,提高工作效率,设

---

❶　1 英寸=0.0254 米。

置调度有线通信系统和无线 Wi-Fi 对讲通信系统(两者简称"通信联络系统"),采用双重方式通信,保证实时联通。

现场选用调度有线通信系统和无线 Wi-Fi 对讲通信系统,隧道内二次衬砌台车和掌子面位置通信联络覆盖采用程控有线通信系统和无线 Wi-Fi 对讲通信系统两种方式进行覆盖。

程控有线通信系统在左右洞的洞口调度监控室、二次衬砌台车等位置布置矿用电话机。

无线 Wi-Fi 对讲通信系统覆盖左右洞的二次衬砌台车、掌子面、调度监控室区域,携带矿用本质安全型手机可实现隧道内与调度监控中心的实时对讲通信。

隧道内带班人员和管理人员携带矿用本质安全型手机 KTW117K(D)即可实现调度对讲通信。针对现场管理需要,单独配备 2 台矿用本质安全型智能手机 KT262R-S5,用于现场采集图像视频信息。

采用工业以太环网交换机为信号源,无线通信基站串联的方式组网。确保管理机构、重点作业区域的覆盖效果和高话务量,保证其他区域的覆盖效果和话务量。

1)系统组成

(1)调度有线通信系统组成

调度有线通信系统是指在生产、调度、管理、救援等各环节中,通过发送和接收通信信号实现通信及联络的系统,包括有线通信联络系统和无线通信联络系统。有线通信联络系统是通过线缆进行信息交互的通信联络系统;无线通信联络系统是通过自由空间进行信息交互的通信联络系统。有线通信联络系统由控制中心、终端、线缆等组成。针对有线通信系统,地面隧道内共用一个控制中心,总机设在调度监控室。

通信联络系统工作原理如图 10.2-10 所示。

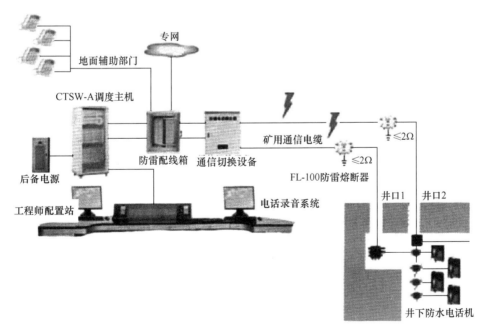

图 10.2-10 通信联络系统工作原理图

(2)无线 Wi-Fi 对讲系统组成

本系统由以下三部分构成。

第一部分:监控管理中心。通过设置在调度监控室内的管理主机,可实时对系统进行监控和管理,实现数据管理、语音监听、录音等功能。监控管理中心主要设备为管理主机、管理软件和机房配套设备。

第二部分:数据传输部分。数据传输部分主要由工业以太环网平台、防爆备用电源、无线通信基站等组成。

第三部分:数据终端。数据终端的作用是实现无线信号覆盖和无线通信,所包含的主要设备为本质安全型手机等终端设备。

无线通信基站既用作数据传输,又作为无线信号覆盖的终端设备,是系统中实现有线与无线转换的重要设备。

系统中读卡器和无线通信系统的连接示意如图 10.2-11 所示。

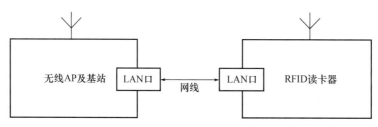

图 10.2-11 读卡器和无线通信系统的连接示意图

2)系统设计

(1)调度有线通信系统设计

根据隧道实际情况和需要,安装终端设备的主要地方包括调度监控中心、左洞二次衬砌台车和右洞二次衬砌台车等。

具体安装情况如下:

①隧道内左右洞二次衬砌台车各设置 1 部矿用本质安全型电话,共计 2 部矿用电话,地面监控室调度主机自带 2 部普通电话。

②从地面监控室各敷设 1 条 MHYV1×2/0.28 矿用阻燃语音电缆至左右洞二次衬砌台车,接入隧道左右洞矿用本质安全型电话机。

③地面调度室配备一台调度主机,调度主机配备 4 组免维护后备电池,调度主机配备 2 台普通电话机。

(2)无线 Wi-Fi 对讲系统设计

①无线 Wi-Fi 覆盖优先级别见表 10.2-6。

无线 Wi-Fi 覆盖优先级别　　　　表 10.2-6

优 先 级	类 别
最重要	生产、调度地点及安全重点防护区域
重要	隧道内主要作业面
一般	其他

②无线 Wi-Fi 覆盖方式。

本次方案采用信号节点串联,覆盖隧道内主要工作面,满足生产、调度的通信要求。

隧道内无线通信基站的布置,应考虑信号的覆盖范围、作业面实际的大小、分布情况以及巷道内信号阻挡物。此外,还要根据巷道情况决定基站的安装方式。

在比较空旷的隧道内信号传输比较好。设计基站时,按 400m 左右分布无线通信基站,满足桃子垭隧道内全覆盖要求。由于无线信号在隧道中会受到多种因素的影响,实际布置情况应根据现场环境具体实施。

无线通信系统连接如图 10.2-12 所示。

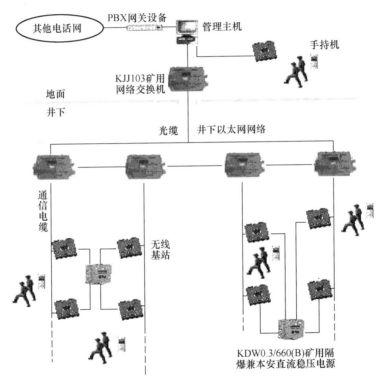

图 10.2-12　无线通信系统连接示意图

前述中设计的百兆环网工业平台系统敷设有阻燃 12 芯光缆,左右洞二次衬砌台车和调度监控室分别设置 1 台无线 Wi-Fi 基站,无线通信基站通过主干传输光缆接入调度室内无线基站。

本调度系统与市话公网实现互达互通,采用语音中继网关 MG3000-T4plus(1E1)实现(选配)。

左右洞分别配置 3 台无线 Wi-Fi 手机,1 台无线 Wi-Fi 智能手机,调度监控室配备 2 台作为来宾和领导使用。

（3）设备布置（表10.2-7）

隧道通信联络系统设备布置表　　　　　表10.2-7

序号	安装位置	程控调度主机	无线Wi-Fi基站	矿用本质安全型电话	无线Wi-Fi手机	无线Wi-Fi智能手机
1	调度监控室	1	1		2	
2	左洞二次衬砌台车		1	1	3	1
3	右洞二次衬砌台车		1	1	3	1
4	合计	1	3	2	8	2

10.2.8　调度中心拼接大屏幕显示系统

根据需求分析，调度监控中心采用液晶拼接电视墙技术，通过液晶拼接显示系统拼接处理器将隧道网络视频监控系统、瓦斯在线监控系统和人员定位管理系统等画面显示在拼接屏幕上（图10.2-13），及时将数据呈现到电视墙上面，以供管理员及时分析处理。

图10.2-13　调度中心拼接大屏幕显示系统

1）系统配置清单

根据用户的需求及现场的条件，结合大屏投影单元的实际尺寸，在该系统中配置的主要设备见表10.2-8。

调度显示系统设备配置清单　　　　　表10.2-8

序号	设备名称	型号和规格	设备描述	数量	单位
1	液晶显示器（LCD）显示单元	LDW46L	46英寸液晶单元，16∶9，采用原装进口A级三星DID FHD-LED屏，亮度为500CD/m³，对比度为4000∶1，全高清显示，物理分辨率1920×1080，配置智能散热系统。物理拼接缝≤3.5mm。平均无故障时间60000h，1677万色，相应时间8s，运行温度−35～85℃，直下式LED光源。单屏尺寸：1021.98mm（长）×576.57（高）×122.7mm（厚）	6	台

续上表

序号	设备名称	型号和规格	设备描述	数量	单位
2	LCD 机柜式电视墙	BOCOM-BASE-1	板材采用 SPCC 电解板或冷轧板	1	套
3	多屏处理器	DIGITAL	嵌入式控制器,4 路 VGA 输入接口、4 路视频输入接口、6 路 DVI 输出接口。实现任意大小、任意位置显示	1	台
4	大屏控制管理软件	NETVIEW 4.0	全中文界面大屏控制软件,有模式管理、预案管理、外围设备管理,提供开放的软件接口函数,功能强大、操作简单,具有远程控制功能	1	套
5	VGA 分配器		一分二 VGA 分配延长器	2	台
6	发光二极管(LED)显示屏	φ3.75 双基色显示屏	φ3.75 双基色显示屏,尺寸 2190mm×380mm	1	套
7	各种线缆等辅材		大屏系统安装线材	1	套

2) 系统规格

6 面 LCD 超窄边液晶单元以 2 行×3 列的方式排列,其具体的尺寸见表 10.2-9。

LCD 具体尺寸组合表　　表 10.2-9

组合方式	2 行×3 列,共 6 面超窄边液晶显示单元
单元尺寸	1021.98mm(长)×576.57mm(高)×121mm(厚)
组合尺寸	3065.94mm(长)×1153.14mm(高)
单屏分辨率	1920×1080
整屏分辨率	5760×2160

10.2.9 隧道调度监控中心至指挥部联网系统

从隧道口调度监控中心架空敷设 1 条约 2km 层绞式光缆至项目部,组建隧道口监控中心至项目部的局域网通信系统,实现项目部对隧道瓦斯监控系统、网络视频监控系统及其附属子系统的远程访问调用。

10.3　系统功能特点

10.3.1　有毒有害气体监控系统功能特点

1) 系统主要功能

(1) 调度监控中心

① 通用性好,可操作性强。

②全面支持实时多任务。在系统进行实时数据采集的同时,系统可进行记录、显示、分析运算、超限报警控制、查询、编辑、动态定义、网络通信、绘制图形和曲线,并打印实时报表、超限报表和班、日、月报表等工作。

③屏幕显示形式为页面式,图形文本兼容,每页显示的信息由用户自行定义编制,直至屏幕显示满为止,显示页可随意调出。在监测显示画面中,可对数值、转动、位移、断电状态、馈电状态、设备开停状态、风门开关状态、报警信息、往返、仓位、流量、电量等根据监测量实现功能强大的模拟动画显示。

④KJ90N 瓦斯安全监测监控系统中心站及网络终端以局域网方式联网运行,使网上所有终端在使用权限范围内都能共享监测信息和系统综合分析信息,查询各类数据报表。网络通信协议支持 TCP/IP、NETBUI 等。

⑤可以在地面中心站连续集中监测处理多种环境和工况参数,模拟量和开关量可实现任意互换。

⑥监控软件提供控制软件包,可设置控制逻辑。具有隧道内任一分站的测点超限而由另一台分站控制断电的异地交叉断电功能。同时具有传感器就地、分站程控、中心站手控三级断电能力,并具有风、电、瓦斯闭锁功能。在紧急情况下,系统操作人员可在调度监控中心站向隧道内分站直接发送控制命令,从而控制隧道内电气设备的断电或声光报警。

⑦KJ90N 瓦斯安全监测监控系统对采集到的数据进行实时分析处理,以数值、曲线、柱图等多种形式进行屏幕查询显示和打印,并形成相应的历史统计数据(每个模拟量测点的最大值、最小值、平均值;每个模拟量测点 24h 内的最大值、最小值、平均值及确切时间;每个模拟量测点超限或故障的时间及次数累计值;每个开关量测点 24h 内的开停及故障累计次数和累计时间),系统采用变值变态存储技术,可存储十年以上的历史数据,供有关人员随时查阅和打印。

⑧KJ90N 瓦斯安全监测监控系统具有很强的自检诊断功能,能及时发现系统自身配置设备事故,并在屏幕上以文本或图形方式直观显示,同时发出报警,并指出故障位置和原因;还能在屏幕实时弹出信息窗,供维护人员查询打印,并将其记入运行报告文件;可查询非正常状态的开始时间及持续时间;具有人机对话功能;通过主控软件修改隧道内分站号,设定断电参数,设定报警参数等。

⑨KJ90N 瓦斯安全监测监控系统提供采样间隔最少 1s 的数据实时密采功能,并且实时密采数据可每天连续存储,至少存储 1 年的实时数据。

⑩KJ90N 瓦斯安全监测监控系统每天形成各分站监测点模拟量参数班、日报表,并形成参数分析趋势图,可随时查询打印;每天形成开关量班、日报表。

⑪联机定义或修改系统中的各种传感器、分站及控制器的类型、安装位置及控制通道。对模拟量传感器的上下限报警与断电值可多级别定义。系统配置灵活,允许用户随时接入或删除分站、传感器、断电器。

⑫KJ90N 瓦斯安全监测监控系统表格丰富,格式可任意编排,以满足各监测管理数据报表的形成输出。

⑬KJ90NA 煤矿安全监测监控系统组态方式灵活,监控主机对分站采用主从队列两种扫描方式,操作员按照需要对各分站安排不同的采样周期,实现对重点分站加以监控。

⑭KJ90N 瓦斯安全监测监控系统监测处理参数的类型丰富,模拟量有瓦斯、风速、负压、温湿度、一氧化碳、氧气、烟雾、水位、电流、电压、功率、煤位等;开关量有设备开停、风门开关、馈电状态、电网刀闸等。

⑮监控软件具有很强的作图能力,并提供有相应的图形库,操作员可在不间断监测的同时,实现联机并完成图形编辑、绘制和修改。

⑯KJ90N 瓦斯安全监测监控系统软件设有多级口令保护,只有授权人员才能登录操作,有效防止了系统数据的损坏和病毒感染。软件运行可靠性高,误操作时有声音、对话框提示。

⑰可对实时监视画面屏幕任意显示测点单击鼠标右键,弹出快捷菜单,快速查询该点的数据、曲线、定义、运行状况等信息。

⑱可同时显示六个测点的曲线,并可通过游标获取相应的数值及时间,显示曲线可进行横向或纵向放大。查询时间段可任意设定(最小 1h,最大一个月),同时提供曲线的分析、注释文字编辑框。

(2)隧道内分站和电源

①隧道内分站含备用电源,当交流断电时,分站与传感器由备用电源供电,可连续供电 2h 以上。

②KJ90N 瓦斯安全监测监控系统分站有多种系列供用户优化配置。分站初始化后,可存储地面中心站对该分站的报警断电等控制设置,而且分站可以就地通过红外遥控器进行手动初始化。

③在隧道内分站完全断电情况下之后恢复供电,即使隧道内分站与地面中心站失去通信联络,分站也能够继续、独立地进行工作,自动恢复记忆,按照事先给定的要求实现瓦斯超限断电报警、断电和复电控制功能,可实现瓦斯风电闭锁装置和瓦斯断电仪的全部功能。断电距离大于 2km。

④隧道内监控分站具有高可靠性的保护电路和程序纠错功能,在分站出现故障时,可在极短的时间内自动复位并重新启动单片机投入运行;即使分站仍不能正常运行,也可自动脱离系统,不影响其他分站正常工作。

⑤分站模拟量与开关量可以随意互换,不受接口的限制,充分提高了分站端口的利用率,使系统设计更加优化。

⑥监控分站支持一根四芯电缆带 2 台传感器的应用,可节省大量电缆,减少施工量和维护量。

⑦KJ90N 瓦斯安全监测监控系统地面中心站监控主机出现故障时,或井上、隧道内失去通信联络时,分站能存储最近 2h 数据,恢复通信后可将此数据传回中心站主机。

⑧分站具备故障闭锁功能,当与闭锁控制有关的监控设备未投入正常运行或发生故障时,立即切断相关电源并闭锁,当与闭锁控制有关的监控设备工作正常并稳定运行后,自动解锁。

(3)系统其他方面

①在分站电路设计时,对分站所有与外界联系的输入输出电路增加了安全栅隔离电路及保护电路,以防误接线或线路信号异常等外界因素对分站造成损害,使得系统的可靠性得以进

一步提高；

②KJ90N 瓦斯安全监测监控系统可实现线路智能化管理，具有对系统本身的运行状态和故障状态进行自诊功能，能及时发现和记录系统配置设备及软件运行故障，及时发出故障报警信号，并以图文方式显示故障类型、位置和原因，具有故障自动截止功能，并在支路故障排除后自动恢复支路通信。

2）系统技术指标

(1) 系统的容量：64 个分站（可扩展到 128 个分站）。

(2) 数据传输速率：2400bit/s。

(3) 误码率 $\leqslant 1\times 10^{-8}$。

(4) 传输方式：RS485。

(5) 传输距离：中心站至分站 $\geqslant$ 25km，分站至传感器 $\geqslant$ 2km。

(6) 传输电缆：主信号电缆 4 芯（2 芯备用），模拟量传感器电缆 4 芯（可接两个传感器），开关量传感器电缆 2 芯。

(7) 系统精度：$\leqslant \pm 0.5\%$。

(8) 扫描间隔：$\leqslant 0.4s$。

(9) 分站电源箱交流输入电压：36V、127V、220V、660V（-25%，+15%）可选。本质安全型直流输出电压：18V/350mA，12V/450mA。

(10) 分站电源箱整机最大功率：<50W。

10.3.2 人员定位管理系统功能特点

1）系统主要功能

(1) 可实时跟踪监测隧道内人员，位置自动显示。

(2) 能准确统计隧道内及某个区域（如掌子面）的人员数量。

(3) 可实时跟踪查询、打印当前及某时间段隧道内人员数量、活动轨迹分布情况。

(4) 读卡器和人员定位标识卡具有完全独立的发射与接收部件，其核心技术均由嵌入式微处理器和嵌入式软件组成。

(5) 人员定位标识卡采用高级嵌入式微处理器，在嵌入式软件的控制下，实现编码、解码、通信及信息碰撞处理等功能。

(6) 系统具有检卡、考勤功能，在工人进入隧道时，通过检卡屏可检测卡的有效性，并具备非常强大的考勤管理功能。

(7) 人员定位标识卡采用有源工作方式（独立供电）、超低能耗设计，并具有欠压指示功能。

(8) 携卡者可通过不同的光指示来识别接收命令，通过"确认按钮"可以结束声光提示命令（双向功能）。

(9) 系统具有独创的通信中断自动归并考勤功能，主要是防止因线路故障造成人员分站通信中断而使人员定位数据丢失。

(10) 系统软件具有独创的人员标识卡电池管理功能。

(11) 系统能可靠识别静态或 $\leqslant 80km/h$ 的高速移动目标。

(12) 单台目标识别器可同时识别 200 张以上的人员标识卡。

(13) 系统可实现对隧道内其他移动目标(如隧道渣车)进行监测定位管理。

(14) 自动识别功能：乘车出入的工作人员无须下车，在车辆进入监测区域后，就可自动完成人员定位及考勤功能。

(15) 识别区域内无方向性、无盲区，对人体没有伤害。

(16) 隧道内人员定位分站与地面中心站失去联系时，分站仍能独立工作，自动存储人员监测数据，当通信恢复后监控主机可提取数据，自动完成数据修复，存储数据大于 4000 条。

(17) 系统在进行实时数据采集时，可进行记录、显示、查询、编辑、人工录入、网络通信等。

(18) 系统中心站及网络终端可以联网运行，使网上所有终端在使用权限范围内都能共享监测信息，查询、打印各类数据报表。

(19) 门禁功能：根据需要在隧道内设置报警装置，限制员工进入特殊区域。如果有未经许可人员接近该区域可发出声光报警信号，同时监控主机也会发出报警信号。

(20) 报警功能：可以对隧道作业人员限制出入时间及地点，如果超过授权时间或进入未经授权的地点都会触发报警设备发出警示，以便控制人员迅速做出反应，采取安全措施。

(21) 系统可自动生成人员信息数据库，生成考勤作业统计与管理等方面的报表资料，提高管理效益。

(22) 隧道一旦发生安全事故，监控中心在第一时间内可以知道被困人员的基本情况，便于事故救助工作的开展。

(23) 系统具有人员活动轨迹再现功能。

(24) 系统可与其他设备复用隧道工业以太环网的信息传输平台，运行稳定、可靠性好，无须铺设独立的通信线路。

2) 系统技术指标

(1) 无线接收频率：2.4GHz。

(2) 读卡器识别范围：100m(可调)。

(3) 允许被测目标最大移动速度：80km/h。

(4) 分站到地面监控中心传输距离大于 20km。

(5) 系统容量：64 台分站，每台分站可接入 1~8 台读卡器。

(6) 传输速率：2400bit/s。

(7) 漏卡率：1×10^{-4}。

(8) 系统误码率：1×10^{-8}。

(9) 监测人员总数：65535 个。

(10) 地面人员监测管理软件。

10.3.3 网络视频监控系统功能特点

(1) 光纤传输工业电视图像，距离远，抗干扰能力强。

(2) 采用 H.264 视频、音频压缩标准，数据量小，录像效果达到 D1。

(3) 通过 Ethernet/Internet 网络平台，实现真正的数字网络视频监控。

(4)数字网络视频服务器集图像集实时显示、云台控制、存储、回放、字符叠加、矩阵切换、权限管理、网络通信为一体,功能强大,操作方便。

(5)接口兼容、界面友好、易于使用。

(6)实现对动点摄像机的远程控制,包括 P/T/Z 功能。

(7)采用 B/S 结构,在各联网计算机上均可实时浏览、查询、录像等功能。

(8)录像方式灵活,可实现连续录像、动态录像、手动录像、报警录像。

(9)在计算机屏幕上可同时显示 1 台、4 台、9 台、16 台摄像机的图像,画面格式可选,并可对其进行图像冻结、放大、缩小等操作。

(10)与隧道安全生产监控系统实现无缝连接,在隧道调度中心配置大屏幕电视墙,形成集数据、图像和声音为一体的多媒体安全生产综合调度指挥系统。

(11)监控系统有安全密码,没有权限的人员不能对监控系统进行查询、设置系统、删除文件等操作。

(12)监控中心站和网络终端可同时显示不同的视频图像监控画面。

(13)系统预留有报警接口,可以连接主动探测器或被动式紧急按钮,可增加对突发事件的报警录像功能。

10.3.4 无线 Wi-Fi 对讲通信系统功能特点

(1)系统可与其他设备复用隧道内工业以太环网的信息传输平台,运行稳定、可靠性好,无须铺设独立的通信线路。

(2)本系统具有无线通信及人员定位功能,完全与隧道方现装备的 KJ251A 型人员定位管理系统兼容。

(3)支持 Wi-Fi 手机之间的呼叫服务。

(4)系统支持 Wi-Fi 协议的无线设备(系统)接入。

(5)支持固定电话和 Wi-Fi 手机的呼入呼出服务。

(6)系统通信设备采用标准 IP 协议,具有很强的网络管理能力。

(7)支持内部语音通信网络与外部 PSTN 网络的互通呼叫。

(8)无线漫游:支持无线 IEEE802.11b/g 标准及 SIP 通信协议。

(9)音频编码 G.711 及 G.729a/b,语音质量高、延时低、稳定性好。

(10)支持活动语音检测/舒适噪声生成/抖动缓存/回声抑制。

(11)具有防水、防尘、防爆、防震等防护性能,为行业用户量身定做。

(12)支持短信广播。

(13)系统采用就地本质安全供电和通信设备本质安全的方式,方便将无线通信的覆盖范围延伸进回风区域和工作面。

(14)系统可通过网关设备与调度系统无缝连接。

(15)系统具有抗过流、过压、防雷击等保护措施,具有防强电磁场干扰、特殊冲击波的冲击功能,电路受冲击释放后,能自动恢复。

(16)系统隧道内设备在动力交流电源停电的情况下能依靠后备电池维持 2h 以上。

(17)系统基于工业以太网平台传输,系统总容量不低于 1000 部手机用户,最大支持基站数不少于 200 台,传输距离不小于 30km。

(18) 所有系统设备由系统控制设备统一管理,手机号码统一分配。

(19) 系统具备传统公司内部使用的电话业务网络(PBX)的业务功能,如呼叫转移、呼叫等待、呼叫保持、三方通话、呼叫权限设置等。

(20) 系统管理方式采用成熟的 Web 图形操作界面,可通过操作界面实现系统功能,如用户注册、注销用户、拨号方式、话机权限设置等。

(21) 手机支持群发功能。

(22) 天线采用背射定向天线,基站可通过调节工作频道的方式避免相互干扰。

系统具有人机对话功能,以便于系统生成、参数修改、功能调用、图形编辑等;系统具有操作权限管理功能,必须使用密码进行参数设置等操作,并具有操作记录。

10.4 系统主要设备参数

系统主要设备参数请扫描二维码查阅。

10.5 其他检测方式

10.5.1 人工检测

1) 人员配备及检查总体要求

(1) 设立隧道瓦斯检测班组,由通风管理员、通风专业工程师负责对瓦斯检查员进行管理。

(2) 瓦斯检查员必须熟悉瓦斯检测仪器的设备性能、操作方法及检测地点要求,且经过有资质的培训机构培训,取得上岗证后持证上岗作业,保证不发生漏检、假检情况,确保人工检测的真实性与及时性。

(3) 班组长、技术人员、管理人员进洞必须随身携带便携式瓦斯报警仪,对作业地点瓦斯浓度即时检测。

(4) 瓦斯隧道施工期间,必须每洞安排 1 名专职瓦斯检查员进行人工检测,每班检查不少于 3 次,突出煤层、有瓦斯喷出危险或者瓦斯涌出较大、变化异常的掌子面,必须有专人经常检查。

2) 具体要求

(1) 瓦检员进洞前应检查瓦斯检定器是否完好,瓦检器的气密性是否良好,干涉条纹是否清晰,钠石灰、氯化钙(或硅胶)是否有效,如发现药品变色、失效,应立即更换药品。保证瓦斯检定器的完好,带齐伸缩杆、加长胶管、温度计。瓦检员负责保护好瓦斯检测仪器,在携带和使用过程中严禁猛烈摔打、碰撞,严禁被水浇淋或浸泡。在瓦斯检测过程中,要严格遵守瓦斯检测的操作规程,随时注意检查各类瓦斯检测仪器,保持完好状态。

(2)瓦斯检查人员应进行书面交接班,并留有交接班记录。

交班瓦检员向接班瓦检员介绍交接时,必须将其责任范围内的通风、瓦斯、二氧化碳、温度、煤尘情况、"一通三防"设施安全使用情况等交代清楚。只有通风系统、瓦斯正常,"一通三防"设施及安全设施完好后,方可进行交接手续。

(3)爆破作业时,必须严格执行"一炮三检"制,即在装药前、爆破前、爆破后检查掌子面的瓦斯浓度;爆破之前施工队必须将瓦斯传感器移至规定的安全范围之内,爆破之后再将瓦斯传感器安装在规定的安全范围之内。

(4)爆破作业时,必须严格执行"三人连锁爆破"制,即必须由施工班组长、爆破员、瓦检员同时在场分别并确认安全后,方允许进行爆破作业。

(5)瓦斯检查地点及部位必须符合相关规定,同时对掌子面、断面变化处、局部坍塌处、硐室、超前钻孔、加深炮孔等重点部位使用光干涉瓦检仪加强检测,施工队准备两根长度不小于隧道高度的检查杆,用于检查高冒点的瓦斯情况。

(6)瓦检员检查瓦斯后必须及时填写瓦斯检查牌,便于作业人员了解洞内瓦斯情况,并做到瓦斯检测手册、瓦斯检查牌、检测台账"三对口"。

(7)瓦斯人工检测频率规定:

①一般工序作业面每班检测三次;

②特殊工序如电焊作业、防水板焊接、塌方处理等重点部位,必须保证全过程检测;

③对瓦斯浓度超过 0.3% 的地段,加强检测频率,做到不超过 1h 检测一次。

(8)瓦检员如检测发现瓦斯浓度 0.3%~0.5% 时,应立即报告至通风管理员,由通风管理员逐级向施工队长、安质部长、安全总监理工程师(简称"安全总监")、总工程师汇报,并现场加强检测;瓦斯浓度超过 0.5% 时,管理员立即通知施工队停工、断电并撤出所有人员,查明原因,加强通风检测,并逐级上报瓦斯浓度。待该区域瓦斯浓度降低到 0.3% 以下时,方可恢复正常施工。

(9)瓦斯检测浓度异常处理程序:

当瓦斯浓度 0.3%~0.5% 时,由施工队组织处理;当瓦斯浓度 0.5%~1.0% 时,由监理单位会同施工单位共同研究处理;当瓦斯浓度超过 1.0% 时,由建设单位组织施工、监理单位共同研究处理。

3)瓦斯巡回检查图表

瓦检员必须严格按瓦斯巡回检查图表进行检查,详见图 10.5-1。

10.5.2 便携式瓦斯报警仪

(1)洞内工程技术人员、施工班组长等主要管理人员配备便携式甲烷检测仪。

(2)开挖工作面钻孔作业时,距拱顶 20cm 内悬挂一台便携式瓦斯检测报警仪或自动监测甲烷传感器。当瓦斯浓度超过 1% 时,停止钻孔作业,并采取稀释瓦斯措施,只有瓦斯浓度降到 1% 以下时方可恢复打钻工作。

(3)便携式瓦检仪的报警浓度设置为 0.5%。

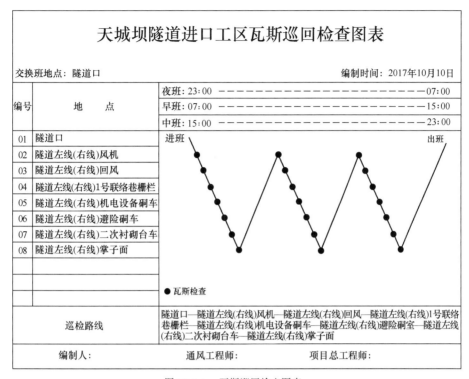

图 10.5-1 瓦斯巡回检查图表

第11章 突出煤层高精度探测与实时预警技术

对于煤与瓦斯突出风险隧道,突出煤层精确定位及实时预警对施工安全控制至关重要。超前钻探地质预报是隧道超前地质预报体系中非常重要的一类,其预报结果准确、直观的特点决定了它在隧道施工地质预报中不可替代的地位。结合第6章内容,本章进一步分析超前地质钻探技术。另外,针对煤与瓦斯突出煤岩体破裂前兆信息,分析微震监测在预测煤与瓦斯突出中的作用。

11.1 超前煤体实时高精度探测技术

11.1.1 超前地质钻探技术

超前地质钻探主要通过对现场钻探所做的记录,以及钻机自带系统所收集的钻进数据进行分析,或者通过对钻探取出的岩芯进行描述、分析,推断掌子面前方围岩的地质状况,探明掌子面前方的煤层赋存情况,为隧道动态设计施工提供可靠的决策依据,是一种直接、有效、快速的预报方法[173]。同时,在此基础上,利用钻孔成像技术,将进一步提高超前钻探在超前预报方面的准确性[174]。

1) 冲击钻探

坚硬岩石的抗剪能力只相当于其抗压强度的 $1/12 \sim 1/6$,冲击旋转钻正好利用了岩石的这一特性,以冲击动载荷为主、剪切破碎为辅的原则,使其机械钻速一般比旋转钻进提高 $20\% \sim 60\%$。冲击旋转破碎岩石是在钻机上联结一个专用的冲击器,钻进时,钻头在常规钻压和扭矩作用的基础上,通过冲击器施加一定频率的冲击载荷,钻头在冲击旋转共同作用下破碎岩石。同时利用高压气体或水将钻屑、粉末冲出,所以通过其钻进的难易程度便可以推断围岩的性质。因而,冲击钻探对前方围岩的地质预报,主要是对钻探过程中钻探人员的现场观察记录和钻机自带记录系统对钻进工作参数的记录两项内容,进行综合分析,判断钻进难易程度,并推断相应的岩体的地质特征。在记录内容中,前者主要包括钻探的施钻时间与终钻时间,钻进深度,冲洗液颜色、有无异味,返渣颗粒大小、形状、岩性,以及卡钻、跳钻、坍孔等异常情况等[175];后者主要包括与钻进深度相对应的钻进速度、推进压力、转速、进水量、排水压、扭矩等[176]。如此,通过对以上两类记录的各项内容进行分析判断,即可以得到前方断面在孔位范围内的岩体地质状况,然后依据初始钻探掌子面的围岩地质情况,以及前期的地质勘测资料,便可以较为全面地预报钻进区段内隧道全断面岩体地质状况。

2)取芯钻探

取芯钻探工艺复杂、耗时长,主要用于地质复杂地区的超前地质预报,以及因出于某种目的而需要具体掌握前方围岩岩性变化、围岩破碎程度或溶洞等不良地质发育状况、充填性质等的情况下采用。取芯钻探方案与冲击钻探有所区别,取芯钻探因其自身缺陷,往往只在断面上布置1~3孔,具体位置依据前方不良地质体的大致方位而确定,通常采用液压钻进形式,且为平行钻进,通常预报时与冲击钻探相互配合,以达到预报效果。由于钻探需要取芯,所以在钻具选择上也有区别。因为需要利用钻头的旋转、推进力切削围岩,将钻头设计为柱状凿齿带刃的形式,而与钻头相连的主动钻杆壁厚、材质坚硬,可给予钻头充分的动力支撑;后续钻杆采用薄壁式,拆卸时,需要人工进行,避免后续钻杆因机械夹持作用而损坏。

3)钻孔成像

利用全景式数字摄像技术呈现孔内的岩体地质状况,如围岩岩层面、节理裂隙、溶蚀发育状况等,以分析判断前方围岩类型与质量,其与取芯钻探一样具有真实、直观的预报效果。但是,钻探取芯对技术要求高,常存在取芯率不足、取芯质量无法保证、钻孔时间长、对施工影响大等问题。同时,在取芯时,因芯样受到扰动(如挤压、旋转等),所以仅依靠芯样难以获得地层内各结构面真实的产状信息[177]。而钻孔摄像技术很好地弥补了以上取芯钻探的缺点,其操作简单,结果形象、明确,具体特点如下[178]:

(1)钻孔成像可以清晰地揭示地层岩性、构造面、破碎带等地质现象,同时可以对岩体的强度、破碎度、稳定性进行一定的评价;

(2)钻孔成像技术不需要取出岩样,即可直接了解孔位处围岩岩性、地层构造等地质信息,减少了工序,缩短了预报时间,对施工影响的程度大大降低;

(3)因为钻孔成像可以对孔壁进行连续观测,因此不会像取芯钻探因某些因素使取芯不完整,而造成地质信息缺失,形成漏报;

(4)钻孔成像可以通过图像对钻孔揭露的地质结构进行空间定位,克服了钻探取芯无法反映结构面走向的缺点。

11.1.2 超前地质钻探设备

(1)意大利C6多功能钻机

C6多功能钻机适用于在土层、黏土层、砂石层、含水层等地质条件下进行连续钻进及取样,同时,能够适应-20°~50°,海拔为0~4000m的多尘、潮湿的复杂环境。其主要技术规格见表11.1-1。

C6多功能钻机主要技术规格　　　　表11.1-1

钻孔深度(m)	>150
钻孔直径(mm)	≤305
钻机最大推进力(kN)	35
最大提升力(kN)	63.5

续上表

	最大钻孔高度(m)	3.707
	单根钻杆长度(m)	4m之内(1.5m、2m、3m)
钻机桅杆	钻架长度(m)	6
	动力头行程(m)	4
	推进速度(m/min)	17(低速)/45(高速)
	扭矩(N·m)	13550
	钻进履带并行走速度(km/h)	0~1.7
	最大转速(r/min)	530

(2)ZDY2300煤矿用全液压坑道钻机

主要技术规格见表11.1-2。

ZDY2300煤矿用全液压坑道钻机主要技术规格 表11.1-2

指 标	参 数
钻孔深度(m)	300
开孔直径(mm)	94、133、153
终孔直径(mm)	94
钻杆直径(mm)	63、73、螺旋60/100
钻孔倾角(°)	-90~+90
输出钻速(r/mm)	70/160
输出扭矩(N·m)	2300/1000
给进力(kN)	110
起拔力(kN)	80
正常推进速度(m/min)	0~1.5
给进行程(mm)	850
主机外形尺寸(长×宽×高)(mm)	2276×965×1478
主机质量(kg)	约1395(不包含钻杆)

11.1.3 煤层赋存精细探测准备

1)天城坝隧道探测段地质概况

天城坝隧道穿过含有复杂煤系地层的二叠系上统龙潭组,该复杂煤系煤层具有煤与瓦斯突出危险性。同时,隧址区地质构造复杂,有F_4断层穿过,煤岩体裂隙发育。以超前地质钻探为主要探测手段对复杂煤系地层的煤层赋存情况进行探测,主要目的是探测煤系地层煤层厚度、分布等赋存状态,以便动态制订施工组织设计和支护参数等[179]。

2)钻探流程与钻孔设计

根据《贵州省高速公路瓦斯隧道施工技术指南》及《贵州省高速公路瓦斯隧道设计技术指南》(简称双《指南》),结合本工程实际地质情况,制订如下超前预报钻孔流程:临近煤层 30m 以内时，采取以超前地质钻探为主的煤层瓦斯预测预报法；在距煤层垂距 20m 左右的掌子面布置 1 个超前钻孔，初探煤层位置；在距初探煤层垂距 12m 左右的掌子面宜布置 3~5 个超前钻孔精探，分别探测掌子面前方煤层上、中、左或右各部位，观察在打钻过程中是否有瓦斯喷孔、卡钻、顶钻现象；利用钻孔进行突出危险性预测，测试瓦斯压力，采取煤样进行试验分析瓦斯的含量、放散初速度等参数。超前地质钻探探测流程见图 11.1-1。

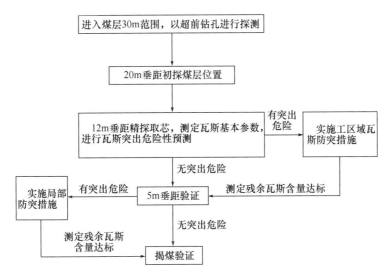

图 11.1-1　超前地质钻探探测流程

根据前期地勘资料，结合双《指南》等相关规定，制订超前地质钻探方案：在保持安全距离下，探测一煤层，揭煤一煤层，分 4 步进行 30~50m 超前地质钻探，进口左洞前方的煤层赋存情况：①探测揭煤 C_5 煤层；②探测揭煤 C_6 煤层；③探测揭煤 C_7、C_8 煤系煤层；④探测揭煤 C_{11}、C_{12} 煤系煤层。在进行超前钻探时，掌子面距煤层的垂距按超前地质钻探钻孔探测流程确定。

在超前地质钻探前，应进行超前钻孔设计。超前钻孔参数应满足双《指南》和《防治煤与瓦斯突出细则》的要求。超前钻孔与掘进方向夹角水平角一般在 -30°~30°，竖直角一般在 -30°~30°，具体施钻角度位置应根据煤层产状、煤层厚度进行设计，一般情况下宜布置 3~5 个钻孔。有 1 个钻孔应位于掌子面中部，并平行于掘进方向。有 2 个或者以上钻孔的最小控制范围：近水平、缓倾斜煤层两侧各 5m，倾斜、急倾斜煤层上帮 7m，下帮 8m。当煤层厚度较大时，钻孔应当控制煤层全厚，或者在巷道顶部煤层控制范围不小于 7m，巷道底部煤层控制范围不小于 3m。3 孔时探测掌子面前方上、中、左、右各部位，在此基础上增加一个钻孔，尽量多探测一个方向，覆盖掌子面前方上、中、左、右各煤层位置；每个钻孔应穿透煤层（或煤组）全厚并进入顶（底）板不小于 0.5m。本工程钻孔终点设计控制范围在隧道开挖轮廓线外两侧 20m 左右，仰拱下 6m 左右。

3）钻探准备与钻探施工

由于进口段是瓦斯突出工区，钻孔施工设备选用 ZDY-2300 型煤矿用全液压坑道钻机配

套 $\phi63mm\times760mm$ 普通钻杆和 $\phi76mm$ PDC 金刚石复合片钻头。ZDY-2300 型煤矿用全液压坑道钻机结构简单、性能稳定,钻机转速(r/min)为 70/160,扭矩(N·m)为 2300/1000,最大钻进深度可达 300m。施工前,施钻人员必须认真检查施钻顶板及附近的支护、瓦斯情况,以及开关、钻机、框架、操作台、泵站设备的完好性,并保证施钻点的两侧道路畅通,管线及钻杆要理顺。施工地点悬挂地质探查综合管理板,每个钻孔设置孔口牌并规范填写。严格按照设计参数进行施工,并由有经验的地质工程师负责记录,详细记录施工参数、返水返渣情况及施工过程中遇到的异常情况,采用专用防爆相机拍摄钻机施工、瓦斯喷孔等情况。

施钻流程:检测设施和钻机设备→安装钻机→启动→试运转→上钻杆→开启水闸或压风→钻进→终孔→拆卸钻杆→钻杆堆码→切断电源→履行交接班手续。

对钻进记录的要求:记录应真实、详细、全面。在记录表上真实记录钻孔参数、地层情况、返水返渣情况、钻进参数变化情况、孔内瓦斯情况,以及在钻进过程中有无瓦斯喷孔、卡钻、顶钻现象。在钻孔钻进时,于孔口位置设置瓦斯检测点,动态检测孔口瓦斯的浓度。最后,由有经验的地质工程师结合所获得的资料进行综合分析与判断,一孔一填图,一孔一分析,逐孔逐段分析判断,预测预报前方水文地质情况、煤层与瓦斯情况等,编制地质综合分析成果报告,及时报送各参建方。

4)安全技术措施

钻探施工阶段的安全技术措施参照双《指南》,按实际情况制订具体的安全技术措施,一些必要的安全技术措施如下。

(1)通风措施:施钻期间采用局部通风机压入式通风,保证掌子面风量满足要求。

(2)监测监控:隧道采用瓦斯监测系统,传感器安设位置按双《指南》和《防止煤与瓦斯突出细则》等有关规范的要求进行布置。需采取如下措施:①施钻前,必须在施钻地点回风侧安瓦斯监测探头;②安设瓦斯电闭锁装置时,于施钻点回风侧 5~10m 范围内安设瓦斯监测探头,其报警浓度设置为瓦斯浓度≥0.5%,断电浓度设置为瓦斯浓度≥0.7%,且要与该处钻机电源及回风区域所有机械电源进行甲烷电闭锁;③施钻过程中,施钻地点的瓦斯监测探头要随着施钻地点前移,当班施钻安全负责人负责前移,并吊挂在施钻地点的回风侧巷道顶部稳定风流中,且应悬挂在拱顶下 20cm 位置处,其迎风流和背风流附近无障碍物阻挡;④原则上采用水排粉,特殊情况采用压风排粉。

(3)施钻人员必须携带便携式瓦检仪,施钻时必须将便携式瓦检仪吊挂在钻孔上方稳定风流中,检测孔口喷出的瓦斯浓度,并应在施钻过程中时刻注意瓦斯浓度的变化。一旦瓦斯超限,必须停止施钻,待瓦斯浓度降到 0.45% 以下时,方可恢复作业。

(4)施钻过程中若有堵孔、抱钻、卡钻、顶钻等现象的钻孔终孔后,在以防止钻孔摩擦产生火花为原则的前提下,必须有效、反复进退钻杆进行洗孔,确认钻孔通畅后方能开始拆卸钻杆。

(5)施钻过程中若出现喷孔严重、瓦斯异常等情况,必须进行临时封堵,采取钻杆临时接抽等措施释放钻孔内瓦斯,且必须执行以下措施:若左洞施钻点喷孔严重,则左洞施钻点回风侧所有人员必须撤离至洞口外新鲜风流中,严禁喷孔时强行施钻。

(6)施钻钻机必须配备撤钻装置,不得使用呆扳手或管钳。拆卸钻杆的方法及步骤:①当钻孔施工到位后,松开原水便杆与钻杆的连接丝扣,换上拆钻装置;②采用钻机动力头将水便杆与内筒一起送至待拆钻杆的连接处,并将水便杆与待拆钻杆的丝扣连接,将待拆钻杆旋转退下;③钻杆退到位后,人工将内筒套到待拆钻杆的四方扣上,并将卡板扣到钻杆的四方扣上;④将外筒、内筒分别退回原位置,取出待拆钻杆,并将卸下的钻杆放在钻架上。

(7)施钻人员必须经过专业的施钻操作技能培训,并持证上岗;且在施工时必须严格按照施钻操作规程作业,实行间隙式打钻,钻机钻进速度不能过快,严禁强进和强退钻杆。

(8)施钻人员进入隧道必须随身携带隔离式压缩氧自救器,并能正确使用。施钻人员避灾路线:天城坝隧道左洞掌子面→3号横通道→天城坝隧道右洞→地面。

11.1.4 煤层赋存探测与结果分析

左洞 C_5、C_6 煤层按照超前地质钻探探测流程和相关要求,施作3孔超前探孔探清煤层赋存情况与瓦斯基本参数后,顺利揭煤。其中3号钻孔为长钻孔,兼顾探测 C_7 煤层位置,钻孔在穿透 C_7 煤层时有轻度喷孔现象,钻孔内瓦斯浓度在10%以上。因安全考虑,停止钻孔并采取措施封闭钻孔。施工至距 C_7 煤层垂距12m处掌子面(里程:ZK110+337),施作3孔精探钻孔,精探掌子面前面 C_7、C_8 煤层与瓦斯情况。超前钻探钻孔布置见图11.1-2。

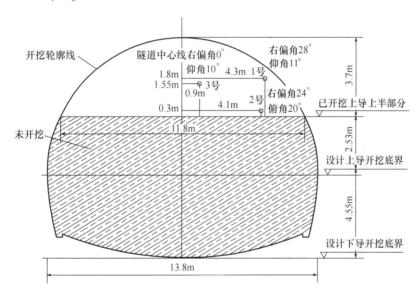

图 11.1-2 超前钻探钻孔布置示意图

在钻探过程中,全部钻孔发生严重顶钻喷孔等动力现象,导致无法钻透 C_8 煤层,最后只有2号钻孔钻透 C_8 煤层。为探明全部煤系煤层赋存情况,决定再从左洞出口段17标已经施工至终点里程 ZK110+485 的掌子面实施超前地质钻探,探明掌子面前方 C_{11}、C_{12}~C_8 煤层赋存情况。ZK110+485 掌子面已喷混凝土封闭,先施工1个钻孔,初探前方煤层位置,观察到钻孔过程中未发生顶钻、喷孔等动力现象,检测孔口瓦斯浓度最高为0.05%,再设计施工3个超前地质钻孔,精探前方 C_{11}、C_{12} 煤层和瓦斯情况。

通过分析3个精探钻孔施工情况,掌子面前方见 C_7、C_8 煤层,其中 C_7 煤层见 C_{7-1}、C_{7-2} 和 C_{7-3},C_8 煤层见 C_{8-1a}、C_{8-1b} 和 C_{8-2};在掌子面前方为二叠系上统龙潭组地层,岩性为灰~灰褐色薄层状泥岩、砂质泥岩、砂岩、黑色炭质页岩,以及 C_7、C_8 煤层。掌子面前方地层产状为

144°36′∠35°,岩层走向与隧道夹角 64°24′,与前期地勘资料岩层产状 144°36′∠32°相比,岩层倾向基本一致,倾角变化较小。经钻孔资料分析,C_{7-1}煤层真厚 0.12m,C_{7-2}煤层真厚 0.62m,C_{7-3}煤层真厚 0.62m,C_{8-1a}煤层真厚 2.49m,C_{8-1b}煤层真厚 0.31m,C_{8-2}煤层真厚 11.2m。而由前期地勘资料可知:C_7煤层总厚度为 0.42~4.02m,平均厚度为 1.44m;C_8煤层总厚度为 2.48~8.53m,平均厚度为 6.10m。与实际钻探结果相比发现:C_7煤层厚度实际钻探结果与地勘结果相近,C_8煤层厚度实际钻探结果与地勘资料中的相差较大,特别是 C_{8-2} 煤层真厚厚度达到 11.2m。煤层厚度的实际钻探结果与地勘资料中的结果存在较大差距的原因是隧道埋深在 400m 以上,受长距离地质钻孔取样的影响,一般勘查到的煤层情况与瓦斯情况可靠性差,而参考了临近煤矿的煤层资料来编制地勘资料。同时,综合判定掌子面前方 0~60.0m 范围围岩类别属Ⅳ类围岩,岩性为灰~灰褐色薄层状泥岩、砂质泥岩、砂岩、黑色炭质页岩。由于岩性为薄层状砂泥岩,岩石强度较低,易出现片帮及顶板垮落现象,顶板管理难度大,施工过程中必须加强超前支护。由此可见,此类隧道施工时,必须采用超前地质钻孔探测清楚前方煤层赋存情况。

11.2 煤与瓦斯突出实时监测预警技术

11.2.1 地球物理监测预警方法

近年来,防治突出的地球物理监测预警方法发展迅猛,主要包括微震、声发射(地音)、电磁辐射、地质雷达和震动波 CT 等技术手段。其中,以声发射/微震尤为明显。煤岩体材料在受外力或内力作用产生变形或破裂时往往以弹性波形式向外释放应变能,此类现象称为声发射/微震活动[180]。微震监测技术是利用煤岩破裂产生的低频率微震信息来研究煤岩结构和稳定性的实时、动态、连续的地球物理方法,广泛应用于煤与瓦斯突出、冲击地压、突水等灾害监测领域。目前学者们针对突出发生过程中的微震活动空间分布与演化、波形特征(幅频、持续时间、频带能量等)、时间序列监测指标和方法等进行了研究,为突出微震监测技术的发展提供了理论基础。

11.2.2 声发射/微震基本特征

实验室和现场研究表明[181]:尽管煤与瓦斯突出具有突发性,但在突出前均有预兆,煤岩体内部存在大量的微裂隙,当外界扰动使煤岩体发生破裂时,煤岩体中积聚能量将以弹性波的形式传播,即产生声发射。因此通过声发射参数分析煤与瓦斯突出前兆特征,根据声发射参数变化情况确定煤与瓦斯突出发生概率,对预防隧道煤与瓦斯突出灾害有重要意义[182]。

(1)声发射/微震

研究人员对声发射产生的机理进行了分析,从煤岩变形破坏的起源来看,声发射/微震信号产生机理如图 11.2-1 所示。

煤岩体在内、外力或温度变化的作用下,其内部将产生局部弹塑性能集中现象,将会伴随弹性波或应力波在周围煤岩体快速释放和传播,相对于较大尺度的煤岩体,称之为微震(MS);有时对于小尺度的煤岩样或小范围的破裂,称之为声发射(AE)。

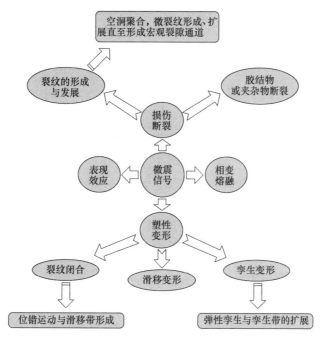

图 11.2-1　声发射/微震信号产生机理

(2) 微震信号性态特征

声发射微震主要通过对信号波形的分析与解读，获取所含的丰富信息。研究者把所有的震动事件按波动频率分类，如图 11.2-2 所示，从而把地震、矿震、岩爆、微震、声发射等对应不同振动频率的震动事件。

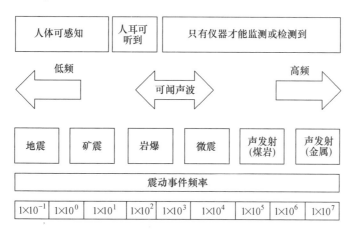

图 11.2-2　震动波频谱及声发射/微震的应用范围

(3) 微震事件及定位原理

微震监测技术具有远距离、整体、三维、实时监测的特点，可以根据震源情况进一步分析推断煤岩体的破坏尺度和力学性质。通过围岩中布置传感器台阵，可以实现微震事件的自动采集、传输和处理，并利用定位原理确定破坏发生的位置，见图 11.2-3。

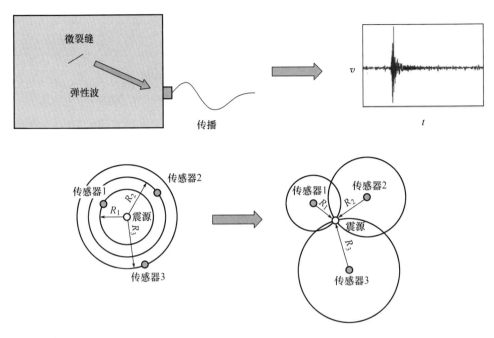

图 11.2-3 微震事件及定位原理示意图

(4) 声发射-微震信号表征参数

声发射-微震基本参数分为以下三类:①累计计数参数,主要包括事件总数、振铃总计数、总能量、幅度总计数及大事件计数;②变化率参数,主要包括事件计数率、振铃计数率及能量释放率等;③统计参数,主要包括幅度分布、频率分布及持续时间分布等。声发射/微震信号特征曲线如图 11.2-4 所示。

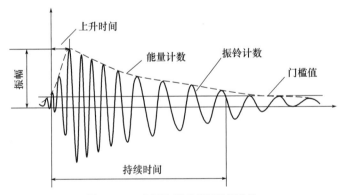

图 11.2-4 声发射/微震信号特征曲线

11.2.3 煤与瓦斯突出试验装置

试验使用一套真三轴突出试验装置,如图 11.2-5 所示[182],试验主体系统主要由 200t 上下端压机、四柱组件、受载壳体、加载油缸等部件组成。模型内腔尺寸为 200mm×200mm×

200mm,用以放入试验试件,煤粉通过上端压机直接压制成型,最大成型压力达30MPa。通过三向单独加卸载系统,可实现对试验试件真三轴应力加载,最大加载压力为25MPa,油缸加载行程为20mm。模型4个侧面留有气体注入口、各类传感器接口共计24个,以便测量模型内部应力、温度、声电信号等变化情况。模型前端面设有ϕ80mm的煤与瓦斯圆形突出口,突出口处安装有机玻璃挡板模拟突出弱面,有机玻璃用压板和密封胶圈固定密封,用于诱导煤与瓦斯突出。

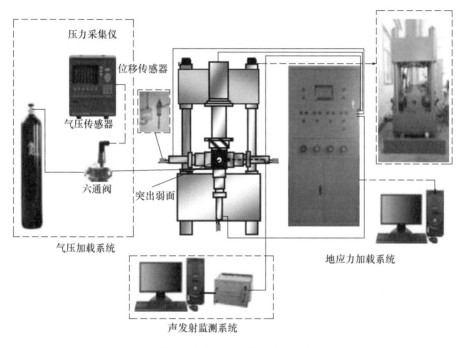

图11.2-5 煤与瓦斯突出试验装置

11.2.4 煤与瓦斯突出前兆特征

1)试验方案设计

根据模型与原型的相似比推出试验地应力的取值加载方案,具体加载方案如表11.2-1所示,根据《煤矿安全规程》中定义的瓦斯压力临界值0.74MPa,故最小瓦斯压力设置为0.75MPa。本书研究重点旨在考虑三维地应力对突出影响,突出试验装置中突出弱面设计为主动突出,保持三维地应力不变,逐级增加瓦斯压力,具体加载过程为:先将瓦斯压力加载至0.75MPa,稳压200s,然后升高至1MPa,稳压200s;当瓦斯压力从1MPa开始增加小于2.0MPa时,以每级0.2MPa加载,瓦斯压力大于2.0MPa时,以每级0.1MPa加载,每次增加压力均稳压约100s,直至突出发生。通过声发射监测仪对煤与瓦斯突出全过程进行AE信号特征参数的提取,进而分析声发射特征参数与突出参数之间的变化规律。根据上述步骤,更换地应力施加条件重复试验。

煤与瓦斯突出地应力加载方案　　　　　　　　表 11.2-1

煤层深度(m)	实际现场地应力[20](MPa)			试验模型地应力(MPa)		
	垂直地应力 σ_v	最大水平地应力 σ_H	最小水平地应力 σ_h	垂直地应力 σ'_v	最大水平地应力 σ'_H	最小水平地应力 σ'_h
600	14.675	21.928	11.988	1.76	2.64	1.44
800	18.835	26.688	15.688	2.20	3.20	1.88
1000	22.995	31.448	19.348	2.70	3.80	2.30
1200	27.155	36.208	23.028	3.27	4.36	2.77
1400	31.315	40.968	26.708	3.77	4.93	3.21

2) 煤与瓦斯突出 AE 能量演化分析

AE 能量幅值大小表明煤体的破坏程度,当煤体内部仅产生微裂纹时,AE 能量幅值较低;当煤体产生宏观裂纹时,AE 能量幅值会增大。AE 能量可视为煤与瓦斯突出的特征信号,是煤体产生大破裂的前兆。唐巨鹏等[182]对不同埋深下煤与瓦斯突出孕育特征、孕育时间、瓦斯压力、声发射能量参数进行分析,根据胡千庭等提出的"煤与瓦斯突出的力学作用机制"假说和声发射能量幅值随时间的变化情况,将煤与瓦斯突出孕育过程分为孕育前期、孕育后期 2 个阶段。

为了对煤与瓦斯突出演化各阶段进行分析,采用试验工况为:实际埋深 1000m,垂直地应力 22.995MPa,最大水平地应力 31.448MPa,最小水平主应力 19.348MPa;试验模型垂直应力 2.70MPa,最大水平地应力 3.80MPa,最小水平地应力 2.30MPa。试验分析曲线如图 11.2-6 所示。

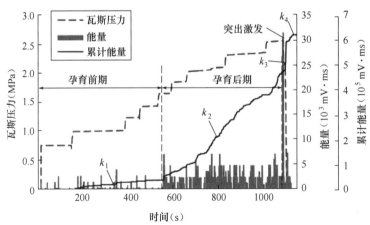

图 11.2-6　埋深 1000m 试验瓦斯压力、AE 能量-时间曲线图

(1) 孕育前期。在 0～45s 内为瓦斯压力加载初期,在地应力和瓦斯压力的共同作用下,破坏了煤岩体的原始平衡状态,平衡被打破,应力重新分布,产生应力集中,导致煤岩体被破坏,从而有缺陷产生,微裂纹出现。瓦斯气体刚侵入煤体,裂纹主要在瓦斯侵入体周围的煤岩体中

形成。此时所收集的声发射信号较少,煤体内部仅产生微裂纹,释放能量较少,AE 能量处于 200~300mV·ms,处于较低水平,煤岩体破坏程度较小,累计声发射能量上升曲线平缓,上升斜率 $k_1 = 83.7$。

(2)孕育后期。在 450~1083s 内,随着瓦斯压力的持续加载,气体不断渗透进煤体微裂纹,使得煤体微裂纹扩展、融合成宏观裂纹。因此这一阶段 AE 能量大幅度增加,AE 能量主要处于 800~1500mV·ms,是孕育前期能量的 5~6 倍。煤岩体此时发生剧烈破坏,裂缝裂纹扩展迅速,煤岩体易破坏缺陷区域变大,煤体内部信号活跃,强度大,累计声发射能量曲线突然变陡,上升加快,上升斜率 $k_2 = 919.11$。

(3)激发、发展阶段。1083~1090s 为煤与瓦斯突出激发阶段,瓦斯压力不断增大,使得煤体内裂纹逐步增多达到峰值。此时煤体保持一个稳定状态,声发射信号相较前一阶段减弱,但仍维持较高水平。如图 11.2-6 所示,当加载时间为 1084s,达到临界瓦斯压力发生突出时,释放大量能量,瓦斯压力骤降,此时 AE 能量达到最大为 1301mV·ms,对应累计 AE 能量曲线的斜率 k_3 接近无穷大,1084s 后,瓦斯压力并没有直接降至大气压,而是经过短暂暂停又再次激发。

(4)终止阶段。在 1090s 后,瓦斯压力迅速下降,突出孔洞内瓦斯压力不再满足突出条件,突出终止,对应累计 AE 能量曲线升高后变平缓,$k_4 \approx 0$。

不同埋深下瓦斯压力、AE 能量-时间曲线如图 11.2-7 所示。试验结论如下:

(1)煤与瓦斯突出具有典型的孕育时间长,激发时间短特征。当埋深低于 1000m 时,地应力相对较低,煤体初始破坏程度不明显,因此在瓦斯压力加载下,煤与瓦斯突出孕育阶段时间相对较长,分别在 1937s 和 1804s 达到临界突出条件发生突出。当埋深大于 1000m 时,地应力相对较高,煤体在高地应力下初始破坏明显,因此在瓦斯压力加载下,煤与瓦斯突出孕育过程时间较短,很容易达到煤与瓦斯突出临界条件,分别在 732s 和 594s 达到临界突出条件发生突出。不同深度下的煤与瓦斯突出孕育前后期时间占比有明显差异,中埋深(600、800m)孕育前期时间很短,占整个孕育阶段 0.2~0.3;而深井(1000m)孕育前期虽然比后期长,但孕育时间相近,比值为 1.04;特深矿井(1200m、1400m)孕育前期时间远大于后期,比值分别为 1.52、3.22。由此可见,随着深度增加,突出孕育总时间越短,且孕育前期时间越长。

(2)通过对 5 组不同埋深条件下煤与瓦斯突出声发射信号分析表明:AE 能量信号经历了平稳—升高—峰值的演化过程。在埋深 800m 试验条件下,声发射能量变化程度相对缓慢,声发射能量信号在达到峰值之前经历了 2 次平稳—升高过程,声发射能量的变化说明煤体内部破裂经历了多次裂隙形成与扩展。煤体破坏达到极限处于准平衡过程,瓦斯压力升高为煤体抛出提供动力,表明煤与瓦斯突出是一个煤体破坏和能量积累的力学过程。

(3)埋深 600~1400m,煤与瓦斯突出孕育前期累计声发射能量上升斜率 k_1 分别为 173.41、117.29、83.7、238.33、347.72,孕育后期累计声发射能量上升斜率 k_2 分别为 962.32、661.52、819.11、2151.7、1884.4,孕育后期累计 AE 能量变化幅度是孕育前期的 5~10 倍。当发生突出时,累计 AE 能量曲线斜率 k_3 接近无穷大,突出后累计 AE 能量曲线斜率 $k_4 \approx 0$。声发射信号的变化幅度与突出危险性有关,试验结果表明,孕育前期煤与瓦斯突出危险性弱,孕育后期突出危险性强,使用声发射设备对矿井工作环境实时监测,可对突出进行危险性预警。

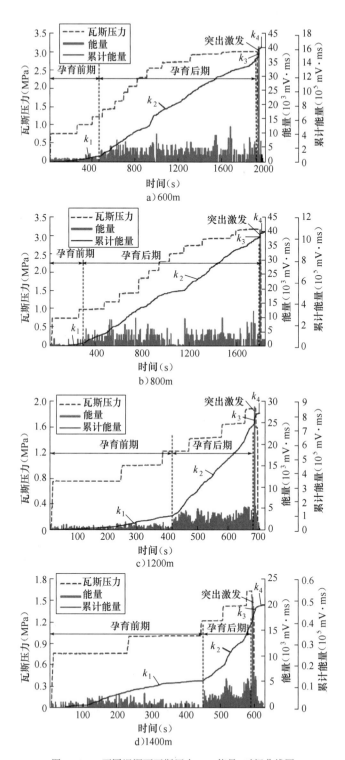

图 11.2-7 不同埋深下瓦斯压力、AE 能量-时间曲线图

3)煤与瓦斯突出 AE 能级频次变化规律

通过研究不同加载时间内声发射能量幅值发生的次数,进而判断煤体内部破裂情况,为得到煤与瓦斯突出发生的前兆信息提供科学依据。陈玉涛等计算了新义煤矿出现异常动力现象时 AE 能量最小值为 929mV^2,最大值为 1724mV^2,并给出临界指标,认为测量结果大于临界值时发生煤与瓦斯突出的概率为 50%~60%,小于临界值时不发生煤与瓦斯突出的概率为 95% 以上。依据本书试验结果和前人研究结果,将 AE 能量幅值 $E<1000\text{mV}\cdot\text{ms}$ 定义为低能级,其发生的次数 N_L 定义为低能级频次;将 AE 能量幅值 $E\geqslant1000\text{mV}\cdot\text{ms}$ 定义为高能级,其发生的次数 N_H 定义为高能级频次。

如图 11.2-8 所示,分别统计了不同埋深下 AE 能级频次变化情况。

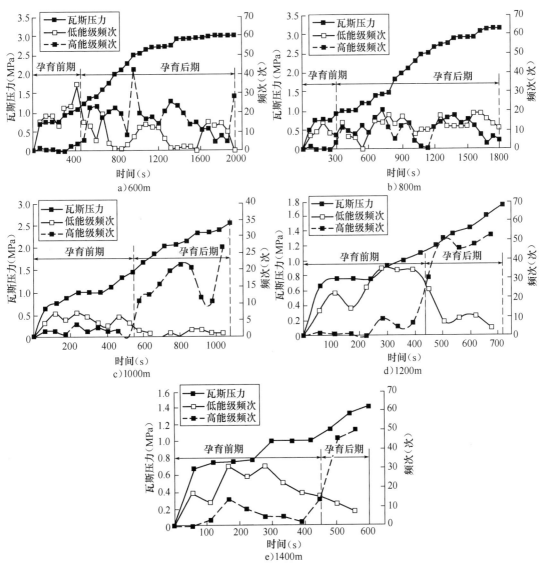

图 11.2-8 不同埋深下 AE 能级频次、瓦斯压力与时间关系曲线

得到规律如下：

(1) 在煤与瓦斯突出孕育阶段,低能级频次 N_L 的变化趋势为迅速升高-缓慢降低的过程,而高能级频次 N_H 的变化趋势为缓慢增长—迅速升高的过程。以 1000m 埋深为例,在孕育前期,低能级频次发生概率远高于高能级频次,约为高能级频次的 10 倍,说明此时低能级频次占主导地位,煤体内部仅发生微破裂,产生微裂隙;在孕育后期,高能级频次占主导地位,约为低能量频次的 2.25 倍,煤体内部微裂隙不断扩展成宏观裂纹,煤体破坏严重,具有突出危险性。

(2) 不同埋深下煤与瓦斯突出试验的孕育后期高低能级频次存在差异。在埋深 600m 和 800m 低地应力试验条件下,孕育后期随着瓦斯压力的逐级加载,煤体声发射能级变化趋势呈波动特性,分析其原因为:微裂隙之间通过搭接、贯通为瓦斯渗流提供新的通道,当裂纹与其他裂纹贯通后,裂隙扩展情况整体表现较为平缓,这时裂隙扩展处于调整期,只有当瓦斯压力继续增大时,微裂隙才能继续扩展成宏观裂纹。在埋深 1000m、1200m 和 1400m 高地应力试验条件下,在孕育后期高能级频次发生概率显著增多,结果表明煤体所受地应力水平较高,煤体内部初始破坏严重,随着瓦斯压力的加载,新扩展微裂纹与原生裂纹之间搭接、贯通更易形成宏观裂纹,因而高地应力条件更易发生煤与瓦斯突出。

(3) 随瓦斯压力加载,N_L、N_H 轨迹发生第一次交会,表明从该点开始煤体内部裂隙增多,且尺度变大,具备了突出潜能。图 11.2-8 曲线表明:不同埋深下 N_L、N_H 轨迹交汇时间点与突出孕育前后期时间点对比数值相近,表明本书定义的 AE 能级临界指标 $E = 1000\text{mV} \cdot \text{ms}$ 具有合理性,能级频次可良好地反映突出过程中煤体破坏进入孕育后期的时间。在孕育前期低能级频次占主导地位,孕育后期高能级频次占主导地位,随埋深增加,突出孕育后期时间越短,突出突发性增强,所以在 N_L、N_H 第一次交会时,应及时采取预防措施。

11.2.5 突出前兆特征验证及预测指标

声发射信号产生、衰弱与瓦斯压力加载过程紧密相关,瓦斯压力加载导致煤体破裂,产生声发射信号,通过声发射信号反映煤体的破裂情况,因而基于分析声发射能量变化获得煤与瓦斯突出前兆信息是合理、可行的。

1) AE 能量前兆特征验证

本书将试验瓦斯压力加载时间内 AE 平均能量和高低能级频次的演化规律,与前人对矿井突出危险性监测的声发射信号变化规律做对比,旨在为突出前兆信息验证和突出预测指标提供依据。如图 11.2-9 所示,分别统计了不同埋深下 AE 平均能量－频次－瓦斯压力关系,得到规律如下:

(1) 600~1000m 埋深试验条件下,随着瓦斯压力持续加载,在突出后期 AE 平均能量出现明显下降,开始具有突出危险性,在下降阶段再回升或下降阶段,高低能级频次变化活跃,维持在较高水平,这意味着煤岩体破坏程度达到极限,煤与瓦斯突出的危险上升,煤体即将发生失稳,此时为煤与瓦斯突出的能量进行积聚,一旦瓦斯压力升高,瓦斯内能增加,达到能量破坏条件,破碎的煤体随瓦斯从突出弱面向空间抛出。本次试验结果与现场监测到的声发射前兆信号(图 11.2-10)变化规律相符合。

(2) 1200~1400m 埋深试验条件下,随着瓦斯压力持续加载,AE 平均能量持续升高,低能级频次呈下降趋势,高能级频次增加,然而在孕育后期到突出激发阶段,高能级频次降低,但高能级频次明显高于低能级频次。突出孕育阶段 AE 平均能量缓慢升高这一特征,与现场监测到的声发射前兆信号(图 11.2-10)变化规律相符合。

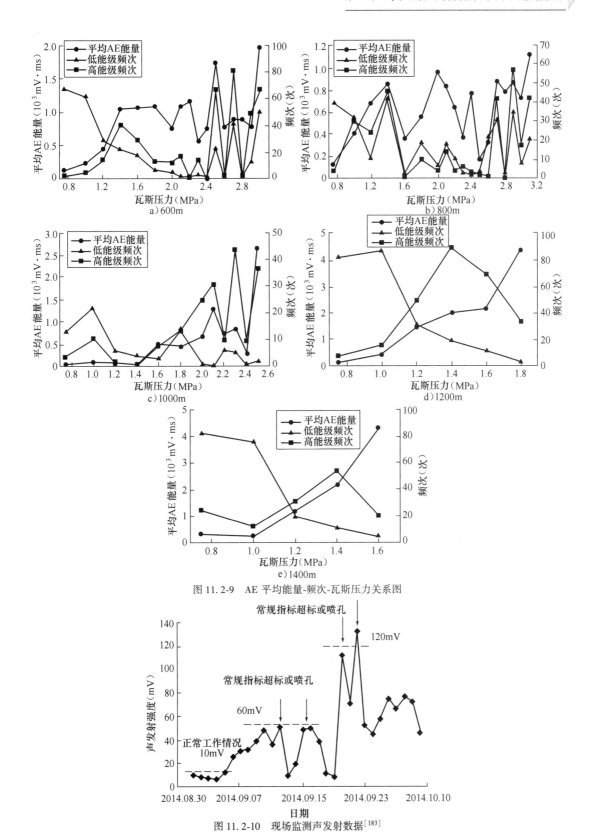

图 11.2-9　AE 平均能量-频次-瓦斯压力关系图

图 11.2-10　现场监测声发射数据[183]

2)突出危险性 AE 能量指标确定

5 组不同埋深试验条件下,随着瓦斯压力加载,AE 平均能量信号表现出剧烈波动、波动上升或先下降后突增,这与张西年发现的煤岩动力现象显现发生之前的声发射信号 3 个主要特征相吻合。因而根据声发射信号变化幅度大小,确定突出预警指标值。

根据不同埋深下,各阶段煤与瓦斯突出 AE 平均能量、能级频次和累计 AE 能量变化特征,建立声发射能量信号与煤与瓦斯突出前兆信息的对应关系。定义孕育后期与孕育前期平均 AE 能量均值比值 L_1,激发阶段与孕育后期平均 AE 能量均值比值 L_1',高能级频次与低能级频次比值 L_2,孕育后期与孕育前期累计 AE 能量斜率比值定义为 L_3,则有:

$$L_1 = \frac{\overline{E}_2}{\overline{E}_1} \quad (11.2\text{-}1)$$

$$L_1' = \frac{\overline{E}_3}{\overline{E}_1} \quad (11.2\text{-}2)$$

$$L_2 = \frac{N_H}{N_L} \quad (11.2\text{-}3)$$

$$L_3 = \frac{k_2}{k_1} \quad (11.2\text{-}4)$$

式中:$\overline{E}_1$——孕育前期平均 AE 能量,mV·ms;

$\overline{E}_2$——孕育后期平均 AE 能量,mV·ms;

$\overline{E}_3$——突出激发平均 AE 能量,mV·ms;

k_1——突出孕育前期累计 AE 能量斜率;

k_2——突出孕育后期累计 AE 能量斜率。

结果如表 11.2-2~表 11.2-4 所示。

不同埋深下各阶段 AE 能量均值变化情况 　　　表 11.2-2

突出阶段埋深 (m)	$\overline{E}_1$ (mV·ms)	$\overline{E}_2$ (mV·ms)	$\overline{E}_3$ (mV·ms)	L_1	L_1'
600	185	941	1885	5.1	10.20
800	128	653	1879	5.1	14.68
1000	73	833	2621	11.4	35.90
1200	238	2218	4350	9.3	18.28
1400	287	1920	3388	6.7	11.80

不同埋深 L_2 下计算结果　　　　　　　　　　　　表 11.2-3

孕育时期	埋深(m)	低能级频次(次)	高能级频次(次)	L_2
孕育前期	600	21	2	0.10
	800	9	1	0.11
	1000	5	2	0.40
	1200	25	4	0.16
	1400	22	5	0.23
孕育后期	600	8	19	2.25
	800	11	12	1.10
	1000	3	14	4.67
	1200	11	46	4.18
	1400	11	37	3.36

不同埋深下 L_3 计算结果　　　　　　　　　　　　表 11.2-4

埋深(m)	累计 AE 能量斜率		L_3
	k_1	k_2	
600	173.41	962.32	5.54
800	117.29	661.52	5.64
1000	83.70	819.11	9.78
1200	238.33	2151.70	9.03
1400	347.72	1884.40	5.42

通过对不同埋深下各阶段声发射指标进行统计,并结合前文突出孕育前后期 AE 能量突出危险性分析,确定本书试验条件下煤与瓦斯突出危险性临界指标,见表 11.2-5,但由于试验条件的限制,突出危险性指标适用普遍性还有待进一步研究。

煤与瓦斯突出危险性临界指标　　　　　　　　　　　　表 11.2-5

突出危险性	L_1	L_2	L_3	高低能级频次变化趋势
弱	<5.1	<0.4	<5.42	低能级占主体地位
强	>5.1	>1.1	>5.42	高能级占主体地位

(1)当 $L_1<5.1,L_2<0.4,L_3<5.42$ 时,低能级频次高于高能级频次,低 AE 能量占主体地位,煤体内部仅发生微破裂,处于突出孕育阶段前期,具有弱突出危险性。

(2)当 $L_1>5.1,L_2>1.1,L_3>5.42$ 时,高能级频次高于低能级频次,高 AE 能量占主体地位,煤体内部由微破裂进入宏观破裂,处于突出孕育阶段后期,具有强突出危险性。

第12章 通风系统设计及通风管理

为保障天城坝隧道快速、安全施工,结合以往瓦斯隧道的通风经验及成熟的工艺、工法,对隧道施工通风进行科学管理,制订科学、合理的通风方案,对控制瓦斯事故起到决定性作用。本章对天城坝隧道进口段通风系统设计及通风管理进行阐述。

12.1 通风系统设计

12.1.1 通风设计标准

隧道在整个施工过程中,作业环境应符合下列职业健康及安全标准:

(1)空气中氧气含量,按体积计不得小于20%。

(2)粉尘容许浓度,每立方米空气中含有10%以上的游离二氧化硅的粉尘不得大于2mg。每立方米空气中含有10%以下的游离二氧化硅的矿物性粉尘不得大于4mg。

(3)瓦斯隧道装药爆破时,爆破地点20m内,风流中瓦斯浓度必须小于1.0%;总回风道风流中瓦斯浓度应小于0.75%。开挖面瓦斯浓度大于1.5%时,所有人员必须撤至安全地点并加强通风。

(4)有害气体最高容许浓度:CO浓度不应超过24ppm,爆破作业后,施工人员必须待掌子面CO浓度降低到规定值以下时方允许进洞作业;CO_2按体积计不得大于0.5%;氮氧化物(换算成NO_2)为$5mg/m^3$以下。

(5)隧道内气温不得高于28℃。

(6)隧道内噪声不得大于90dB(A)。

(7)隧道施工通风应能提供洞内各项作业所需的最小风量,每人应供应新鲜空气$4m^3/min$。

(8)瓦斯隧道施工中,可能有瓦斯积聚的地点,风速不得小于1m/s。

12.1.2 通风设计原则

(1)通风方式

采用单斜(竖)井辅助施工通道进行正洞施工时,可采用压入式通风。采用双斜井辅助施工通道进行正洞施工时,应进行压入式与巷道式通风方案的比选,根据气候、通风长度动态调整。通风方式示意图如图 12.1-1 所示。

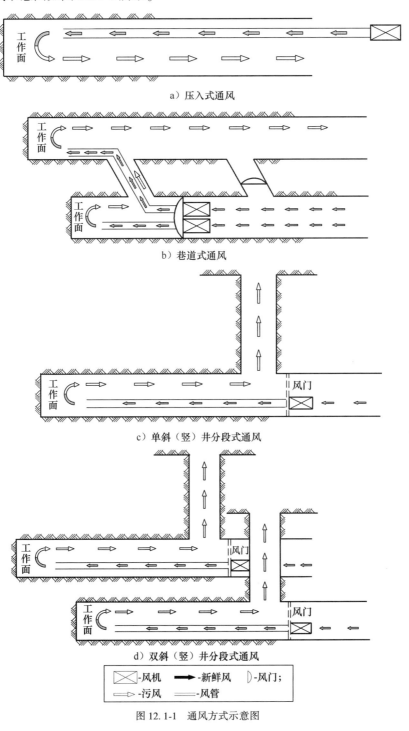

图 12.1-1 通风方式示意图

(2)通风系统

隧道开挖工作面必须采用独立通风,严禁任何两个工作面之间串联通风。隧道需要的风量,须按照爆破排烟、同时工作的最多人数以及瓦斯绝对涌出量分别计算,并按允许风速进行检验,采用其中的最大值。隧道施工中,对集聚的空间和衬砌模板台车附近区域,可采用空气引射器气动风机等设备,实施局部通风。在隧道施工期间,应实施连续通风。因检修、停电等原因停机时,必须撤出人员,切断电源。

(3)通风设备

①压入式通风机必须装设在洞外或洞内新风流中,避免污风循环。通风机应设两路电源,并装设风电闭锁装置,当一路电源停止供电时,另一路应在10min内接通,保证风机正常运转。

②必须有一套同等性能的备用风机,并经常保持良好的使用状态。

③隧道开挖工作面附近的局部通风机,均应采用专用变压器、专用开关、专用线路,实行风电闭锁、瓦斯电闭锁供电。

④隧道应采用抗静电、阻燃的风管。风管口到开挖面的距离应小于5m,风管百米漏风率应不大于2%。

⑤隧道施工中,对瓦斯易于积聚的地点和区域,采用空气引射器、气动风机等设备,实施局部通风办法,以消除局部瓦斯积聚。

(4)通风管理

①隧道通风工作(包括风机运转和风筒安装维护)要有专人负责管理,实现正常连续通风并保证足够的通风量。

②隧道施工期间,实施连续通风。因检修、停电等原因停风时,必须撤出人员,切断洞内电源。恢复通风前,必须检测洞内瓦斯浓度。只有在洞内瓦斯浓度不超过0.5%的情况下方可直接启动局部通风机,否则应制订专门排放瓦斯措施。

③排放高浓度瓦斯时,制订排除瓦斯的安全措施,控制风流,使排出的风流在同巷道风流混合处的瓦斯浓度不得超过1%。

12.1.3 天城坝隧道通风系统设计

天城坝隧道左右洞均为独头巷道,无法实现巷道式通风,因此左右洞均单独采用压入式通风,如图12.1-2所示。

左洞开挖的通风路线:新鲜风流→轴流风机→风管→掌子面→左洞→地面;

右洞开挖的通风路线:新鲜风流→轴流风机→风管→掌子面→右洞→地面。

在各洞口配备一台与主要通风机同功率的备用通风机,备用通风机通风路线与主要通风机相同。

正常通风时期,左右洞均仅需开启主要通风机进行供风,遇掌子面瓦斯积聚或超限需要进行瓦斯排放时,同时启用主要通风机与备用通风机向掌子面进行供风。

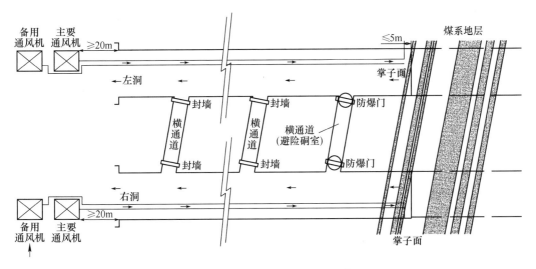

图 12.1-2　天城坝隧道进口通风系统示意图

12.1.4　风量计算及风机选型

1）风量计算

（1）按洞内允许最小风速计算

$$Q_1 = 60SV_{min} \tag{12.1-1}$$

式中：Q_1——所需风量，m³/min；

S——隧道开挖断面面积，m²，取 105m²；

V_{min}——隧道允许最低风速，m/s，取 0.25m/s。

计算得：$Q_1 = 1575$m³/min。

（2）按洞内同一时间最多作业人数计算

$$Q_2 = 4Kn \tag{12.1-2}$$

式中：Q_2——所需风量，m³/min；

K——安全系数，取 1.25；

n——隧道内同时作业最大人数，取 100 人。

计算得：$Q_2 = 500$m³/min。

（3）按瓦斯绝对涌出量计算

$$Q_3 = \frac{KQ_绝}{Bg_允 - Bg_0} \tag{12.1-3}$$

式中：Q_3——所需风量，m³/min；

K——风量备用系数，即考虑隧道漏风、瓦斯涌出不均衡等因素，取 1.6；

$Q_绝$——隧道最大瓦斯涌出量，m³/min，暂按 5m³/min 计算，需根据实际情况进行调整；

$Bg_允$——允许最大瓦斯浓度，%，取 0.5%；

Bg_0——新鲜风流瓦斯浓度，%，取 0%。

计算得：$Q_3 = 1600\text{m}^3/\text{min}$。

(4) 同时爆破的最多炸药量计算

$$Q_4 = \frac{5Ab}{t} \tag{12.1-4}$$

式中：Q_4——所需风量，m^3/min；

　　A——炸药量，kg，取 200kg；

　　b——每公斤炸药 CO 涌出量，m^3/kg，取 $40\text{m}^3/\text{kg}$；

　　t——排放时间，min，取 30min。

计算得：$Q_4 = 1333\text{m}^3/\text{min}$。

(5) 稀释和排炮烟所需风量

$$Q_5 = 7.8[A(SL)]^{1/3}/t \tag{12.1-5}$$

式中：Q_5——所需风量，m^3/min；

　　A——炸药量，kg，取 200kg；

　　S——一次开挖最大断面面积，m^2，上台阶取全断面的 60%，即 63m^2；

　　L——巷道长度，m，取 2250m；

　　t——炮烟排出地面的时间，min，按最小风速的 2 倍计算，得 $t=75\text{min}$。

计算得：$Q_5 = 1653\text{m}^3/\text{min}$。

(6) 按内燃机机械设备总功率核算

$$Q_6 = N_i S \tag{12.1-6}$$

式中：Q_6——所需风量，m^3/min；

　　N_i——洞内作业内燃机总功率，kW，按 2 台运输车辆加 1 台装载机计算，$N_i = 2 \times 150 + 154 = 454(\text{kW})$；

　　S——每 kW 所需风量，m^3/min，取 $3\text{m}^3/\text{min}$。

计算得：$Q_6 = 1362\text{m}^3/\text{min}$。

(7) 风机实际所需风量

$$Q_{需} = \frac{Q_{\max}}{(1-\beta)^{L/100}} \tag{12.1-7}$$

式中：$Q_{需}$——风机所需风量，m^3/min；

　　$Q_{\max}$——以上计算的最大风量，m^3/min，$Q_{\max} = Q_5 = 1653\text{m}^3/\text{min}$；

　　β——百米漏风率，取 1.5%；

　　L——最大通风长度，m，取 2250m。

计算得：$Q_{需} = 2323\text{m}^3/\text{min}$。

根据以上计算结果，取最大值 $2323\text{m}^3/\text{m}$ 为隧道风机所需风量。

2) 风筒直径计算

风筒直径按以下公式进行计算：

$$D = 2\left(\frac{Q_{供}}{\pi V}\right)^{1/2} \tag{12.1-8}$$

式中：D——风筒直径，m；

$Q_{供}$——风机供风量，m³/min，取以上计算结果2323m³/min；

V——风筒内最大允许风速，m/s，取20m/s。

计算得：$D=1.57$m。可选用$\phi1.6$m软质双抗风筒。

3）风压计算

（1）风筒内摩擦阻力计算

摩擦阻力按以下公式进行计算：

$$h_{摩} = \lambda L/D \times \rho V^2/2 \qquad (12.1-9)$$

式中：$h_{摩}$——摩擦阻力，Pa；

λ——系数，取0.0078；

L——最大供风距离，m，取2250m；

D——风筒直径，m，取1.6m；

ρ——取0.96kg/m³；

V——风筒内最大允许风速，m/s，取20m/s。

计算得：$h_{摩}=2106$Pa。

（2）最大通风阻力计算

$$h_{总} = h_{摩} + h_{局} + h_{其} \qquad (12.1-10)$$

式中：$h_{总}$——最大通风阻力，Pa；

$h_{摩}$——摩擦阻力，Pa，由以上计算得2106Pa；

$h_{局}$——局部阻力，Pa，取摩擦阻力的5%；

$h_{其}$——其他阻力，Pa，取摩擦阻力的5%。

计算得：$h_{总}=2317$Pa。

4）风机及风筒选型

根据以上计算结果可知，天城坝隧道最大供风距离时，所需风量应大于2323m³/min，风压应大于2317Pa，因此可选用SDDF-BP-No.12.5/2×110型轴流式变频通风机，其额定风量为0~187262m³/h，0~3121m³/min；风压为0~6209Pa，电机功率为2×110kW，其风量与风压均大于所需数值，可满足隧道通风需要。

天城坝隧道所需通风设备见表12.1-1。

天城坝隧道通风设备汇总表　　　　表12.1-1

序号	机械名称	型号	数量	性能	备注
1	轴流式通风机	SDDF-BP-NO.12.5/2×110	4台	电机防爆	2台使用，2台备用
2	局部通风机	FB-NO4.0/2.2	6台	隔爆型	台车局部通风机
3	风筒	ϕ1.6m	4600m	阻燃双抗	左右洞各2300m

正常情况下使用2台主要通风机，若遇通风极为困难时，可启用备用通风机加强通风，风机参数见表12.1-2。

SDDF-BP 型(单速/变频)对旋通风机规格型号技术性能参数

单速风机 SDDF-1   表 12.1-2

机号	转速 (r/min)	流量 (m³/h)	压强 (Pa)	噪声 [dB(A)]	配用电机		功率 (kW)
					型号	速度	
11	0~1480	0~115879	0~5420	≤90	YVF-250M-4	BP	2×55
11.5	0~1480	0~136977	0~5739	≤90	YVF-280M-4	BP	2×75
12.5	0~1480	0~187262	0~6209	≤90	YVF_2-3156L-4	BP	2×110
13	0~1480	0~205270	0~6696	≤90	YVF_2-315L-4	BP	2×132
13.5	0~1480	0~227816	0~7218	≤90	YVF_2-315L-4	BP	2×160
14	0~1480	0~238260	0~7591	≤90	YVF_2-355L-4	BP	2×185
14.2	0~1480	0~243158	0~7620	≤90	YVF_2-355L-4	BP	2×200
14.5	0~1480	0~258780	0~7798	≤90	YVF_2-355L-4	BP	2×250

12.2 通风管理

以"合理布局、优化匹配、防漏降阻、严格管理、确保效果"作为施工通风管理的指导原则，强化通风管理。

12.2.1 通风管理机构及职责

天城坝隧道设置专人负责，专人管理。天城坝隧道通风管理组织机构如图12.2-1所示。

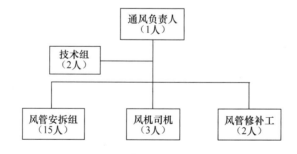

图 12.2-1 天城坝隧道通风管理组织机构

通风管理各级人员职责如表12.2-1所示。

通风管理各级人员职责 表 12.2-1

序号	人员(小组)	职　责
1	通风负责人	全面负责施工通风技术和人员管理,落实通风方案并组织实施,协调与其他工种之间的关系
2	技术组	协助项目负责人工作,解决方案实施过程中的技术问题、过渡方案设计以及通风效果检测与评价等
3	风管安拆组	负责风机、风管的安装和拆卸,管路的维护和修理,协助技术人员完成通风检测任务
4	风机司机	负责风机运行、记录以及风机的日常维护
5	风管修补组	专职维修损坏的风管

12.2.2 日常管理制度

(1)隧道施工必须按批准后的通风方案进行机械通风。

(2)在施工期间,应实施连续通风,不得随意间断,因检修、停电等原因停风时,必须撤出人员,切断电源,并在各入口处设置栅栏、警示牌。

(3)风机设置两路电源并装设风电闭锁装置,确保正在使用的风机出现故障后能在10min内启动备用风机,确保隧道通风和正常作业不受影响。

(4)隧道停风后恢复通风前,必须由瓦斯检查工进入隧道检查瓦斯(说明:由外至里逐段检查,防止窒息事故发生)。在隧道瓦斯浓度最高不超过1%、隧道内无任何人员、所有非本质安全型电器设备电源已切断的前提下直接开启风机;在经过瓦斯检查工检查隧道内瓦斯浓度不超过0.5%时,可恢复隧道内供电和人员进入作业。

(5)当停风区中瓦斯浓度超过0.5%时,必须制订排除瓦斯的安全措施,回风系统内必须停电撤人。

(6)对易形成局部瓦斯积聚的部位采取局部通风,在局部通风机及其开关地点附近20m范围内风流中瓦斯浓度不超过0.5%时,方可人工开动局部通风机。

(7)横通道内的风门必须安设闭锁装置,防止同时打开两道风门,造成风流短路。风门的施工必须做到包边沿口。

(8)横通道内的密闭必须经常检查、维护。密闭施工必须符合质量要求,保持严密、平整。若因受到限制有盲洞存在时,必须设置栅栏和警示标志,防止人员误入。

(9)局部增设射流风机,加强对射流风机的日常维护、检查和管理,保证其连续正常运转。

(10)掌子面风筒进口距离掌子面不得超过5m,风筒吊挂应稳、直、顺,破损的风筒应及时粘补或更换。

(11)百米风筒漏风率不得超过2%。

12.2.3 隧道贯通时管理

隧道贯通时,通风必须遵循下列规定:

(1)在距贯通大于50m前,必须停止其中一个掌子面的作业,做好调整通风系统的准备工作。

(2)贯通时,必须由专人在现场统一指挥,停止掘进的掌子面必须保持正常通风,设置栅栏及警示标志,经常检查风筒的完好状况和掌子面及其回风流中的瓦斯浓度,瓦斯浓度超限时,必须立即处理。开挖的掌子面每次爆破前,必须派专人和瓦斯检查员共同到停挖的掌子面检查掌子面及其回风流中的瓦斯浓度,瓦斯浓度超限时,必须先停止掌子面开挖工作,然后处理瓦斯,只有在两个掌子面及其回风流中的瓦斯浓度都在0.5%以下时,开挖的掌子面方可爆破。每次爆破前,2个掌子面入口必须有专人警戒,并安设警戒线。

(3)隧道贯通后,必须停止洞内一切工作,立即调整通风系统,待通风系统稳定、确认无安全隐患后,方可恢复工作。

12.2.4 盲巷管理

(1)对无瓦斯涌出的盲巷,在巷道宽度大于1.5m、深度不超过6m的情况下,允许采用扩散通风。

(2)对有瓦斯涌出的盲巷,在巷道宽度大于1.5m、深度不超过3m的情况下,允许采用扩散通风,但应设瓦斯检查点,每班三次检查瓦斯。

(3)不在以上两种情况之列的盲巷应及时封闭,来不及封闭的必须设置栅栏和警示标志,严禁人员入内。

(4)盲巷或密闭开启后恢复通风执行瓦斯排放有关规定。

12.2.5 停风报批制度

因通风系统检修及其他原因需要主要通风机停止运转时,必须提前提出申请,逐级上报,根据通风时间长短由相关负责人审批后方可实施。

12.2.6 通风设备管理

(1)通风机必须由专职操作人员负责管理,按通风机操作规程要求操作风机。严禁随意停开风机,并实行挂牌管理。

(2)专职操作人员必须熟悉设备的机械运转,了解结构性能,经培训考试合格后方可操作。

(3)专职操作人员必须严格执行交接班制度和岗位责任制,坚持班中巡回检查,每小时检查一次,如实填写各种记录。发现异常时,及时向主管部门和有关领导汇报。

(4)通风机应按规定实现"三专两闭锁",即专用变压器、专用线路、专用开关,风电闭锁、甲烷电闭锁。通风机应设置两路电源,当一路停止供电时,另一路应在10min内接通,保证风机正常运转;必须安设有瓦斯电闭锁与风电闭锁装置,当隧道内瓦斯超限或停风时,必须立即切断洞内所有全部非本质安全型电气设备的电源。

(5)通风值班人员必须审阅瓦斯班报,掌握瓦斯变化情况,发现问题,及时处理,并向主管部门汇报。

(6)通风机的安装和使用应符合下列要求:

①主要通风机及备用通风机均安装在洞口 20m 以外的新鲜风流中；
②压入式通风采用双风机、双风筒,在主要通风机不能正常工作或主要通风机供风不能满足通风要求时,备用通风机必须能在 10min 内开动；
③至少每月检查一次主要通风机；
④新安装的主要通风机投入使用前,必须进行一次通风机性能测定和试运转工作；
⑤压入式风机安装距离地面高度不小于 0.5m,风机外采用砖砌隔断并抹灰以减少漏风；人员通风风门安装胶垫密封以减少漏风。

12.2.7 测风制度

瓦斯隧道必须建立测风制度,每 10d 进行一次全面测风。对开挖工作面和其他用风地点,应根据实际需要随时测风,每次测风结果应记录并填写在测风地点的测风记录牌上,形成台账上报有关主管部门。根据测风结果采取措施,进行风量调节。必须有足够数量的通风安全检测仪表,仪表必须由国家授权的安全仪表计量检验单位进行检验。

（1）仪器

对隧道中的风速,一般选用低速风表(0.3~5m/s)及中高速风表(0.8~25m/s)进行风速测定。建议选用鞍山仪器仪表厂生产的低速风表(CFD-5)及中高速风表(CFD-25)。

（2）测风要求

由于空气具有黏性和隧道洞壁面有一定的粗糙度,使得洞内空气在流动时会产生内外摩擦力,导致风速在隧道断面上分布不均。风速在洞壁周边处风速最小,从洞壁向隧道轴心方向,风速逐渐增大。通常在隧道轴心附近风速最大。在测量隧道平均风速时,应在隧道横断面上按照一定路线均匀测定。

为了测得隧道平均风速,测风时可按照定点法(即将隧道断面分为若干格,风表在每格内停留相等的时间)进行测定,然后计算出平均风速。隧道风速测定点分布、断面分别如图 12.2-2、图 12.2-3 所示。

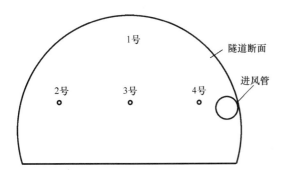

图 12.2-2　隧道风速测定点分布示意图

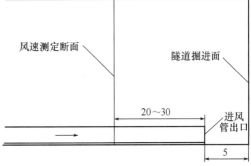

图 12.2-3　隧道风速测定点断面示意图(尺寸单位:m)

（3）测风要求

①进入隧道内测风时,首先要估测隧道内的风速,然后选用相应量程的风表进行测定。测

风断面应选择在隧道平直段进行,且断面前后 50m 范围内不得有车辆和其他设备,以保证测风的准确性。

②在某一段面进行风速测定时,每个测点测风次数应不小于 3 次,每次测量误差不应超过 0.05m/s,然后取 3 次测风结果的平均值。

③在测得隧道内风速后,计算出测风地点隧道断面的有效断面面积。

④将测风数据及隧道断面参数记录于表 12.2-2 中。

测风记录表(示意) 表 12.2-2

地点	风速(m/s)			平均风速 (m/s)	断面面积 (m²)	有效断面面积 (m²)	风量 (m³/min)
	v_1	v_2	v_3				

12.2.8 通风数据上报

测风人员的检测记录需上报通风负责人,并对洞内空气质量进行评价分析,及时发现问题,提出通风整改方案。

第13章 作业机械配置及防爆改装

瓦斯隧道作业机械配置及防爆改装是确保施工安全的一大核心措施。由于通常情况下无轨运输方式施工设备大多为非防爆型产品,不符合瓦斯隧道施工安全技术要求,易发生爆炸事故,所以要对其进行防爆改装。本章结合天城坝隧道情况,重点阐述作业机械配置及其防爆要求、防爆改装原则。

13.1 作业机械配置

13.1.1 运输方案比选

(1)通风及防爆方面

①无轨运输

采用无轨运输模式施工中,洞内的污染源除爆破气体、瓦斯气体外还有各种内燃车辆排放的废气,在爆破后20~30min内,掌子面附近(约500m)的炮烟向洞口方向压出,要到出渣工序结束2h后,洞内废气才能完全排出。经调研兰渝铁路LYS-10标段肖家梁隧道瓦斯浓度最大值出现在爆破后,最大浓度也只有0.11%~0.12%,持续时间在2min内。通风30min后检测瓦斯浓度为0.01%~0.06%。

在瓦斯固定及移动设备改装方面,改装相对简单、灵活,在加强通风的条件下完全能够保证施工安全。

②有轨运输

采用有轨运输模式施工中,洞内的污染源主要是爆破气体及瓦斯气体,爆破后只需要20~30imn即可开展工作,整个废气排出洞外需1.5h左右。

有轨运输设备不防爆,防爆改装困难,线路长,机车车轮与轨道之间的摩擦火花不可避免,扒渣机作业过程中的碰撞火花也不可避免,安全风险概率较高。

(2)操作性能方面

①有轨运输

轨道运输速度较慢,对轨道的依存度大,灵活性差,易掉轨;扒渣有死角,仰拱及上台阶趴渣必须采用挖掘机和装载机;需要二次转载,对洞口场地要求较高,天城坝隧道洞口场地狭窄,难以形成转载系统。

②无轨运输

无轨运输速度快,车辆及各种机械设备操作机动灵活。

(3)工序衔接与循环时间方面

①无轨运输

采用无轨运输,运输能力强,速度快,工序循环影响不大。出渣、混凝土衬砌、隧道仰拱施工、底板混凝土施工采用栈桥可以同步进行,各工序影响不大,并且做到均衡生产,保证各工序正常衔接,可大幅度提高施工生产进度。

爆破通风后可及时出渣,断面尺寸足够时可以采用多台车辆出渣,提高出渣速度,同时减少作业循环时间,加快进度。

②有轨运输

由于轨道的影响,隧道出渣、混凝土衬砌、隧道仰拱施工、铺底混凝土施工不可同步进行,不易均衡生产和工序间的有效衔接,各工序间施工影响大。

出渣、混凝土浇筑、初期支护喷混凝土材料输送等对轨道依存度大,轨道出问题直接影响各个工序循环及施工进度。

爆破后需要及时接长轨道等,增加作业工序,运输速度慢,灵活性差,施工循环时间长,各工序间相互制约,大大降低了施工生产进度。

(4)施工效率方面

无轨运输模式施工的出渣效率要比有轨运输模式高。调研山西云台山铁路隧道有轨无轨施工效率发现,Ⅳ级围岩无轨运输最大月进尺 115.6m 高于有轨运输 94m,Ⅲ级围岩无轨运输最大月进尺 160m,高于有轨运输的 135m,正常月平均进尺无轨运输较有轨运输多 20m 左右。

(5)维修保养方面

①无轨运输

机械维修保养方面无轨运输较有轨投入人力相对较少,设备维修对作业工序影响及进度影响相对较小,不会因为单个车辆维修而影响施工作业工序的正常进行。

②有轨运输

有轨运输必须配备足够的人员专门负责铺轨整道,机械和供电等维护和维修人力投资相对较大,轨道维修对出渣及其他各工序影响较大,直接影响工序衔接及施工进度。对轨道依存度大,轨道出问题不能及时维修直接影响其他工序的正常施工。

13.1.2 运输方案确定

根据高瓦斯隧道施工情况,天城坝隧道洞内运输选择采用无轨运输方式,运输工具采用主动防御的方式对危险源进行提前处理,选用适合于车载的瓦斯监测系统对挖掘机、装载机、运输机车、水泥罐车等经行改装处理。

13.1.3 作业机械配置

根据目前实际情况,天城坝隧道需配置以下作业机械,并全部进行防爆改装,见表13.1-1,

施工期间还应根据实际情况进一步完善。

天城坝隧道作业机械配置表　　　　　　表13.1-1

序　号	机械名称	数　量	备　注
1	挖掘机	2	在煤系地层段安装双控1台
2	装渣机	4	在煤系地层段安装双控2台
3	出渣车	7	在煤系地层段安装双控4台
4	混凝土输送车	4	在煤系地层段安装双控1台
5	湿喷台车	1	在煤系地层段安装双控1台
6	防爆运输车	1	在煤系地层段安装双控1台

注：在煤系地层段根据隧道实际施工情况进行作业机械配置。

13.2　防　爆　改　装

13.2.1　作业机械防爆要求

1）作业机械防爆要求

（1）挖掘机、装载机、出渣运输车等作业机械要安装尾气排放净化器，防止排放尾气带有火花。

（2）瓦斯工区作业机械防爆措施。

①洞内瓦斯工区施工作业机械应避免摩擦发热部件产生高温及火花。

②在机械摩擦发热部件上安设过热保护装置和温度检测报警装置。

③对机械动力传动部位或机构可能产生摩擦热处，要及时润滑、保养、清除污物，严防异物进入。

④在机械摩擦部件金属表面，溶敷活性低的金属铬，使之外表面形成的摩擦火花难以引燃瓦斯。

⑤在铝合金表面涂丙烯酸甲基酯等涂料，以防摩擦火花的发生。

2）低瓦斯、高瓦斯、瓦斯突出工区行走式作业机械防爆要求

（1）微瓦斯、低瓦斯工区的作业机械可使用非防爆型，但应配置便携式甲烷检测报警仪，同时应加强通风、瓦斯检测、施工安全管理，当瓦斯浓度>0.5%时，应停止机车运行。

（2）煤（岩）与瓦斯突出工区在进行超前探测、突出危险性预测、采取防突措施及防突措施效果检验过程中的燃油作业机械，应进行整车防爆改装或使用矿用防爆型柴油动力装置。同时禁止其他与防突工作无关的任何作业。

3）作业机械要求

（1）瓦斯工区作业机械严禁在停风或超限的作业区段进行作业。

（2）挖掘机、装载机、出渣运输车等作业机械尾气排放口距离顶、底板及两侧含瓦斯岩层距离应大于0.5m。

（3）电动装渣、开挖等作业机械在操作中，防爆开关表面温度超过150℃高温时应立即停止作业。

（4）瓦斯工区使用蓄电池机车时，应遵守下列要求：

①司机离开座位时,必须切断电动机电源。
②机车应定期检查和维修,保证防爆性能良好。
③机车的闸、撒砂装置的任何一项不正常或电气部分失去防爆性能时,不得使用该机车。
④蓄电池机车及矿灯充电房应距洞口 50m 以外。

4)机械改装与进场要求

(1)整车防爆改装由防爆电气系统、柴油机尾气处理系统、防爆柴油机保护装置等三部分组成。瓦-油-电闭锁防爆改装主要由防爆柴油机保护装置、机动车排气火花熄灭器等两部分组成。

①防爆柴油机保护装置采用矿用柴油机保护显示装置来监测瓦斯浓度。当检测到瓦斯浓度超过设定值时,自动声光报警,提醒驾驶员立即检查并采取措施,柴油机在 1s 内自动断油、断电熄火。

②机动车排气火花熄灭器安装在排气筒尾部,熄灭器内有阻火阀门,在作业机械进入瓦斯施工区域前由驾驶员手动关闭阀门,防止排气火花逸出。

(2)需进行主动/被动防爆改装的行走式作业机械有装载机、挖掘机、自卸汽车、混凝土运输车、湿喷机械手等。需使用矿用防爆型的非行走式作业机械有衬砌台车、水泵、注浆机、钢筋切断机、钢筋冷挤压机等。购置作业机械时均要求电机、控制箱等电气部分为矿用防爆型。

(3)受作业机械本身条件限制难以改装的有三臂凿岩台车、输送泵、移动栈桥。需在设备上安装瓦斯传感器(便携式瓦检仪),执行动火审批制度,加强设备工作区域的瓦斯检测,并确保设备不使用时不带电。

13.2.2 整车防爆改装系统组成、工作原理、主要零部件

整车防爆改装系统由防爆电气系统、柴油机尾气处理系统、防爆柴油机保护装置等三部分组成。

(1)防爆电气系统

电气系统防爆改装主要涉及防爆蓄电池、防爆控制箱、防爆照明信号灯具以及经过防爆改装(胶封)的发电机和起动机,并用矿用阻燃电缆将各种装置连接起来,见图 13.2-1。

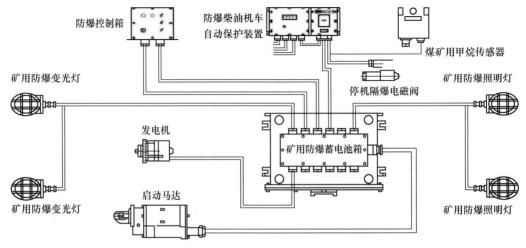

图 13.2-1 电气系统防爆改装示意图

①将作业机械的普通蓄电池改装为铅酸免维护矿用隔爆型蓄电池(100A·h/24V)。蓄电池在工作中或发生故障时可能会产生火花,为将其与外界隔绝,采用矿用防爆蓄电池,并将所有的接线口采用橡胶胀紧密封。

②将作业机械的普通电气控制开关改装为矿用隔爆型控制箱。矿用防爆控制箱内封装起动机(马达)控制开关、照明灯控制开关等,隔绝各开关触点与外界的接触。

③将作业机械的普通发电机、起动机(马达)改装为胶封型隔爆发电机及胶封型隔爆起动机。防止发电机、起动机工作时产生的火花与外界接触。

④将作业机械的普通照明信号灯改装为矿用隔爆型照明信号灯。采用LED光源设置4个照明灯、4个信号灯。

⑤将柴油机的油门电磁阀及接线裸露部分进行胶封隔爆处理,连接防爆器件的电缆均采用矿用阻燃电缆。

⑥配备便携式灭火器。

(2)柴油机尾气处理系统

柴油机尾气处理系统主要由高温隔热涂料排气弯管、排气波纹管、废气处理箱、防爆栅栏、补水箱等组成,见图13.2-2。

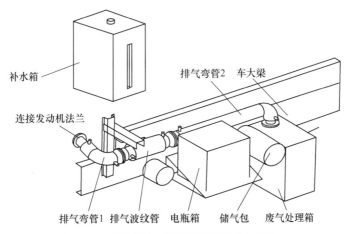

图13.2-2 柴油机尾气处理系统防爆改装示意图

柴油机排出的高温尾气通过高温隔热涂料排气支管、排气弯管、波纹管、排气直管(或双层水冷)和废气处理箱及在废气处理箱排气出口处设置的阻火栅栏排入大气,以此降低排气管表面温度和出口排气温度,消除排气引发的排气火花,保证柴油机机体任一表面温度控制在≤150℃、排气出口处的排气温度控制在≤70℃的安全范围内。

①高温隔热涂料排气弯管和波纹管、双层水冷排气直管,可有效降低排气管表面温度。波纹管使发动机与固定在车架上的废气处理箱柔性连接在一起,降低发动机与车架之间的振动耦合,减小发动机振动能量向车架的传递,降低噪声,并提高刚性排气管的寿命。

②废气处理箱的主要作用是降低排气温度、消除尾气中的火花和净化废气。在废气进入废气处理箱后通过其中的特殊结构,让废气与废气处理箱中的冷却水有充分的接触面积和接触时间,提高废气与冷却水的热传递效率,以达到迅速降低排气温度(≤70℃)、彻底熄灭废气

中火花的目的。在此过程中大量的碳烟和各种有害气体一并溶解在水中,净化了发动机尾气,实现安全排放和清洁排放。为能给废气处理箱及时补水,设置有自动补水箱,及时补充高温蒸发的水分。

③防爆栅栏的主要作用是熄灭尾气中的火焰。尾气经过防爆栅栏时再次熄灭尾气中残留的火焰,防止火焰传递到外界空气中。

(3)防爆柴油机保护装置

采用矿用柴油机保护显示装置来监测瓦斯浓度、排气温度、表面温度、补水箱水位等指标,按照标准要求设置自动保护参数,见表13.2-1。当保护装置的任意一项指标超过安全值时,自动发出声光报警,提醒驾驶员立即检查并采取措施,柴油机在1min内自动断油、断电熄火并停车。防爆柴油机保护显示装置示意图见图13.2-3。

自动保护参数设定表　　　　表13.2-1

序　号	保护项目	设　定　值	备　注
1	柴油机机体表面温度	≤150℃	
2	柴油机排气温度	≤70℃	
3	补水箱水位	≥60mm	水位高度可调
4	甲烷浓度	≤0.5%CH_4	甲烷浓度可调

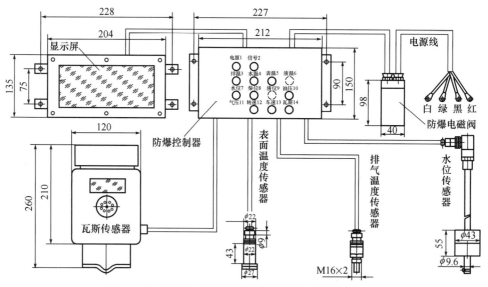

图13.2-3　防爆柴油机保护显示装置示意图(尺寸单位:mm)

①温度过高保护:当被测对象温度超过设定值时,装置发出声光报警,液晶显示背光开启,故障参数不断闪烁。当被测对象的温度值低于设定值3℃时,装置自动恢复正常状态。

②水箱缺水保护:当水箱水位连续3s低于设定值时,装置发出声光报警,液晶显示背光开启,故障参数不断闪烁;当水位上升至报警水位上方时,装置自动恢复正常状态。

③甲烷浓度超限保护:当工作环境中甲烷浓度达到设定值时,报警器自动发出声光报警,液晶显示背光开启,故障参数不断闪烁,此时应及时停车并迅速撤离隧道,待隧道内通排风后,

甲烷浓度降到安全值以下时再进入隧道作业。

(4)工作原理

设备启动、防爆柴油机保护装置通电后,主机中的微型计算机通过各传感器对温度、水位、油压、瓦斯参数进行采样和运算,处理结果经过显示电路进行显示,同时与设定值比较。如果某一路的检测参数超过设定值,则发出声光报警,液晶显示背光开启,超值参数不断闪烁,并反馈信号至电磁阀控制作业机械在 1s 内断油、断电熄火。

(5)防爆改装主要零部件

整车防爆改装需配置、安装表 13.2-2 所列零部件。

改装主要零部件明细表　　　　　　　表 13.2-2

序号	名　称	型　号	参数、技术指标	数量	安　装　位　置
一、防爆电气系统					
1	前、后矿用隔爆型 LED 机车照明灯	DGY36/24LX(A)	额定电压:24V 额定功率:36W	4	前后保险杠
2	前、后矿用隔爆型 LED 机车信号灯	DGY5/24LX(B)	额定电压:24V 额定功率:5W	4	前后保险杠
3	胶封隔爆型发电机	—	额定电压:24V	1	原发电机位置
4	胶封隔爆型起动机	—	额定电压:24V	1	原起动机位置
5	矿用隔爆型电源箱	105Ah/24V 免维护	额定电压:24V 电池组额定容量:100A·h	1	车辆大架
二、柴油机尾气处理系统					
6	连接法兰	—	—	1	车辆大架
7	高温隔热涂料排气管	—	—	1	
8	高温隔热涂料排气弯管	—	—	1	
9	排气波纹管	—	—	1	
10	尾气处理箱	—	不锈钢	1	
11	补水阀	—	—	1	
12	排气阻火装置	—	—	1	
13	补水箱	—	不锈钢	1	
14	连接高压水管	—	—	1	
三、防爆柴油机保护装置					
15	矿用防爆型控制箱	KXBJ-16/48	额定电压:24V 额定电流:16A	1	驾驶室内
16	矿用柴油机保护显示装置 (带液晶显示屏)	ZB24DC	额定电压:24V 额定功率:15W	1	驾驶室内
17	瓦斯传感器	—	—	1	驾驶室背面

续上表

序号	名　　称	型　号	参数、技术指标	数量	安 装 位 置
18	温度传感器	—	—	2	发动机机体、排气口
19	水位传感器	—	—	1	补水箱
20	矿用胶封兼本质安全型熄火电磁阀	DFEH13/0.8	—	1	驾驶室内
四、其他					
21	专用线缆	MY-0.38/0.66（4-150mm）	—	—	整车
22	干粉灭火器	3kg	—	2	驾驶室外

13.2.3　瓦-油-电闭锁防爆改装系统结构、工作原理、安装、配置及操作规程

瓦-油-电闭锁以及天城坝隧道内所有机械防爆改装严格按《贵州省高速公路瓦斯隧道施工技术指南(试行)》的附录 L 执行。

1）系统结构

系统主要由系统维护与配置管理中心、控制分站、检测控制器三部分组成,结构如图 13.2-4 所示。

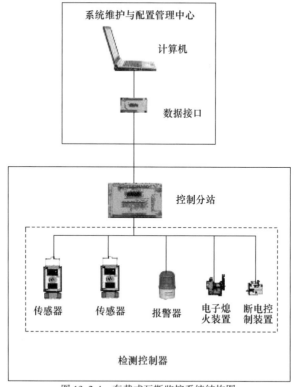

图 13.2-4　车载式瓦斯监控系统结构图

(1) 系统维护与配置管理中心

系统维护与配置管理中心主要用于设置、调试系统配置参数和控制逻辑。主要由中心计算机、系统软件、数据传输接口组成。这部分配置主要由设备提供方使用,用户也可购置用于平时维护。系统正常运行时不需该部分设备。

(2) 控制分站

控制分站是系统的数据采集处理和逻辑控制中心,负责从传感器采集环境参数,并将结果按照管理中心软件所设计的控制逻辑进行判断处理,根据配置方案在检测到异常时输出报警和断电等控制信号;控制分站还具备与管理中心进行数据通信的功能,接收管理中心下达的配置逻辑指令,并可将采集的数据发送至管理中心进行实时监测调试。

(3) 检测控制器

检测控制器包括传感器和报警器。传感器主要是采集隧道的环境参数,各类传感器监测对象有瓦斯、一氧化碳、二氧化碳、风速等。

报警器接收控制分站发来的报警信号,发出声光报警提示,提前发出预警。

2) 系统工作原理

系统主要采集施工机械工作区域的环境瓦斯气体浓度参数,控制分站根据采集的浓度值和控制逻辑进行分析处理。系统工作时,当环境瓦斯浓度逐渐上升,达到比较危险的浓度(按照有关规定设定为 0.3%),控制分站向报警器发出报警信号,报警器发出声光报警,驾乘人员听到报警声音或看到报警光后,立即停止作业,通知相关人员核查现场实际情况,在查明起因并解除危险后再进行作业。如果瓦斯浓度上升较快或者施工机械现场无人值守时,环境瓦斯浓度达到较高危险限值,此时控制分站再次向机械的断油熄火控制器和电源控制器发出控制信号,使机械自动停止工作并关闭总电源,实现闭锁,防止因机械工作中或不知情人员重新启动产生火花,造成爆炸事故。车载式瓦斯监控系统工作原理示意图如图 13.2-5 所示。

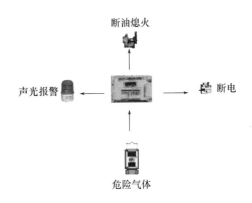

图 13.2-5　车载式瓦斯监控系统工作原理示意图

3) 安装方法

监测分站安装位置可根据机械自身的结构特点进行选择,可安装于驾驶室、机械底部或侧面以及驾驶室与车厢连接处等。传感器安装于驾驶室顶部通风处。由于作业机械是一个振动剧烈的载体,因此相关设备需要做加固与防振设计。车载式瓦斯监控系统布置示意图如图 13.2-6 所示。

4) 主要技术指标

(1) 传感器容量:2 个模拟量输入口,3 个控制量输出口。

(2) 数据传输速率:2400bps,误码率 $\leqslant 1 \times 10^{-8}$。

(3) 传输距离:管理中心至分站 $\geqslant$5km;分站至传感器 $\geqslant$1km。

(4) 传输电缆:高温电缆。

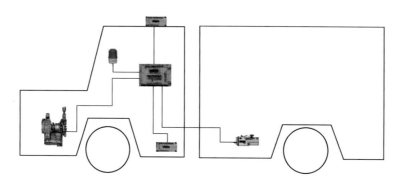

图 13.2-6 车载式瓦斯监控系统布置示意图

(5) 系统精度：≤±0.5%。
(6) 扫描间隔：≤0.4s。
(7) 控制执行时间：≤1s。
5) 系统配置

瓦-油-电闭锁防爆改装需配置、安装表 13.2-3 中所列零部件。

单台车改装零部件明细表　　　　　表 13.2-3

序号	名　称	型号、参数	参数、技术指标	数量	安装位置
1	矿用防爆型控制箱	KXBJ-16/48	额定电压：24V 额定电流：16A	1	驾驶室内
2	矿用柴油机保护显示装置 （带液晶显示屏）	ZB24DC	额定电压：24V 额定功率：15W	1	驾驶室内
3	瓦斯传感器	—	—	1	驾驶室背面
4	矿用胶封兼本质安全型熄火电磁阀	DFEH13/0.8	—	1	驾驶室内
5	开关	—	—	1	
6	机动车排气火花熄灭器	HD-FHM	—	1	排气筒
7	专用线缆	MY-0.38/0.66 (4~150mm)	—	—	整车
8	干粉灭火器	3kg	—	2	驾驶室外

6) 操作规程

(1) 进入隧道作业前，驾驶员必须检查监控系统是否工作正常；

(2) 隧道内作业时，监控系统必须保持开启状态；

(3) 监控系统发出声光报警后，应立即将车辆熄火，并撤离现场，通知相关人员；

(4) 在洞内爆破前，所有车辆熄火或者开除洞外；爆破后，经检查确认安全后，方可进入洞内作业；

(5) 若通过其他手段检测出隧道内瓦斯含量异常，应立即停止作业，待确认安全后方可重新作业；

(6) 监控系统异常时必须及时向相关负责人员汇报；

(7)监控系统所带的瓦斯传感器必须每隔15d进行零点校准,同时做好除尘工作;
(8)车辆在洞外长时间停放应关闭监控器电源;
(9)系统必须与监控系统、人工检测等预防措施搭配使用。

13.2.4　作业机械改装方案选择

(1)出渣装载机:在掌子面作业,整车防爆改装。
(2)挖掘机:在掌子面作业,整车防爆改装。
(3)出渣自卸汽车、混凝土运输车:在掌子面停留时怠速运转,温度及排气量低,主要在便道及斜井中行驶,机械工况与功效要求较高,主要采取瓦-油-电闭锁防爆改装,确保瓦斯超限自动断油、断电熄火;部分整车防爆改装,供应急使用。
(4)随车吊、自卸汽车:倒运材料,仅在已衬砌封闭段短暂停留,瓦-油-电闭锁防爆改装,确保瓦斯超限自动断油、断电熄火,并且不得进入未衬砌封闭区域。
(5)中巴车、皮卡车、火工品运输车、升降车:接送人员、运输火工品、衬砌检测,仅在已衬砌封闭段短暂停留,瓦-油-电闭锁防爆改装,确保瓦斯超限自动断油、断电熄火,并且不得进入未衬砌封闭区域。
(6)湿喷机械手、拱架安装台车:在掌子面作业,施工时内燃机不工作,由电机驱动液压系统工作,电控系统复杂,瓦-油-电闭锁防爆改装,确保瓦斯超限自动断电。
(7)三臂凿岩台车:在掌子面作业,施工时内燃机不工作,由电机驱动液压系统工作,电控系统复杂,加装瓦斯传感器,执行动火管理制度,确保使用安全和不使用时不带电。
(8)输送泵:衬砌台车处作业,无内燃系统且电控系统复杂,加装瓦斯传感器,执行动火管理制度,确保使用安全和不使用时不带电。
(9)衬砌台车、水泵、注浆机、钢筋切断机、钢筋冷挤压机等非行走式作业机械:购置时均要求电机、控制箱等电气部分为矿用防爆型。

防爆改装由具有合法防爆改装资质的单位进行,所使用元器件、线缆等必须具有防爆性能及防爆合格证,改装完成后需出具验收报告及验收合格证。

13.2.5　防爆改装验收

(1)防爆改装完成、投入使用前,由现场监理工程师、项目设备部、安全质量部、勘察设计院相关人员等共同参与验收,并填写验收记录。
(2)检查验收防爆改装设备各技术条件是否符合要求。
(3)验收改装厂家出具的改装合格证、自检报告、防爆产品合格证(矿用产品安全标志证书)、防爆产品厂家资质。
(4)设备防爆改装后需由厂家人员对电工、修理工、操作司机进行培训,主要讲解防爆改装设备的维修保养、常见故障情况及处理方法。

13.2.6　使用与维护

(1)防爆设备维护主管部门为设备部,主管人为项目设备部长,主管领导为项目机械总工程师。主要负责部门为各分部/工区机械队，主要负责人为各分部设备部长及机械队长。各分部/工区至少配备1名电工、1名修理工对防爆设备进行日常检修和维护。

（2）改装厂家专业技术人员每半年对防爆系统的性能进行检查维护。

（3）隧道口值班调度每天对进入瓦斯工区的作业机械用标准气体试验断油、断电熄火装置是否有效。

（4）操作司机每班对防爆系统进行常规检查维护，主要检查瓦斯传感器显示是否正常，电线缆、管路、水箱、尾气处理箱等有无破损，灯光是否完好，排气火花熄灭器是否完好等。

（5）设备部负责每周自检一次瓦斯传感器，每十天调校一次瓦斯传感器，每年送检标定一次瓦斯传感器，确保传感器的灵敏度和准确性。

（6）设备部、安质部负责每周对防爆改装设备进行一次专项检查，重点试验瓦-油-电闭锁装置工作情况，确保瓦斯超限后作业机械自动断油、断电熄火并不能启动。

（7）修理工每周检查一次整车防爆改装的作业机械排气阻火器，及时清除阻火器栅栏片之间的垢物，以免排气不畅影响发动机功率。

（8）当瓦斯传感器检测到瓦斯浓度达到0.3%报警时，操作司机应及时上报调度加强通风，并告知瓦斯检查员加强监测；当检测到瓦斯浓度达到0.5%报警并自动断油、断电熄火时，操作司机应立即停止作业，并报告相关管理人员采取措施。

（9）当安装在凿岩台车、输送泵上的瓦斯传感器检测到瓦斯浓度超标报警时，应立即关闭设备总电源开关并及时撤离，严禁擅自二次启动设备。

（10）当瓦斯浓度降低、报警解除后，需由瓦斯检查员对作业机械20m范围内的瓦斯浓度进行再次检测，确保瓦斯浓度低于0.3%后方可重新启动并操作设备。

（11）严禁在隧道内对车辆防爆系统进行检查、维修，有故障时必须在洞外进行检修。若遇特殊情况必须在隧道内检修时，须经分部安质部、设备部同意后方可进行，且应在检修区域附近20m范围内加强瓦斯检测并配置灭火器。

（12）整车防爆改装的作业机械工作前，需检查废气处理箱、补水箱中冷却水的情况，使用过程中每2h对补水箱加水一次，以保证正常工作。加入箱中的冷却水应是经过处理的干净的软水或自来水，不得使用防冻液。

（13）严禁任何单位或人员私自拆除瓦斯传感器、管路、水箱等防爆改装附件，严禁断开防爆装置电源或拔除传感器线。

（14）若发现防爆改装附件、装置失效，操作司机须及时上报机械队及设备部进行处理、恢复，严禁隐瞒不报继续使用。

（15）作业机械在隧道内行驶时限速15km/h，过台车台架及栈桥时限速5km/h，以降低产生撞击或剐擦火花概率。

第14章 施工安全措施

14.1 组织保障措施

14.1.1 安全生产目标

以天城坝隧道为例,建立隧道的安全管理体系并对可能发生的事故制订应急预案,杜绝职工因工死亡事故及重伤事故。

14.1.2 安全生产管理体系

1)安全组织机构

成立安全管理领导小组,项目经理为组长,安全总监、生产经理、总工程师为副组长,各部门和作业队负责人为组员。安全组织机构体系见图14.1-1。

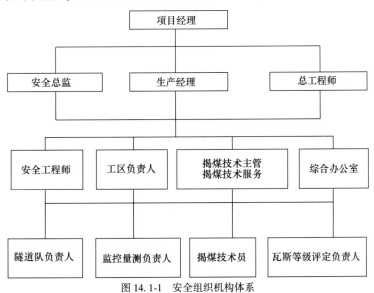

图14.1-1 安全组织机构体系

2）安全培训

为确保天城坝隧道所有作业人员均具备风险防控意识，全力合作，做好天城坝隧道的安全施工工作，由项目部组织所有进洞人员进行安全培训，并对所有进洞人员进行考试，考试合格后方允许进洞作业。

（1）培训范围

项目经理、技术负责人、副经理、安全负责人、工程部部长、技术人员、安质部部长及安全管理人员、班组长、爆破员、电工、瓦斯检查员、通风工等所有进洞作业人员。

（2）培训内容

安全培训的主要内容：

①瓦斯基本知识，包括瓦斯的定义、瓦斯的成分、瓦斯的来源、瓦斯灾害的种类及危害等；

②瓦斯隧道安全施工技术交底；

③特殊材料、设备的应用、维护与管理；

④各工序管理制度；

⑤瓦斯灾害的预防、处置和抢险措施等。

（3）培训计划

××××年××月对瓦斯基本知识、灾害种类及预防措施、管理制度进行培训，并对防治煤与瓦斯突出技术进行技术交底。

3）安全管理职责

（1）项目经理是安全生产的第一责任人，对整个施工过程的安全负全部责任。

（2）安全总监对安全施工负直接领导责任，具体组织实施各项安全措施和制度。

（3）项目总工程师负责组织安全技术措施的编制和审核、安全技术交底和安全技术教育。

（4）工程技术部主管负责组织安全操作规程细则、制度的编制和审核，安全技术交底，制订切实可行的安全技术措施，并组织施工人员学习和落实。

（5）安全员主持日常安全领导工作，负责协调和处理现场的安全事宜，对安全施工负直接领导责任。

4）安全管理制度

（1）安全生产责任制。

按照项目经理负总责、安全员负专责、各级管理人员负相应责任的原则，全面建立并实行安全责任制和安全逐级负责制。把安全责任目标层层分解，横向到职能部门，纵向到各级领导和每个职工，并逐级签订安全责任状，形成一级保一级，层层抓落实的安全生产责任保障体系。

（2）安全教育制度。

加强全员的安全教育，使广大职工牢固树立"安全第一，预防为主"的意识，克服麻痹思想，组织职工有针对性地学习有关安全方面的规章制度和安全生产知识，做到思想上重视，生产上严格执行操作规程。

（3）对特殊工种和对施工安全有特殊影响的作业人员，必须经专门安全操作技术培训，考试合格后方可持证上岗。

（4）要经常进行有针对性的安全教育，使全体人员牢固树立"安全第一"的观念和提高自我保护能力，做到"四不伤害"（不伤害自己，不伤害别人，不被别人伤害，不让他人受到伤害）。

(5)对新入场工人进行三级安全教育,变换工种时也要进行安全教育。

(6)施工管理人员要进行年度安全培训,专职安全员按规定进行年度培训考核,考核不合格的不得继续从事安全员的工作。

5)安全检查制度

(1)由各级安全组织监督检查,形成上下齐抓共管的安全管理网络,做到安全工作层层有人抓,工作前有布置,工作中有落实,工作后有讲评。营造"安全生产,人人有责"的良好氛围。

(2)日常安全检查:安全部门负责人、各劳务队安全员对现场施工过程中暴露工人不安全的行为及任何不安全因素及时纠正。

(3)周安全检查:安全部门负责人、各劳务队安全员针对现场施工过程中暴露工人不安全的行为及任何不安全因素及时下达整改通知书指令其限期整改。

(4)月安全检查:项目安全委员会成员及安全部门负责人、各劳务队安全员针对本月现场施工过程中出现工人不安全的行为及任何不安全因素进行总结回顾,并对安全工作突出者给予一定奖励。

(5)特殊安全检查:安全部门负责人、各劳务队安全员对施工过程特殊施工工具、临时水电等进行定期检查,对所有检查出的不符合规范、不安全行为及环境及时整改,限期未整改的进行一定的处罚。

6)施工现场安全管理制度

(1)施工住地布置符合安全规定,施工现场组织有条不紊。

(2)机械设备定期检查、保养、维修,并保证安全装置完备、灵敏、可靠。

(3)施工用电必须符合用电安全规程,施工现场电力线与其所经过的建筑物或工作地点保持安全距离,加大电线的安全系数。

(4)各种电动设备,必须有可靠的接地和防雷装置,严禁非专业人员动用。

7)安全员跟班作业制度

安全人员要佩戴"安全员"标志,只要现场有施工就必须有安全员在场,发现问题及时报告,及时处理。

8)安全警示制度

要采取警示等措施,禁止无关人员进行生产场所。凡进入施工现场,必须戴安全帽,严禁穿拖鞋、光脚,且服从值班员指挥,遵守各项安全生产管理规定。

9)落实事故处理报告制度

发生事故必须及时报告、处理,坚持"四不放过"原则,即事故原因未查清不放过、责任人员未处理不放过、责任人和群众未受教育不放过、整改措施未落实不放过。

10)班前安全活动

建立班前安全活动制度,认真做好班前安全活动记录,项目部及项目部安全负责人不定期对各个工班班前安全活动进行检查。

11)持证上岗制度

参加特种作业施工人员要参加当地劳动部门组织的培训,并且必须持证上岗,持证上岗率100%,未经培训、未持操作证的人员严禁从事特种作业。

14.2 "一通三防"管理措施

14.2.1 通风管理

为保障天城坝隧道快速、安全施工,结合以往瓦斯隧道的通风经验及成熟的工艺、工法,对隧道施工通风进行科学管理,制订科学、合理的通风方案和切实可行的保障措施。

(1)通风机应设两路电源,当一路电源停止供电时,另一路应在10min内接通,保证风机正常运转。

(2)确保有一套同等性能的备用通风机,并经常保持良好的使用状态。

(3)通风机应实行三专(专用变压器、专用开关、专用线路)供电,确保两闭锁(风电闭锁、甲烷电闭锁)有效。

(4)通风机安装支架稳固,避免运转时振动摇晃。风机出口设置刚性风筒连接,风机和风筒接口处法兰间加密封垫。刚性风管与软风管接合处绑扎牢固,以减小局部漏风和阻力。

(5)通风机经验收合格后方可投入使用。通风机必须执行专人管理制度,按规程要求操作风机,如实填写各种记录。严禁随意停开通风机,并实行挂牌管理。

(6)风筒必须采用抗静电、阻燃的风管,有出厂合格证。风筒口到开挖面距离小于5m,严禁爆破作业时摘取掌子面风管。

(7)风管吊挂和维护每班应明确专人负责。每班必须对全部风管进行检查,发现风筒破损等情况及时处理,损坏的风筒必须及时更换。风筒百米漏风率不应大于2%。

(8)挂设风筒要平、顺、直。在作业时,按洞内管线布置图测设风筒中线位置,每隔5m打眼安装高强度膨胀螺栓,布 $\phi 6mm$ 钢丝绳拉线,用紧线器拉紧,风筒吊挂在拉线下。为避免 $\phi 6mm$ 钢丝绳受冲击波振动、洞内潮湿空气腐蚀等原因造成断裂,增设 $\phi 10mm$ 棉绳挂圈。拐弯处要设弯头或缓慢拐弯,不拐死弯。

(9)通风值班人员必须审阅瓦斯班报,掌握瓦斯变化情况,发现问题,及时处理,并向相关领导、部门汇报。

(10)对于瓦斯易于积聚处,可采用空气引射器、气动风机等设备,实施局部通风的方法,消除瓦斯积聚,风速不低于1m/s。全隧道最低风速不小于0.25m/s。

(11)在施工期间,应实施连续通风。因检修、停电等原因停风时,必须撤出人员,切断电源,并在各入口处设置栅栏、警示牌。恢复通风前,必须检查瓦斯浓度。当停风区瓦斯浓度不超过1%,并在通风机及其开关地点附近10m以内风流中的瓦斯浓度不超过0.5%时,方可人工开动通风机。当停风区中瓦斯浓度超过1%时,必须制订排除瓦斯的安全措施。只有经检查证实停风区中瓦斯浓度不超过0.45%时,方可人工恢复由通风机供风的洞中一切电气设备。

(12)揭煤期间加强通风管理,及时校验便携式瓦检仪、高浓度光学瓦检仪和瓦斯自动检测报警断电装置。瓦斯自动检测报警断电装置的安设应符合《贵州省高速公路瓦斯隧道设计技术指南》(2014)的要求。

14.2.2 瓦斯和煤尘爆炸防治措施

瓦斯爆炸是一种严重的灾害,如果由于瓦斯爆炸引起煤尘参与爆炸,则危害更为惨重。因此,在揭煤施工中应采取有效措施予以防治。

瓦斯爆炸的基本条件有三个:一是瓦斯浓度在爆炸界限内,为5%~16%;二是足够能量的高温火源,温度为650~750℃;三是混合气体中氧的浓度不低于12%。为防止瓦斯爆炸从前两个条件着手,设法改变引起瓦斯爆炸的条件,制订以下措施:

(1)根据提供的资料,如果煤层具有煤尘爆炸性危险,在隧道的各穿煤段,应注意调整风速,依靠通风,将瓦斯稀释至安全浓度范围之内。施工中采用湿式钻眼刷洗孔壁,爆破前后在开挖工作面附近20m内必须喷雾洒水。

(2)建立和配备瓦斯检测仪器和装备,严格执行检测制度,掌握瓦斯涌出变化及分布动态,防止瓦斯局部积聚和超限,一旦出现瓦斯超限,及时采取措施进行处理。

(3)防止各种引燃火源,包括电气设备失爆和动力电缆破坏引起的电弧和电火花、炸药爆炸后的产物(火焰及炽热粒子)、摩擦火花、静电火花及其他火源。如果必须动火作业,严格执行动火作业制度,做好通风及各项检测工作。

(4)打钻作业过程中宜采用湿式作业,并随时检测孔口附近瓦斯情况,发现有打钻引起瓦斯动力现象或有害气体异常涌出,应停止作业及时处理,防止打钻作业引起瓦斯燃烧和爆炸。

14.2.3 防灭火管理

1)动火制度

天城坝隧道施工中如需动火,严格执行动火制度:

(1)瓦斯隧道洞内施工中可能产生高温、明火的电气焊、防水板焊接等工序界定为特殊工序,实行动火管理制度。其他特殊工序的界定由项目总工程师根据施工具体情况组织相关部门予以确定。

(2)特殊工序施工确定后,由项目工程部编制特殊工序作业指导书,制订切实可行的安全保证措施及操作细则,经驻地监理工程师批准后实施。

(3)特殊工序施工前,首先由工区技术负责人根据施工计划提前一天提出计划,经现场技术员、安全员、工区技术负责人工区长审核后,报驻地监理工程师审批,瓦斯检查员、安全员、技术员应落实焊接过程中瓦斯检测和安全措施。技术负责人和监理工程师应加强现场检查和监督,实施过程中必须严格按瓦斯隧道电焊施工申请表进行。

(4)特殊工序施工时,瓦斯检查员必须全程监测瓦斯浓度,同时作业地点采用局部通风措施,保证该范围内瓦斯浓度不超标。

(5)特种工序施工现场无专职瓦斯检查员、安全员、技术员,监控和消防设施不齐不得实施作业。

(6)动火作业前必须认真填写"瓦斯隧道电焊施工申请表",填写完毕并经项目驻地监理工程师批准后方可进行动火作业。

2）施工防火

（1）加强思想教育、提高防火意识

在瓦斯隧道，通过严格管理，做好施工防火工作，防止点火源的出现。施工中做到日日不松懈，班班严格执行机电、爆破、摩擦撞击、明火等的防治规定和措施；提高洞内工作人员和工程技术人员的素质，加强防火防爆意识，大力宣传洞内的防火防爆知识，贯彻执行有关规定，发现隐患和违章严肃处理。

（2）防止爆破火源

①爆破作业必须严格执行相关规定。不使用不合格和变质、超期的炸药；雷管总延时时间≤130ms，使雷管延期小于瓦斯爆炸所需的感应期，以保证不会引燃、引爆瓦斯。

②爆破作业工作面必须严格执行"一炮三检"的瓦斯检查制度，保证爆破前后的瓦斯浓度在规定的界限内。

③禁止使用明接头后裸露的爆破母线，爆破连线、爆破等工作要由专门的人员操作，严格执行"三人连锁爆破"制度。

④炮眼的深度、位置、装药量符合该工作面作业规程的要求，炮眼充填填满、填实，严禁使用块状物或可燃性物质代替炮泥充填炮眼，应用炮泥和湿黏土堵塞炮眼。

⑤禁止放明炮、糊炮。

⑥严格执行炸药、雷管的存放、运输管理规定，爆破员持证上岗。

（3）防止电气火源和静电火源

①洞内电气设备的选用符合要求，严禁带电检修、搬迁电气设备。防爆电气设备在进洞前由专门的防爆设备检查员进行安全检查，合格后方可进入。洞内供电应做到无"鸡爪子""羊尾巴"和明接头，有过电流和漏电保护装置，有接地装置；坚持使用检漏继电器、局部通风风电闭锁和甲烷电闭锁装置。

②为防止静电火花，洞内使用的高分子材料（如塑料、橡胶、树脂）制品，其表面电阻应低于其安全限定值。消除洞内杂散电流产生的火源，首先应普查洞内杂散电流的分布，针对产生的原因采取有效措施，防治杂散电流。

（4）防止摩擦和撞击点火

防治摩擦和撞击点火的主要措施：工作面遇坚硬夹石或硫化铁夹层时，不能强行截割，应爆破处理；为防止产生撞击火花，装渣前必须将石渣洒水湿润。

（5）防止明火点燃

①严禁携带烟草、点火物品和易燃物品进洞；

②严禁在洞内使用明火或吸烟；

③严禁穿戴易于产生静电的化纤服装等进入瓦斯工区。

④尽量减少洞内电焊、气焊作业；特殊的、不可避免的焊接作业，每次作业都必须坚持用火制度，并由驻地监理工程师审批。瓦斯工区经审批进行焊接等动火作业时，瓦斯检查工必须跟班作业，随时检测动火点前后20m范围内的瓦斯浓度，确保动火作业区域瓦斯浓度小于0.5%，并不得有可燃物；两端各设一个供水阀门、灭火器和应急沙箱，并在作业完成前由专人检查，对焊接部位进行降温，确认无残火后方可结束作业。瓦斯浓度大于0.5%时，严禁隧道内一切动火作业。对于瓦斯突出工区，在未消除瓦斯突出危险期内，严禁隧道内一切动火作业。

⑤严禁在洞内存放汽油、煤油、变压器油等,洞内使用的棉纱、布头、润滑油等必须存放在有盖的铁桶内,严禁乱扔、乱放或抛在隧道内。

(6)防止其他火源

除撞击、摩擦等引起的火源外,地面的闪电或其他突发的电流也可能通过洞内管道进入易爆炸区域而引燃瓦斯,因此,通常应当截断通向这些区域的金属管道等。

(7)消防措施

①隧道供水系统兼作消防用水系统,供水管路每50m设置一个水管接口;

②洞内设置灭火器及消防设施,并保持良好状态。

(8)火情处理规定

①火灾时不得停风,但要掌握控制风向、风量;

②电气设备着火时,首先切断电源。

14.3 其他施工安全措施

14.3.1 瓦斯监测和检测及管理安全防护措施

1)瓦斯监测

天城坝隧道采用自动监测和人工检测相结合的方式。自动监测采用KJ90安全监控系统,对隧道施工过程中瓦斯、二氧化碳和风速等参数的变化情况进行实时监测和记录,对整座隧道瓦斯实时监测,并结合人工检测,以确保隧道施工安全。

人工检测采用专职瓦斯检测人员携带瓦斯检测仪器进行现场检测。瓦斯检测仪配置见表14.3-1。

瓦斯检测仪配置 表14.3-1

仪器名称	型号	数量	主要技术指标	仪器特点	使用人员
光干涉甲烷测定器	CJG10Z	3台	测CH_4:0~10%;质量:800g	读数直观,数据准确可靠,使用方便	专职瓦斯检查工
便携式甲烷检测报警仪	AZJ-2000	50台	测CH_4:0~5%;连续声光报警;质量:175g	数字显示、自动跟踪报警、操作方便	进入隧道的工班负责人

2)瓦斯检测管理

(1)基本规定

①从事隧道施工的所有人员进洞时,必须在洞口接受安全检查,由工班负责人或安全员携带便携式甲烷检测报警仪,专职瓦斯检查人员必须携带便携式光干涉甲烷测定器。

②开挖掌子面、横通道连接处、开挖和衬砌变截面处、附属硐室和使用中的机电设备的设置地点、有人员作业的地点都应纳入检测范围。

③有瓦斯突出或喷出危险的开挖掌子面和瓦斯涌出较大、变化异常的开挖掌子面,需由专

人经常检测,并安设瓦斯断电仪。

④施工中,每道工序开工前应检测一次瓦斯浓度,只有浓度在规定值以下时,方可进行施工作业;瓦斯地段爆破作业时必须严格执行"一炮三检制"。"一炮三检制"即在开挖工作面装药前、爆破前和爆破后必须检查爆破地点附近20m以内风流中瓦斯浓度,若瓦斯浓度达到0.5%及以上时,严禁装药爆破。

⑤开挖掌子面二氧化碳浓度应每班至少检查3次;有二氧化碳突出危险和涌出量较大、变化异常的开挖掌子面,必须由专人经常检测。

⑥瓦斯检查人员必须执行瓦斯巡回检查制度和请示报告制度,并认真填写瓦斯检查班报。每次检查结果必须记入瓦斯检查班报手册和检查地点的记录牌上,并通知现场工作人员。当瓦斯浓度超过有关规定时,瓦斯检测工有权责令现场人员停止工作,并撤到安全地点。

⑦瓦斯日报必须送项目经理、项目总工程师审阅,同时送洞口现场负责人、技术主管审阅。对重大的通风、瓦斯问题,应制订措施,进行处理。

3) 瓦斯检测地点及范围

(1) 开挖工作面风流、回风流中,爆破地点附近20m的风流中及局部塌方处。

(2) 平行导坑总回流风中。

(3) 局部通风机及电器开关前后10m内的风流中。

(4) 各种作业机械附近20m范围内的风流中。

(5) 电动机及其开关附近20m内的风流中。

(6) 隧道硐室、开挖凹陷及隧道拱顶部等易于瓦斯聚集处。

(7) 煤层(线)及岩体破碎易于瓦斯溢出段。

4) 瓦斯监测管理相关规定

(1) 开挖掌子面及其他作业地点风流中瓦斯浓度达到0.5%时,必须停止打眼;爆破地点附近20m以内风流中瓦斯浓度达到0.5%时,严禁爆破。

(2) 开挖掌子面及其他作业地点风流中、电动机,或其开关安设地点附近20m以内风流中的瓦斯浓度达到0.5%时,必须停止工作,切断电源,撤出人员,进行处理。

(3) 开挖掌子面及其他地点,体积大于0.5m³的空间内局部瓦斯积聚浓度达到2.0%时,附近20m内必须停止工作,撤出人员,切断电源,进行处理。

(4) 对因瓦斯浓度超过规定被切断电源的电气设备,必须在瓦斯浓度降到1.0%以下时,方可通电开动。

(5) 开挖掌子面风流中二氧化碳浓度达到1.5%时,必须停止工作,撤出人员,查明原因,制订措施,进行处理。

(6) 隧道施工必须有因停电和检修通风机停止运转或通风系统遭到破坏以后恢复通风、排除瓦斯和送电措施。恢复正常通风后,所有受到停风影响的地点,都必须经过通风、瓦斯检查人员检查,证实无危险后,方可恢复工作。所有安装电动机及其开关的地点附近20m的巷道内,都必须检测瓦斯,只有瓦斯浓度不超过0.5%时,方可开启。

14.3.2 电气设备和作业机械管理安全防护措施

煤系地段工区的电气设备、作业机械均采用防爆型,其防爆安全性能必须经过专职人员检查,确认合格后方可进洞使用。工区配备两路电源并采用双电源线路,其电源线上不得分接隧道以外的任何负载。电气设备应符合下列防爆安全规定:

(1)瓦斯工区使用的光电测距仪及其他有电源的设备采用防爆型,当采用非防爆型时,在仪器设备 20m 范围内瓦斯浓度必须小于 0.5%。

(2)安装后的机电设备,必须经过外观、防爆性能、操作性能的检查,合格后方可投入使用。

(3)电气设备应重点检查专用供电线路、专用变压器、专用开关、瓦斯浓度超限与供电的闭锁、局部通风机与供电的闭锁情况。供电线路应无明接头,无接头连接不紧密或散接头现象,有漏电保护装置,有接地装置,电缆悬挂整齐,防护装置齐全等。

(4)操作电动装渣、开挖等作业机械,防爆开关表面温度过高时应立即停止作业。

(5)瓦斯隧道使用的机电设备在使用期间,除日常检查外,尚应按规定的周期进行检查。

14.3.3 抽放期间安全防护措施

(1)瓦斯抽放钻孔在施工完毕后,应及时封孔并接入管路进行抽采,防止隧道瓦斯超限,引发瓦斯事故。

(2)瓦斯抽放管路必须采用阻燃、抗静电的材料;具有良好的气密性,足够的机械强度,并应满足防冻、防腐蚀的要求,外部涂红色以示区别。

(3)抽放管路宜设置在车辆不易刮擦的隧道一侧,不得和电缆设置在同一侧,并在进入隧道前进行接地和防雷处理。

(4)抽放期间对隧道内抽放管路密封性能进行经常性检查,重点检查接头、阀门等处是否漏气或脱落,管路是否有破损,隧道内瓦斯是否超标,专人进行放水和管路维护,处理管路积水和漏气。

(5)地面抽放站设栅栏或围墙保护设施,抽放站 20m 范围内进行防爆管理,泵房内的所有设备和仪表均选用防爆型,严禁烟火,通风良好,并采取避雷接地措施。

(6)抽放泵房进、出端管路上设置有防回火、防回气、防爆炸装置。泵房建筑采用不燃性材料,泵站周围设有消火栓及灭火器。泵房内配有自动监测装置,监测抽采管内的瓦斯流量、浓度、负压和泵房内的瓦斯浓度、电机轴温和真空泵的水温等参数,一旦出现异常,自动切断真空泵电机电源。在抽放主管和支管路上安设瓦斯流量、浓度、负压等检测装置,必须采用符合国家标准的瓦斯抽放量计量器具。

(7)建立防治煤与瓦斯突出管理台账,加强技术资料管理,做到图纸、记录、报表、台账和分析总结报告齐全。要有瓦斯抽放系统图、泵站平面与管网(包括阀门、安全装备、检测仪表、放水器等)布置图、抽放钻场及钻孔布置图、泵站供电系统图、抽放工程和钻孔施工记录、抽放参数测定记录、泵房值班记录、抽放工程报表、抽放量报表、抽放设备管理台账、抽放工程管理台账、瓦斯抽放系统和抽放参数、抽放量管理台账。

(8)加强瓦斯抽放参数(抽放量、瓦斯浓度、负压、正压、大气压、温度等)的监测,发现问题时,及时处理。

(9)严格控制瓦斯抽放工程施工质量,确保各类防突措施钻孔质量,确保瓦斯管路敷设质量,确保抽放钻孔封孔严密,以提高抽放效果。所有瓦斯抽放工程都须按质量标准进行验收,不符合设计标准的重新施工直到合格为止。

14.3.4 开挖爆破作业安全措施

在揭开有煤与瓦斯突出危险的煤层时,遵守下列安全规定:

(1)开挖工作面出现下列煤与瓦斯突出预兆时,立即报警,停止工作,撤出人员,切断电源,并上报项目有关部门。

①瓦斯浓度忽大忽小,工作面温度降低,闷人,有异味等。

②开挖工作面地层压力增大,鼓壁,深部岩层或煤层的破裂声明显、响煤炮、掉渣、支护严重变形。

③煤层结构变化明显,层理紊乱,由硬变软,厚度与倾角发生变化,煤由湿变干,光泽暗淡,煤层顶、底板出现断裂、波状起伏等。

④钻孔时有顶钻、夹钻、顶水、喷孔等动力现象。

(2)全区撤离,地面爆破。隧道揭煤作业期间即从区域防突抽放完毕进入开挖直到揭穿所有煤层,爆破作业均在洞外起爆,洞内必须停电,人员撤至洞外,停止一切作业。

(3)揭煤爆破15 min后,由救护队员佩戴防毒面具或自救器到开挖工作面对爆破效果、瓦斯浓度等进行检查,确认安全后通知送电、开动局部通风机。通风30min后,由瓦斯检查人员检测开挖工作面、回风道瓦斯浓度,当开挖工作面瓦斯浓度小于0.5%时,方可通知施工现场负责人允许施工人员进洞。

(4)爆破采用煤矿许用起爆器,并使用煤矿许用雷管和炸药。所有炮眼 使用黏土炮泥或水炮泥封堵。

(5)揭煤时统一协调指挥。揭煤时救护队员及设备在洞口待命,一旦发生险情立即抢险。

14.3.5 支护作业安全措施

煤与瓦斯突出危险隧道煤系地层支护作业时,应遵守下列安全规定:

(1)进行支护作业时应全程进行瓦斯易积聚部位(如掌子面、硐室、衬砌台车等部位)的浓度监测,瓦斯超标时立即停止作业,并采取断电、撤人、加强通风等措施。

(2)瓦斯揭煤段施工用拱架应加强拱架加工质量、精度的控制,拱架应在隧道外进行试拼装,确保拱架安装精度。拱架间连接筋进行预弯并配合套筒进行冷连接,锚杆螺栓及垫板安装操作规范,最大限度避免初期支护动火。

(3)当支护作业不可避免动火时,在动火点前后各20m范围内,风流中瓦斯浓度不得大于0.5%,并不得有可燃物,同时设消防用水和灭火器,并在作业完成前由专人检查,确认无残火后方可结束作业。

14.3.6 瓦斯排放安全措施

在瓦斯排放钻孔排放瓦斯时,必须用软质风筒将风流引向天城坝隧道掌子面,并与掌子面保持5~10m距离;对于风流不易于流动的掌子面轮廓线附近,应设置风障或分支风筒,将部分风流引向该处,以稀释积聚的瓦斯,防止瓦斯超限。

瓦斯排放时间与瓦斯排放钻孔布置的密集程度有一定的联系,当瓦斯排放时间较长时,可以通过增加瓦斯排放钻孔来缩短排放时间。

天城坝隧道在进行瓦斯排放时,一旦隧道中的瓦斯报警仪报警或传感器显示瓦斯浓度大于1%,应立即撤出工作人员,但仍保持隧道通风;只有隧道内的瓦斯浓度小于1%,且瓦斯检查员首先进入隧道,对隧道内的瓦斯进行测试,均小于1%后,方可进行相关作业。

14.3.7 运输安全措施

煤与瓦斯突出危险隧道煤系地层运输作业时,应遵守下列安全规定:

(1)各类进洞车辆必须处于完好状态,安全防护装置齐全,制动有效,运输时严禁人料混装;进洞的各类机械与车辆,宜选用带净化装置的柴油机作动力设备;所有运输车辆均不准超载、超宽、超高运输;装运大体积或超长料具时,应有专人指挥,并设置警示界限的红灯,物件应捆扎牢固。

(2)进出隧道人员应走人行道,不得与机械或车辆抢道,严禁扒车、追车或强行搭车。

(3)人工装渣时,应将车辆停稳并制动;机械装渣时,隧道断面应能满足装载机械的安全运行;操作装渣机时,其回转半径范围内不得有人通过。

(4)卸渣时,应将车辆停稳并制动,严禁站在料斗内扒渣。

(5)洞内运输车速不得超过10km/h;行驶中严禁超车,在洞口和狭窄地段应设置"缓行"标志;在洞内倒车或转向时,应开灯鸣号,并设专人指挥;洞内车辆相遇或有行人通行时,应关闭前照灯,改用近光灯或小灯。

(6)凡停放在接近车辆运行界限处的施工设备与机械应在其外缘设置低压红色闪光灯,组成显示界限,以防止车辆碰撞;运输线路应有专人维修、养护,线路两侧的废渣和余料应随时清理。

(7)洞外卸渣场地应保持一段上坡段,并在堆渣边缘内0.8m处设置挡木,防止运输车滑翻。

(8)人工装渣,应将车辆停稳制动。漏斗装渣时,应有联络信号,装满时应发出停漏斗信号,并及时盖好漏渣口。接渣时,漏斗口下不得有人通过。

(9)机械装渣时,坑道断面应能满足装载机械的安全运行,装渣机上的电缆或高压胶管应有专人收放;操作装渣机械时,其回转半径范围内不得有人通过。

(10)在突出煤层中的突出危险区、突出威胁区的掘进工作面严禁使用风镐、拉拔机作业。

(11)无轨运输应遵守下列规定:

①洞内运输的车速不得超过:人力车5km/h;机动车在施工作业地段单车10km/h;机动车在非作业地段单车20km/h,会车时10km/h。

②车辆行驶中严禁超车。

③在洞口、平交道口及施工狭窄地段设置"缓行"标志,必要时应设专人指挥交通。

④凡停放在接近车辆运行界限处的施工设备与机械,应在其外缘设置低压红色闪光灯,组成显示界限,以防运输车辆碰撞。

⑤在洞内倒车与转向时,必须开灯或有专人指挥。

⑥洞外卸渣地段应保持一段上坡段,并在堆渣边缘内0.8m处设置挡木。

⑦路面应有一定的平整度,并设专人养护。

⑧洞内车辆相遇或有行人通行时,应关闭前照灯,改用近光灯或小灯。

(12)在隧道工程外部运输爆破器材时,应遵守《中华人民共和国民用爆炸物品管理条例》。

(13)严禁用翻斗车、自卸汽车、拖车、拖拉机、机动三轮车、人力三轮车、自行车、摩托车和皮带运输机运送爆破器材。

14.3.8 隧道施工过构造安全措施

天城坝隧道工程区域岩溶较为发育,且隧道位于向斜和背斜相互交替区域,可能存在其他的地质构造,一旦地勘钻孔探测天城坝隧道前方存在地质构造、地质破坏带或岩溶时,必须采取一定的安全措施,防止瓦斯等气体涌出异常。

(1)掘进至距预计地质构造法向距离10m位置时停止掘进,施工钻孔穿过地质构造、地质破坏带或岩溶,至其中心后,对钻孔内的气体进行检测。若发现瓦斯等可燃气体,则施工排放钻孔排放构造内可燃气体。

(2)掘进至地质构造、地质破坏带或岩溶法向距离3m位置时,施工队做好工作面及附近的支护,处理好安全并再次施工地质钻孔,地质钻孔参数由项目部设计,原则上要求地质孔不少于3个,要求穿透地质构造、地质破坏带或岩溶全厚进入底板不小于0.5m,保证确切掌握地质构造、地质破坏带或岩溶厚度、走向和倾角、地质构造及瓦斯涌出情况等,并详细收集钻孔煤、岩芯资料报项目部总工程师,送相关部门,经分析确认安全后,方可放最后一炮,原则上一次爆破进度不超过1.5m。

(3)掘进至距地质构造、地质破坏带或岩溶法向距离1.5m位置时,在确保工作面附近安全后,再次施工地质钻孔,对瓦斯、水及地质等参数再次进行摸底,分析存在的危害因素。有危害必须再次处理,确认安全后,方可采取人工用煤电钻(或岩石电钻)掘穿至地质构造、地质破坏带或岩溶。

具体步骤如下:

(1)先用风钻掘穿地质构造、地质破坏带或岩溶一个200mm×200mm的孔,专职瓦斯检查员检查有毒有害气体,确认安全后方可扩大地质构造、地质破坏带或岩溶孔洞断面;否则用风筒直吹地质构造、地质破坏带或岩溶的孔洞断面进行排放,确认安全后方可扩大地质构造、地质破坏带或岩溶孔洞断面。在扩地质构造、地质破坏带或岩溶孔洞断面时必须有专职瓦斯检查员在场不间断地检查有毒有害气体,一旦发现异常情况立即汇报并撤离人员。

(2)在穿越过程中,施工队应派专人负责瓦斯、有毒有害气体、顶板、水害等专项管理。若遇到较大空间范围的溶洞时,应及时汇报,停止掘进作业,经研究并提出具体方案后,才能恢复掘进。

（3）为了保证隧道在地质构造、地质破坏带或岩溶等区段支护结构安全，应对这些区段支护结构进行加强。首先，在地质构造、地质破坏带或岩溶等补强初期支护，防治岩溶内瓦斯等有毒有害气体大量冒出，对这些区段进行锚喷支护，并加强临时支护，通过施作管棚等措施，加强围岩的稳定性；其次，施作二次衬砌，通过这些区段时，按Ⅱ类围岩衬砌类型进行二次衬砌，仰拱厚度100cm，并增加20b工字钢支撑，钢支撑之间用直径22mm螺纹钢筋连接，环向间距1m。土工布及橡胶防水板设置在工字钢支撑与初期支护之间，使用模板台车整体浇筑二次衬砌。最后，若隧道底部是地质构造、地质破坏带或岩溶，为了防止隧道整体下沉，岩溶地段采用钢筋混凝土底板托梁方式通过；为了防止瓦斯溢出，隧道整环铺满防水层，兼作瓦斯隔离层。

（4）安全措施。

①施工队必须严格执行过地质构造、地质破坏带或岩溶等的安全技术措施（专门措施另行制定），采取远距离爆破，起爆点附近设一组压风呼吸袋，并且能够保证正常使用。

②进入地质构造、地质破坏带或岩溶等前，项目部组织有关部门，对工作面及回风系统进行一次全面检查验收，经验收合格后方可爆破。

③每班跟班队长必须携带准确灵敏可靠的便携式瓦斯报警仪，悬挂在距工作面不大于1.5m的顶板下0.2m处，两帮各悬挂便携式瓦斯报警仪。

④工作面距预计岩溶区10m时，加强探放水工作，必须严格执行"探三掘一""先探后掘"措施，否则不允许掘进；探眼不准装药或另做它用，且用黄泥堵严，跟班队长将探眼参数及见煤岩情况向项目部和有关部门汇报，并做好记录，发现异常时，不准掘进，等待处理意见。未有处理意见的，不得随意恢复生产。

⑤工作面距地质构造、地质破坏带或岩溶3m、1.5m位置时，必须停止掘进，向项目部和有关部门汇报，安排人员探钻进行地质构造、地质破坏带或岩溶的危险性预测。

⑥爆破前必须将车辆开到警戒区域外，由班组长按警戒位置布岗，撤出岗哨内所有人员。岗哨由技术员现场标定，并切断岗哨内除局部通风机、遥测装置外的一切电源。

⑦爆破前由跟班队长亲自向项目部和有关部门汇报支护、撤人、布岗、断电、装药量及有无岩溶、构造等情况，所有人员全部撤到警戒位置以外，经确认隧道内无人后方可起爆。

⑧爆破15min后，确无异常情况，经项目部同意后，由瓦斯检查员、班长、爆破员逐步进入工作面；瓦斯检查员必须认真检查瓦斯，当瓦斯不超限，且无异常情况时，方可撤岗，恢复作业。

⑨项目部必须经常派人到现场了解进度及岩性，并与预计平、剖面图进行对比，确切掌握工作面距地质构造、地质破坏带或岩溶区的法向距离。

⑩施工队必须准确掌握允许掘进长度，严禁超掘，并且随时与项目部保持联系，防止误过地质构造、地质破坏带或岩溶区。

⑪工作面距地质构造、地质破坏带或岩溶1.5m位置时，禁止炮掘，只能采用风镐采掘。工作面作业人员控制在两人，全部穿防水服装，并在掘进工作面采用全断面喷雾，以起到防尘和防火星的作用。

⑫揭开地质构造、地质破坏带或岩溶等最后一个循环及过门坎期间严禁采用爆破作业，必须使用风镐人工掘穿，掘穿和过地质构造、地质破坏带或岩溶期间，项目部成立治灾领导小组，全程统一指挥。所有施工作业人员，必须无条件服从指挥，确保安全、顺利完成施工任务。

⑬施工队必须保证隧道内电气设备完好,每天进行不少于一次的完好和失爆检查,并做好记录。司机每次操作设备前,必须对外观进行失爆检查,发现问题及时汇报处理。

⑭掘穿和过地质构造、地质破坏带或岩溶等期间,施工队必须指派专职瓦斯检查员;瓦斯检查员必须认真负责检查瓦斯和其异常情况,严禁瓦斯超限和冒险作业。

14.3.9　水力压裂安全技术措施

1)现场组织措施

(1)领导组正、副组长负责总体协调水力压裂所用设备的购置、安装、人员调动的协调,指导现场压裂的实施;领导组组员负责辅助正、副组长具体落实相关工作。

(2)现场实施组组长、副组长负责组织井下钻孔水力压裂的实施,协调井下钻孔水力压裂过程中的设备运行及人员安排,并负责压裂期间的安全防护工作,维护压裂系统的正常运行及压裂的顺利、安全实施。同时,及时组织现场实施人员对压裂过程中出现的问题进行总结,并组织实施压裂前后的参数测试及制定相关的技术方案和措施,及时向领导组正、副组长汇报项目进度和出现的问题。实施组组员听从正、副组长的安排,完成水力压裂相关工作。

(3)现场人员要携带便携式瓦检仪,随时检查施工地点钻孔瓦斯情况,发现瓦斯超限及时停机、停电、撤人,汇报项目部调度;发现顶板、支护有问题时,及时联系生产组(队)处理。

(4)必须指定专职安全负责人,在施工过程中,安全负责人全权监督指挥,所有人员不得进入施工危险区。专职安全指挥人员原则上不准进行实物操作,以防范出现监督漏洞。所有操作人员必须听从安全指挥人员的指挥。

2)压裂设备运输措施

(1)压裂设备装、卸的整个过程必须由工长或管理人员现场指挥,并且与厂家积极配合。起吊、下降过程中任何人不得进入起吊危险区,特别在起吊、下降过程中出现滑、歪等未达预定要求的情况下,根据实际情况可使用长柄工具在安全地点调正方向或适当调整,但人员在未完全下落稳定前不得靠近。

(2)利用铲车运输时必须将钻机用专用绳索按要求固定,运输的机器及附属设备与铲车、固定绳索的用力点必须用木板衬垫,严禁出现直接"铁对铁"固定。

(3)压裂设备搬运前,必须先将压裂地点清理干净,将人员撤至牵引区以外。

3)设备安装要求及措施

(1)移动设备时,首先要选择好行走路线,保证畅通,无障碍物。

(2)移动设备过程中必须有专人指挥协调,与其工作无关的人员要远离现场。操作者应精力集中,随时注意指挥人员的信号;同时,操作者在移动设备时,必须发出声光信号,防止误操作致使设备损坏和人员受伤。

(3)定位时,首先要检查压裂的顶、帮和其他不安全因素,发现问题及时处理。

4)压裂措施

(1)钻孔的施工必须严格按照设计进行,所打钻孔必须有专人组织验收,合格后才能使用。

(2)施工钻孔合格后才能封孔,封孔前检查封孔的材料和器具是否合格,封孔深度必须达到设计要求。

(3)压裂孔口安装一个摄像头,压裂泵组位置安装一个摄像头,以了解现场压裂及安全情况。

(4)设备安装位置必须放置 2 台 8kg 干粉灭火器和 2 个体积不小于 $0.5m^3$ 的砂箱,每个砂箱内不少于 15 个沙袋。试验前,必须清除周围所有可燃物。

(5)高压管路不能转急弯,局部地段需加防护软垫,防止管道直接接触坚硬、锋利物体。

(6)高压管的额定承压能力必须大于压裂泵的自动卸压保护压力。高压管路系统必须完好、可靠,快速接头必须用正规 U 形插销,开泵注水前必须对管路系统进行逐一检查,排除隐患。

(7)试验前必须有专人对所有的观察仪表进行认真检查和校对,必须检查管路、阀门是否完好,确保设备合格后方可使用。

(8)压裂设备的操作人员必须接受厂商的专门培训,并经考试合格取得合格证后才能上岗。

(9)现场人员要携带便携式瓦检仪,随时检查施工地点钻孔瓦斯情况,发现瓦斯超限,及时停机、停电、撤人,向监控室汇报;发现顶板、支护有问题时,及时联系相关单位处理。

(10)实施压裂时,现场操作人员要集中精力,工程技术人员要注意观测压力和流量的变化,并及时记录压裂过程中的所有数据。整个压裂过程必须严格按设计要求进行,需要修改方案时,必须与领导商议,同意后方能进行调整。

(11)压裂过程出现动力现象时,必须立即切断所有电源,所有人员必须立即撤出。

(12)压裂期间,监控室必须连续观察压裂地点瓦斯变化情况,发现异常,必须立即通知井下施工人员停止压裂。

(13)现场水力压裂期间,严禁其他人员进入压裂区域(操作压裂设备和参与现场工作的人员除外)。压裂泵组到压裂地点的高压管沿途所有分岔巷道必须设岗,严禁人员进入。

(14)压裂期间,压裂点回风系统必须断电、撤人。

(15)压裂期间泵压最高不得超过 70MPa,严禁超压压裂。

(16)压裂期间,项目部派管理人员现场跟班控制现场安全,出现异常情况立即停止压裂,并向监控室汇报,严禁现场盲目蛮干。

(17)压裂过程中,要控制现场人数,必须在场的人员,必须有可靠的防护措施,确保现场人员人身安全。

(18)压裂泵停机后,当压力降到 0.5MPa 以后,方可打开手动泄压阀放水;必须当压力表指示降到 0MPa 时,方可拆开高压管,严防残留高压水流伤人。

(19)压裂结束 40min 后,首先由 1 名瓦斯检查员和 2 名压裂人员进入压裂地点,检查巷道的支护情况和瓦斯情况,重点检查压裂地点 20m 范围内的情况。只有当检查范围内的瓦斯浓度小于 0.45% 时,并且巷道支护良好时,才能解除警戒,恢复工作。

(20)所有压裂工作结束后,严禁拆除钻孔的封孔装置和压裂管路,只有待孔口压力降到 0MPa 后,才能拆除相关的装置,并且要及时启动排水设备进行排水工作。

5)防护措施

(1)压裂区域通风系统稳定可靠,压裂地点与压裂泵组之间在距离煤系地层 500m 处的横通道处设置两道正反向风门(防爆门),两道正反向风门间距不小于 5m,规格与质量符合《防治煤与瓦斯突出规定》要求。同时,在作业地点安装压风自救装置,每组6台。

(2)压裂地点回风侧安装瓦斯传感器,瓦斯监测分站设在泵站设备遥控操作地点。操作人员随时观察瓦斯涌出情况,出现异常,立即停止压裂作业。

(3)避难硐室设置救护基地,救护人员现场值班。

(4)所有参与水力压裂的人员必须全部经过防突安全培训,并经考试合格后,方可上岗。进入工作面所有人员必须佩戴隔离式自救器。

(5)现场所有参与压裂的人员必须熟悉井下避灾路线,发现突出预兆时,现场领导应立即指挥现场工作人员停止工作,切断压裂区域内相关巷道全部非本质安全型电源,并将所有人员撤至防突门外的全风压新鲜风流处,汇报监控室。在确认不会发生煤与瓦斯突出的情况下,且隧道瓦斯浓度小于0.45%时,人员方可进入开始施工。发生突出时,现场人员及时撤离,切断相关区域巷道中全部非本质安全型电源,瓦斯检查员、安全员及时向相关领导报突出现场情况,并执行二级断电,设置警戒。

6)机电管理措施

(1)压裂地点必须安设直通监控室的电话。

(2)压裂地点必须明确停送电负责人,实施压裂前,压裂地点必须切断压裂隧道内除压裂设备外的全部非本质安全型电气设备,将所有与压裂无关的所有人员撤至安全范围,并设专人设置警戒、警示标语。

(3)压裂设备必须符合防爆要求,发现失爆时应立即处理,并且留有记录,各种保护必须齐全可靠,明确机电维护负责人。运行前要检查机电设备的完好情况以及管路的连接是否密闭等,没有问题后,进行空转试运行、管路打压试验,只有试验合格后才能正式压裂。

压裂期间,所有施工人员必须严格遵守、执行试验方案及安全措施。

14.3.10 水力割缝安全技术措施

1)机电

(1)开机前应确保钻机各操作手把处于零位,并由专人看护,割缝前要详细检查高压泵的完好情况。

(2)电气设备要保证性能完好,无失爆,整定值合理,防护装置齐全。

(3)电缆悬挂要符合电缆悬挂要求。

(4)电气设备必须接地可靠,钻机用专用接地极接地。

(5)严格执行停送电制度。

2)一通三防

(1)施钻人员必须携带多参数便携仪,施钻时必须将便携仪吊挂在施钻处回风侧巷道上方稳定风流中。当瓦斯超限,切断钻机及高压泵电源,并采取措施,使瓦斯浓度降到0.45%以下后,方可恢复作业;当CO便携仪超过24×10^{-6}时,要立即停止打钻,查明原因,恢复正常后方可继续作业。

(2)为防止钻孔喷孔造成瓦斯超限,钻进和割缝过程中要正确使用防喷装置,并将孔口装置固定牢固,孔口负压必须大于13MPa,当孔口负压降低,必须停止施工并查明原因。

(3)钻孔成孔后要及时封孔,避免孔内瓦斯涌向巷道。

3）水力割缝

（1）在高压水射流切割区的周围设置"高压水射流工作区"警示标牌，割缝期间对钻机、高压管及高压泵前后20m范围内实行警戒，设两处警戒位置。只有操作钻机和高压泵的人员、水力割缝小组工作人员允许进入警戒范围内，禁止无关人员接近割缝区域。

（2）高压泵在开启前，技术人员及施工队管理人员必须详细检查高压泵的润滑情况及水箱的水位，确保水泵的润滑油和水箱的水量符合要求。必须仔细检查管路，确保管路连接情况正常。

（3）高压泵由技术人员负责操作，操作人员的位置必须避开高压泵的接口处，水力割缝时水压要逐渐加压，起始水压应在3MPa以下。

（4）割缝过程中技术人员要密切关注水箱水位，防止排空，如供水不及时或出现紧急情况时，必须立即停泵。

（5）割缝钻孔孔口与高压泵连接段应设置三通并安装卸压阀门，高压泵停止后，当高压泵上的压力表指示降到0MPa，方可打开卸压阀门放水卸压。放水卸压时严禁人员正对卸压阀门出水口处，防止高压力水喷出伤人。

（6）水力割缝结束，拆卸高压胶管时，严禁人员正对水力割缝注水孔口，防止高压水流喷出伤人。

（7）高压切割完成后，必须完全打开泄压阀，高压水卸压后，才能退钻，以免人体被喷出的水射流伤害。

（8）检查或更换切割喷嘴时，必须把高压水的压力释放到0MPa，否则不可进行操作。

（9）高压胶管必须使用铁丝固定牢固。

（10）高压胶管严禁在使用过程中相互缠绕，以免水流受阻导致压力升高，造成人员的伤害和设备的损失。

（11）每次割缝前必须检查高压设备有无漏油、漏水，高压胶管有无鼓泡或破损及漏水现象，如果发现必须及时更换。

（12）割缝过程中必须正确使用气水分离器，若发现瓦斯涌出或出现其他异常情况时，要立即停止作业，切断电源并及时向通风部汇报，采取措施进行处理。

（13）操作人员不得在切割期间及切割之后裸眼到孔口近距离查看。

（14）割缝过程中必须严密注意系统的各个接口是否漏水，如果发现漏水，必须立即停机。

（15）切割作业时，注意切割情况和水压，当发现动力现象或压力超过70MPa时，必须立即泄压。

（16）外径磨损超过2.5mm或弯曲超过2mm、丝扣不在中心线上及密封不合格的切割钻杆不得进入孔内。

（17）割缝设备由专职人员操作，操作人员必须经过培训，掌握设备性能及安全措施，且操作熟练、责任心强，严格按照注水泵使用说明操作。

（18）割缝时，钻机操作台必须与当班割缝钻孔保持安全间距。

（19）首次割缝前，施工队要在第一根高压胶管接头处安设一个三通，便于割缝后进行卸压。

（20）施工队加强对防喷孔装置的管理和规范，防止割缝期间瓦斯超限。

4) 人员安全

(1) 水力割缝施工前要对所有参与施工的人员进行安全技术培训及操作培训,熟知措施和避灾路线。

(2) 在高压泵处安装 1 组压风自救装置,并保证风量充足。

(3) 工作人员进入作业地点,首先检查作业地点的顶板及瓦斯情况和设备的完好情况,若有不安全因素,应采取相应措施,保证安全后方可开工作业。

(4) 作业过程中,若发现瓦斯涌出或出现其他异常情况时,要立即停止钻进,切断电源,将人员撤到安全地点,并汇报监控值班室,采取措施进行处理后方可继续施工。

(5) 现场作业人员的衣服袖口、皮带、安全帽等应扎紧。操作旋转装置时不得戴手套,钻杆操作人员可佩戴橡胶手套。

(6) 钻机在旋转过程中,严禁人体直接或间接去接触制动旋转部位。

(7) 在钻孔前进行封孔、安装孔口装置、连接管路等作业时,人员不准正对孔口,必须站在上风侧,以防瓦斯喷出伤人。

(8) 施钻人员避灾路线:天城坝隧道左洞掌子面→3 号横通道→天城坝隧道左洞→地面。

14.3.11 施钻安全技术措施

1) 技术措施

(1) 通风措施

天城坝隧道左洞施钻时为局部通风机压入式通风,保证掌子面风量满足要求。

(2) 监测监控

①施钻前,必须在施钻地点回风侧安 CH_4 监测探头(压风排渣的地点必须安设 CO 探头)。

②甲烷电闭锁装置的安设。

施钻点回风侧 5~10m 范围内安设 CH_4 监测探头,其报警浓度设置为 CH_4 浓度$\geqslant 0.5\%$,断电浓度设置为 CH_4 浓度$\geqslant 0.7\%$,且要与该处钻机电源及回风区域所有机械电源进行甲烷电闭锁。即施钻点回风侧的瓦斯浓度一旦达到 0.7%,立即切断左洞施钻处钻机电源以及回风侧所有机械电源。

③施钻过程中,施钻地点的 CH_4 监测探头要随着施钻地点的前移,由当班施钻安全负责人自行前移,并吊挂在施钻地点的回风侧巷道顶部稳定风流中,且应悬挂在拱顶下 20cm 位置处,其迎风流和背风流附近无障碍物阻挡。

④排渣方式。施钻时原则上采用水排渣,特殊情况采用压风排渣。

2) 安全措施

(1) 施钻前,在施钻地点进风侧 20m 范围内必须分别安设一组压风自救装置,供风量符合规程要求。

(2) 每班施钻前,施钻人员必须认真检查施钻顶板及附近的支护、瓦斯情况和开关、钻机、框架、操作台、泵站设备的完好性,并保证施钻点的两侧道路畅通,管线及钻杆要理顺,确保发生意外时人员撤退路线的畅通,只有各项工作符合规定情况后才能施钻,做到不安全不生产。

(3) 施钻过程中若有堵孔、抱钻、卡钻、顶钻等现象的钻孔终孔后,在防止钻孔不能摩擦产生火花为原则的前提下,必须有效反复进退钻杆进行洗孔,确认钻孔通畅后,方能开始撤卸钻杆。

(4)此处施钻钻机必须配备撤钻装置,不得使用呆扳手或管钳。

(5)施钻时必须遵守施钻的工艺流程:检查安全、监测设施和钻机设备→操作(作业准备→安装钻机→启动→试运转→上钻杆→开启水闸或压风→钻进→终孔→撤卸钻杆→钻杆堆码→切断电源)→履行交接班手续。

(6)撤卸钻杆的方法及步骤:

①当钻孔施工到位后,松开原水便杆与钻杆的连接丝扣,换上撤钻装置。

②采用钻机动力头将水便杆与内筒一起送至待撤钻杆的连接处,并将水便杆与待撤钻杆的丝扣连接;将待撤钻杆边旋转边接下。

③钻杆退到位后,人工将内筒套到待撤钻杆的四方扣上,并将卡板扣到钻杆的四方扣上。

④将外筒、内筒分别退回原位置,取出待撤钻杆,并将卸下的钻杆放在钻架上。

(7)施钻人员必须携带便携式瓦检仪,施钻时必须将便携式瓦检仪吊挂在施钻处回风侧巷道上方稳定风流中,一旦瓦斯超限,必须停止施钻,待瓦斯浓度降到0.45%以下时,方可恢复作业。

(8)当采用压风排粉时,执行以下措施:

①必须在施钻地点回风侧5m范围内安设3~5个泡沫灭火器,配备不少于30kg的软质黄泥。在钻机操作台位置的风、水管上必须安设与水辫轴相连的三通控制阀。

②必须随时观察CO监测探头,一旦CO浓度达到24ppm,必须立即停止作业,施钻人员撤离至安全地点后,再向监控室及相关领导汇报。

③在施工过程中,发现钻孔口有烟尘、钻进无力或煤粉燃烧等情况,施钻人员必须立即连通消防水管或使用灭火器进行灭火,然后再用软质黄泥堵住钻孔孔口,防止煤体二次燃烧。如发生上述情况,施钻人员必须坚守现场至下个班人员到达现场后方可离开。

(9)严禁随意移动CH_4监测探头和CO监测探头,确保施钻地点监测的真实值。

(10)施钻过程中若出现喷孔严重、瓦斯异常等情况,必须执行临时封堵,利用钻杆临时接抽等措施释放钻孔内瓦斯,且必须执行以下措施:

若左洞施钻点喷孔严重,则左洞施钻点回风侧所有人员必须都撤离至洞口外新鲜风流中,严禁喷孔时强行施钻。

(11)施钻过程中必须随时保持钻孔通畅,凡是发生严重堵孔、不返风(水)、卡钻、抱钻等现象,施钻负责人必须及时关闭风闸,开启水闸,并立即向值班管理人员汇报,值班管理人员立即向有关部门及领导汇报及时采取措施处理。上述钻孔终孔后,采用水排粉,有效反复进退钻杆进行洗孔,确认钻孔通畅后方能开始撤卸钻杆。

(12)施钻人员必须经过专业的施钻操作技能培训,并持证上岗;且在施工时必须严格按照施钻操作规程作业,实行间隙式打钻,钻机钻进速度不能过快,严禁强进和强退钻杆。

(13)施工人员入井必须随身携带隔离式压缩氧自救器,并能正确使用。

(14)施钻人员在施钻过程中,必须搞好自助、互助保安工作。

(15)安质部必须严格把关,所有安全、监测设施验收合格后,方可同意施钻。在施工过程中,相关管理人员、防突员或者瓦检员必须对施钻人员的现场安全确认工作进行监督。

(16)在施钻点回风侧设点检查瓦斯,瓦斯检查次数每班不少于三次。

(17)项目部必须派专人检查该区域中的电气设备,如发现电气设备存在问题,立即对其进行处理。

(18)在施钻点 300m 范围内,必须安设直通地面监控室的通信电话。

(19)施钻人员避灾路线:天城坝隧道左洞掌子面→3 号横通道→天城坝隧道左洞→地面。

14.3.12 探掘安全技术措施

1)探掘措施

(1)确定防突起始点。在距预揭煤层 5m 最小法向距离时必须退后掌子面 5~8m,并在隧道两帮各布置一个 0.5m 深的眼作为"防突基点"并汇报副组长,经项目部到现场核实后,施工队方可按下一条的规定进行钎探防突掘进。

(2)控制岩柱掘进在 5.0~2.0m 岩柱段,严格执行"先探后掘"的措施,探眼布置如下。

①距预揭煤层 5.0~2.0m 岩柱段时探掘措施:探孔共布置 3 个,上导中线顶部一个,探眼 ϕ42mm,眼深 5m,方位角 299°,倾角 0°,上导左帮一个,距上导底部 1m,探眼 ϕ42mm,眼深 5m,方位角 285°,倾角 0°,上导底部右帮一个,探眼 ϕ42mm,眼深 5m,方位角 325°,倾角 -58°,在现场值班人员确定剩余 5.0m 岩柱后停止作业,汇报副组长,再次组织防突指标效验,若效检指标不超标,经副组长批准,方可按批掘进到距预揭煤层最小法向距离 2.0m 处。

②当探眼见煤,施工队立即暂停掘进,汇报副组长,核实后方可进行下步工作。

2)掘进措施

(1)隧道纵向 100m 范围内不得布置相向开挖作业;左右洞平行作业时,掌子面纵向错开距离不小于 50m。

(2)当班值班人员必须认真负责,进班后必须督促施工人员按设计图要求打探眼,不打探眼严禁掘进,现场值班人员必须立即收集、核准数据,并向副组长汇报探眼情况。

(3)施工过程中如发现瓦斯浓度忽大忽小、片帮、掉渣、空气变冷等突出预兆时,必须立即停止作业,按避灾线路撤人至安全地点,并将有关情况及时向副组长汇报。

(4)岩柱掘进时,立拱+喷浆支护必须紧跟掌子面,严禁空顶作业。爆破后必须由外向里逐架恢复加固被打垮、打松的支护,施工中必须加强"敲帮问顶"工作。

14.3.13 揭煤期间安全措施

煤与瓦斯突出危险隧道煤系地层揭煤期间,应遵守下列安全规定:

(1)隧道开挖工作面从距突出煤(岩)层底(顶)板的最小法向距离 10m(地质构造复杂、岩石破碎的区域,应适当加大法向距离)开始到穿过煤(岩)层进入顶(底)板 5m(最小法向距离)的过程,均属于揭煤作业。瓦斯突出工区开挖工作面进行的煤层超前钻孔探测、突出危险性预测、采取防突措施和措施效果检验,应分别进行单一工序作业,禁止任何开挖、支护、衬砌浇筑或设备检修等作业。

(2)倾斜煤层,一次揭煤深度宜为 1~1.3m。

(3)隧道过煤系地层段开挖应采用台阶法施工,每循环进尺不宜超过 1.0m。钻爆开挖应采用控制爆破,减少超欠挖。

(4)揭开煤层应采取远距离爆破安全防护措施。远距离爆破应满足下列要求：

①远距离爆破揭煤工作面距煤层的最小垂距倾斜煤层 1.5m。如果岩层松软、破碎，应适当增加垂距。

②远距离爆破揭开突出煤层后，仍应按照远距离爆破要求组织施工，直至穿过煤层并进入顶(底)板 5m 以上。

(5)揭煤爆破期间，施工队必须加强现场管理，每班必须有管理人员现场值班，确保施工安全及施工质量。

(6)打眼前必须检查掌子面附近的安全情况，加强"敲帮问顶"，在安全的情况下，方可开始打眼工作。施工队测量人员应及时将隧道控制点延至掌子面，指导施工人员严格按图布置炮眼。

(7)打眼时风锤下严禁站人，以防断钎伤人。

(8)打眼时加强"敲帮问顶"工作并严格按炮眼布置图布置炮眼，炮眼全部打湿眼，由施工队管理人员值班，并做好各孔见煤距离、孔深等记录，书面向总指挥汇报。

(9)每个炮眼打完后，必须及时用木塞封堵孔口，装药前必须采用吹风管依次将炮眼吹洗干净，如发现炮眼阻塞，必须采取措施处理。装药前，对非揭煤爆破的炮眼眼口必须用黄泥封堵严实，并除掉掌子面浮矸，以防垮矸伤人和打断爆破网路。

(10)炸药、雷管必须派专人分装分运；炮眼装药必须按炮眼说明书执行；在半煤岩中掘进应在岩石炮眼中装药，其总药量应为普通爆破药量的 1/3～1/2；煤层中如煤质坚硬，需爆破时，宜采用松动爆破。严禁反向装药，封泥长度必须符合设计要求，连线前雷管脚线必须扭接。

(11)掌子面装药前必须由瓦斯检查员检查瓦斯，掌子面及回风瓦斯浓度小于 0.5%方可装药，掌子面装药连线由专人统一指挥，严格按雷管连线图连线。电雷管发放出库前，应用电雷管检测仪逐个测定其电阻，排除断电、电阻过大或过小的电雷管，电阻值差应≤0.25Ω，并将脚线扭结短路。

(12)在确定的远距离爆破时间提前 30min 从隧道撤人，到位后向副组长汇报，人员撤离必须严格按照"三对口"(入洞记录、人员定位系统、矿灯发放)进行人员清点。

(13)掌子面装药连线结束后由现场负责人向副组长汇报隧道内装药、连线、网络电阻、瓦斯等情况，在取得其同意后，所有人员撤至警戒区外。

(14)副组长在核实撤人完毕和接到各警戒地点已站好岗的报告后，下达停电命令，待接到所有停电范围已全部停电的报告后方可下达爆破命令，爆破员必须根据掌子面实测总电阻，合理选择爆破器档次，保证起爆效果。

(15)救护队派 1 个小分队在隧道口待命，揭煤炮 30min 后，沿途检查风流中的瓦斯情况，到达掌子面后检查该掌子面的支护情况、瓦斯浓度和爆破效果，并向副组长汇报。

(16)副组长在接到井下无异常情况的报告后下达送电命令，恢复送电后各有关单位各负其责，恢复各施工地点的作业条件，揭煤隧道48h 内不准作业，必须恢复通风排放瓦斯，复工时间由副组长根据现场情况定。

(17)远距离爆破揭开煤层后，若未能一次揭穿进入煤层顶(底)板，则仍应当按照远距离爆破的要求执行，直至完成揭煤作业全过程。打设爆破钻孔前，为防治瓦斯超限，可喷射混凝土临时封闭开挖工作面，后钻眼。

(18)爆破后应及时锚喷支护,支护结构尽快闭合成环,减少瓦斯溢出。

(19)软弱破碎围岩或过煤层段,应采用超前支护或预注浆,防止坍塌引起突出。

14.3.14　过煤门安全技术措施

煤与瓦斯突出危险隧道过煤门时,应遵守下列安全规定:

(1)过煤门期间,爆破后必须全面恢复隧道内通风、监控等安全设施;遇掌子面瓦斯积聚或超限需要进行瓦斯排放时,同时启用主用风机与备用风机向掌子面进行供风,30min后(瓦斯浓度降至安全范围内),沿途检查风流中的瓦斯情况,到达掌子面后检查该掌子面的支护情况、瓦斯浓度和爆破效果。

(2)炮眼全部打湿眼,爆破前后在开挖工作面附近20m内必须喷雾洒水。

(3)爆破时必须严格执行爆破停电制度、一炮三检制、三人连锁爆破制和爆破汇报请示制度,并在警戒地点设置警示牌、警示绳并揭示"正在爆破,严禁入内"警标。警戒人员必须按规定站岗警戒,严禁中途脱岗和私自撤岗。

(4)隧道开挖前,应对该区域的通风、安全设施、机电设备进行一次全面检查,验收合格后方可开挖。

(5)开挖期间,电工对该工作面每周进行一次全面的防爆检查,并做好记录备查。

(6)在开挖过程中,若掌子面出现明显的地质构造或煤层出现急剧的变化,必须立即停止作业并向相关领导汇报请示处理。

(7)若在开挖施工中出现瓦斯忽高忽低、喷孔、卡钻、顶钻、响煤炮、瓦斯异常、煤层发冷、顶板突然来压等突出预兆和异常现象时,必须立即停止作业、切断工作面电源、撤人至地面安全地点,并及时向相关领导汇报,待查明原因、采取措施处理无安全隐患后才准施工。

(8)开挖期间,当班负责人必须携带便携式瓦斯报警仪,必须将便携式瓦斯报警仪吊挂在回风侧巷道上方稳定风流中,当瓦斯浓度达到0.5%时,必须立即停止作业;当瓦斯浓度达到0.7%时,必须立即停止作业、切断电源、撤出人员,并向相关领导汇报。待瓦斯浓度降至0.45%以下,处理好安全隐患后方可人工复电。

第15章 应急救援预案

规范安全生产事故灾难的应急管理和应急响应程序,及时有效地实施应急救援工作,最大限度地减少人员伤亡、财产损失,维护人民群众的生命安全和社会稳定。本章以天城坝隧道工程煤与瓦斯突出事件的应急救援预案进行阐述。

15.1 施工风险分析

根据隧道设计地质与实际勘查,针对行业特性,结合所承担的工程施工项目的类型、规模、施工环境、施工季节等特点,从人、机、料、法、环等因素综合分析,识别确认有9个可能造成人员伤害、财产损失的危险源为:瓦斯、岩溶、突水突泥、坍塌、高处坠落、机械伤害、触电、中毒、窒息及火灾,见表15.1-1。

天城坝隧道煤系地层施工风险分析判别 表15.1-1

序号	风 险 项 目		风险出现的可能性	风险级别
1	瓦斯	瓦斯突出、瓦斯爆炸、煤尘爆炸	很可能	★★★★
2	坍塌	塌方、堆置物、台架等倒塌	很可能	★★★★
3	岩溶	裂缝发育的岩溶地段或大型充填式溶洞	很可能	★★★★
4	突水突泥	涌水在较厚断层泥中发生	很可能	★★★★
5	高处坠落	高处作业中发生坠落造成的伤亡事故	很可能	★★★★
6	机械伤害	机动车辆引起的机械伤害事故	很可能	★★★
7	火灾	施工用电	很可能	★★★
8	中毒、窒息	人体接触有毒物质,如在呼吸有毒气体引起的人体急性中毒事故,或在不通风的地方工作,因为氧气缺乏发生突然晕倒	可能	★★
9	触电	施工用电	可能	★★

施工中可能发生瓦斯突出、瓦斯爆炸、煤尘爆炸、坍塌、高处坠落、物体打击、机械伤害、火灾等,一旦发生将造成巨大的灾难和损失,具有以下特点或危害性:

(1)突发性。事故具有突发性,通常事故的发生是一个量变引起质变的过程,因而事故的发生通常是突然的。

(2)施救困难。发生事故后,影响的范围很大,施救的空间非常有限,救护难度大,而且具有很大危险性。

(3)严重影响工期。由于处理事故的程序和过程较为复杂,需要很长的时间处理才能恢复施工。

(4)灾害性。一旦发生事故,其后果是严重的,将造成巨大的经济损失,甚至涉及生命安全。

在隧道施工中,因地质的不良影响等,极有可能各种地质灾害,造成重大安全、质量事故,一旦发生,施工安全不能保障,将严重制约工期。隧道主要风险对策措施见表15.1-2。

隧道主要风险对策措施表　　　　　　表15.1-2

序号	风险事件	风险因素	风险对策措施
1	瓦斯	瓦斯突出、瓦斯爆炸、煤尘爆炸	超前地质预报,加强监测,加强通风
2	涌(突)水、泥	断层	超前地质预报,超前帷幕注浆止水、加强超前支护
3	岩溶	岩性	超前地质预报,加强超前支护、初期支护
4	塌方	浅埋、断层、构造、地下水	超前地质预报,加强超前支护、初期支护

隧道施工中,洞内运输、施工用电和水管风管伤人等惯性事故有很多人为因素,这些事故的发生往往是偶然的、意外的,规避这些事故风险的有效办法就是采用先进的安全技术和安全方案。

15.2　应急救援组织机构及职责

天城坝隧道事故救援机构设计由项目部应急救援小组、遵义市应急救援大队组成。应急救援领导小组见图15.2-1。

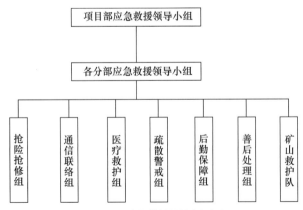

图15.2-1　应急救援领导小组框架

15.2.1 项目部应急救援组织机构及职责

应急救援组织机构由项目部领导班子、各职能部门、隧道工区、各班组组成。

1）紧急救援领导小组

组长：项目经理。

副组长：总工程师、安全总监、生产经理。

组员：项目部各部室全体成员。

项目部紧急救援小组办公室设在安质部，并公开联系电话。

2）专业救护队

专业救护队由施工队人员组成，是隧道工程施工的主体单位，设立专业救护队应急救援领导小组，专业救护队的应急救援领导小组由施工队长为组长，下设抢险抢修组、通信联络组、医疗救护组、疏散警戒组、后勤保障组、善后处理组、隧道救护队。

3）应急救援组织管理职责

（1）应急救援领导小组

项目部应急救援领导指挥长由项目经理担任，总工程师、安全总监和生产经理担任副指挥，成员由项目部各部门成员组成。

专业救护队应急救援领导小组组长由工区负责人担任，各隧道施工队现场负责人担任副组长，成员由现场施工员、各作业班组成员。通信器材24h待命，保持畅通，专业救护队应急救援预案小组组长、副组长、各作业班组长手机24h保持畅通。应急救援领导小组负责建立健全各隧道重大危险源监控方法与程序，对瓦斯事故隐患和重大危险源实施监控；负责本项目相关信息收集、分析和处理。项目部应急救援领导小组组长负责向当地政府部门、建设单位、集团公司应急救援（响应）领导小组报告。

应急领导小组应根据国家有关法律法规的规定、当地建设行政主管部门制订的应急救援预案和集团公司及本单位的应急救援预案，组织开展事故应急知识培训教育和宣传工作。在接到事故现场人员的报告后，领导小组成员必须根据应急预案的内容、结合现场实际、制订抢险救援具体方案，迅速到达事故发生现场，组织指挥现场应急人员开展应急救援，并采取措施控制危害源，防止事故的进一步扩大，最大限度地减少事故造成的人身伤亡和财产损失，保护好事故现场。

（2）抢险抢修组

根据应急救援领导小组制订的抢险救援具体方案实施抢险救援工作，并保证隧道内通道的畅通。

（3）通信联络组

根据实际情况与当地通信部门协商，共同建立应急救援通信保障体系，确保事故发生后应急救援指挥通信畅通。

负责向社会救援机构报警，请求提供帮助，报警时要清楚说明事故发生时间、地点、方位、事故是否造成人员伤亡等情况。报警后，要立即派人在现场的道口迎接救护车、救援人员、救援车辆的进入。负责事故处理中各救援队伍之间的通信联系。

（4）医疗救护组

负责现场的医疗救护,组织救护车辆及医务人员、器材进入指定地点,组织现场抢救伤员,对事故中的负伤人员进行包扎救治、人工呼吸、心脏按压苏醒等应急处置措施,对伤情严重的,应立即与当地医疗机构联系,专人负责送至附近医院,办理入院手续,实施紧急抢救。

（5）疏散警戒组

事故发生时,负责现场周围人员和群众安全疏散工作,避免二次伤害,设置警戒线,保护现场,维持现场秩序,保证现场道路畅通,禁止无关人员、车辆通行和进入。

（6）后勤保障组:

准备和保证应急救援车辆、物资、资金、人员等所需应急资源的供应,并确保供应渠道畅通、便捷。

（7）善后处理组

负责伤亡人员的亲属接待、安抚和善后理赔工作,保障社会稳定。积极稳妥深入细致地做好善后处理工作,包括:稳定员工、受伤者及其家属的情绪;对安全事故或突发紧急事件中的伤亡人员、应急处置工作人员按有关规定给予抚恤或赔偿;与保险单位一起做好伤亡人员及财产损失的理赔工作等。

（8）隧道救护队

发生灾害时,能迅速赶赴现场抢救人员和处理灾害。

救护队的任务:

①积极协助工区经理搞好职工自救知识教育及预防灾害发生的工作。

②担任灾区的安全岗哨,引导遇灾工人安全撤出隧道。

③运送救灾设备和材料,配合抢险。

④当瓦斯隧道发生事故时,在项目部及地方救援队尚未到之前,迅速奔赴事故现场,引导和救助工人撤离或协助其自救。

⑤采取有效措施控制灾情发展,将灾害消除在初始阶段。

15.2.2 应急救援大队

遵义市应急救援大队是拥有国家二级资质矿山救援资格的专业应急救援队伍,其主要承接业务为:煤矿、非煤矿山、交通、建筑、火灾、危化、山洞救援、水下打捞等类事故的救援与处理;签订煤矿救护协议。开展矿山预防性安全检查等工作。矿山事故现场勘察、煤矿瓦斯等级鉴定、兼职矿山救护队员培训等,项目部就天城坝隧道施工至煤系地层情况已与该应急救援大队签订了应急救援合同,合同规定其主要负责以下内容:

（1）隧道发生瓦斯爆炸和燃烧事故、透水事故、燃烧事故和煤与瓦斯突出事故。

（2）参加隧道瓦斯排放、应急演练和其他需要佩戴氧气呼吸机的安全技术工作;协助隧道实施远距离爆破、隧道揭煤工作。

（3）危及职工生命安全的重大中毒和窒息事故。

当发生以上情况时,项目部及时通知遵义市应急救援大队,该队接到通知后2h内赶到施工现场实施救援。

15.3 应急预案原则

施工前期,针对在施工中可能出现的特殊危险情况,提前预测,并制订生产安全事故应急救援预案,建立应急救援组织及配备应急人员,配备必要的应急救援器材、设备,以防突发事件,并定期组织演练,确保施工安全。

突发事件是指在现场施工过程中,出现塌方、突泥涌水、冲突、人员伤害、火灾、损坏等原因造成中断施工的非正常情况。

处理突发事件应按以下原则执行:

(1)以人为本,安全第一。把保障人民群众的生命安全和身体健康、最大限度地预防和减少安全生产事故灾难造成的人员伤亡作为首要任务。切实加强应急救援人员的安全防护。充分发挥人的主观能动性,充分发挥专业救援力量的骨干作用和人民群众的基础作用。

(2)统一领导,分级负责,职责明确。企业要认真履行安全生产责任主体的职责,建立安全生产应急预案和应急机制。

(3)条块结合,属地为主。有关部门应当与地方人民政府密切配合,充分发挥指导和协调作用。

(4)依靠科学,依法规范。采用先进技术,充分发挥专家作用,实行科学民主决策。采用先进的救援装备和技术,增强应急救援能力。依法规范应急救援工作,确保应急预案的科学性、权威性和可操作性。

(5)预防为主,平战结合。贯彻落实"安全第一,预防为主"的方针,坚持事故灾难应急与预防工作相结合。做好预防、预测、预警和预报工作,做好常态下的风险评估、物资储备、队伍建设、完善装备、预案演练等工作。

15.4 应急抢险物资配备

天城坝隧道属煤与瓦斯突出隧道,施工前应配备以下应急抢险物资,详见表15.4-1。

应急抢险设备物资表　　表 15.4-1

序 号	设备名称	单 位	数 量	用 途	存 放 点
1	指挥车	辆	5	应急指挥等	项目部
2	挖掘机	台	4	应急指挥	施工现场
3	装载机	台	4	应急指挥	施工现场
4	运输车辆	台	8	抢修	施工现场
5	救护车	台	1	急救	施工现场
6	常用急救箱	个	4	急救	现场值班室
7	急救担架	个	12	急救	现场值班室

续上表

序　号	设备名称	单　位	数　量	用　途	存 放 点
8	常用急救药品		若干	急救	现场值班室
9	止血绷带纱布		若干	急救	现场值班室
10	氧气袋	个	10	急救	现场值班室
11	灭火器	个	60	应急	施工现场
12	消防砂	m³	100	应急	施工现场
13	木材	m³	若干	应急物资	施工现场
14	抽水机	台	12	应急设备	现场值班室
15	各类钢材	t	若干	应急物资	施工现场
16	常用设备		若干	应急工具	施工现场
17	警报器	个	4	应急	施工现场
18	应急型防爆矿灯	个	60	应急	施工现场
19	200kW 发电机	台	2	应急	施工现场

15.5　瓦斯灾害的预防和应急措施

15.5.1　报告内容、报告方式

事故(事件)一旦发生,应急救援领导小组立即启动应急预案,并以电话、传真、书面、即时通信等形式报告上级部门、当地政府、建设单位相关部门应急救援(响应)领导小组,报告内容应能准确传递事故(事件)灾难信息。事故或突发紧急事件报告的内容包括:

(1)瓦斯爆炸发生的时间、里程、人员伤亡情况。

(2)瓦斯爆炸发生的基本情况和简要经过,紧急抢险救援情况,伤亡人数、直接经济损失等。

(3)采取的应急措施的情况。

(4)事故报告单位、报告人及报告时间。

15.5.2　先期处置

一旦发生安全事故或突发紧急事件,项目部应急领导小组和所在分部的应急领导小组在接到报告后,应迅速组织应急人员赶赴现场,在第一时间内项目应急领导小组负责事故现场的指挥,组织人员、物资设备、车辆、通信系统使用、调度工作,按应急预案组织抢救,启用应急响应和紧急疏散措施,并及时向上级单位报告。另外可直接向社会救助系统请求援助。

根据救援预案,对受伤者采取有效的施救措施,并及时做好伤员的转送工作。在救护伤员的同时,应注意保护事故现场,及时组织人员疏散、撤离危险区域,防止事故进一步扩大。凡与

事故、突发事件有关的物件、痕迹、残留物等应保持原样,如抢救伤员需要移动某些物件改变状态时必须做出标识和记录。

15.5.3 处置程序

接到事故信息后,相关负责人应立即赶赴现场,成立现场处置指挥部,根据预案指挥处置程序,组织实施抢险救援和应急处置行动。

(1)人员撤离程序

撤离程序:先撤离、后研究,必要时紧急避难,洞口为逃生出口。

(2)避难场所及路线

避难场所设置在距离煤系地层掌子面500m处3号联络横道。当发生瓦斯事故时所有人员按指定的安全通道标识线路逃离。

(3)避难措施

①在隧道按一定的间隔距离设置备有应急电源的应急(诱导)灯。在应急灯的附近要设通信设备、避难用器具、灭火器等。

②隧道应急救援领导小组制订避难、演练训练计划,定期、不定期进行安全退避的避难演练,做到所有施工人员熟知,并将演练结果记录保存。

15.5.4 救援措施

1)救护计划

项目部应急救援领导小组制订详细的救护计划。救护计划主要包括下列内容:

(1)在紧急事故发生时,有关部门与作业区内的联络体制。

(2)救护技术管理者与救护班成员的组成编制等救护管理组织体制。

(3)救护机械器具的种类与保管场所。

(4)救护机械器具的维修保养管理。

(5)救护教育训练计划。

(6)确保救护作业的安全需要注意的事项等。

2)救护设备

为对紧急事故的发生有所准备,不但要准备救护所必需的呼吸用保护器具、便携式照明用器具、担架、便携式氧气瓶等救护设备和器械设备,还要进行严格管理,以便能够随时有效使用。为了救护所需的呼吸用保护具有氧气呼吸器和空气呼吸器,要选择使用时间长的类型,各种救护用品数量必须大于洞内最大作业人数的1.2倍。救护设备和机械,安质部必须经常进行检查、督促维修和保养管理,以便在紧急时能够立即使用。

3)救护训练

就有关救护必需的机械器具等的使用方法、急救措施、救护方法等救护训练。救护训练要对呼吸用的保护用具、救护机器、测定仪器、仪表等的操作和使用方法进行训练,以便为了救护而入洞的救护人员能够安全活动。并且,除了对受伤者做人工呼吸、心脏按压苏醒抢救措施外,还要进行止血等应急治疗。再者,训练内容还必须包含自救、互救训练。

训练周期规定为每月训练一次,要求认真做好训练记录。

4)救护措施

当发生险情时,值班安全员应立即组织人员迅速撤离危险区域,确保施工人员生命安全。撤离危险场所(一般撤离至洞外)后,立即清点现场施工人员数量,并上报有关情况给应急领导小组。应急救援领导小组接到通知后,应立即启动应急救灾程序,及时联系救援单位、组织人力、物力全力抢险救灾,减少降低灾害损失。当发生人员伤亡时,按紧急抢险方案及时进行救援工作,并向当地政府或相关部门进行求援,同时做好相关配合救援工作。当抢救出伤员时,根据伤员人数、受伤程度,由医务人员在现场采取相应的急救措施后,按照"先重后轻"的原则,及时将伤员送到医院进行抢救、治疗。现场采取安全警戒线或隔离措施,防止其他人员进入危险区域,避免灾害损失的扩大。

15.6 瓦斯灾害应急预案

15.6.1 事故预防措施

1)建立健全瓦斯管理制度,加强现场瓦斯检测

设立专职瓦检人员:每个洞口3人、3班倒连续检测,检测人员要经过培训、持证上岗,保证每班洞内同时有2名瓦检员,以确保掌子面、模板台车随时有一名专职瓦检员。带班作业人员及工班长必须随身携带便携式瓦检仪,保证每个工作面及二次衬砌地段瓦斯浓度随时监控;瓦检员必须随时佩戴光学瓦检仪,重点部位必须使用光学瓦检仪,坚持使用瓦斯断电装置连续监测,其探头悬挂位置要能反映隧道风流中瓦斯的最高浓度。

2)瓦斯检测班职责

(1)牢固树立"安全第一、预防为主、综合治理"的方针,以高度的政治责任感、强烈的责任心深刻认识到其工作关系到瓦斯隧道作业人员的生命、财产安全和施工生产的顺利进行,关系到公司的声誉。

(2)瓦斯检测工作不得发生空班、漏检、少检、假检并做到隧道瓦斯浓度记录牌板、检查记录、瓦斯台账三对口(检查地点、检查日期、每次检查的具体时间、班次、检查的内容和数据、检查人姓名等必须完全一致),严格执行洞内作业特殊过程、关键工序批准制度。

(3)严格执行瓦斯巡回检查制度和请示报告制度,认真填写瓦斯检查班报,检查结果必须记入瓦斯检查班报手册和检查地点的瓦斯浓度警示牌上,通知现场作业人员、门岗、通风工。

(4)随时紧跟隧道作业人员到作业面并按照瓦斯检测地点及范围要求巡回检测,必须满足一炮三检制、三人连锁爆破制和安全生产的需要。严禁脱岗、玩忽职守。

(5)必须在爆破之前监督检查将风管及瓦斯探头按《贵州省高速公路瓦斯隧道施工技术指南》移至规定的安全范围之内,爆破之后再监督检查将风管及瓦斯探头安装在规定的安全范围之内。

(6)有权制止一切违规操作的行为,有权强令可能出现瓦斯燃烧等危险情况的工作面停工,并组织人员撤离到安全地点。

(7) 有权根据检测出的瓦斯及二氧化碳浓度通知通风工控制主风机工作挡位,有权安排局部通风,有责任要求工区安排维修通风设备。

(8) 必须保护好瓦斯检测仪器,在携带和使用过程中严禁猛烈摔打、碰撞;严禁被水浇淋或浸泡。对仪器的零点、测试精度及报警点应定期上报安质部进行校验,确保仪器测量准确、可靠。

3) 预防瓦斯爆炸的主要措施

(1) 加强通风,防止瓦斯超限和积聚。

(2) 严格执行瓦斯检查制度。

(3) 正确及时处理局部积聚瓦斯。

(4) 加强局部通风管理。

(5) 防止引燃瓦斯火源。

(6) 防止电气火花引燃瓦斯。

(7) 防止爆破火源引燃瓦斯。

15.6.2 应急救援原则

隧道应急救援是指隧道发生瓦斯煤尘爆炸、煤与瓦斯突出等非常紧急重大事故时,为营救灾区人员安全撤离、减轻损失,控制灾情和消除危害而采取的一系列抢险救援反应行动。

基本原则为"以人为本、安全发展",前提为"安全第一、预防为主、综合治理",具体如下:

(1) 统一指挥原则。抢险救灾工作必须在上级部门救援领导小组的统一领导和现场抢险救灾指挥部的具体指挥下开展。

(2) 自救互救原则。事故发生初期,应按照应急救援预案在应急救援领导小组的指挥下积极组织抢救,并迅速组织遇险人员沿避灾路线撤离,防止事故扩大。

(3) 安全抢救原则。在事故抢救过程中,应采取措施,确保救护人员的安全,严防事故再次发生。

(4) 紧急救护原则。救护队应本着"先重后轻,先活后死"的原则抢救遇险人员。

(5) 通信畅通原则。设立抢险救灾专线指挥电话,并保持畅通。

事故预防工作是应急救援工作的基础,除平时做好事故预防工作外,还要落实好应急救援的各项准备,一旦发生事故能立即实施应急救援。

15.6.3 事故预警

(1) 施工现场管理涉及的单位所有人员均有事故预警的责任,包括施工作业人员、量测人员、检查人员、现场监督人员、参观人员。

(2) 施工现场出现安全事故隐患、作业面出现异常变形、瓦斯及不明气体涌出和身体感到严重不适均为具备事故预警条件。

(3) 事故预警程序:

发现施工作业现场出现异常→现场负责人→组织相关人员撤离危险区域或停止施工作业→报告相关部门→组织处理。

(4)预警等级。

①瓦斯爆炸事故。

按照瓦斯爆炸事故严重程度和影响范围,将事故应急预警级别分为Ⅲ级(一般事故)预警、Ⅱ级(较大事故)预警、Ⅰ级(重大事故)预警。

出现下列情况时启动Ⅲ级预警:

事故涉及单一工作面或某一开挖区域安全,造成或可能造成1~2人轻伤,或造三级非伤亡事故。

出现下列情况时启动Ⅱ级预警:

事故涉及一个工作面,造成或可能造成1~2人重伤,或造成3人及以上轻伤、或造成二级非伤亡事故。

出现下列情况时启动Ⅰ级预警:

事故涉及工作面安全,造成或可能造成1人及以上死亡,或造成3人及以上重伤,或造成一级非伤亡事故。

②瓦斯超限事故。

按瓦斯超限浓度,将事故应急预警分为Ⅲ级预警,Ⅱ级预警和Ⅰ级预警。

当局部瓦斯浓度高于1.0%并有上升趋势时,启动Ⅲ级预警由工区制订安全技术措施,控制风流进行瓦斯排放。

当局部瓦斯浓度趋近于3.0%并有上升趋势时,启动Ⅱ级预警并立即停止工作面作业,由工区制订安全技术措施,控制风流进行瓦斯排放。

当局部瓦斯浓度高于3.0%时并有上升趋势时,启动Ⅰ级预警,并立即启动瓦斯超限应急处理预案。

15.6.4 应急响应

隧道内发生瓦斯突出及坍塌事故时,现场负责人或目击者立即向施工队负责人或项目事故救办公室报告,接到事故报告后的应急指挥人员应根据事故性质与严重程度作出决定,立即启动应急与响应预案,应急响应救援小组进入紧急状态。

(1)报告内容:事故发生的地点、时间、概况及现场采取的临时措施。

(2)施工队或项目部事故应急小组第一时间到达事故现场,确认事故后决定是否需要外部支援,启动事故相应应急级别预案,并进入事故应急状态。

相应级别的响应如下:

①Ⅲ级响应:由单位负责人或现场负责人启动现场处置方案,必要时请求分管副经理启动"天城坝隧道安全专项施工方案应急救援预案"。

②Ⅱ级响应:分管副经理启动"天城坝隧道安全专项施工方案应急救援预案",必要时请求项目经理启动"天城坝隧道安全专项施工方案应急救援预案"。

③Ⅰ级响应:由项目经理启动"天城坝隧道安全专项施工方案应急救援预案",必要时请求公司、集团、地方安全管理委员会救助。

(3)进入事故应急救援程序。

①建立事故救援通道,保证各类救援人员、资源、机械车辆畅通无阻按要求进入事故现场。

②事故现场救援方案制订及组织实施。
③事故救援过程。
④事故救援结束。
⑤善后处理。

15.7　各项事故应急救援措施

15.7.1　瓦斯突出事故应急救援措施

1)瓦斯突出事故的处置程序

(1)发现瓦斯突出时,立即发出预警。通知值班室或现场负责人,值班员或现场负责人立即通知瓦检员到达指定位置待命,现场负责人立即向施工队负责人或项目部事故应急救援小组报告。报告内容为:
①现场出现的异常状况概况。
②事故的地点里程桩号或洞内位置。
③现场作业人数和机具车辆情况。
④动力供给(压缩空气、电力、水)状况。
⑤已经启动的应急措施情况。
⑥洞口环境状况。

(2)值班人员或现场负责人立即下令停止所有施工作业,同时组织施工危险区域内的人员或机械撤到安全地带,值班人员负责清点人数,确保进出洞人员数量相符;若人员不符,立即派搜救组携带氧气呼吸器进入洞内搜索,并立即向现场应急处置小组报告。

(3)洞内施工电源作断电处理,通风机正常向洞内输送新鲜空气,或根据应急指挥部要求加大送入风量,快速置换排出瓦斯。

(4)项目部事故应急小组立即组织有关人员到达施工队会议室成立现场应急处置小组,施工队会议室为事故处置临时办公室,负责组织事故的处置协调工作;根据现场需要向报告事故处置实时情况,并申请外部资源援助。

(5)立即设置事故警戒线(加大防火区域),派专人用瓦斯报警仪对警戒区域及其前后30m范围的瓦斯浓度进行监控量测,按时做记录并及时向现场应急小组报告。

(6)事故状态时仍按正常情况进行通风,检查确认施工危险区域具备条件后,启动备用风机加大通风量快速排除瓦斯,尽可能在短时间内降低瓦斯浓度,事故处置期间禁止停风。

(7)由搜救组或外部专业人员寻找瓦斯突出点位置,绘出示意图,现场应急处置小组根据瓦斯突出点位置进行分析后,确定封堵处置措施。搜救组或外部专业人员在事故处置过程中还负责对通风管道进行检查维护,确保通风正常进行。

(8)在现场条件允许的情况下,组织施工作业人员对瓦斯突出点进行处置,直至恢复正常状态,CH_4浓度小于0.3%,CO_2浓度小于1%,方可组织正常施工作业。

2) 瓦斯突出事故处置措施

(1) 开工前组织工人学习瓦斯突出的基本知识,了解突出征兆,使工人懂得一旦发现瓦斯突出征兆应停止工作,迅速撤离现场,并上报有关部门。

(2) 在发生瓦斯突出事故后,在上报指挥部的同时,项目部应急领导小组成员应立即奔赴现场,迅速查明突出位置和灾情细节,通知工人佩戴自救器迅速撤离现场,并由救护队员抢救遇险人员。在应急救援指挥长的领导下,确定下一步施救行动,防止事故蔓延扩大。隔离、警戒现场,防止无关人员接近。组织引导现场周围的人员、物资进行撤离、疏散。

(3) 立即在安全地点切断灾区电源,在灾区范围内不得随意启动、关闭任何电源,在灾区杜绝一切火源点产生。

(4) 加强灾害区域通风,迅速排放巷道中瓦斯,为抢险救灾工作创造条件。

(5) 迅速清理巷道中堵塞物,恢复通风,抢救人员,并在扒开被堵区域之前,必须保证用压风向被堵区中供氧。

(6) 遇险人员利用压风进行自救。

(7) 进入灾区之后,认真检查有无火源,发现火源立即组织灭火,灭火工程中应注意瓦斯、煤尘变化。

(8) 在处理事故中所用工具,必须能防止火花产生,防止二次事故发生。

15.7.2 瓦斯燃烧和爆炸事故应急救援措施

1) 瓦斯燃烧事故的处置措施

发现瓦斯燃烧时,必须立即停止作业,发出预警信息号,通知其他作业人员停止作业,撤出洞外,进入事故应急状态。

发生瓦斯着火,作业人员应立即撤离作业地点,撤离过程中发生预警信号,通知其他作业人员停止施工作业尽快撤出洞外,并向洞口值班员或现场负责人报告。

洞口值班员或现场负责人立即向施工负责人报告,施工负责人立即组织疏散施工人员,同时向本施工队事故应急小组报或项目部事故应急办公室报告。

项目部事故应小组立即组织相关人员赶赴现场与施工队相关人员汇合,成立事故现场应急处置小组。根据现场火势状况和现场监测参数制订处置措施。并决定是否请求外部支援。

初期着火时,在小火阶段可迅速使用细砂、灭火器或水雾灭火,大面积着火时,不得直接灭火,根据着火区域实际设置防火墙封闭火区,按照隔绝灭火法灭火。

灭火后,按照瓦斯涌出事故程序进行处置,直至恢复施工作业。

2) 瓦斯爆炸事故的处置措施

(1) 瓦斯爆炸的前兆及事故预防措施,施工过程中感觉到附近空气有颤动的现象发生,有时还发出嘶嘶的空气流动声,一般被认为是瓦斯爆炸前的预兆,发现这种情况时,要沉着、冷静,采取措施进行自救。具体方法是:背向空气颤动的方向,俯卧倒地,面部贴在地面,以降低身体高度,避开冲击波的强力冲击,并闭住气暂停呼吸,用毛巾捂住口鼻,防止把火焰吸入肺部。最好用衣物盖住身体,尽量减少肉体暴露面积,以减少烧伤。爆炸后要迅速按规定佩戴好自救器,弄清方向,沿着避灾路线,赶快撤退到新鲜风流中。

(2) 瓦斯爆炸后,现场施工作业人员必须立即按事故应急程序报告并同时采取自救措施。

具体如下:

①当洞内发生瓦斯爆炸后,洞内生还人员应采取自我保护措施,自己能逃离现场的,必须尽快离开,撤出洞外,若无力撤出时,则应自行或在工友的帮助下挪动到相对安全处等待救援。

②撤离至安全位置(一般至洞外)时,应立即清点在场人员名单并登记,查看有无人员伤亡情况,并将情况立即向现场负责人或领导汇报。

③在风电断电装置未动作的状态下,立即切断电源,防止瓦斯的再次聚集造成二次爆炸。

④项目施工各级应急领导小组接通知后,立即启动应急救援预案,积极组织人力、物力、财力进行灾后援救工作,降低或减少事故损失。项目部事故应急小组相关人员立即赶到事故现场,对事故进行初步评估,决定应急救援的级别,汇报上级管理部门。在自身不能开展援救工作时,应及时向地方政府或相关职能部门报告,并请求紧急救援,同时做好相应的配合救援的准备工作。

⑤起动备用风机加强隧道内通风,随时检测隧道内瓦斯浓度,当瓦斯浓度降至安全值以内时,救援人员方可进洞进行救援。

⑥当抢救出伤员时,由医务人员及时诊断其伤势情况,以"先重后轻"的原则进行抢救,当受伤人员中有窒息者时,应及时进行人工呼吸。烧伤人员必须在医生的指导下进行治疗,切不可乱涂乱洗,以免加重伤势。根据实际条件,及时将伤员送往就近的医院进行抢救治疗。

15.7.3 突发性触电与火灾应急救援措施

1)应急准备

(1)危险源识别

施工现场下列工序或作业存在触电事故重大危险源

①未使用 TN-S 系统,工作零线带电。

②电动设备金属外壳与 PE 线(保护零线)连接失效或连接少于 2 处(未重复接地)。

③作业台架或移动照明未使用安全电压。

④电线路绝缘破损漏电,且电气设备开关箱漏电保护器失效或漏电保护器参数选择不合理。

⑤机电设备维修带电作业。

⑥电工、电焊工作业不使用个体防护用品。

⑦变配电设备屏护失效等。

⑧外电线路防护安全距离不够。

(2)预防措施

①制订完善的施工用电安全管理制度、安全方案,按规定维修检查电气设备和线路,确保电器安全可靠。

②施工用电临时用电应采用 TN-S 保护系统,按电源系统中性点是否接地,分别对电气设备采用保护接零系统或保护接地系统。

③在电源系统中性点接地的 TN-S 系统中,按相关标准要求,对所有设备安装漏电保护器和实现漏电保护器的分级保护。

④在潮湿、金属占有系数较大的工作环境,如机械加工车间、空压房、锅炉房等场所,应选用加强绝缘或双重绝缘(Ⅱ)的电动工具、设备和导线,隧道内作业台架、衬砌台车和移动照明

应采用安全电压。

⑤施工现场的配电箱、开关箱、电线路应严格执行日常巡查制度,破损的配电箱、开关箱应立即更换,高压、变配电设备的围栏、屏护高度应满足相应标准中的规定,并树立明显的标志牌。当安全距离不足时,还应采取相应的安全方案。

⑥采用连锁保护安全技术防止触电事故,如双电源的自动切换保护安全装置,电焊机空载断点或降低空载电压装置等。

⑦采用绝缘防护用品(绝缘手套、绝缘鞋、绝缘垫等)预防触电事故。

⑧对作业人员进行触电应急救援知识培训。

2)应急抢险物资

每个施工队伍应配备如下物资:

常用急救箱:2个。

急救担架:4个。

常用急救药品:若干(随时补充以保证使用数量)。

止血绷带:若干(随时补充以保证使用数量)。

3)应急处理措施

首先发现触电、起火发生,应立即呼救报警,迅速关闭电源,在场员工均应立即协助抢救。事故发生时,应立即按突发性事件上报程序上报项目经理部领导,同时拨打报警电话。

发现火灾应迅速将着火物附近的可燃、易燃物移开,并用现场的灭火器材灭火。

火势较大时,立即通知项目经理部应急领导小组,启动预案,结合实际,迅速制订灭火方案,组织项目经理部义务消防队进行灭火;有人员伤亡时,拨打急救中心电话,要求急救。如火势一时不能扑灭,项目经理部应急领导小组应一面组织指挥疏散人员,一面指挥灭火和抢救物品,同时向当地消防部门报警,派人到交通路口引导消防车辆进入现场灭火。

火警发生时,电话总机应优先接通火警电话。

15.7.4 突发性突水、突泥的应急救援措施

1)应急准备

(1)危险源识别

本标段工程隧道在穿越断层破碎带、超前地质预报错误,隧道开挖工作面存在突泥、涌水重大危险源。

初期支护质量不符合设计导致初期支护结构破坏,存在突泥、涌水重大危险源。

隧道超前探孔封孔措施失效,存在突泥、涌水重大危险源。

(2)预防措施

①加强地质预报预测,成立专门的地质预测预报队伍,制订严格的实施细则,选择经验丰富的工程技术人员负责预报工作,采用地质素描,配备先进的地质预测预报仪器(如TSP202地震波反射法、地质雷达、红外探水)和超前钻探相结合的手段,探明前方地层的富水情况,并预测可能发生的突水突泥。根据预报结果及时采取预防措施,同时发出危险警报。进行隧道开挖前,将洞内重要设备调出洞外,洞内施工人员分批进洞作业,以确保人员及设备的安全。工程部技术人员首先查阅设计图纸及相关地质资料,分析地质及地下水系发育情况。

②为确保隧道安全顺利通过不良地质地带,防止突涌水,首先应对不良地质地带采取加固措施。开挖前要严格按照设计进行超前小管棚及小导管的施工,专职质检员应加强预注浆、超前小管棚及小导管初期支护施工工序的质量控制。支护效果必须达到设计要求,否则不得进行开挖作业。安全员应加强初期支护变形情况的日常检查,发现隐患,及时整改,预防事故发生。隧道开挖完成后应及时进行喷、锚、网、喷作业,严格按照设计进行施工,确保施工质量,及时封闭围岩,尽快发挥初期支护的作用,并应尽快封闭成环,改善支护结构受力条件,保证施工安全。二次衬砌施工应适时紧跟开挖作业面,以尽快发挥其主要承载作用,确保隧道施工安全。

③复杂岩溶隧道在左洞与右洞之间,尽量利用现有设计横通道作为应急逃生横通道,逃生横通道处应设醒目的标识,通道内应设置应急照明装置,并严禁放置杂物,确保人行畅通。

④不良地段施工时,实行弱爆破,采取控制爆破震动的方法和措施,严格控制爆破震动对岩体的影响,以保证施工安全。在施工过程中根据围岩类别严格控制爆破进尺,防止支护不及时,造成过度变形和坍塌。

⑤对于顺坡施工极可能发生大型突水突泥的地段,可调整设计的横通道间距并增设横通道作为逃生通道,以减少施工风险,并在掌子面后方设置逃生爬梯,逃生爬梯附近可放置救生圈、救生衣、保险绳等设备。逃生爬梯的设置需结合个单位施工运输等机具统筹考虑,不应侵入施工中车行限界,并自身应具有一定抗冲能力,施工中可根据实际情况采用临时锁脚锚杆(拉杆)等措施对其进行稳定性加固。

⑥建立应急疏散系统,如:应急疏散标志标识最佳逃生路线、应急照明等,并配备相关救援设备、设施等。建立各工区及其与洞外生产组织调度中心的通信,保证通信畅通。

⑦安全警戒:每处施工掌子面应至少保持有1名安全警戒人员。负责全隧道安全风险识别,负责预警系统和应急照明系统开启。安全警戒人员应确切掌握每处掌子面作业人员人数,避免人员逃生时发生遗漏等意外。

⑧加强监控量测,为保证施工安全,施工中应建立监测系统,采集围岩和结构安全信息,认真进行分析、处理和反馈,实行信息化施工。

⑨派值班干部进行观察防护,以保证发生突泥涌水时,人员及机械设备能及时撤除而不受损害。

⑩复杂岩溶隧道掌子面施工时,如有一处掌子面进行爆破作业,洞内人员必须全部撤离至安全处,待爆破后经安全员检查并确认无突(涌)水(泥)险情时方可继续施工。

2)应急抢险物资

对付可能发生的隧道突泥涌水事件,要事先准备一定量的编织袋(沙袋用)、注浆设备、排水泵、注浆材料(现场配制)及其他突泥涌水处理用材料、机具。设专人进行管理,确保抢险物资设备能随时投入使用。

3)应急处理措施

(1)发现有突泥涌水先兆,且极其危险时

①必须立即停止施工,现场值班领导、领工员、工班长或值班安全员,要立即组织人员、机械迅速撤离危险区域,若洞内部分无法迅速撤离的机械设备,则以人为主,先撤人,直至撤出洞外,保证人员生命安全。同时做好安全防护,必要时在洞外设置沙袋,防止突泥突水涌出洞外,

对洞外机械设备造成损坏,确保人员生命安全及财产不受损失。

②撤离危险场所(一般撤离至洞外)后,立即清点现场施工人员数量,查看有无人员未逃离现场,并立即上报有关情况给项目经理部领导。

③项目经理部领导接到通知后,应立即启动应急救灾程序,组织人力、物力全力抢险救灾,减少降低灾害损失。

④当发生人员伤亡时,按紧急抢险方案及时进行救援工作。在确保救援工作人员无生命安全威胁的情况下进行抢救工作,若自身无救援能力时,及时上报当地政府或相关部门进行救援,同时做好相关配合救援工作。

⑤当抢救出伤员时,根据伤员人数、受伤程度,由医务人员在现场采取相应的急救措施后,按照"先重后轻"的原则,及时将伤员送到医院进行抢救、治疗。

现场采取安全警戒线或隔离措施,防止其他人员进入危险区域,避免灾害损失扩大。

(2)工作面发生险情时

工作面人员迅速按逃生路线撤离,同时启动报警系统,发出警报信号。其他工作面人员听到报警后迅速撤出,对掌子面采用提前储备沙袋等物资材料进行封堵,减少泥水对其他工作面的破坏,如果涌水量较大,人员可利用救生圈、救生衣等进行逃生。根据发生险情的情况,及时上报地方政府或相关救助部门,请求紧急救援,并做好相关配合救援工作。

(3)发生突水突泥险情时

可根据施工人员所在的位置,各班组负责人应带领自己的班组,就近选择逃生线路,向洞口方向撤离,进行避难,不允许有人员在非避难处所停留,避免发生拥挤。现场最高管理者负责疏散撤离的指挥工作,各级调度人员坚守岗位,保持通信畅通,及时反馈人员撤离及险情出现情况等信息。

待涌水突泥保持稳定后,利用潜水泵进行排水,并采取必要的措施进行事故处理。

涌水量较大,受害地段较长,可采用迂回导洞,避开受害地段施工,与原隧道相接,然后处理受害隧道。

逃生路线:为预防在出现不可预见情况下的人身安全,减少损失,在某一个作业面发生涌水时,洞内有规定的逃生路线,以便人员能够及时撤离。逃生线路预设计如图15.7-1所示。

当遇到突发事故,如涌水涌泥时人员需要紧急撤离,能够安排人员根据确定路线有序撤离工作面。施工过程中对进入隧道内的作业人员进行紧急情况下的撤离训练,特别是在不良地质地段施工之前,使所有的作业人员了解和熟悉洞内的安全设备和紧急撤离规划,避免涌水时发生慌乱,使人员能在预期的撤离时间内能够安全撤离。

15.7.5 突发性坍塌应急救援措施

1)应急准备

(1)危险源识别

隧道开挖工作面初期支护未及时施作,工作面松动围岩、浮石未撬净存在隧道坍塌重大危险源。

隧道欠挖处理以及初期支护锚杆施作时存在隧道坍塌重大危险源。

不良地质初期支护质量差导致初期支护结构破坏存在隧道坍塌重大危险源等。

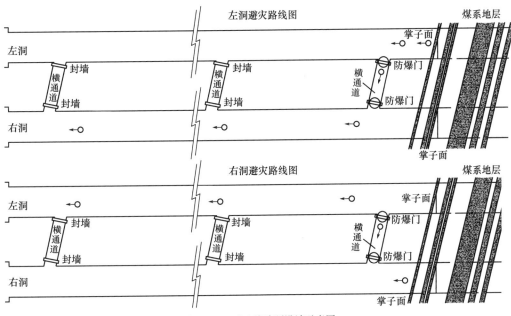

图 15.7-1 逃生线路预设计示意图

(2)预防措施

①按照地质勘察报告和设计文件,制订预防措施,为隧道、涵洞基坑的支护参数的选择提供依据。

②建立完善质量管理制度,严惩违章行为。

③严格按照设计图纸和施工技术规范进行施工。

④优化爆破设计,按照爆破设计进行钻爆施工,尽量减少对围岩的扰动,爆破通风后立即清除松动的围岩,并及时施作初期支护,要加强初期支护施工的过程控制,确保初期支护质量满足设计要求。

⑤当遇到与设计地质不相符,极易坍塌时,现场必须立即采取果断支护措施,在确保施工人员生命安全。

⑥支护相对稳定后,及时向监理部、设计院上报,根据现场实际地质情况采取相应的变更设计施工支护措施,以防止坍塌,确保施工人员安全及施工生产顺利进行。

⑦制订"施工监控量测计划",加强量测管理,及时反馈信息。

2)应急抢险物资

对付可能发生的坍塌事件,要事先准备一定量的抢险物资材料、机具。设专人进行管理,确保抢险物资设备能随时投入使用。

3)应急处理措施

当发现坍塌时,发现人应及时发出警告信号,在危险区域的人员立即撤离,同时禁止其他工作人员接近或进入危险区域。

工作人员撤离至安全位置后,及时清点现场施工人员数量,查看有无人员伤亡情况。

现场负责人或值班安全员、工班长等立即报告项目经理部领导,项目部立即报告给业主指挥部,并立即启动应急抢险程序。

当发生人员伤亡时,立即采取紧急救援工作,救援时必须2人以上进行防护,在确保救援人员无生命安全威胁的情况下进行抢救工作;若坍塌继续无法救援时,则在安全位置守候待命,以便及时进行抢救,抢救过程中一定要保证抢救人员的生命安全,防止坍塌损害进一步扩大。

塌方可能对受害者造成两种严重的后果:一是土埋窒息,迅速造成死亡;二是土方石块压埋肢体,引起挤压综合征。石块土方压埋肢体时间较长,大腿等肌肉丰满处细胞易坏死,产生有毒物质,人一旦被救出,肢体重压解除,毒素就进入血液循环,会引起急性肾功能衰竭。其表现为伤部边缘出现红斑,肢体肿胀,伤员口干舌燥,恶心呕吐,厌食,烦躁乱动,因此,发现塌方要及时抢救。

救出险境。抢救全身被土埋者,根据伤员所处的方向,确定部位,先挖去其头部的土物,使被埋者尽量露出头部,迅速清洁其口、鼻周围的泥土,保持呼吸畅通,进行口对口呼气,然后再挖出身体的其他部位。

对呼吸、心跳停止者,应立即进行口对口人工呼吸和胸部按压。

对各种外伤进行现场处理。

如果局部肢体受挤压,在局部解除压力后,应立即用夹板将伤肢牢牢地固定住,严禁不必要的肢体活动,伤部应暴露在凉爽空气中。

当抢救出伤员时,根据伤员人数、受伤程度,由医务人员在现场采取相应的救治措施,采取"先重后轻"的原则及时将伤员送到医院进行抢救、治疗。

若坍塌特别严重,自身救援能力有限时,应立即上报地方政府或相关救助部门,请求紧急救援,同时做好相关配合救援工作。

现场采取与坍塌程度及范围相对应的施工技术措施,控制坍塌的进一步发展。确保施工人员安全的环境下,进行坍塌处理,尽快恢复正常施工生产。

15.7.6 高处坠落应急救援措施

1)应急准备

(1)危险源识别

隧道开挖、衬砌作业台架上栏杆失效、楼梯口等处存有的重大危险源。

隧道钢筋绑扎等高处作业时,作业人员不按照使用安全带、安全网处存有重大危险源。

在机械设备安装、维修时,因用力不均匀造成人员重心失稳、滑跌、踩空、拖带、碰撞等引起坠落存有重大危险源。

(2)预防措施

①项目经理部按照业主指挥部的要求,根据施工工序安排制订施工方案,对作业进行安全技术教育培训。施工前,应逐级进行安全技术教育与交底,落实所有安全方案和人身防护用品,未经落实不得进行施工。

②设备物资提供合格的个体安全防护用品,并定期进行检查及时更换不合格的用品。

③攀登和悬空高处作业以及搭设高处作业安全设施的人员,必须经过专业技术培训及专业考试合格,持证上岗,并必须定期进行体格检查。

④施工中对高处作业的安全技术设施,发现有缺陷和隐患时,必须及时解决,危及人身安

全时,必须停止作业。

⑤施工作业场所有坠落可能的物体,应一律先行撤除或加以固定,高处作业中所用的物料,均应堆放平稳,不妨碍通行和装卸,工具应随手放入工具袋,作业中的走道、通道板和登高工具,应随时清扫干净,拆卸下的物体和废料均应及时清理运走,不得随意乱放或向下丢弃,传递物体禁止抛掷。

⑥作业人员必须从规定的通道上下,不得从脚手架或提升设施等施工工具进行上下。

⑦高处作业人员不得穿拖鞋或硬底鞋,所需的材料要事先准备齐全,工具应放工具袋内,防止脱落伤人。

2)应急抢险物资

对付可能发生的坍塌事件,要事先准备一定量的抢险物资材料、机具。设专人进行管理,确保抢险物资设备能随时投入使用。

3)应急处理措施

事故发生后,现场人员应立即向值班人员(项目经理)汇报事故时间、地点、方位、受伤人员情况。

项目经理部应急领导小组根据情况启动预案,组织人员设备进行抢救行动。

施工时不慎从高处摔下,会造成不同程度损伤,以至死亡。根据施工高度着地部位、地面软硬程度等因素,坠落可形成颅脑外伤,胸外伤、腹外伤四肢及脊椎骨折等损伤。

颅脑损伤是因为头部着地,形成颅骨骨折如病人坠落后即刻昏迷不醒等。

胸部外伤主要是肋骨骨折,吸气时胸痛,不敢咳嗽等。

腹部受伤多发生肝、脾破裂及肾挫裂伤。伤员有内脏出血表现为:面色苍白、脉搏细弱而快、口渴、腹痛、恶心呕吐等。

坠落时臀部着地往往发生脊椎压缩性骨折,下肢瘫痪等。

现场急救。对坠落的伤员现场处理十分重要,否则会贻误治疗,而不正确的处理又容易使伤员雪上加霜。

坠落伤员往往是多发性损伤,救护时不能顾此失彼。胸部骨折包扎固定,四肢骨折可就地取材,用木板长度应超过上下两个关节。脊椎损伤特别要注意脊椎骨折的处理。搬运伤员时应有一人抱头牵引固定颈部抬上木板担架,用衣服毛巾沙袋等固定头颈两侧,以防摆动头部。用担架运送伤员时,使伤员脚在先,头在后,这样便于抬担架的人观察伤员的神态及病情变化。

经过伤员现场处理之后,及时送往医院治疗观察。

15.7.7 机械伤害事故应急救援措施

1)应急准备

(1)危险源识别

施工过程中机械、车辆转动部位的绞、碾压和拖挂、机械部分的钻、锯扎、撞、挤等存有重大危险源。

维修、施工过程中机械失稳、倾倒、机况不良、违章操作、机械安全保护设施欠缺等存有重大危险源。

施工现场一些机械设备可能作业人员造成多种伤害。这些伤害是:

①夹伤:人的身体及四肢在机器的闭合或往返运动中被夹住。在有些情况下,肢体被卷进闭合运动的部件中时,也会发生夹伤。例如,在使用抓夹工具不当时,会夹伤手指。

②撞伤:施工人员盲目进入机械的旋转活动范围内时,会造成严重伤害。

③接触伤害:当人体接触到机器的锋利的或锉状的表面时,会发生伤害。另外,接触高温或带电部件,也会造成伤害。

④卷动伤害:头发、耳环、衣物等卷入机器的运动部件造成伤害。

⑤射伤:在机器运转时,因机器部件或工件被抛出而造成的伤害。例如,碎条、细渣、熔滴或机器部件的碎片抛出造成的伤害。

（2）预防措施

①工程实施前,对参与本工程施工的人员进行机械设备安全生产宣传教育,制订各种机械设备的"安全生产操作规程",操作人员在施工中严格按照技术操作规程施工,消除人的不安全行为。

②机械设备操作人员必须是经过有关部门培训、考核合格后持证上岗操作,严格禁止无证操作行为。

③新进场的机械驾驶人员必须经过跟车实习,熟悉施工现场道路状况后方可独立操作。

④作业场所的机械设备在正常运转时候,施工人员严禁盲目进入机械旋转危险区域内,当需要通过机械设备运转范围时,必须向司机发出信号,待司机停止运转时方可通过。

⑤所有施工人员在进出隧道、施工现场时严禁与行走机械、车辆抢道,不得强行爬车和追车。

⑥行走机械、车辆在通过隧道洞口、施工作业地段、衬砌作业台架、平交路口等特殊地段时必须按 5km/h 限速行驶。

⑦建立经常性的安全教育和检查制度,加强工前安全讲话、工中安全检查、工后安全总结的三工制活动。以不断地增强施工人员自防互防能力。

2）应急抢险物资

对付可能发生的机械伤害事件,要事先准备一定量的抢险物资材料、机具。设专人进行管理,确保抢险物资设备能随时投入使用。

3）应急处理措施

事故发生后,现场人员应立即向值班人员（项目经理）汇报事故时间、地点、方位、受伤人员情况。

项目经理部应急领导小组根据情况启动预案,组织人员设备进行抢救行动。

施工现场的机械伤害事故,会造成不同程度损伤,以至死亡。根据施工作业地点、机械类型等因素,伤害类型多为挤、压、绞、缠、切等引起的外伤。

现场急救。对伤员的现场处理十分重要,否则会贻误治疗,而不正确的处理又容易使伤员伤情加重。根据实际情况首先应停止设备运转或移动机械设备,使伤员脱离致害物,对于肢体动脉流血的伤员要及时包扎止血,防止因流血过多造成休克或生命危险。

事故中如果发生手、脚或手指、脚趾断掉时,在料理好伤者后,及时找回断肢,用清洁的布块包好放入塑料袋内,让断肢保持低温,如有可能在塑料袋周围放些冰块,但不要将冰块直接碰到断肢。

伤员转运的正确方法：外伤患者，经过现场急救之后，需要送往医院救治。在搬运伤员的过程中，如果不懂得伤员转运中的知识和方法，很有可能由于搬运不当引起严重后果。例如：脊椎损伤的病人，转运中不能使病人的脊椎弯曲，应用坚固的木板将身躯固定好，并用硬木板担架搬运。没有应用物时，多人同时搬运中，应使其身体保持在伸直位置，以免损伤脊椎神经，导致下肢瘫痪；对于昏迷者，应让其取侧卧位，以防呕吐物吸入肺部，引起肺炎或窒息死亡；危重伤员搬动身体时，必须将患者的头、肩、躯干作为一个整体，在同一平面上同时翻转和搬动，不可使其扭曲等等。

患者在担架上，应根据不同的伤情，做一些体位上的调整，例如：怀疑脑损伤的可将伤员的头适当垫高。有头骨骨折时头部两侧还应用棉衣、枕头、砖、石等予以固定，避免晃动加重损伤。如果怀疑患者内出血休克，则应采用头低脚高位。如果患者呼吸困难或是胸部创伤，则应该采用半坐位。

经过伤员现场处理之后，及时送往医院治疗观察。伤员送到医院后，应立即将断肢交给救护人员处理。

15.7.8 不可抗力自然灾害或其他情况的应急救援措施

(1)指挥长下达发出警报令，所涉及项目部进行抢险救灾状态，抢险队及全体人员投入抢险工作。必要时责成办公室负责迅速拨打120报警请求支援。

(2)在所涉及项目部经理的统一指挥下，及时、有序地将人员疏散到安全区，重要物资撤离危险区。

(3)对危险区进行隔离，标出警示标志。

(4)根据分析判断的结果，所涉及项目经理、副经理定出抢险的方案，调动必要的机具、设备、材料等资源。

(5)各抢险组长根据抢险方案，将具体任务下达给各小组成员，各小组成员按要求完成。

(6)及时接收媒体或气象部门有关事态后序发展的预测报告，密切跟踪灾害变化，以采取相应的措施。

References 参考文献

[1] 张遵国.煤吸附/解吸变形特征及其影响因素研究[D].重庆:重庆大学,2015.
[2] 刘延保.基于细观力学试验的含瓦斯煤体变形破坏规律研究[D].重庆:重庆大学,2009.
[3] 霍多特 B B.煤与瓦斯突出机理[M].宋世钊,王佑安,译.北京:中国工业出版社,1966.
[4] 章梦涛,徐曾和,潘一山,等.冲击地压和突出的统一失稳理论[J].煤炭学报,1991,16(04):48-53.
[5] 于不凡.煤与瓦斯突出机理[M].北京:煤炭工业出版社,1985.
[6] 周世宁,何学秋.煤和瓦斯突出机理的流变假说[J].中国矿业大学学报,1990,19(02):1-8.
[7] 刘明举,许考,何学秋,等.煤与瓦斯突出的流变电磁辐射机理探讨[J].矿业安全与环保,2001,28(05):30-32.
[8] GRAY I.The mechanism of energy release associated with outbursts[C]//The Occurrence,Prediction and Control of Outbursts in Coal Mines Symposiym,Australias.Parkville,Victoria,Australia:Institute of Mining and Metallurgy,1980:111-125.
[9] 郑哲敏.从数量级和量纲分析看煤与瓦斯突出的机理[C]//郑哲敏文集,北京:科学出版社,2004.
[10] LITWINISZY J.A model for the initiation of coal-gas outbursts[J].International Journal of Rock Mechanics and Mining Sciences & Geomechanics Abstracts,1985,22(01):39-46.
[11] PATERSON L.A model for outburst in coal[J].International Journal of Rock Mechanics and Mining Sciences & Geomechanics Abstracts,1986,23(04):327-332.
[12] 谈庆明,俞善炳,朱环球,等.含瓦斯煤在突然卸压下的开裂破坏[J].煤炭学报,1997(22):514-518.
[13] 潘一山,杨小彬,王学滨.多孔介质局部化与煤和瓦斯突出射流理论[J].辽宁工程技术大学学报,2001,20(04):446-447.
[14] 文光才,周俊,刘胜.对突出做功的瓦斯内能的研究[J].矿业安全与环保,2002,29(01):1-4.
[15] 张国华,梁冰.煤岩渗透率与煤与瓦斯突出关系理论探讨[J].辽宁工程技术大学学报,2002,21(04):414-417.
[16] LI H Y,YUJIRO OGAWA,SOHEI SHIMADA.Mechanism of methane flow through sheared coals and its role on methane recovery[J].Fuel,2003,82(10):1271-1279.
[17] 蔡成功.煤与瓦斯突出三维模拟实验研究[J].煤炭学报,2004,29(01):66-69.
[18] 胡千庭,周世宁,周心权.煤与瓦斯突出过程的力学作用机理[J].煤炭学报,2008,33(12):1368-1732.
[19] 程远平,周红星.煤与瓦斯突出预测敏感指标及其临界值研究进展[J].煤炭科学技术,2021,49(01):146-154.
[20] 程远平,付建华,俞启香.中国煤矿瓦斯抽采技术的发展[J].采矿与安全工程学报,2009,26(02):127-139.

[21] 袁亮,姜耀东,何学秋,等.煤矿典型动力灾害风险精准判识及监控预警关键技术研究进展[J].煤炭学报,2018,43(02):306-318.

[22] 汤友谊,陈江峰,彭立世.无线电波坑道透视构造煤的研究[J].煤炭学报,2002(03):254-258.

[23] 谷艺星,王荣刚.煤层瓦斯涌出规律研究[J].科技传播,2014,6(04):57,76.

[24] 梁运培,于不凡.煤与瓦斯突出矿井分级技术[J].重庆大学学报(自然科学版),2001(05):70-74.

[25] 王瑞青.阳煤五矿突出预测指标K_1的敏感性及临界值研究[J].煤炭科技,2019,40(02):64-67.

[26] 万宇.煤与瓦斯突出危险性预测方法研究[D].兰州:兰州交通大学,2021.

[27] HAIR JR J F,SARSTEDT M.Data,measurement and causal inferences in machine learning:opportunities and challenges for marketing[J].Journal of Marketing Theory and Practice,2021:1-13.

[28] SENJYU T.Application of recurrent neural network to short-term-ahead generating power forecasting for wind power generator[C]//International Conference on Electrical Engineering,2006,7:9-13.

[29] CHAOUACHI A,KAMEL R M,NAGASAKA K.Neural network ensemble-based solar power generation short-term forecasting[J].Journal of Advanced Computational Intelligence and Intelligent Informatics,2010,14(01):69-75.

[30] 赵耀江,王冶.基于神经网络建立煤与瓦斯突出的预测模型[J].中国安全科学学报,1997(01):34-38.

[31] 曲方,张龙,李迎业,等.基于BP神经网络的煤与瓦斯突出预测系统开发[J].中国安全科学学报,2012,22(01):11-16.

[32] 朱志洁,张宏伟,韩军,等.基于PCA-BP神经网络的煤与瓦斯突出预测研究[J].中国安全科学学报,2013,23(04):45-50.

[33] 王雨虹,付华,张洋.基于KPCA和CIPSO-PNN的煤与瓦斯突出强度辨识模型[J].传感技术学报,2015,28(02):271-277.

[34] 万宇,齐金平.粒子群算法在煤与瓦斯突出危险预测中的应用[J].山西煤炭,2019,39(04):75-78.

[35] 刘俊娥,曾凡雷,郭章林.基于RS-SVM模型的煤与瓦斯突出多因素风险评价[J].中国安全科学学报,2011,21(07):21-26.

[36] 邵剑生,薛惠锋.基于PSO-SVM的煤与瓦斯突出强度预测模型[J].西华大学学报(自然科学版),2012,31(01):63-66.

[37] 黄为勇,邵晓根,陈奎.一种采用CCPSO-SVM的煤与瓦斯突出预测方法[J].计算机科学,2012,39(11):216-220,225.

[38] 谢国民,谢鸿,付华,等.煤与瓦斯突出预测的NN-SVM模型[J].传感技术学报,2016,29(05):733-738.

[39] 付华,丰胜成,高振彪,等.基于双耦合算法的煤与瓦斯突出预测模型[J].中国安全科学学报,2018,28(03):84-89.

[40] 付华,梁漪.多层DAE协同LSSVM的瓦斯突出预测模型[J].计算机应用与软件,2019,36(08):214-219.

[41] 刘海波,钱伟,王福忠.基于粗糙集与粒子群优化支持向量机的瓦斯突出预测模型[J].中国科学技术大学学报,2019,49(02):87-92,124.

[42] 苏筱丽.基于主成分降维的SVM回归模型在煤与瓦斯突出预测中的应用[J].工业计量,2020,30(01):74-77.

[43] SHEPHERD J.Outbursts and geological structure in coal mines:A review[J].International Journal of Rock Mechanics&Mining Sciences&Geomechanics Abstracts,1981,18(04):267-283.

[44] CHENG YUANPING,PAN ZHEJUN.Reservoir properties of Chinese tectonic coal:A review[J].Fuel,2020(15):116-350.

[45] 王恩元,张国锐,张超林,等.我国煤与瓦斯突出防治理论技术研究进展与展望[J].煤炭学报,2022,47(01):297-322.

[46] 程远平,雷杨.构造煤和煤与瓦斯突出关系的研究[J].煤炭学报,2021,46(01):180-198.

[47] 邓绪彪,胡青峰,魏思民.构造煤的成因-属性分类[J].工程地质学报,2014(05):1008-1014.

[48] 张玉贵,张子敏,曹运兴.构造煤结构与瓦斯突出[J].煤炭学报,2007(03):281-284.

[49] SCHWEINFURTH S P.Coal-a complex natural resource:An over-view of factors affecting coal quality and use in the United States[R].US Department of the Interior,US Geological Survey,2003.

[50] CREEDY D P.Geological controls on the formation and distribution of gas in British coal measure strata[J].International Journal of Coal Geology,1988,10(01):1-31.

[51] 王恩营,邵强,韩松林.正断层形成的力学分析及其对构造煤的控制[J].煤炭科学技术,2009,37(09):104-106.

[52] 琚宜文,姜波,侯泉林,等.构造煤结构-成因新分类及其地质意义[J].煤炭学报,2004,29(05):513-517.

[53] CHENG Y,WANG H,WANG L.Principle and engineering application of pressure relief gas drainage in low permeability outburst coalseam[J].Mining Science and Technology(China),2009,19(03):342-345.

[54] ZHAO W,CHENG Y,JIANG H,et al.Role of the rapid gas desorption of coal powders in the development stage of outbursts[J].Journal of Natural Gas Science and Engineering,2016,28:491-501.

[55] JASINGE D,RANJITH P G,CHOI S K.Effects of effective stress changes on permeability of latrobe valley brown coal[J].Fuel,2011,90(03):1292-1300.

[56] 谢克昌.中国非常规天然气开发利用战略研究[M].北京:科学出版社,2014.

[57] AN F,CHENG Y.An explanation of large-scale coal and gas out-bursts in underground coal mines:The effect of low-permeability zones on abnormally abundant gas[J].Natural Hazards and Earth System Sciences,2014,14(08):2125-2132.

[58] TU Q,CHENG Y,GUO P,et al.Experimental study of coal and gas outbursts related to gas-enriched areas[J].Rock Mechanics and Rock Engineering,2016,49(09):3769-3781.

[59] YAO H,KANG Z,LI W.Deformation and reservoir properties of tectonically deformed coals[J].Petroleum Exploration and Devel-opment,2014,41(04):460-467.

[60] JU Y,JIANG B,HOU Q,et al.Structural evolution of nano-scale pores of tectonic coals in southern North China and its mechanism[J].Acta Geologica Sinica,2005,79(02):269-285.

[61] 屈争辉,姜波,汪吉林,等.构造煤结构演化及其应力-应变环境[J].高校地质学报,2012,18(03):453-459.

[62] 张玉贵,张子敏,曹运兴.构造煤结构与瓦斯突出[J].煤炭学报,2007,32(03):281-284.

[63] DONG J,CHENG Y,HU B,et al.Experimental study of the me-chanical properties of intact and tectonic coal via compression of asingle particle[J].Powder Technology,2018,325:412-419.

[64] PAN J,HOU Q,JU Y,et al.Coalbed methane sorption related to coal deformation structures at different temperatures and pressures[J].Fuel,2012,102:760-765.

[65] JIANG B,LI M,QU Z,et al.Current research status and prospect of tectonically deformed coal[J].Advances in Earth Science,2016,31(04):335-346.

[66] GRAY I.Outburst risk determination and associated factors[M].Brisbane:Australian Coal Research Ltd,2015.

[67] SHEPHERD J,RIXON L K,GRIFFITHS L.Outbursts and geological structures in coal mines:A review[J].International Journal of Rock Mechanics and Mining Sciences & Geomechanics Abstracts,1981,18(04):267-283.

[68] SATO K,FUJII Y.Source mechanism of a large scale gas outburst at Sunagawa Coal Mine in Japan[J].Pure and Applied Geophysics,1989,129(03):325-343.

[69] LEI D,LI C,ZHANG Z,et al.Coal and gas outburst mechanism of the "Three Soft" coal seam in western henan

[J].Mining Science and Technology(China),2010,20(05):712-717.
[70] LEI C,LIU C.Reformed pattern of coal reservoirs in reformed coal basins and effect on favorable blocks of coalbed gas in the North China craton[J].Coal Geology and Exploration,2004,32(02):20-23.
[71] 宋晓夏,王绍清,唐跃刚,等.中梁山南矿构造煤吸附孔分形特征[J].煤炭学报,2013,38(01):134-139.
[72] ZHAO S,ZHONG N,XIONG B,et al.Organic geochemistry and coal petrology of Tertiary brown coal in the Zhoujing mine,Baise Basin,South China：Occurrence and significance of exudatinite[J].Fuel,1990,69(01):4-11.
[73] 万天丰.中国大地构造学纲要[M].北京：地质出版社,2004.
[74] WANG Z,CHENG Y,ZHANG K,et al.Characteristics of micro-scopic pore structure and fractal dimension of bituminous coal by cyclic gas adsorption/desorption：An experimental study[J].Fuel,2018,232:495-505.
[75] 曹代勇,占文锋,李焕同,等.中国煤矿动力地质灾害的构造背景与风险区带划分[J].煤炭学报,2020,45(7):2376-2388.
[76] 曹代勇,景玉龙,邱广忠,等.中国的含煤岩系变形分区[J].煤炭学报,1998,23(05):499-454.
[77] 王文杰,王信.中国东部煤田推覆、滑脱构造与找煤研究[M].徐州：中国矿业大学出版社,1993.
[78] 琚宜文,姜波,侯泉林,等.构造煤结构-成因新分类及其地质意义[J].煤炭学报,2004,29(05):513-517.
[79] 王恩营,刘明举,魏建平.构造煤成因-结构-构造分类新方案[J].煤炭学报,2009,34(05):656-660.
[80] 王桂梁,朱炎铭.论煤层流变[J].中国矿业学院学报,1988(03):16-25.
[81] 郭德勇,韩德馨,张建国.平顶山矿区构造煤分布规律及成因研究[J].煤炭学报,2002,27(03):249-253.
[82] 胡千庭,文光才.煤与瓦斯突出的力学作用机理[M].北京：科学出版社,2013.
[83] 卫修君,林柏泉,张建国,等.煤岩瓦斯动力灾害发生机理及综合治理技术[M].北京：科学出版社,2009.
[84] 于不凡.煤矿瓦斯灾害防治及利用技术手册[M].北京：煤炭工业出版社,2005.
[85] 李希建,徐明智.近年我国煤与瓦斯突出事故统计分析及其防治措施[J].矿山机械,2010,38(10):13-16.
[86] 殷文韬,傅贵,曾广霞,等.我国近年煤与瓦斯突出事故统计分析及防治策略[J].矿业安全与环保,2012,39(06):90-92.
[87] 陆厚根.粉体工程学概论[M].上海：同济大学出版社,1987.
[88] 曹树刚,张遵国,李毅,等.突出危险煤吸附、解吸瓦斯变形特性试验研究[J].煤炭学报,2013,38(10):1792-1799.
[89] 张遵国,曹树刚,洪林,等.突出危险型煤瓦斯等温解吸试验研究[J].中国安全科学学报,2017,27(07):115-120.
[90] 刘延保.基于细观力学试验的含瓦斯煤体变形破坏规律研究[D].重庆：重庆大学,2009.
[91] 何学秋,王恩元,林海燕.孔隙气体对煤体变形及蚀损作用机理[J].中国矿业大学学报,1996(01):6-11.
[92] 陈金刚,张世雄,秦勇,等.煤基质收缩能力内在控制因素的试验研究[J].煤田地质与勘探,2004(05):26-28.
[93] 郭平,曹树刚,张遵国,等.含瓦斯煤体固气耦合数学模型及数值模拟[J].煤炭学报,2012,37(S2):330-335.
[94] 曹树刚,郭平,李勇,等.瓦斯压力对原煤渗透特性的影响[J].煤炭学报,2010,35(04):595-599.
[95] 吴世跃,赵文.含吸附煤层气煤层的有效应力分析[J].岩石力学与工程学报,2005,24(10):1674-1678.
[96] 李培超,孔祥言,卢德唐.饱和多孔介质流固耦合渗流的数学模型[J].水动力学研究与进展,2003,18(04):419-426.
[97] 孔祥言.高等渗流力学[M].合肥：中国科技大学出版社,1999.
[98] 卢平,沈兆武,朱贵旺,等.岩样应力应变全过程中的渗流表征与试验研究[J].中国科技大学学报,2002,32(06):678-684.

[99] 周世宁,林柏泉.煤层瓦斯赋存与流动理论[M].北京:煤炭工业出版社,1990.

[100] ZHU W C,LIU J,SHENG J C,et al.Analysis of coupled gas flow and deformation process with desorption and Klinkenberg effects in coal seams[J].International Journal of Rock Mechanics & Mining Sciences,2007, 44(07):971-980.

[101] 隆清明,赵旭生,孙东玲,等.吸附作用对煤的渗透率影响规律实验研究[J].煤炭学报,2008,33(09): 1131-1134.

[102] 邓志刚,齐庆新,李宏艳,等.采动煤体渗透率示踪监测及演化规律[J].煤炭学报,2008,33(03): 273-276.

[103] 舒才.深部不同倾角煤层群上保护层开采保护范围变化规律与工程应用[D].重庆:重庆大学,2017.

[104] 刘林.下保护层合理保护范围及在卸压瓦斯抽采中的应用[D].徐州:中国矿业大学,2010.

[105] 程远平,俞启香,袁亮,等.煤与远程卸压瓦斯安全高效共采试验研究[J].中国矿业大学学报,2004 (02):8-12.

[106] 袁亮.卸压开采抽采瓦斯理论及煤与瓦斯共采技术体系[J].煤炭学报,2009,34(01):1-8.

[107] WANG LIANG,LIU SHIMIN,CHENG YUAN-PING,et al.The effects of magma intrusion on localized stress distribution and its implications for coal mine outburst hazards[J].Engineering Geology,2017,218:12-21.

[108] HONGYONG LIU,YUANPING CHENG,HAIDONG CHEN,et al.Characteristics of mining gas channel expansion in the remote overlying strata and its control of gas flow[J].International Journal of Mining Science and Technology,2013,23(04):480-486.

[109] JIN KAN,CHENG YUANPING,WANG WEI,et al.Evaluation of the remote lower protective seam mining for coal mine gas control:A typical case study from the Zhuxianzhuang Coal Mine,Huaibei Coalfield,China[J]. Journal of Natural Gas Science and Engineering,2016,33:44-55.

[110] YANG WEI,LIN BAI-QUAN,QU YONG-AN,et al.Mechanism of strata deformation under protective seam and its application for relieved methane control[J].International Journal of Coal Geology,2011,85(03): 300-306.

[111] 程远平,俞启香,周红星,等.煤矿瓦斯治理"先抽后采"的实践与作用[J].采矿与安全工程学报,2006 (04):389-392,410.

[112] 程远平,董骏,李伟,等.负压对瓦斯抽采的作用机制及在瓦斯资源化利用中的应用[J].煤炭学报, 2017,42(06):1466-1474.

[113] 易丽军,俞启香.突出煤层密集钻孔瓦斯预抽的数值试验[J].煤矿安全,2010,41(02):1-4,9.

[114] 翟成,向贤伟,余旭,等.瓦斯抽采钻孔柔性膏体封孔材料封孔性能研究[J].中国矿业大学学报,2013, 42(06):982-988.

[115] 周福宝,李金海,昃玺,等.煤层瓦斯抽放钻孔的二次封孔方法研究[J].中国矿业大学学报,2009, 38(06):764-768.

[116] 石智军,许超,李泉新,等.煤矿井下2570m顺煤层超深定向孔高效成孔关键技术[J].煤炭科学技术, 2020,48(01):196-201.

[117] 曹树刚,李勇,刘延保,等.深孔控制预裂爆破对煤体微观结构的影响[J].岩石力学与工程学报,2009, 28(04):673-678.

[118] 石必明,俞启香.低透气性煤层深孔预裂控制松动爆破防突作用分析[J].建井技术,2002(05):27-30.

[119] 刘泽功,蔡峰,肖应祺.煤层深孔预裂爆破卸压增透效果数值模拟分析[J].安徽理工大学学报(自然科学版),2008,28(04):16-20.

[120] 蔡峰,刘泽功,张朝举,等.高瓦斯低透气性煤层深孔预裂爆破增透数值模拟[J].煤炭学报,2007(05): 499-503.

[121] 郭德勇,裴海波,宋建成,等.煤层深孔聚能爆破致裂增透机理研究[J].煤炭学报,2008,33(12):1381-1385.

[122] 郭德勇,赵杰超,吕鹏飞,等.煤层深孔聚能爆破有效致裂范围探讨[J].工程科学学报,2019,41(05):582-590.

[123] 郭德勇,张超,朱同功,等.深孔聚能爆破起爆位置对煤层致裂增透的影响[J].煤炭学报,2020:1-13.

[124] 袁亮,林柏泉,杨威.我国煤矿水力化技术瓦斯治理研究进展及发展方向[J].煤炭科学技术,2015,43(01):45-49.

[125] 黄炳香.煤岩体水力致裂弱化的理论与应用研究[J].煤炭学报,2010,35(10):1765-1766.

[126] 郑仰峰,翟成,倪冠华.基于表面活性剂解除水锁效应的压裂液性能研究[J].煤矿安全,2019,50(11):1-5.

[127] 李全贵,翟成,林柏泉,等.定向水力压裂技术研究与应用[J].西安科技大学学报,2011,31(06):735-739.

[128] 徐幼平,林柏泉,翟成,等.定向水力压裂裂隙扩展动态特征分析及其应用[J].中国安全科学学报,2011,21(07):104-110.

[129] 王耀锋,李艳增.预置导向槽定向水力压穿增透技术及应用[J].煤炭学报,2012,37(08):1326-1331.

[130] 翟成,李贤忠,李全贵.煤层脉动水力压裂卸压增透技术研究与应用[J].煤炭学报,2011,36(12):1996-2001.

[131] LI QUANGUI,LIN BAIQUAN,ZHZI CHENG.The effect of pulse frequency on the fracture extension during hydraulic fracturing[J].Journal of Natural Gas Science and Engineering,2014,21:296-303.

[132] QUANGUI LI,BAIQUAN LIN,CHENG ZHAI,et al.Variable frequency of pulse hydraulic fracturing for improving permeability in coal seam[J].International Journal of Mining Science and Technology,2013,23(6):847-853.

[133] 魏斌,陈平,张冕,等.变排量压裂技术及其现场应用[J].石油钻采工艺,2000(06):70-71,80.

[134] GUO TIANKUI,GONG FACHENG,SHEN LIN,et al.Multi-fractured stimulation technique of hydraulic fracturing assisted by radial slim holes[J].Journal of Petroleum Science and Engineering,2019,174:572-583.

[135] 丰安祥,史文豹.穿层钻孔水力重复压裂增透技术研究及应用[J].煤炭工程,2019,51(09):87-90.

[136] ZOU QUANLE,LI QUANGUI,LIU TING,et al.Peak strength property of the pre-cracked similar material:Implications for the application of hydraulic slotting in ECBM[J].Journal of Natural Gas Science and Engineering,2017,37:106-115.

[137] 林柏泉,吕有厂,李宝玉,等.高压磨料射流割缝技术及其在防突工程中的应用[J].煤炭学报,2007(09):959-963.

[138] 林柏泉,张其智,沈春明,等.钻孔割缝网络化增透机制及其在底板穿层钻孔瓦斯抽采中的应用[J].煤炭学报,2012,37(09):1425-1430.

[139] 林柏泉,孟凡伟,张海宾.基于区域瓦斯治理的钻割抽一体化技术及应用[J].煤炭学报,2011,36(01):75-79.

[140] 卢义玉,黄辰,贾亚杰,等.近距离煤层群水射流割缝卸压石门快速揭煤技术分析[J].重庆大学学报,2014,37(03):95-100.

[141] 卢义玉,张磊,葛兆龙,等.煤层割缝器用双梯度喷嘴结构设计与优化[J].重庆大学学报,2014,37(01):84-90.

[142] 卢义玉,李瑞,鲜学福,等.地面定向井+水力割缝卸压方法高效开发深部煤层气探讨[J].煤炭学报,2021,46(03):876-884.

[143] LU TINGKAN,ZHAO ZHIJIAN,HU HEFENG.Improving the gate road development rate and reducing

outburst occurrences using the waterjet technique in high gas content outburst-prone soft coal seam[J].International Journal of Rock Mechanics and Mining Sciences,2011,48(08):1271-1282.

[144] 王兆丰,范迎春,李世生.水力冲孔技术在松软低透突出煤层中的应用[J].煤炭科学技术,2012,40(02):52-55.

[145] 王凯,李波,魏建平,等.水力冲孔钻孔周围煤层透气性变化规律[J].采矿与安全工程学报,2013,30(05):778-784.

[146] 王新新,石必明,穆朝民.水力冲孔煤层瓦斯分区排放的形成机理研究[J].煤炭学报,2012,37(03):467-471.

[147] 刘明举,任培良,刘彦伟,等.水力冲孔防突措施的破煤理论分析[J].河南理工大学学报(自然科学版),2009,28(02):142-145.

[148] 刘明举,赵文武,刘彦伟,等.水力冲孔快速消突技术的研究与应用[J].煤炭科学技术,2010,38(03):58-61.

[149] ZHANG HAO,CHENG YUANPING,LIU QINGQUAN,et al.A novel in-seam borehole hydraulic flushing gas extraction technology in the heading face:Enhanced permeability mechanism,gas flow characteristics,and application[J].Journal of Natural Gas Science and Engineering,2017,46:498-514.

[150] ZHANG RONG,CHENG YUANPING,YUAN LIANG,et al.Enhancement of gas drainage efficiency in a special thick coal seam through hydraulic flushing[J].International Journal of Rock Mechanics and Mining Sciences,2019,124:104085.

[151] 曹佐勇,王恩元,何学秋,等.近距离突出煤层群水力冲孔卸压瓦斯抽采及效果评价研究[J].采矿与安全工程学报,2021,38(03):634-642.

[152] 田苗苗,张磊,薛俊华,等.液氮致裂煤体技术研究现状及展望[J].煤炭科学技术,2021:1-9.

[153] 柳先锋,王泽鹏,聂百胜.采用液氮和蒸汽致裂煤层的瓦斯抽采方法及抽采系统[P].2019-06-07.

[154] 翟成,秦雷,徐吉钊.一种基于水平定向钻孔液氮循环冻融增透抽采瓦斯方法[P].2015-12-09.

[155] 秦雷.液氮循环致裂煤体孔隙结构演化特征及增透机制研究[D].徐州:中国矿业大学,2018.

[156] 林柏泉,李贺,洪溢都.一种微波液氮协同冻融煤层增透方法[P].2019-06-04.

[157] 张永利,尚文龙,曾鑫.一种液氮结合远红外热辐射冻融循环的实验装置[P].2018-12-25.

[158] 赵龙,王兆丰,孙矩正,等.液态CO_2相变致裂增透技术在高瓦斯低透煤层的应用[J].煤炭科学技术,2016,44(03):75-79.

[159] 王兆丰,李豪君,陈喜恩,等.液态CO_2相变致裂煤层增透技术布孔方式研究[J].中国安全生产科学技术,2015,11(09):11-16.

[160] 张东明,白鑫,尹光志,等.低渗煤层液态CO_2相变定向射孔致裂增透技术及应用[J].煤炭学报,2018,43(07):1938-1950.

[161] 徐吉钊.液态CO_2循环冲击致裂煤体孔隙结构及损伤力学特征研究[D].徐州:中国矿业大学,2020.

[162] 姚宝珠.软岩分类及软岩巷道支护方法[J].煤矿安全,2003(12):28-30.

[163] 靖洪文,孟庆彬,朱俊福,等.深部巷道围岩松动圈稳定控制理论与技术进展[J].采矿与安全工程学报,2020,37(03):429-442.

[164] 王桦,程桦,荣传新.基于高密度电阻率法的松动圈测试技术研究[J].煤炭科学技术,2008,36(03):53-57.

[165] 李为腾,王琦,李术才,等.深部顶板夹煤层巷道围岩变形破坏机制及控制[J].煤炭学报,2014,39(01):47-56.

[166] 靖洪文,李世平,牟宾善.零围压下岩石剪胀性能的验研究[J].中国矿业大学学报,1998,27(01):19-22.

[167] 靖洪文.峰后岩石剪胀性能试验研究[J].岩土力学,2003,24(01):93-96.

[168] 康红普,王金华,林健.煤矿巷道锚杆支护应用实例分析[J].岩石力学与工程学报,2010,29(04):649-664.

[169] 牛双建,靖洪文,张忠宇,等.深部软岩巷道围岩稳定控制技术研究及应用[J].煤炭学报,2011,36(06):914-919.

[170] 谢富仁,崔效锋,赵建涛,等.中国大陆及邻区现代构造应力场分区[J].地球物理学报,2004,47(04):654-662.

[171] 崔效锋,谢富仁,赵建涛.中国及邻区震源机制解的分区特征[J].地震地质,2005,27(02):298-307.

[172] 蒋维强,林纪曾,赵毅,等.华南地区的小震震源机制与构造应力场[J].中国地震,1992,8(01):36-42.

[173] 何成.隧道特殊不良地质钻探法超前地质预报[J].现代隧道技术,2009,47(05):20-25.

[174] 赵鹏宇.公路山岭隧道超前钻探地质预报研究[D].西安:长安大学,2014.

[175] 席继红,闫小兵,周永胜.快速钻探技术在岩溶隧道超前预报中的应用[J].工程地球物理学报,2008(01):89-94.

[176] 田昊,李术才,薛翊国,等.基于钻进能量理论的隧道凝灰岩地层界面识别及围岩分级方法[J].岩土力学,2012,33(08):2457-2464.

[177] 刘福权.全景式钻孔电视成像技术在钻孔编录中的应用研究[J].岩土工程界,2008,11(11):70-73.

[178] 史永跃,尚彦军,孙元春,等.超声波成像钻孔电视在工程勘察中的应用[J].工程勘察,2010,38(08):82-87,92.

[179] 任青阳,彭洋,孟欣,等.复杂煤系地层隧道超前地质钻探法应用研究[J].公路,2021,66(05):309-315.

[180] JR H,REGINALD HARDY.Acoustic Emission/Microseismic Activity:Volume 1:Principles,Techniques and Geotechnical Applications[M].Techniques and Geotechnical Applications,2003.

[181] 吴自立.AE信号参数预测预报煤(岩)与瓦斯突出危险性的进展及展望[J].矿业安全与环保,2005,32(01):27-28.

[182] 唐巨鹏,郝娜,潘一山,等.基于声发射能量分析的煤与瓦斯突出前兆特征试验研究[J].岩石力学与工程学报,2021,40(01):31-42.

[183] 陈玉涛,覃俊,李建功,等.声发射技术在煤与瓦斯突出预测中的应用研究[J].矿业安全与环保,2017,44(06):11-16.